中国物流园区发展报告

CHINA LOGISTICS PARK DEVELOPMENT REPORT

中国物流与采购联合会
China Federation of Logistics & Purchasing
中国物流学会
China Society of Logistics

中国财富出版社有限公司
China Fortune Press Co.,Ltd.

图书在版编目（CIP）数据

中国物流园区发展报告.2021／中国物流与采购联合会，中国物流学会编.—北京：中国财富出版社有限公司，2021.12

（国家物流与供应链系列报告）

ISBN 978－7－5047－7626－6

Ⅰ.①中…　Ⅱ.①中…②中…　Ⅲ.①物流—工业园区—经济发展—研究报告—中国—2021　Ⅳ.①F259.22

中国版本图书馆CIP数据核字（2021）第275949号

策划编辑　赵雅馨　　责任编辑　白　昕　王新月　　版权编辑　李　洋
责任印制　尚立业　　责任校对　杨小静　　责任发行　敬　东

出版发行　中国财富出版社有限公司
社　　址　北京市丰台区南四环西路188号5区20楼　　邮政编码　100070
电　　话　010－52227588转2098（发行部）　　010－52227588转321（总编室）
　　　　　010－52227566（24小时读者服务）　　010－52227588转305（质检部）
网　　址　http：//www.cfpress.com.cn　　排　　版　宝蕾元
经　　销　新华书店　　印　　刷　宝蕾元仁浩（天津）印刷有限公司
书　　号　ISBN 978－7－5047－7626－6/F·3438
开　　本　787mm×1092mm　1/16　　版　　次　2021年12月第1版
印　　张　26.25　　印　　次　2021年12月第1次印刷
字　　数　559千字　　定　　价　160.00元

《中国物流园区发展报告》（2021）
编委会

《中国物流园区发展报告》(2021)
编辑人员

主　　编：贺登才

副 主 编：黄　萍　宫之光

主要成员：姜超峰　张晓东　冯耕中　周志成　邓延洁
曹允春　陈　凯　于雪姣　杨宏燕　宫士博

联系方式：
电　　话：(010) 83775685/83/86/82/81/87
传　　真：(010) 83775688
邮　　箱：CFLPYQ@ vip. 163. com
地　　址：北京市丰台区丽泽路 16 号院 2 号楼铭丰大厦 12 层
网　　址：中物联物流园区专委会
(http://yqzwh. chinawuliu. com. cn/)

序　言

“物流园区＋”融合发展的新阶段

我国物流园区的发展从世纪之交开始萌芽，20多年来经历了规模扩张、质量提升、结构调整、创新发展的历史性变革，在现代物流体系和现代化经济体系中的地位显著提升。中国物流与采购联合会自2001年成立以来，始终把物流园区的发展作为重点关注领域和优先服务环节。2003年起一年一度的物流园区工作年会，已成功举办19次。自2013年起编辑出版《中国物流园区发展报告》（以下简称《报告》），这是呈现给读者的第四本。意在真实记录我国物流园区发展历程，回顾总结发展经验和问题，展望研判发展前景和对策。

当今世界正经历百年未有之大变局，特别是自2020年以来，新冠肺炎疫情全球大流行，外部环境更趋复杂严峻和不确定。我国沉着应对百年变局和新冠肺炎疫情，构建新发展格局、迈出新步伐，包括物流园区在内的现代物流体系发挥了重要的支撑保障作用，实现了“十四五”良好开局。同时，我们也要看到，我国物流园区空间布局不平衡、服务功能不完善、网络效应不充分、区域经济发展不协调等难题待解。

“十四五”规划已“扬帆起航”，全面建设社会主义现代化国家的新征程已然开启。按照创新、协调、绿色、开放、共享的新发展理念，依据《中华人民共和国国民经济和社会发展第十四个五年规划和2035年远景目标纲要》政策导向，总结各地园区实践经验，推进融合创新，将是新阶段物流园区发展的基本趋势和主要方式。发展物流园区不能仅仅关注自身建设运营，还要从整个现代物流体系、现代化经济体系角度考量，主动与相关要素协同联动，迈向“物流园区＋”融合创新发展的新路子。

（一）物流园区＋产业

制造业、流通业、农业等相关产业需求是物流园区主要服务对象，也是园区赖以生存的“活水源头”。从某种意义来讲，产业融合的深度决定着物流园区发展的程度；

融合发展的水平，也是物流园区发展质量的体现。物流园区与制造业的基础设施、业务流程、标准规范深度融合，为制造企业产业集群做好定制化服务，提高生产制造和物流一体化运作水平。依托重点商圈、商贸集聚区、跨境电商平台对物流服务的需求，发挥园区资源要素集聚优势，推动物流企业与商贸流通企业共同打造一体化供应链服务体系。推进物流园区与新型末端商业模式融合，加快完善直达社区、村镇的共同配送物流网络。布局建设县域物流园区，发挥物流园区在工业品、消费品下行“最后一公里”和农产品上行“最初一公里”双向物流服务网络中的枢纽作用。以物流园区为平台，推动物流业与制造业、流通业、农业等实体产业深度融合，形成“物流支撑产业升级创新、产业催生物流需求扩容”的良性循环。

（二）物流园区＋专业

产业转型、消费升级，促进了物流服务市场专业细分。针对市场需求变化特征，适配供需两端的各类专业物流园区蓬勃兴起。电子商务、网络零售发展，产生了大量的电子商务物流需求。电商与快递融合发展，催生了为快递件转运、分拨服务的专业物流园区。随着人民生活品质提高，冷链物流需求增加，许多物流园区增设冷链服务，生鲜冷链专业园区得到较快发展。利用城乡公交班线和遍布全国的邮政网点通达性，兼顾物流业务承载渠道，物流园区与公交邮政融合的专业性逐步显现。虽然受疫情影响，我国外贸进出口仍逆势上扬，为服务进出口的保税型物流园区和海外仓带来新的发展空间。中欧班列、国际全货机航班、国际海运等运输方式，都离不开以物流园区为基地。加快形成陆海内外联通、东西双向互济安全高效的物流网络，意义重大，刻不容缓。

（三）物流园区＋枢纽

物流枢纽是集中实现货物集散、储存、分拨、转运等多种功能的物流设施群和物流活动组织中心。国家物流枢纽是物流体系的核心基础设施，是辐射区域更广、集聚效应更强、服务功能更优、运行效率更高的综合型物流枢纽，在全国物流网络中发挥着关键节点、重要平台和骨干枢纽作用。到目前，国家发展改革委等政府部门已布局三批（70个）国家物流枢纽，多数是从示范物流园区转型而来。物流园区与枢纽深度融合，推动信息连通、要素流动、业务协同、标准衔接和互联成网，形成覆盖广泛、层次分明、衔接顺畅、运行高效的物流网络，共同构建“通道＋枢纽＋网络”现代物流运行体系。这是国家政策导向，更是物流园区转型升级的必然选择。

（四）物流园区＋多式联运

交通运输是连接经济发展和民生需求的“生命线”，也是支撑现代物流运行的

"先行官"。要推进铁路进港口、进园区，促进铁、公、水运输通道与国家物流枢纽等物流节点设施"硬联通"。统筹协调涉及设施设备、业务流程、服务标准、数据接口等方面衔接的标准规范"软联通"。统筹铁路、水运、海关等行政管理、公共服务等方面的信息资源，促进陆、海、天、网"四位一体"信息互联互通。整合区域内运输资源，加强干支衔接，形成常态化、稳定化、品牌化的多式联运运输产品。强化枢纽园区间对开航运班轮、铁路班列等，大力发展集装箱运输、甩挂运输、散改集、驮背运输、滚装运输等先进运输组织模式，构建创新型网络化、一体化运输组织模式，提升物流园区网络组织效率。通过物流园区有效组织，发挥各运输方式自身优势，大力推进"公转铁""公转水"，实现"一站式服务""一票到底"，从整体上降低综合物流成本。

（五）物流园区＋多重服务

早期的物流园区多数依靠出租场地、库房的租金收入维持运转，服务内容单一，收入来源有限，很难实现投资回报。随着土地价格上涨、租金收入降低，以及进驻企业业务需求扩展，许多物流园区不断开发出新的服务项目，具体如下：一是装卸、搬运、包装、加工、配送等物流作业延伸服务；二是金融、保险、信息、广告、展览、交易等增值服务；三是餐饮、住宿、娱乐等配套服务；四是工商、税务、社保、交通等政务服务；五是供应链管理、集中采购、统仓共配、邮政快递、保税通关、支付结汇等一体化服务。通过不断开发延伸服务，物流园区运营模式从以物业租赁为主逐步转向为客户提供集成化、一体化服务，扩大了服务范围，增加了客户黏性，在相同的土地面积上开展多重服务，实现了多重收益，增加了可持续发展的后劲。

（六）物流园区＋数智转型

新一轮产业革命和技术革命把世界带入"数字经济"时代。物流园区发展必须拥抱"数字化"、融入"数字化"。实施"上云用数赋智"行动，利用云计算、大数据、物联网、移动互联和人工智能等技术重新构架业务流程、商业模式和用户体验，实现"一切业务数据化、一切数据在线化"，推动传统物流业务向数字物流转型。通过物联网、大数据等集成智能技术对物流信息进行自动感知和数据采集，优化资源配置和业务流程，促进物流业务智能化升级。利用物流园区长期积累的数据资源建立物流信息和金融保险信息共享整合机制，促进物流服务与金融服务深度融合，鼓励金融机构与物流园区信息共享，规范发展供应链存货、仓单、运单、订单融资。将物流服务数据深度嵌入供应链体系，引导传统物流企业拓展供应链一体化服务，促进传统物流园区向供应链组织中心转型。将数智化思维引入物流园区管理工作中，全面提升物流园区管理能效。

（七）物流园区＋绿色低碳

2030年前实现碳达峰、2060年前实现碳中和，这是党中央的重大战略决策，也是我国向世界作出的庄严承诺。物流园区环保治理压力进一步加大，绿色低碳物流责任重大。创新推动能源低碳转型，促进化石能源与可再生能源协同发展。绿色物流装备全面推广，探索分布式光伏、氢能源应用试点。减量节能技术融入园区建设运营，多式联运、甩挂运输、共同配送、逆向物流、单元化载具循环共用等绿色模式在园区普遍推广。绿色物流标准逐步建立全面，物流领域碳排放监测探索落地，园区绿色管理体系不断完善。推动绿色运输、绿色仓储、绿色配送和绿色包装等环节协同运行。做好逆向物流、回收物流，逐步实现物流全链条绿色化发展。

（八）物流园区＋生态圈

物流园区与上下游企业有千丝万缕的联系，构成了互相依存、共生共荣的“生态圈”。“生态圈”和谐共生、良性互动，是物流园区高质量发展的必备环境。基于园区的平台效应，推动物流链、供应链、产业链、创新链、教育链、人才链、金融链等有机融合。以核心企业为主导，通过战略联盟、资本合作、平台对接等多种方式，整合各类物流资源要素，形成良性竞争与互利合作共存的高效物流组织形态。以物流链为抓手，打通供应链上下游，促进研发、采购、制造、销售、物流、回收、维修等业态高度集聚，构建协同共建的产业生态环境。合理引导园区内部及周边车流、货流和人流安全有序流动，减少物流活动与周边居民工作生活产生矛盾，营造宜业宜居的发展环境。以市场需求为导向，推动政府部门、行业协会、物流企业、科研院所、高校、金融机构、科技企业等深入合作，探索建立项目研发、技术服务、人才培养的新模式和新机制，打造政产学研协同创新的生态系统。

（九）物流园区＋国家战略

现代物流体系是国家战略重要支撑；物流园区高质量发展离不开国家战略指引。根据区域协调发展战略，聚焦京津冀协同发展、长江经济带发展、粤港澳大湾区建设、长三角一体化发展、黄河流域生态保护和高质量发展，围绕西部大开发、东北全面振兴、中部地区崛起、东部率先发展和支持特殊类型地区加快发展，调整优化物流园区空间布局和功能定位，构建支撑区域经济高质量发展的物流园区网络体系。在物流园区中嵌入应急物流和军事物流功能，推进社会物流与应急和军事物流在基础设施、技术装备、组织管理、标准应用等方面有效衔接，建立高效响应的运力调度机制和分级响应的应急物流保障协调机制，构建上下联动、平战（急）结合、专兼协同、快速响应的应急物流与军事物流体系。

（十）物流园区＋民生福祉

物流园区是增进人民福祉的重要平台，与千家万户的生产生活密切相关。发展现代物流的根本目的，最终都是为了增进人民福祉，满足人民群众对美好生活的向往与追求。一方面，园区运营能给人民群众带来新的产品和服务、物流渠道和体验；另一方面，通过物流业发展增加就业岗位，可以为人民群众创造收入来源和事业发展机会。物流园区应坚持以人民群众为中心的发展思想，尊重卡车司机、装卸搬运工、快递小哥及其他物流行业相关从业人员的劳动，切实维护他们的合法权益，妥善协调各方利益关系，创建文明和谐的物流园区。

以上“物流园区＋”融合创新发展10个方面的想法，只是个人的一些基本看法，以求抛砖引玉，引发业内同人共同探讨。物流园区发展是一个理论与实践并重的课题，不同物流园区的发展环境、发展阶段、发展模式、发展水平不尽相同，不可能找到统一答案。如何结合自身实际，抓住问题本质，突破发展瓶颈，实现高质量发展，还需要物流园区运营管理单位在实践中不断探索、创新。

《报告》2021版延续了前三版本的基本框架结构，主要由综述篇、专题篇、案例篇、政策篇等篇章组成。综述篇重点跟踪记录我国物流园区发展状况、剖析园区发展重难点问题，展望行业发展趋势；专题篇侧重于更加深入细致地展现不同类型物流园区的发展状况及趋势，包括公路、铁路、港口、航空等货运以及商贸、口岸服务型物流园区；案例篇集中展现了一些典型物流园区在规划建设、运营组织、技术应用、产业融合等方面的创新做法与特色经验；政策篇收录了近年来国务院、国家发展改革委等政府部门以及各地政府有关物流园区的相关规划及政策辑要。希望《报告》可为政府部门制定园区发展相关政策提供决策依据，为园区企业提升经营管理水平提供参考材料，为金融机构投资建设园区提供相关资讯服务，也为物流院校和研究单位提供教学案例。

《报告》的顺利出版，得到了业内人士大力支持，凝聚了大家的心血和智慧。中国物流与采购联合会物流园区专委会专家委员会及相关研究单位的姜超峰、冯耕中、张晓东、宫之光、周志成、邓延洁、曹允春等多位业内专家在持续观察分析、长期深入研究和广泛收集素材的基础上，认真组织编写了综述篇和专题篇。中国物流与采购联合会物流园区专委会会员单位提供了大量、丰富的素材，部分优秀案例收录于案例篇中。中国财富出版社有限公司积极配合，保证了《报告》得以出版。在此，一并表示诚挚谢意。

我国物流园区正处于转型升级的关键时期。新思路风云际会，新技术层出不穷，新业态频繁迭代，新模式激荡澎湃，就我们现在所掌握的情况和认知水平，还不足以对这些变化做出精准描述和深入研究。书中尚存许多疏漏和不妥之处，敬请读者不吝赐教。也欢迎关注物流园区发展的政府部门、专家学者、园区企业积极参与讨论，继续给予支持，共同推动我国物流园区创新发展、融合发展、高质量发展。

作者：中国物流与采购联合会副会长、中国物流学会副会长（执行），“十四五”国家发展规划专家委员会委员。

主要研究方向：物流业发展趋势、规划与政策。

目　录

综述篇

我国物流园区发展环境 …………………………………………………………… (3)
我国物流园区发展现状与特点 ………………………………………………… (15)
我国物流园区发展中存在的主要问题 ………………………………………… (26)
我国物流园区发展展望 ………………………………………………………… (30)

专题篇

公路货运服务型物流园区发展报告 …………………………………………… (39)
我国铁路物流中心发展报告 …………………………………………………… (64)
港口货运服务型物流园区发展报告 …………………………………………… (83)
航空货运服务型物流园区发展报告 ………………………………………… (101)
我国商贸服务型物流园区发展报告 ………………………………………… (122)
口岸服务型物流园区发展报告 ……………………………………………… (138)

案例篇

诚信为本　创新赋能
——中储物流园区 ……………………………………………………………… (161)
规划引领高标准建设　创新驱动高质量发展　打造皖江经济带多式联运枢纽中心
——宝特芜湖现代物流产业园 …………………………………………… (167)
合作共赢建设县级数智物流产业园　打通城乡双向物流通道　助力乡村振兴战略实施
——京东（平邑）数智物流产业园 ……………………………………… (173)

创新引领管理　智慧助力发展
——深国际华南物流园 …………………………………………………………（179）
创新物流与供应链发展模式　打造佳怡智慧供应链产业园
——山东佳怡物流园 …………………………………………………………（186）
打造钢铁供应链一站式产业服务平台　推动物流业与制造业深度融合
——湖南（长沙）一力物流园 ………………………………………………（193）
建设农产品供应链产业链体系　保障京津冀农产品供应安全
——河北新发地农副产品物流园 ……………………………………………（200）
绿色化发展　数字化运营　全链条服务　推进物流业与制造业共联共生共赢
——衢州工业新城物流园区 …………………………………………………（205）
聚焦园区高质量发展　推动物流业与制造业融合
——德清临杭物流园区 ………………………………………………………（211）
创新发展理念　建设商贸物流新标杆
——宝湾（合肥）国际物流中心 ……………………………………………（216）
推动物流业制造业融合发展　打造综合性智慧物流园区
——黄河三角洲滨南物流园 …………………………………………………（222）
陆海通联　东西互济　建设“一带一路”开放平台
——华东国际联运港 …………………………………………………………（226）

政 策 篇

国务院办公厅转发国家发展改革委交通运输部关于进一步降低物流成本实施意见的通知 ……………………………………………………………………（237）
国家发展改革委 交通运输部关于印发《国家物流枢纽布局和建设规划》的通知 ……………………………………………………………………………（243）
关于推动物流高质量发展促进形成强大国内市场的意见 ……………………（258）
国家发展改革委 交通运输部联合发布2019年国家物流枢纽建设名单 …………（266）
国家发展改革委 交通运输部联合发布2020年国家物流枢纽建设名单 …………（268）
国家发展改革委发布“十四五”首批国家物流枢纽建设名单 …………………（270）
关于加快推进铁路专用线建设的指导意见 ……………………………………（272）
国家发展改革委 民航局关于促进航空货运设施发展的意见 …………………（277）
国家发展改革委 自然资源部联合发布第三批示范物流园区名单 ……………（282）
国家发展改革委关于印发《城乡冷链和国家物流枢纽建设中央预算内投资专项管理办法》的通知 ……………………………………………………………（284）

财政部 税务总局关于继续实施物流企业大宗商品仓储设施用地城镇土地使用税优惠政策的公告 …………………………………………………… (289)
山西省人民政府关于印发山西省“十四五”现代物流发展规划的通知（节选） …………………………………………………… (290)
内蒙古自治区发展和改革委员会 内蒙古自治区交通运输厅关于印发《内蒙古自治区物流枢纽布局和建设规划》的通知（节选） ……………… (297)
关于印发《吉林省现代物流业发展“十四五”规划》的通知（节选） ………… (312)
省政府办公厅关于印发江苏省“十四五”现代物流业发展规划的通知（节选） …………………………………………………… (316)
省发展改革委关于印发《浙江省现代物流业发展“十四五”规划》的通知（节选） …………………………………………………… (323)
山东省发展和改革委员会关于印发《山东省“十四五”现代物流发展规划》的通知（节选） …………………………………………………… (328)
河南省发展和改革委员会 河南省交通运输厅关于印发河南省现代物流运行体系布局和建设实施方案的通知（节选） ……………………………… (336)
湖南省发展和改革委员会关于印发《湖南省“十四五”现代物流发展规划》的通知（节选） …………………………………………………… (340)
四川省发展和改革委员会 四川省交通运输厅关于印发《四川省“十四五”现代物流发展规划》的通知（节选） ……………………………… (343)
云南省发展和改革委员会 云南省交通运输厅关于印发《云南省物流枢纽布局和建设规划（2019—2035 年）》的通知（节选） …………………… (346)
陕西省发展和改革委员会关于印发《陕西省“十四五”物流业高质量发展规划》的通知（节选） …………………………………………………… (370)
甘肃省发展和改革委员会关于印发甘肃省“十四五”现代物流业发展规划的通知（节选） …………………………………………………… (373)

统 计 分 析 篇

“十三五”我国物流园区运营统计分析报告………………………………… (385)

中国物流与采购联合会物流园区专业委员会简介 ……………………………… (400)

综 述 篇

我国物流园区发展环境

2018—2020 年，国际形势日益错综复杂，国内改革发展稳定任务艰巨繁重，特别是 2020 年年初突如其来的新冠肺炎疫情，对世界经济社会正常运行造成了严重冲击。面对诸多困难挑战，我国坚持新发展理念，统筹新冠肺炎疫情防控和经济社会发展工作，将物流业作为畅通国民经济循环的重要环节，为国民经济平稳运行提供了有力支撑，也为物流园区科学发展提供了根本方向。

一、新冠肺炎疫情肆虐全球，世界经济社会运行受到巨大冲击

新冠肺炎疫情席卷全球，对人类健康、经济增长、社会发展、国家安全和国际关系等方面形成了综合性新挑战，加速了世界经济社会的发展与演变。一是新冠肺炎疫情使保护主义思潮上升，促使一些国家重新审视产业布局与开放政策，加速全球供应链的本地化和多元化进程。虽然中国“世界工厂”地位短期内仍难以被取代，但部分供应链将会缩短。二是新冠肺炎疫情全球起伏反复，对企业正常生产经营、运输仓储造成巨大破坏，港口堵、运费升、芯片荒、大宗涨等现象交织呈现，供应链中断成为常态。三是新冠肺炎疫情造成人类社会隔断，生活生产活动被迫向线上转移，居家办公、远程业务协作等生活新模式不断涌现，各行各业加速向数字化、线上化转型。四是由于经济活动受抑制，旅游、餐饮、住宿等服务业衰退严重，导致全球经济面临衰退风险。在疫情防控期间，物流园区整体收入减少，运营成本增加，导致园区企业财务收支失衡、经营举步维艰。在新冠肺炎疫情得到有效控制后，物流园区迎来了恢复性增长，冲击影响整体可控，但社会物流需求下降，特别是一些传统公路港经营困难，新一轮竞争“洗牌”在所难免。

二、国民经济运行总体平稳，高质量发展迈出新步伐

三年来，全国各地区、各部门认真贯彻落实党中央、国务院决策部署，坚持创新、协调、绿色、开放、共享的新发展理念，深入推进供给侧结构性改革，确保经济运行

总体平稳，产业结构持续优化，高质量发展扎实推进，创新活力明显增强，取得了来之不易的成绩。

一是国民经济平稳运行，2020年国内生产总值突破百万亿元。特别在2020年新冠肺炎疫情冲击下，我国成为全球唯一实现经济正增长的主要经济体，展现出我国经济发展具有强大的韧性。按年平均汇率折算，2020年我国经济总量占世界经济的比重约为17%，成为推动全球经济复苏的主要力量之一。我国人均国内生产总值连续2年超过1万美元，稳居中等偏上收入国家行列，与高收入国家的差距继续缩小。

二是经济结构持续优化，提质增效态势良好。三年来，我国经济以供给侧结构性改革为主线，着力构建现代化经济体系，推动经济发展质量变革、效率变革、动力变革。第一、第二、第三产业增加值分别占国内生产总值的比例从2018年的7.0%、39.7%、53.3%调整为2020年的7.7%、37.8%、54.5%。第二产业规模稳步扩张，高技术制造业、装备制造业增加值增速高于工业增加值，制造业持续迈向价值链中高端。第三产业增加值达到55.4万亿元，占GDP比重不断提升，连续3年成为经济增长最大动能，特别是战略性新兴服务业、科技服务业和高技术服务业快速增长，经济增长“稳定器”的作用更加凸显。

三是有效投资稳定经济增长，消费市场展现韧性活力。2018—2020年，我国社会固定资产投资同比增速分别为5.9%、5.1%和2.7%。虽然社会固定资产投资增速有所放缓，但投资更加精准有效，在基础设施、农业、脱贫攻坚、生态环保等重点领域补短板力度明显加大，高技术制造业和高技术服务业投资也保持快速增长，保障经济运行合理。而受新冠肺炎疫情影响，2020年我国社会消费品零售总额首次出现下降。而随着疫情逐步得到控制，我国消费市场复苏态势良好，网络购物、直播带货、社区团购等新模式不断涌现，农村电商持续快速发展。这些都展现出我国内需市场的强大韧性与活力，表明消费仍是我国经济稳定运行的“压舱石”。

四是对外贸易“量”“质”双升，贸易大国地位更加稳固。2018—2020年，我国货物进出口总额分别为30.5万亿元、31.6万亿元和32.2万亿元，2017年以来连续保持全球第一。贸易结构不断优化，新兴市场进出口占比不断提升，东盟首次成为我第一大贸易伙伴；西部地区承接加工贸易梯度转移取得积极成效，中西部地区进出口占比升至18.4%；出口产品不断向价值链上游攀升，机电产品出口占比升至59.5%；跨境电商、市场采购贸易、海外仓等外贸新业态、新模式蓬勃发展，为我国外贸发展提供了新的增长途径。

五是重大战略扎实推进，区域发展成效显著。三年来，京津冀协同发展、长江经济带发展、粤港澳大湾区建设、长三角一体化发展、黄河流域生态保护和高质量发展有序推进，区域发展格局不断优化。东部地区继续发挥领头羊作用，战略性新兴产业增势良好；中部地区经济实力显著增强，工业拉动作用明显；西部地区经济增长持续发力，基础设施和生态环境建设取得重大进展；东北振兴步伐加快，引领老工业基地转型发展。城镇化水平稳步提升，2020年年末常住人口城镇化率达到63.89%；乡村振兴加速，脱贫攻坚取得重大历史性成就，城乡发展差距明显缩小。

六是创新引领作用增强，培育壮大发展新动能。我国深入实施创新驱动发展战略，全国研究与试验发展（R&D）经费支出与GDP之比稳步提升，2018—2020年，分别为2.14%、2.19%和2.4%。随着研发投入增强，科技创新成果不断涌现，2020年每万名R&D人员专利授权数达到4639件，通过《专利合作条约》（PCT）提交国际专利申请量跃居世界第一，载人航天、探月工程、超级计算、量子通信等领域取得一大批重大科技成果，为经济高质量发展注入了新的活力。

三、物流业发展稳中趋缓、结构调整持续优化

三年来，我国经济发展的平稳运行，为物流业发展提供了强大的市场支撑和需求基础。物流业主要经济指标运行在合理区间，创新动力结构调整和新旧动能加快转换，新业态新模式活力不断彰显，内生动力依然强劲。

社会物流需求增长趋缓。2018—2020年，全国社会物流总额分别为283.1万亿元、298.0万亿元和300.1万亿元，按可比价格计算，同比分别增长6.4%、5.9%和3.5%。虽然全国社会物流总额增长放缓，但需求结构实现调整优化，民生消费物流发展成为增长亮点，单位与居民物品物流总额增速连续三年在10%以上，远高于社会物流总额平均增速。工业品物流总额仍是物流需求的主要力量，高新技术、装备制造业和战略性新兴产业物流需求保持较快增长；进出口物流需求2020年超预期增长8.9%，全球产业链地位继续稳固。

物流市场处于景气区间。2018—2020年，我国物流业景气指数全年均值分别为53.8%、53.5%和51.7%，继续稳定在景气区间。物流业务总收入分别为10.1万亿元、10.3万亿元和10.5万亿元，同比增长分别为14.5%、9.0%和2.2%，物流市场规模持续扩大。

物流效率基本保持不变。2018—2020年，我国社会物流总费用分别为13.3万亿元、14.6万亿元和14.9万亿元，同比增长分别为9.8%、7.3%和2%。连续三年社会物流总费用与GDP的比率分别为14.8%、14.7%和14.7%，比率基本持平。

物流基础设施投资保持高位运行。虽然交通物流基础设施规模增长有所放缓，但多式联运设施、冷链物流设施、高标准公共仓储设施等物流基础设施补短板力度有所加大。

四、物流节点建设上升为国家战略，物流园区发展面临新任务

2018 年 12 月，国家发展改革委、交通运输部印发《国家物流枢纽布局和建设规划》（以下简称《物流枢纽规划》），提出构建科学合理、功能完备、开放共享、智慧高效、绿色安全的国家物流枢纽网络，打造“通道 + 枢纽 + 网络”的物流运行体系，实现物流资源优化配置和物流活动系统化组织，进一步提升物流服务质量，降低全社会物流和交易成本，为优化国家经济空间布局和构建现代化经济体系提供有力支撑。这是为了贯彻落实党中央、国务院关于加强物流等基础设施网络建设的重大举措，也是首次在国家层面提出的物流枢纽专项规划，对构建现代物流服务体系具有重大意义。迭代升级、提质增效、嵌入产业，是加速融入国家物流枢纽网络成为物流园区发展的新任务。

《物流枢纽规划》明确了枢纽各阶段发展目标，到 2020 年，布局建设 30 个左右辐射带动能力较强、现代化运作水平较高、互联衔接紧密的国家物流枢纽，初步建立符合我国国情的枢纽建设运行模式，形成国家物流枢纽网络基本框架；到 2025 年，布局建设 150 个左右国家物流枢纽，推动全社会物流总费用与 GDP 的比率下降至 12% 左右，并实现高效物流运行网络基本形成、物流枢纽组织效率大幅提升、物流综合服务能力显著增强的目标；到 2035 年，依托国家物流枢纽，形成一批具有国家影响力的枢纽经济增长极，将国家物流枢纽打造成为产业转型升级、区域经济协同发展和国民经济竞争力提升的重要推动力量。《物流枢纽规划》选择 127 个具备一定基础条件的城市作为国家物流枢纽承载城市，规划建设 212 个国家物流枢纽，其中，41 个陆港型、30 个港口型、23 个空港型、47 个生产服务型、55 个商贸服务型和 16 个陆上边境口岸型国家物流枢纽。《物流枢纽规划》提出了 4 项主要任务，即“合理布局国家物流枢纽，优化基础设施供给结构”；“整合优化物流枢纽资源，提高物流组织效率”；“构建国家物流枢纽网络体系，提升物流运行质量”；“推动国家物流枢纽全面创新，培育物流发展新动能”，并要求“加强政策支持保障，营造良好发展环境”。

2019 年 4 月，国家发展改革委、交通运输部联合印发《国家物流枢纽网络建设实施方案（2019—2020 年）》（发改经贸〔2019〕578 号），聚焦打造“通道 + 枢纽 + 网络”的物流运行体系，2020 年年底前布局建设 30 家左右国家物流枢纽。按照文件要求，国家发展改革委在 2019—2020 年共布局了 45 家国家物流枢纽，覆盖 27 个省（区、市）。2019—2020 年国家物流枢纽建设名单（排名不分先后）如表 1 所示。

表 1　　2019—2020 年国家物流枢纽建设名单（排名不分先后）

时间	所在地	国家物流枢纽名称
2019 年	天津市	天津港口型国家物流枢纽
	山西省	太原陆港型（生产服务型）国家物流枢纽
	内蒙古自治区	乌兰察布—二连浩特陆港型（陆上边境口岸型）国家物流枢纽
	辽宁省	营口港口型国家物流枢纽
	上海市	上海商贸服务型国家物流枢纽
	江苏省	南京港口型（生产服务型）国家物流枢纽
	浙江省	金华（义乌）商贸服务型国家物流枢纽
	江西省	赣州商贸服务型国家物流枢纽
	山东省	临沂商贸服务型国家物流枢纽
	河南省	郑州空港型国家物流枢纽
	湖北省	宜昌港口型国家物流枢纽
	湖南省	长沙陆港型国家物流枢纽
	广东省	广州港口型国家物流枢纽
	广西壮族自治区	南宁陆港型国家物流枢纽
	重庆市	重庆港口型国家物流枢纽
	四川省	成都陆港型国家物流枢纽
	陕西省	西安陆港型国家物流枢纽
	甘肃省	兰州陆港型国家物流枢纽
	新疆维吾尔自治区	乌鲁木齐陆港型国家物流枢纽
	宁波市、舟山市	宁波—舟山港口型国家物流枢纽
	厦门市	厦门港口型国家物流枢纽
	青岛市	青岛生产服务型（港口型）国家物流枢纽
	深圳市	深圳商贸服务型国家物流枢纽

续 表

时间	所在地	国家物流枢纽名称
2020 年	北京市	北京空港型国家物流枢纽
	河北省	唐山港口型（生产服务型）国家物流枢纽
	内蒙古自治区	满洲里陆上边境口岸型国家物流枢纽
	吉林省	长春生产服务型国家物流枢纽
	江苏省	苏州港口型国家物流枢纽
	安徽省	芜湖港口型国家物流枢纽
	山东省	济南商贸服务型国家物流枢纽
	河南省	洛阳生产服务型国家物流枢纽
	湖北省	武汉港口型国家物流枢纽
	湖南省	岳阳港口型国家物流枢纽
	广东省	佛山生产服务型国家物流枢纽
	广西壮族自治区	钦州—北海—防城港港口型国家物流枢纽
	重庆市	重庆陆港型国家物流枢纽
	四川省	遂宁陆港型国家物流枢纽
	贵州省	贵阳陆港型国家物流枢纽
	云南省	昆明商贸服务型国家物流枢纽
	陕西省	延安陆港型国家物流枢纽
	青海省	格尔木陆港型国家物流枢纽
	新疆维吾尔自治区	阿拉山口陆上边境口岸型国家物流枢纽
	大连市	大连港口型国家物流枢纽
	青岛市	青岛商贸服务型国家物流枢纽
	深圳市	深圳空港型国家物流枢纽

五、产业政策连续加持，营商环境不断优化

三年来，党中央、国务院重视现代物流业发展，国务院及各有关部门出台了多个政策文件支持物流业高质量发展，园区在网络布局、设施建设、降税清费、用地保障等方面得到了政策支持。

（一）物流网络布局

2018 年 1 月，国务院办公厅印发《国务院办公厅关于推进电子商务与快递物流协

同发展的意见》（国办发〔2018〕1 号），明确加强快件处理中心、航空及陆运集散中心和基层网点等网络节点建设，构建层级合理、规模适当、匹配需求的电子商务快递物流网络。

2018 年 12 月，交通运输部办公厅发布《交通运输部办公厅关于推进乡镇运输服务站建设加快完善农村物流网络节点体系的意见》（交办运〔2018〕181 号），要求统筹利用多方资源，主动加强与农业、商务、供销、邮政等部门的联动协同，有效整合货源和运力资源，因地制宜地制定完善县、乡、村三级农村物流网络节点体系的工作方案。

2020 年 3 月，国家发展改革委印发《关于开展首批国家骨干冷链物流基地建设工作的通知》，提出依托存量冷链物流基础设施群建设一批国家骨干冷链物流基地，整合集聚冷链物流市场供需、存量设施以及农产品流通、生产加工等上下游产业资源，提高冷链物流规模化、集约化、组织化、网络化水平，支持生鲜农产品产业化发展，促进城乡居民消费升级。同年 7 月，国家发展改革委公布了 2020 年国家骨干冷链物流基地建设名单。（见表 2）

表 2　　　　2020 年国家骨干冷链物流基地建设名单

所在地	国家骨干冷链物流基地
北京	平谷国家骨干冷链物流基地
山西	晋中国家骨干冷链物流基地
内蒙古	巴彦淖尔国家骨干冷链物流基地
辽宁	营口国家骨干冷链物流基地
江苏	苏州国家骨干冷链物流基地
浙江	舟山国家骨干冷链物流基地
安徽	合肥国家骨干冷链物流基地
福建	福州国家骨干冷链物流基地
山东	济南国家骨干冷链物流基地
河南	郑州国家骨干冷链物流基地
湖北	武汉国家骨干冷链物流基地
湖南	怀化国家骨干冷链物流基地
广东	东莞国家骨干冷链物流基地
四川	自贡国家骨干冷链物流基地
云南	昆明国家骨干冷链物流基地
陕西	宝鸡国家骨干冷链物流基地
青岛	西海岸新区国家骨干冷链物流基地

2020 年 9 月，国家发展改革委、民航局印发《国家发展改革委 民航局关于促进航空货运设施发展的意见》（发改基础〔2020〕1319 号），明确要着力提升航空货运设施专业化运营能力和服务质量，逐步构建功能完善、布局合理、衔接顺畅的航空货运设施布局和通达全球的航空货运网络体系。

（二）基础设施建设

2018 年 5 月，财政部与商务部联合发布《关于开展 2018 年流通领域现代供应链体系建设的通知》，要求推动辐射范围广、标准化水平高、综合服务能力强的商贸物流园区、专业批发市场升级改造，形成集交易、分拨、仓储、冷链物流、电子商务等多功能于一体的流通服务中心。

2018 年 9 月，国务院办公厅印发《国务院办公厅关于印发推进运输结构调整三年行动计划（2018—2020 年）的通知》（国办发〔2018〕91 号），明确推进具有多式联运功能的物流园区建设，加快铁路物流基地、铁路集装箱办理站、港口物流枢纽、航空转运中心、快递物流园区等的规划建设和升级改造，加强不同运输方式间的有效衔接。

2019 年 9 月，中共中央、国务院印发《交通强国建设纲要》，要求优化运输结构，加快推进港口集疏运铁路、物流园区及大型工矿企业铁路专用线等“公转铁”重点项目建设，推进大宗货物及中长距离货物运输向铁路和水运有序转移。国家发展改革委等五部门联合印发《关于加快推进铁路专用线建设的指导意见》（发改基础〔2019〕1445 号），提出到 2020 年、2025 年，新建物流园区铁路专用线接入比例分别达到 80% 和 85%。

2019 年 11 月，国务院常务会议决定，将港口、沿海及内河航运项目资本金最低比例由 25% 降至 20%。对补短板的公路、铁路、物流、生态环保、社会民生等方面基础设施项目，在投资回报机制明确、收益可靠、风险可控前提下，可适当降低资本金最低比例，下调幅度不超过 5 个百分点。

2020 年 4 月，农业农村部印发《农业农村部关于加快农产品仓储保鲜冷链设施建设的实施意见》（农市发〔2020〕2 号），提出以鲜活农产品主产区、特色农产品优势区和贫困地区为重点，到 2020 年年底在村镇支持一批新型农业经营主体加强仓储保鲜冷链设施建设。

（三）物流降税清费

三年来，国务院等政府部门连续出台降低物流成本、推动物流降本增效的政策措施，着力降低实体经济企业成本，促进实体经济健康发展。特别是针对因新冠肺炎疫情影响造成物流成本阶段性上升的局面，国务院办公厅发布《国务院办公厅转发国家发展改革委交通运输部关于进一步降低物流成本实施意见的通知》（国办发〔2020〕10号），有关部门出台新冠肺炎疫情防控和复工复产的政策措施，切实降低物流企业负担，加快恢复生产生活秩序。

降低物流增值税。2018年4月，财政部、税务总局发布《财政部 税务总局关于调整增值税税率的通知》（财税〔2018〕32号），将交通运输业增值税税率从11%降至10%。

降低物流土地使用税。2018年6月，财政部、税务总局发布《财政部 税务总局关于物流企业承租用于大宗商品仓储设施的土地城镇土地使用税优惠政策的通知》（财税〔2018〕62号），自2018年5月1日起至2019年12月31日止，对物流企业承租用于大宗商品仓储设施的土地，减按所属土地等级适用税额标准的50%计征城镇土地使用税。2020年3月，两部门再次发文《财政部 税务总局关于继续实施物流企业大宗商品仓储设施用地城镇土地使用税优惠政策的公告》（财政部 税务总局公告2020年第16号），自2020年1月1日起至2022年12月31日止，对物流企业自有（包括自用和出租）或承租的大宗商品仓储设施用地，减按所属土地等级适用税额标准的50%计征城镇土地使用税。

清理规范铁路货物运输相关收费。2018年12月，国家发展改革委、市场监管总局印发《国家发展改革委 市场监管总局关于进一步清理规范铁路货物运输相关收费的通知》（发改价格〔2018〕1959号），从深入清理规范地方政府收费、继续清理简化铁路货运杂费、加强专用线代维等服务收费管理、合理降低地方铁路运价水平、进一步规范经营者收费行为5个方面降低铁路货物运输相关费用。

降低港口收费。2019年3月，交通运输部、国家发展改革委联合修订印发《交通运输部 发展改革委关于修订印发〈港口收费计费办法〉的通知》（交水规〔2019〕2号），下调港口设施保安费、货物港务费、引航（移泊）费、航行国内航线船舶拖轮费4项实行政府定价和政府指导价的港口经营服务性收费标准的20%、15%、10%和5%，取消部分内贸小型船舶靠离泊使用拖轮的配置要求，并将港口经营服务性收费项目从15项减并至11项。

此外，政府还通过取消政府还贷二级公路收费、减免鲜活农产品收费公路车辆通行费、高速公路差异化收费试点、取消营运车辆二级维护强制性检测政策等措施，降低物流企业成本。

（四）物流用地保障

2019年3月，国家发展改革委等24个部门联合出台《关于推动物流高质量发展促进形成强大国内市场的意见》（发改经贸〔2019〕352号），要求创新用地支持政策，加强城市物流发展规划与国土空间规划的协同衔接。一是指导地方加大土地政策支持力度，鼓励地方政府利用有效载体和多种渠道整合盘活存量闲置土地资源，用于物流用途。二是探索政府负责土地平整并建设道路、管网等基础设施，企业负责建设经营性物流基础设施，约定土地物流用途并长期租赁的新型物流用地供应保障模式。三是研究利用工业企业旧厂房、仓库和存量土地资源建设物流设施或提供物流服务的支持政策。四是铁路划拨用地用于物流相关设施建设，从事长期租赁等物流经营活动的，可在五年内实行继续按原用途和土地权利类型使用土地的过渡期政策，期满及涉及转让需办理相关用地手续的，按新的用途、权利类型和市场价格以协议方式办理。五是对企业利用原有土地进行物流基础设施建设的，在办理规划条件、规划许可等方面予以支持。

2020 年 6 月，国务院办公厅发布《国务院办公厅转发国家发展改革委交通运输部关于进一步降低物流成本实施意见的通知》（国办发〔2020〕10 号），对保障物流用地需求和完善物流用地考核等方面提出了具体要求。在保障物流用地需求方面，要求对国家及有关部门、省（自治区、直辖市）确定的国家物流枢纽、铁路专用线、冷链物流设施等重大物流基础设施项目，给予建设用地指标方面的重点保障。支持利用铁路划拨用地等存量土地建设物流设施。指导地方按照有关规定利用集体经营性建设用地建设物流基础设施。在完善物流用地考核方面，要求指导地方政府合理设置物流用地绩效考核指标。在符合规划、不改变用途的前提下，对提高自有工业用地或仓储用地利用率、容积率并用于仓储、分拨转运等物流设施建设的，不再增收土地价款。

（五）示范物流园区

按照《关于开展物流园区示范工作的通知》（发改经贸〔2015〕1115 号）到 2020 年全国分批评定 100 左右示范物流园区的工作要求，国家发展改革委等政府部门委托中国物流与采购联合会具体组织开展评审，在 2018 年确定了第二批 27 家国家级示范物流园区，在 2021 年确定了第三批 24 家国家级示范物流园区并取消了两个单位的示范物流园区称号，至此，先后三批示范物流园区总数已达 78 家。为营造示范物流园区良好发展环境，中国物流与采购联合会于 2019—2021 年连续三年开展示范物流园区评估工作，对示范物流园区运行情况进行跟踪监测和定期考核，并将相关情况报送至国家发展改革委。此外，中国物流与采购联合会物流园区专委会（以下简称“园区专委会”）每年开展全国物流园区综合评价工作，评选出一批优秀物流园区；江苏、浙江、安徽、河南等多个地方政府开展省级示范物流园区创建工作，认定了一批省级示范物流园区。这些物流园区基础设施先进、服务功能完善、运营效率显著、社会贡献突出，以点带面提升了我国物流园区发展水平，促进了我国物流园区健康有序发展。

（六）园区标准体系

2018 年 12 月，国家市场监督管理总局、国家标准化管理委员会批准发布了国家标准《物流园区绩效指标体系》（GB/T 37102—2018）。该标准根据我国物流园区发展状况，结合新时代园区发展要求，针对园区发展的薄弱环节，从基础设施、服务能力、运营管理和社会贡献等方面选取若干能客观反映园区运营情况的绩效指标，引导园区提升运营质量和管理水平，促进园区健康发展。

2020 年 12 月，国家市场监督管理总局、国家标准化管理委员会批准发布了国家标准《物流设施设备的选用参数要求》（GB/T 39660—2020）。该标准规定了通用物流设施设备选用参数的总体要求，以及道路和铁路装卸线、堆场、库房、货架、起重机、叉车、运输车辆与装卸站台等参数要求，适用于物流活动中相互衔接的通用物流设施设备的规划、设计及选用。该标准的发布，有利于推动物流设施设备之间协调衔接，提高我国物流整体运作水平。

此外，还陆续发布了《冷藏集装箱堆场技术管理要求》（GB/T 13145—2018）、《陆港设施设备配置和运营技术规范》（JT/T 1213—2018）、《物流中心分类与规划基本要求》（GB/T 24358—2019）、《立体仓库货架系统设计规范》（GB/T 39681—2020）、《公铁联运货运枢纽功能区布设规范》（JT/T 1347—2020），为物流园区提高建设、运营、管理和服务水平提供了基础支撑。

六、污染防治攻坚战号角吹响，加速园区绿色低碳发展

为建设美丽中国，中共中央、国务院于 2018 年 6 月印发《中共中央 国务院关于全面加强生态环境保护坚决打好污染防治攻坚战的意见》，提出到 2020 年，生态环境质量总体改善，主要污染物排放总量大幅减少，环境风险得到有效管控，生态环境保护水平同全面建成小康社会目标相适应，正式吹响了打好污染防治攻坚战的号角。

2018 年 6 月，交通运输部印发《交通运输部关于全面加强生态环境保护坚决打好污染防治攻坚战的实施意见》（交规划发〔2018〕81 号），从建设绿色交通基础设施、推广清洁高效的交通装备、推进交通运输创新发展、打好调整运输结构攻坚战、打好柴油货车等污染防治攻坚战等方面推进绿色交通建设。

2018 年 7 月，国务院印发《国务院关于印发打赢蓝天保卫战三年行动计划的通知》（国发〔2018〕22 号），要求交通运输业从优化调整货物运输结构、加快车船结构升级、加快油品质量升级、强化移动源污染防治等方面发展绿色交通体系。

2018 年 7 月，财政部等 4 部门联合发布《财政部 税务总局 工业和信息化部 交通运输部关于节能新能源车船享受车船税优惠政策的通知》（财税〔2018〕74 号），分别

对符合标准的节能汽车和新能源汽车，减半征收车船税和免征车船税，鼓励节约能源、使用新能源车船。

2019 年 1 月，生态环境部等 11 部门联合印发《关于印发〈柴油货车污染治理攻坚战行动计划〉的通知》（环大气〔2018〕179 号），要求全国在用柴油车监督抽测排放合格率达到 90%、柴油和车用尿素抽检合格率达到 95%、全国铁路货运量比 2017 年增长 30%。国家邮政局印发《快递业绿色包装指南（试行）》，推进快递业逐步实现包装材料的减量化和再利用。

2020 年 1 月，国家发展改革委、生态环境部印发《国家发展改革委 生态环境部关于进一步加强塑料污染治理的意见》（发改环资〔2020〕80 号），要求到 2025 年年底，全国范围邮政快递网点禁止使用不可降解的塑料包装袋、塑料胶带、一次性塑料编织袋等。

2020 年 4 月，财政部等部门发布《财政部 税务总局 工业和信息化部关于新能源汽车免征车辆购置税有关政策的公告》（财政部公告 2020 年第 21 号）、《财政部 工业和信息化部 科技部 发展改革委关于完善新能源汽车推广应用财政补贴政策的通知》（财建〔2020〕86 号），支持新能源汽车产业发展，促进汽车消费。

2020 年 12 月，国务院办公厅发布《国务院办公厅转发国家发展改革委等部门关于加快推进快递包装绿色转型意见的通知》（国办函〔2020〕115 号），要求推进快递包装“绿色革命”。

我国物流园区发展现状与特点

三年来，在市场拉动、政府推动、技术驱动的共同作用下，我国物流园区紧紧围绕高质量发展要求，通过加快基础设施补短板、努力提升物流服务水平、积极推广应用先进技术、大力培育新模式新业态等方式，加速质量变革、效率变革和动力变革，较好完成了《关于印发全国物流园区发展规划的通知》（发改经贸〔2013〕1949 号）规定的各项任务要求，有力促进了现代物流服务体系建设。

一、园区基础设施建设取得新成效

党的十九大报告提出“加强水利、铁路、公路、水运、航空、管道、电网、信息、物流等基础设施网络建设”，物流基础设施网络上升为国家基础设施网络的重要组成部分，为物流园区提升基础设施水平创造了有利条件。

仓储设施建设方面，在物流需求引领下，我国仓储结构持续加快优化。一方面，受我国居民消费转型升级影响，冷链物流需求快速增长，全国冷库容量连续多年保持 10% 以上的高速增长，在 2020 年首次超过了 7000 万吨（折合 1. 77 亿立方米）（见图 1）。另一方面，由于电商物流爆发式增长，京东、菜鸟物流、顺丰等电商企业以及普洛斯、万纬物流、深国际等物流地产商纷纷加快了高标仓建设步伐，部分商贸服务型物流园区加大了对传统仓储设施的改造力度，推动了我国仓库由大批量、少品种、存期长向小批量、多品种、多流通形式转化。例如，顺丰 2020 年年底自营仓库面积达到了 278 万平方米，与 2017 年年底相比增长近一倍。

交通设施衔接方面，截至 2020 年年底，全国铁路营业里程 14. 6 万公里，公路总里程 519. 81 万公里，港口万吨级及以上泊位 2592 个，民用航空机场 241 个，“五纵五横”的综合运输大通道基本贯通，物流节点与交通设施不断融合。值得注意的是，铁路入园数量明显提升，一方面是中国国家铁路集团有限公司持续加大铁路物流中心建设力度，截至 2020 年年底，已建成并投入运营集装箱中心站 12 个，在建 1 个；已规划铁路无水港 25 个，其中建成运营 23 个。另一方面，物流园区、港口、大型工矿企业积极引进铁路专用线，2017—2020 年累计新建并投用铁路专用线 330 条，沿海和内河主

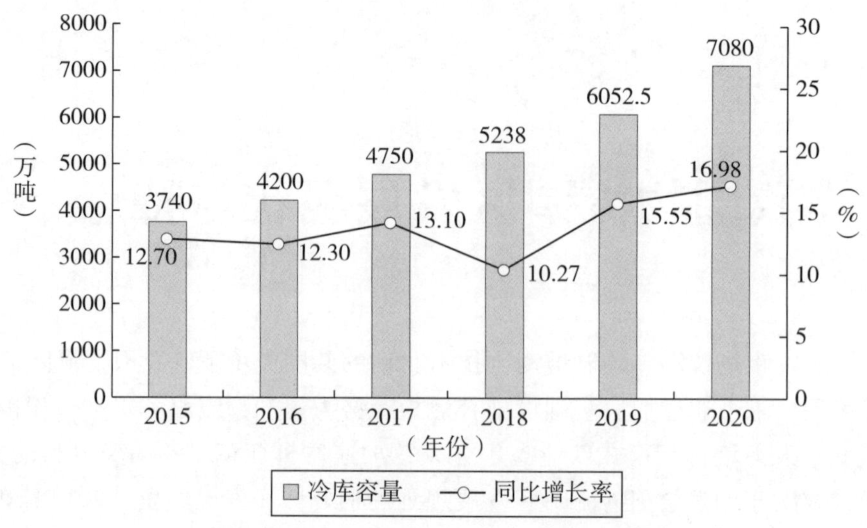

图 1　2015—2020 年全国冷库容量变化情况

要港口铁路进港率分别超过 90% 和 70%。

二、国家物流枢纽建设开创新局面

2020 年 11 月 12 日，国家物流枢纽联盟（以下简称“枢纽联盟”）在山东青岛宣告成立。枢纽联盟是根据《物流枢纽规划》的要求，由中国物流与采购联合会牵头形成的全国性同业联系的一种工作机制形态主体，由经政府部门评审认定的国家物流枢纽运营主体企业（单位）和为枢纽联盟提供运行支持单位组成并自愿参加，接受国家发展改革委经济贸易司指导。枢纽联盟成立以来，各项工作加快推进。一是国家发展改革委、中国物流与采购联合会联合编辑出版了《国家物流枢纽创新发展报告（2021）》，总结推广枢纽建设运营经验与做法。二是探索建立枢纽联盟综合信息服务平台，乌鲁木齐陆港型国家物流枢纽率先测试上线，郑州空港型、武汉港口型等国家物流枢纽也已作为首批试点单位开始进行数据接口对接，同时枢纽联盟网站运营维护也进入常态化，为实现枢纽信息互联打下了坚实基础。三是组织策划了枢纽业务协同恳谈会、对接会、培训会和参观交流会，推进枢纽间业务合作，提升枢纽建设运营水平。四是组织开展枢纽 2020 年度评价和日常运行监测工作，向国家发展改革委报送了《国家物流枢纽 2020 年度评价报告》，提出了枢纽发展的政策建议。五是协助评定 9 家国家物流枢纽建设运营标杆企业，引领带动枢纽建设质量和运营水平提升。国家物流枢纽联盟的成立和相关工作的开展，深化了枢纽沟通、交流和合作机制，枢纽间业务对接、要素流动、标准协调、信息互联逐步推进，国家物流枢纽网络框架初步形成。

三、物流园区发展分化呈现新格局

三年来，在需求、供给、政策等多重因素交织影响下，物流结构调整明显加快，物流园区发展分化态势明显。

一是根据《国务院办公厅关于促进开发区改革和创新发展的若干意见》（国办发〔2017〕7号）的指示精神，全国各地政府开展了开发区整合优化工作，推动过剩产能、低效产能、“僵尸企业”整合、转型或退出。同时，国家发展改革委连续三年开展重点领域化解过剩产能工作，推进钢铁、煤炭等领域不具备安全环保条件、不符合产业政策的落后产能退出市场。这些措施使一些依附落后产能的物流园区逐渐消失，推动物流资源要素向优势产能地区的物流园区集聚。

二是网络购物已经成为我国居民消费的重要渠道，实物商品网上零售额连续多年保持高速增长，2020年已达到9.76万亿元（见图2），占社会消费品零售总额的比重达到24.9%。线下需求向线上需求转移，使大批量、少批次、少品种、整车化的运输需求逐步向小批量、多批次、多品种、零担化的客户需求转移，传统的整车运输、零担专线市场逐步向零担快运转变，推动物流资源要素向电商快递物流园区集聚。

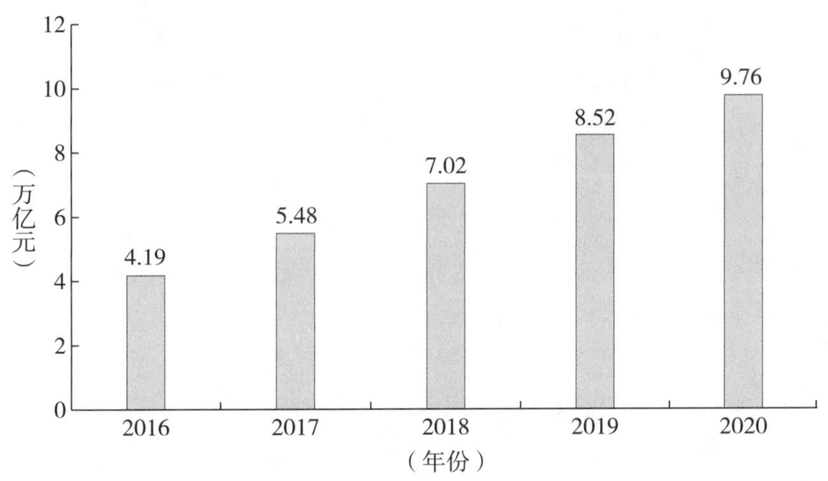

图2　2016—2020年中国实物商品网上零售额变化情况

三是我国农业转移人口市民化速度明显加快，城镇人口占总人口比重（城镇化率）持续提升（见图3），城市规模不断扩大，生产消费需求从农村向城市集中，推动物流资源要素持续向核心城市都市圈集聚。同时，一些城市为改善城市环境，规范企业经营行为，开展物流企业“退城入园”行动，一些城市郊区物流园区规模集聚效应不断加强。

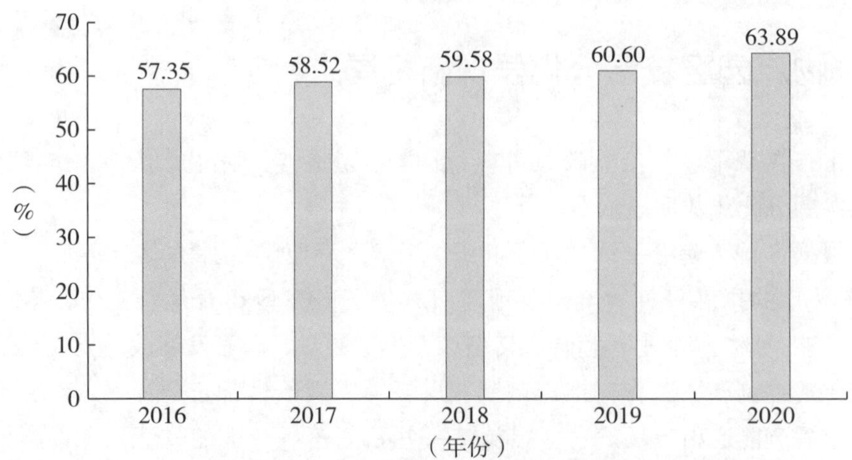

图3　2016—2020 年我国城镇化率变化情况

四是2020 年我国物流企业 50 强物流业务收入合计 1.1 万亿元，占物流业总收入的 10.5%，进入门槛提高到37.1 亿元，比 2018 年增加 7.5 亿元。而这些规模实力较强的物流企业通常在国家物流枢纽、示范物流园区等重要物流节点选址布局，进而提升了相关枢纽园区发展景气度。

五是按照《推进运输结构调整三年行动计划（2018—2020 年）》的工作要求，各地政府认真贯彻落实党中央、国务院决策部署，按照行动计划安排，结合地方发展实际，制定了详细的实施方案，积极推动相关工作，运输结构调整取得阶段性成效。全国公路货运规模占比从 78.22% 下降至 73.93%，而铁路货运规模从 7.95% 上升至 9.62%，水路货运规模从 13.81% 上升至 16.43%，推动了物流资源要素向多式联运型园区集聚。

六是截至2021 年6 月30 日，全国共有1299 家网络货运企业（含分公司），线上平台经济发展对线下的物流园区，特别是公路货运服务型物流园区造成较大冲击。根据中物联发布的《2021 年货车司机从业状况调查报告》调查显示，52.4% 的货车司机在货运平台上寻找货源，传统找相熟的货运中介或相熟的配货站分别占22.3% 和20.8%，货运平台已经成为司机寻找货源的重要渠道，公路货运服务型物流园区内整车配货业务大幅度减少。

四、物流组织模式创新激发新动力

物流园区规模集聚效应不断提升，为推进物流组织模式创新提供了沃土。物流园区深入物流组织的各个环节，创新发展思路，通过加强物流资源整合、重塑组织关系、应用先进技术、优化作业流程等措施，推进物流组织模式创新发展，推进物流业降本增效。

一是运输组织模式创新。宜昌港口型国家物流枢纽建立甩挂运输分拨中心，开展“三峡坝区滚装船甩挂运输”，比传统滚装运输效率增长了150%，降低物流成本42.9%。唐山港口型（生产服务型）国家物流枢纽推进港口煤炭、矿石等大宗商品集疏运由“公路到发，码头泊位接驳转运模式”向“铁路翻车卸货系统+皮带走廊+散装船装卸设施”的封闭运输方式转变，有效提升港口集疏运效率以及控制粉尘污染。

二是多式联运模式创新。西安陆港型国家物流枢纽开行探索“钟摆式”铁路货运专列，实现中欧班列“长安号”公共班列每天开行2去2回，每列可节省综合运费20万元左右。宁波—舟山港口型国家物流枢纽创新开行双层集装箱海铁联运班列，提高铁路运输能力38%。腾俊国际陆港灵活应用干甩衔接、“托盘+挂网”集装化运输、一票到底等多种方式提高集装箱公铁海多式联运效率，业务规模年均增长率超过20%。

三是仓储配送模式创新。整合各方资源，建立公共配送中心，实施“统仓共配”模式，成为物流园区降低“最后一公里”配送成本的有效措施。应用物流数据分析和网络化分仓，为电商企业提供全国一体化物流服务的“云仓”模式受到市场欢迎。受益于餐饮连锁化，集挑选、清洗、分割、切配等食品初加工于一体的“中央厨房”加快建设。

四是共享物流模式创新。京东物流依托其覆盖全国的物流基础设施，搭建“智能共享托盘”运营管理全覆盖的平台。东方驿站应用互联网、物联网、区块链技术，建立公共“挂车池”平台，全国场站及服务网点超过1300个。不同区域物流园区企业合资合作，建立共享运力网络，扩大业务辐射范围。

五、先进技术应用让园区焕发新活力

随着物联网、云计算、大数据、人工智能、5G等新一代信息技术与物流业加速融合，新技术、新模式、新业态不断涌现，改变传统的运作和管理模式，推动物流园区智慧建设。

第一，园区信息化水平显著提升。一是传化智联、林安等公路货运服务型物流园区将线下数字大屏线上化，大力建设网络货运平台，全面优化信息匹配的效率、成本、范围，推动运输全流程可视化。二是部分枢纽园区加大物流信息服务平台建设力度，通过完善信息平台服务功能、推进信息互联互通、开展无纸化作业等多种方式，推动枢纽信息化、数字化，提高物流作业效率。三是部分物流龙头企业搭建物流云平台，将以前分散于全国各地的物流信息统一到平台系统中台，通过全国资源并网、信息互联互通、作业深度协调，实现降低物流成本、提高响应时效和提升客户满意度。四是一些物流软件服务商通过SaaS服务，提供产品化、标准化的仓储管理系统（WMS）、运输管理系统（TMS）、订单管理系统（OMS）等物流应用，帮助中小企业提升信息化水平。

第二，自动化、智能化物流设备加速渗透。AGV、自动货架、自动存取机器人、自动识别分拣等物流设备降本增效作用显著，推动了快递、电商、医药、烟草等物流企业加快物流中心智能化建设和改造。例如，京东物流加快了全国智慧物流服务体系建设，投入运营的“亚洲一号”大型智能物流仓库数量已达到32座。电子商务平台利用积累的消费大数据分析用户偏好，引导企业设计、研发和生产符合市场需求的产品，推动了C2M（用户直连制造）模式发展，提升了物流柔性化需求，服装、食品、家电等行业龙头企业也纷纷布局建设智慧物流中心。

第三，新型智慧物流模式不断涌现。如青岛生产服务型（港口型）国家物流枢纽综合运用5G、人工智能、大数据、北斗定位、机器视觉、激光扫描等新技术，探索建立智能空轨集疏运系统，彻底破解平面运输的交叉、拥堵等交通瓶颈，打通集装箱从铁路港站到堆场的“中间一公里”。太原陆港型（生产服务型）国家物流枢纽的铁路场站是全国铁路物流园首个采用“智能作业调度指挥＋门吊远程控制＋集装箱AGV水平搬运”模式的自动化无人集装箱作业场站，集装箱整体作业效率提高50%，减少作业人员20人。天津港口型国家物流枢纽率先攻克港机自动化系统集成、无人驾驶电动集卡规模化应用等核心技术，可实现25台无人驾驶电动集卡成组整船作业，使港口整体作业效率提升20%，单箱综合能耗降低20%。

第四，园区智慧物业管理系统成熟落地。普洛斯、宝湾物流、京东物流、菜鸟网络等物流企业和物流地产商搭建了智慧园区物业管理系统，包括智能闸口、数字月台、智能安防、智能场站调度、在线客户服务等，全面提高园区运营管理水平和服务质量。

六、物流园区网络运营实现新联通

随着“一带一路”建设、京津冀协同发展、长江经济带发展、粤港澳大湾区建设等国家重大区域战略的深入实施，分工协作、优势互补的产业发展格局正在逐渐形成，对广覆盖、高效率、低成本的物流运作网络体系的诉求日益强烈，物流园区互联互通步伐明显加快。

在水运物流网络方面，浙江、江苏、山东、安徽等沿海沿江省区纷纷设立省级港口集团，通过区域内港口统一规划、统一建设、统一运营、统一管理，加强资源统筹配置和物流网络化运作，推进区域内港口一体化发展，整合效能显著释放。例如，山东省港口集团成立两年来，山东沿海港口集聚效应、联动效应迅速显现，2020年全球主要船公司在山东的航线逆势新增46条；集团全年完成货物吞吐量14.2亿吨、增长7.4%，集装箱吞吐量3147万标箱（即标准箱）、增长6.5%，货物吞吐量与集装箱吞吐量分别跃居全球第一和第三位。

在铁路物流网络方面，铁路内陆港与沿海沿江港口的合作，成为铁路融入全国物流网络的重要突破口。例如，重庆国际物流枢纽园区、甘肃（兰州）国际陆港、新疆国际陆港、广西北部湾国际港务集团西部六省市八股东联手共建陆海新通道跨区域综合运营平台陆海新通道运营有限公司，将按照“统一品牌、统一规则、统一运作”经营原则，构建了运营公司统筹、区域公司协同的组织模式，打造了覆盖西部7省23市49站的服务网络，2020年西部陆海新通道开行班列4607列。

在公路物流网络方面，传化智联通过搭建大票零担数字化服务平台，将原来孤立的公路港串联起来，利用全国63个公路港的网络优势，实现园区间线路对开和直达，截至2020年6月30日，园区间直线条数超过1.2万条。正广通通过合作方式，运营管理20多个智慧园区，整合3000多条物流专线，通过货源牵引带动园区间线路开通，打通单个园区的孤岛限制，实现物流服务网络、优势专线网络、同城配送网络、车联网及信息网“五网合一”，建立线上线下相互融合的园区服务体系。中物联物流园区专委会牵头搭建了公共信息服务平台“百驿网”，帮助物流园区联网和车主、货主导航，目前已有近200家物流园区“入网”，园区业务协调合作相关工作正在稳步推进。

在航空物流网络方面，扩大网络覆盖范围和加大航线开行力度成为航空物流园区的发展重点。例如，郑州空港型国家物流枢纽2020年在稳定既有航线运力的基础上，新引进货运航空公司9家，总数达到31家（外籍24家）；新开货运航线18条，航线数增至51条（国际地区41条）；新增布达佩斯、洛杉矶等21个通航城市，总数达到63个（国际地区46个），初步形成了中短程和远程国际货运航线相互衔接、互为支撑的物流网络体系。

此外，为全面展现全国物流园区分布态势，分享物流园区基本信息，促进园区之间交流合作，中物联物流园区专委会编制了《中国物流园区图谱》，截至目前，包括示范物流园区、优秀物流园区和一些省市重点园区在内的多家园区已经列入图谱，相关信息可在中物联物流园区专委会网站上点击图谱查询。

七、物流园区国际化业务实现新突破

2018—2020年，我国积极推进高水平对外开放，增强国内国际经济联动效应，货物进出口总额占全球的份额进一步提高，世界第一贸易大国地位更加稳固，为物流园区开展国际物流业务创造了有利条件。

一是开展保税物流业务园区数量增加。按照《国务院关于促进综合保税区高水平开放高质量发展的若干意见》（国发〔2019〕3号）的工作要求，全国各地加快将出口加工区、保税物流园区、跨境工业区、保税港区及符合条件的保税区整合为综合保税区，推进海关特殊监管功能、政策和管理统一。截至 2020 年年底，全国 31 个省、市、自治区现有海关特殊监管区域 160 个，其中，综合保税区 147 个。

二是国际物流业务模式推陈出新。21 个自贸试验区所在省市和有关部门结合各自贸试验区功能定位和特色特点，全力推进制度创新实践，形成了“中欧班列集拼集运模式”“跨境电商零售进口退货中心仓模式”“货物贸易‘一保多用’管理模式”“铁路运输方式舱单归并新模式”“保税仓库和非保税仓库‘两仓合并’”等一批新模式，并逐步在全国范围内复制推广。

三是园区企业加快“走出去”。截至 2020 年年底，我国开行中欧班列的省区市已有 29 个，通达欧洲 23 个国家的 168 个城市，开行数量超过 4 万列，战略通道作用越发凸显，推动园区企业海外布局。例如，重庆国际物流枢纽园区、成都国际铁路港等中欧班列节点园区在境外建设分拨集散中心和海外仓，增加中欧班列集散能力；中国外运、顺丰集团等收购海外物流企业和地产，加强境外战略布局；跨境电商海外仓数量超过 1800 个，面积超过了 1200 万平方米。2017—2020 年我国中欧班列开行情况如图 4 所示。

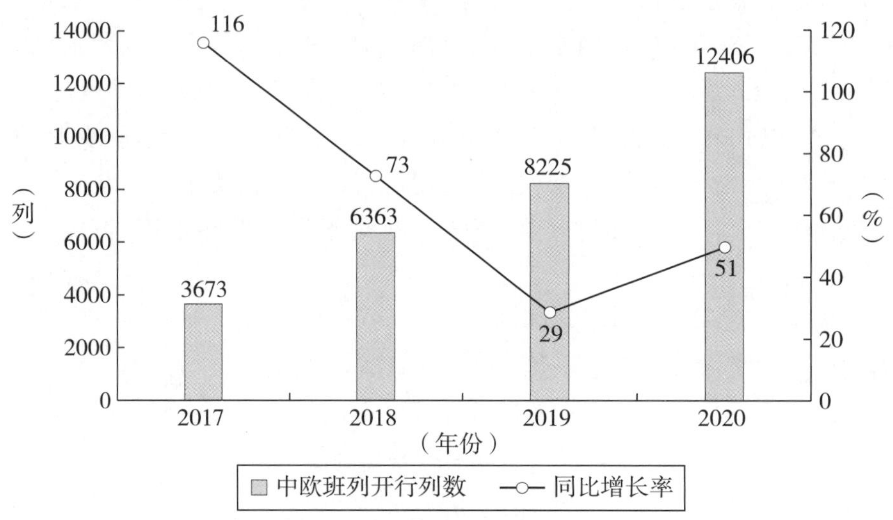

图 4　2017—2020 年我国中欧班列开行情况

八、物流园区产业融合迈上新台阶

2017 年 10 月，国务院办公厅发布《国务院办公厅关于积极推进供应链创新与应用的指导意见》（国办发〔2017〕84 号），对供应链发展进行战略部署，标志着我国供应链迎来应用发展的新时代，步入重要历史发展机遇期。物流园区充分发挥规模集聚优势，提升供应链上下游组织协同水平，加强资源整合和流程优化，有效推进了物流业与制造业、商贸业和金融业融合联动发展。

在物流业与商贸业融合方面，中国（杭州）跨境电子商务综合试验区·空港园区牢牢抓住“互联网+”战略机遇期，依托萧山国际机场的带动作用，在跨境电子商务等方面开展先行先试，打造集通关、物流、检测、退税、结汇、金融收付、供应链金融、软件开发、数据应用、认证等于一体的产业生态，推动服装、羽绒、汽车配件、家具等行业纷纷“触电”，为萧山融入全球化提供有力保障，2020年空港园区跨境电商出口逆势增长，年出口7891万票、货物4.1万吨，同比增长分别为233.77%和51.56%。临沂商贸服务型国家物流枢纽组建供应链管理服务平台，集成信息共享、集中采购、供应链金融、保险保理、三方物流等服务功能，可为商城业户提供全程供应链服务，2020年营业额突破1.5亿元。

在物流业与制造业融合方面，嘉诚国际物流中心将物流服务嵌入家电制造企业原材料采购、生产制造、产品分销、售后服务及回收逆向物流等供应链全流程，通过资源整合提供对流运输、JIT物流配送、供应商库存管理、半成品加工等增值服务，帮助制造企业减少物流环节，降低物流成本和缩短制造周期。京东物流根据制造企业生产物料与规格种类繁多、出库流量低但线路多变等实际情况，结合生产制造工艺定制开发多款物流机器人等配套物流设备，量身定做解决方案，并通过业务渗透、资源共享等方式，使得制造企业整体成本降低10%，库存利用率提升13%，作业效率提升20%，提升了制造企业整体竞争力。

在物流业与金融业融合方面，传化智联基于智能物流服务平台内的物流应用场景和平台内沉淀的数据，利用人工智能、区块链等新技术解决企业信用与全流程风控管理难点，以平台化方式为制造企业、商贸企业、物流企业提供保理、支付、融资租赁、保险等产品，助力打通物流各环节。宝湾（合肥）国际物流中心根据入驻企业的贸易数据、物流数据、纳税数据、支付凭证等，与外部金融机构进行合作，为园区企业提供信用贷款、担保贷款、库存质押融资等金融服务，帮助企业降低融资成本。

九、资本市场助力物流园区新发展

近年来，我国物流需求稳步增长，但物流土地资源供应偏紧，一些具有良好发展前景的优秀物流园区和稳定投资回报率的优质物流地产得到了资本市场青睐。资本市场为园区企业提供多种融资渠道，为园区建设发展、企业做大做强提供动力。

一是上市融资。2018年以来，德邦物流、嘉友国际、密尔克卫、青岛港、中创物流、日照港裕廊、易商红木、顺丰房托等多家物流相关企业上市，融资规模超过200亿元。其中，易商红木、顺丰房托是专业从事物流地产开发及基金管理的企业，合计募集资金超过60亿港元，主要用于开发本身的物流物业和收购优质物流资产。

二是资产证券化。《中国证监会 国家发展改革委关于推进基础设施领域不动产投资信托基金（REITs）试点相关工作的通知》（证监发〔2020〕40号）、《关于做好基础设施领域不动产投资信托基金（REITs）试点项目申报工作的通知》（发改办投资〔2020〕586号）等多个文件，明确基础设施公募REITs产品的试点要求和运作规范，为推广基础设施REITs创造了良好条件。物流地产具有风险低、收益稳定等特点，成为不动产先行试点的重点领域，顺丰、普洛斯、菜鸟物流、宝湾物流、万纬物流等企业率先试点，有效盘活存量资产，提高投资建设和运营管理效率（见下表）。

2018—2020年物流地产证券化事件选录

时间	融资企业	融资模式	融资规模（亿元）	融资利率（%）	标的资产
2018年9月	普洛斯	CMBS	15.015	5.00	普洛斯练塘物流园、闵行物流园、浦东机场物流园和石湖荡物流园
2018年12月	顺丰	REITs	18.46	5.05	顺丰上海青浦产业园和无锡电商产业园
2019年1月	宝湾物流	CMBS	17.89	4.82	昆山宝湾物流园、南通宝湾物流园、天津宝湾物流园、廊坊宝湾物流园
2019年3月	菜鸟物流	REITs	10.7	4.45	菜鸟重庆两江仓
2020年1月	万纬物流	REITs	5.73	4.7	万纬宁波北仑港物流园、万纬上海浦东临港物流园

三是发行债券。2020年7月，中央农村工作领导小组办公室等7部门联合印发《中央农村工作领导小组办公室 农业农村部 国家发展和改革委员会 财政部 中国人民银行中国银行保险监督管理委员会中国证券监督管理委员会关于扩大农业农村有效投资加快补上“三农”领域突出短板的意见》，要求扩大地方政府债券支持农产品仓储保鲜冷链物流等现代农业设施建设，各地方府认真贯彻落实，有效缓解了冷链物流园区企业融资难、融资贵等问题。

十、生态文明理念为园区增添新色彩

随着资源环境承载能力已经达到或接近上限，经济社会发展同生态环境保护的矛盾日益突出，全社会开展绿色低碳转型，物流园区也积极行动起来。

一是电商快递园区绿色包装应用实践加速。截至2020年12月，我国瘦身胶带封装比例达到 95%，电商快件不再二次包装率达到 70.1%，循环中转袋使用率达到 91.5%，快递绿色包装取得积极成效。此外，京东、顺丰、苏宁等以减量化、可循环为方向，积极探索绿色循环包装箱应用。

二是园区汽车使用从柴油汽车逐步向新能源汽车转变。为推进新能源在物流业推广应用，多个省市开放新能源物流车路权政策并实行新能源车辆运营补贴，截至 2020 年年底，全国城市物流配送新能源车数量达到 43 万辆。同时，全国各地认真贯彻落实《柴油货车污染治理攻坚战行动计划》，采用经济补偿、限制使用等措施，淘汰国三及以下排放标准柴油货车，禁止生产国五排放标准轻型汽车。

三是光伏发电在园区加速落地。随着光伏行业技术成熟和成本下降，光伏发电成为大力发展的可再生能源发电方式，一些物流园区加大了光伏发电项目在园区的建设力度。例如，普洛斯 2018 成立普枫新能源，已逐步在全国 15 个省市稳定运营分布式光伏发电项目，预计 2021 年年底分布式光伏累计 1GW 开发规模，相当于约 75 万户家庭的年用电量。

我国物流园区发展中存在的主要问题

随着投入建设运营的物流园区数量不断增加，我国物流园区网络已初具规模，在提升物流集约化发展水平、提高物流链条运行效率和促进物流业创新发展等方面发挥了重要作用。但物流园区发展不平衡、不充分、不协调问题仍然突出，难以适应我国物流业高质量发展的要求，需要进一步改进和提升。

一、物流园区规划布局不够合理

由于我国经济空间格局的深刻调整、园区规划建设统筹协调不足等多方面原因，物流园区布局存在区域不平衡以及与城市、产业、交通等融合度不够等问题，未能完全适应新的发展形势和要求。

从地区发展来看，一方面，东部地区物流园区规划建设起步早，布局相对较为完善；中西部地区加快了物流园区规划建设，但在部分地区还存在薄弱点和空白点；东北地区则由于经济发展缓慢和人口流失，物流园区规划建设进展不大。另一方面，城市物流需求集中且旺盛，物流园区布局网络正逐步成型，而农村物流需求分散且规模较小，农村物流网络统筹规划不足，多数县级物流园区、物流中心还处于规划论证过程中。地区间物流园区布局不平衡，限制了物流网络整体运行效率的进一步提升。

从产业发展来看，一是有些物流园区功能定位重合，存在低水平重复建设、同质化竞争严重等现象；二是部分物流园区选址距离经济开发区、高新技术园区、工业园区等制造业集聚园区以及批发市场、专业市场等商品集散地较远，有效物流需求较少；三是部分物流园区对周边产业缺乏深入调研，功能定位不清，盲目开工建设和引进企业导致供需不完全匹配。

从城市发展来看，一方面，地方政府以亩均税收作为物流园区考核评价的重要指标，对园区在区域经济发展的公共性和基础性作用认识不足，限制引进甚至主动驱赶亩均税收贡献少的物流项目，物流园区被迫不断外迁，而城市内又缺少具备快速分拨配送能力的物流中心，导致城市配送距离远、价格高、时效慢，难以满足人民对美好生活的向往。另一方面，随着城市人口流入和城区扩张，迁移到市郊边缘的物流园区周边又逐渐布满了居民区、商业圈和休闲风景区，人流和车流交织混杂，交通安全隐患增加，物流活动高效组织与人们追求安静舒适生活环境的矛盾日益加剧。

从交通融合来看，一是物流园区与综合交通规划缺乏有效衔接，与铁路、港口等货运枢纽距离较远，干支衔接能力和转运分拨效率较低。二是随着园区业务量快速增长，原有道路规划滞后于园区发展，园区周边道路拥堵现象日益突出。

二、物流基础设施建设不够完善

经过多年发展，我国物流园区基础设施建设取得了明显成效，但仍存在着一些结构性问题。一是铁路入园进展不快，多式联运转运换装及相关配套设施不足，园区集疏运设施建设有待加强。二是中部农牧业主产区和西部特色农业地区冷库较为短缺，承担全国70%以上农产品批发交易功能的大型农批市场、区域性农产品配送中心等关键物流节点缺少相配套的冷冻冷藏设施，造成冷链物流在生产源头缺乏预冷环节。三是我国农村物流基础设施薄弱，邮政、快递、交通、供销、商贸流通等设施布局分散，物流场站设施覆盖率低，难以支撑构筑高效便捷的农村物流体系。四是新冠肺炎疫情防控暴露了我国航空货运设施短板，缺少集运输、仓储、加工、分拨、配送功能等于一体的物流设施。五是我国仓储业仍以功能单一的传统仓储设施为主，高质量、高标准的现代化仓储设施还无法完全满足电商、机械制造、医药、电子信息等行业快速增长的物流需求。六是部分园区内部物流设施仍呈现零星式布局，设施间衔接不够紧密，不利于物流设施设备共享和物流组织协同。

三、高质量物流服务供给能力不强

一是物流园区同类物流资源要素集聚不够，专业化运作水平不高，造成园区大而不强，辐射效应发挥不充分。二是多数园区入驻企业仍以中小物流企业为主，综合实力强、引领带动作用大的龙头企业不多，难以有效深入供应链、产业链、物流链各环节，提供一体化的多式联运和供应链物流服务。三是园区同质化、低价竞争现象严重，难以针对细分行业和客户提供个性化、差异化的增值物流服务，服务创新能力不强。四是物流服务质量标准和诚信体系不健全，园区也尚未建立优胜劣汰的管理机制，物流服务质量不高。五是虽然物联网、云计算、大数据、区块链、5G等新一代信息技术已应用到物流各个环节，但应用规模不大、融合程度不够，园区服务科技含量普遍不足。六是园区基本配套服务、商务服务、政务服务体系建设不够完善，还有进一步提升的空间。

四、园区物流业务联结不充分

一是我国物流业由多个政府部门分工管理，不同类型物流园区隶属不同部门管理，但由于缺乏有效的纵横联动协同管理机制，对不同类型园区的管理各自为政、条块分割，推动园区协调发展的政策合力不足。二是物流标准化程度不高，不同运输方式、不同行业物流设施设备标准不统一、物流包装规格和设施设备不匹配等问题，造成园区多式联运货物倒装次数过多，降低了联运效率，增加了运输成本。三是多数园区尚未建立综合信息服务平台，部分园区信息平台联通度不够、利用率不高，导致物流数据信息分散在不同部门、不同企业、不同环节，信息孤岛现象显著，难以提高物流效率。四是园区入驻企业间博弈错综复杂、竞争大于合作，难以将分散的物流需求集中整合，形成园区间业务联通的合作基础。五是物流园区管理主体、管理机制、功能定位、货物种类、服务规范等不尽相同，缺少沟通合作、信息共享、利益分配、风险承担等机制，业务协同难度较大。

五、物流园区运营管理水平不高

一是部分政府型园区管理委员会职能范围仅限于土地开发、招商引资、企业服务等方面，缺少项目审批、财政金融、产业促进等省级和市级经济管理权限，运营管理和可持续发展能力不强。二是园区创新能力不强，未能充分整合利用园区资源要素、培育发展新动能、探索枢纽经济新范式。三是物流人才缺乏成为园区高质量发展瓶颈，特别是物流信息人才、物流管理人才、产业链和供应链贯通人才以及国际物流人才更加紧缺。四是园区统计管理体系不完善，统计资料的完整性、真实性、准确性、及时性有待加强，难以客观反映园区运行情况和为园区经营决策提供有力支撑。

六、物流用地政策落实不到位

虽然国家多次明文提出解决物流用地难、用地贵等问题，但落地执行效果不尽如人意。一是农村人口向城市转移刺激城市物流用地需求，但城市物流用地供给逐年缩减，城市内原有老旧仓储设施拆迁后难以置换，工业企业利用率不高的存量旧厂房、仓库土地资源也难以转为物流设施用地，加剧了供需不平衡。二是新批物流用地通常位于城市远郊地区，不仅物流用地缺乏规划、布局分散，还远离城市主干道路，与货运枢纽衔接不畅。三是物流用地审批环节多、时间长，没有单独的物流用地分类。四是地方政府对物流用地的基础性和公共性认识不足，将物流用地等同于工业用地和商服用地，造成物流用地价格偏贵。五是各地政府对物流用地税收贡献、投资强度等要求过高，仓储设施容积率要求偏高，单靠物流经营难以达到标准。六是园区改造升级老旧仓储设施仍然需要收取土地出让金、部分地区将物流仓储用地划分为民用建筑需要建设人防工程，也在一定程度上增加了园区企业负担。另外，虽然有股票、债券、基金等多种渠道为园区建设筹集资金，但只适用于个别物流园区和大型企业，缺乏普惠性。

我国物流园区发展展望

《中华人民共和国国民经济和社会发展第十四个五年规划和2035年远景目标纲要》（以下简称“《规划纲要》”）擘画了我国“十四五”乃至今后更长一段时期经济社会发展的宏伟蓝图，开启了构建新发展格局的新征程。《规划纲要》通篇21处直接提到“物流”，将物流基础设施网络建设作为“十四五”时期物流业发展的重点任务，物流园区发展仍处于大有可为的重要战略机遇期。物流园区将立足新发展阶段、贯彻新发展理念，坚持高质量发展主线，以创新驱动发展，进一步提升规划、建设、管理和服务水平，为加速现代物流体系的建设贡献新力量、发挥新作用。

一、新格局指引，建设物流基础设施新网络

“加快形成以国内大循环为主体、国内国际双循环相互促进的新发展格局”，是党中央深刻把握我国社会主要矛盾发展变化带来的新特征、新要求，着眼于我国长远战略布局和经济可持续发展的深度谋划。我国参与全球经济分工的模式发生重大改变，从全球价值链中的供给中心“世界工厂”升级为“供给—需求”双中心驱动的“世界市场”，货物流向由面向东部沿海的外循环单向流动为主，逐步转向内外联动的双循环双向流动，这要求现代物流拓展网络化发展新空间，在城乡间、区域间、国内国际间实现均衡布局和协调发展。“十四五”时期，为构建现代物流体系、支撑新发展格局，物流基础设施网络建设将从以下几个方面重点推进。一是按照《国家物流枢纽网络建设实施方案（2021—2025年）》的工作要求，“十四五”期间将推进120个左右国家物流枢纽建设，基本形成以国家物流枢纽为核心的现代化物流运行体系。二是各地政府将根据区域经济发展，围绕国家物流枢纽、国家综合运输大通道，统筹优化物流园区、货运枢纽、配送中心、物流场站等设施建设布局，提升物流设施和功能衔接水平，减少和避免重复建设，提高区域物流资源集中度。三是物流基础设施补短板持续推进，中西部、农村县域等地区物流园区规划建设加快，园区冷链物流、应急物流、航空物流、口岸物流、联运转运等设施薄弱点得到完善。四是核心城市的中心城区物流基地、专业市场等功能设施继续向外疏解，周边城市将承接部分需求，打造区域性物流园区，

而市郊物流园区干支衔接和分拨配送设施得到强化。五是在物流用地趋紧的背景下，随着产业结构调整和消费升级需求，园区旧有的仓储设施将改造升级为高端标准仓库、智能立体仓库、多层仓库等，园区仓库结构进一步优化。

二、枢纽带动，节点互联成网进入新阶段

当今世界正经历百年未有之大变局，科技产业变革、地缘政治局势、新冠肺炎疫情、贸易保护主义等都对全球供应链、产业链、价值链体系产生了广泛、长期和深刻的影响。新兴工业化国家劳动密集型产业快速发展、欧美国家吸引制造业回流，我国产业发展正面临着发展中国家和发达国家的两端挤压。“十四五”规划明确要求，优化区域产业链布局，引导产业链关键环节留在国内，强化中西部和东北地区承接产业转移能力建设。引导产业有序转移、促进不同产业梯度地区协调发展，实现产业空间接续，构建畅通高效的物流运行网络，推进物流网络节点互联互通已成为业界共识。

国家物流枢纽是现代物流体系的核心基础设施，在建设低成本、高效率的全国性物流服务网络中发挥着关键作用。《国家物流枢纽网络建设实施方案（2021—2025年）》明确要求，“十四五”要加快枢纽互联成网，推进形成以国家物流枢纽为核心的骨干物流基础设施网络和骨干多式联运体系。一方面，枢纽将充分发挥资源集聚和网络辐射作用，以多式联运链条为纽带，与省区物流园区、物流中心、货运枢纽等物流节点合作打造区域快速集散分拨网络，与跨区枢纽联合建设高品质干线物流通道。另一方面，枢纽联盟将以物流综合信息服务平台为抓手，以信息化建设相对成熟的枢纽试点项目为突破口，探索树立标准衔接、业务联动、资源共享、网络协同样板，为形成大规模、系统性、常态化合作机制积累经验。

三、铁路先行，提升园区运输服务新能级

2021 年 2 月，中共中央、国务院印发《国家综合立体交通网规划纲要》，提出构建以铁路为主干的国家综合立体交通网，要求形成以铁路运输、水路运输为主的大宗货物和集装箱中长距离运输格局，为新时代交通强国铁路先行赋予了新使命，铁路物流将以更加积极主动的姿态融入现代物流体系建设中，给物流园区提升运输服务质量创造了有利条件。一是多式联运型物流园区、铁路专用线建设进度有望加快，具备多式联运条件的物流园区占比将显著提升。二是国家铁路企业股份制改造深入推进，这将有利于物流园区运营主体与国家铁路企业加强股权合作，通过利益共享模式建设运营好铁路场站、专用线，共同推进园区多式联运发展。三是以 95306 货运服务信息系统为载体，铁路货运信息将逐步对外开放共享，加快与港口、边境口岸、内陆港、物流

园区等节点信息互联，助力全程透明的多式联运信息链建设。四是铁路35吨敞顶集装箱大量投入使用，铁路集装箱“下水”、海运集装箱“上铁”等制度性和技术性瓶颈逐步打破，罐箱、冷藏箱、隔热保温箱等物流装备加快发展，园区集装箱运输量有望保持快速增长。五是铁路货运商向综合物流服务商转型，将根据客户需求进一步丰富铁路列车开行形式，小运转车、钟摆式列车、双层集装箱列车等新型运输组织方式将在园区推广应用。

四、深耕细作，服务促进产业联动新融合

我国经济高质量发展，对物流服务提出了新要求。从需求端来看，人们对美好生活需求日益增长，以用户体验为中心的个性化、定制化需求被充分激活，购买交付体验趋向快速即时；健康理念成为生活新潮流，新鲜绿色食品备受青睐，要求物流服务有速度、有温度。从供给端来看，随着我国制造业从价值链的中低端向中高端迈进，精益制造、敏捷制造、柔性制造、协同制造等先进生产方式普及应用，供应链组织网络日益复杂，要求物流服务可视化、一体化发展。从流通端来看，商业模式不断变革，线上线下不断融合，营销渠道分级分散，全渠道、一盘棋管理成为趋势，要求物流服务网络化、多元化发展。

物流服务需求提档升级，要求物流园区有效融入供应链、产业链和价值链，为产业转型升级贡献新力量。一是物流园区将以战略联盟、资本合作、平台对接等方式整合内部资源，为客户提供一次托运、一次付费、一单到底、全程负责的多式联运服务。二是物流园区将加强与周边生产制造业企业、商贸企业合作，从简单外包的仓储、运输服务逐渐深入复杂的定制供应链解决方案，如为生产制造企业提供包含供应链库存管理、线边物流的一体化供应链服务，为商贸企业提供运输、仓储、配送、流通加工、回收、支付结算为一体的网络化服务。三是物流园区将加强周边产业需求调查，摸清产业物流流量、流向和需求特点，积极开发新产品、新服务，扩大高质量物流产品和服务供给。四是国家物流枢纽充分发挥规模集聚和辐射带动效应，集聚更大区域范围的资源要素，以供应链、产业链组织和流程重构培育新业态新模式，探索枢纽经济发展新范式，形成物流推动产业创新、产业催生物流需求的良性循环，重塑产业空间分工体系，带动区域经济转型升级。

五、数字赋能，建设智慧物流园区新场景

“十四五”期间，智慧物流园区建设迎来黄金发展期。一方面，新冠肺炎疫情加速全球数字化转型，数字经济已经成为抢占全球竞争制高点的重要战略选择，各国和地

区纷纷加强对数字经济的政策制定。《规划纲要》也提出加快数字化发展，建设数字中国。数字经济已成为各国竞争焦点，这将加速物流基础设施数字转型、智能升级。部分省份已出台的“十四五”物流规划中将智慧物流园区建设作为重点任务。例如，浙江、江苏要求省级示范园区智慧化率在2025年分别达到100%和80%以上。另一方面，随着20世纪60年代“婴儿潮”的老一批物流人员逐步退出市场，年青一代普遍不愿意进入市场，物流业用工荒逐年加剧，物流从劳动密集型向技术密集型转型迫在眉睫，物流园区智能化改造也有望提速。一是智能闸口、数字月台、智能安防、智能场站调度等园区管理系统普遍应用，园区可视化、数字化管理水平显著提升。二是智能物流设备国产化率进一步提升，AGV、自动货架、自动存取机器人、自动识别分拣等自动化系统加速普及，智能物流设备更具柔性和扩展性，智能物流系统从电商、烟草、医药等流通领域向服装食品、家居家电、高端制造等智能制造重点领域拓展，园区自动化水平明显提升。三是我国正在从消费互联网转向产业互联网转型，数据总量将呈现爆发式增长，作为衔接供应链、产业链上下游的物流园区将成为较大的“蓄数池”之一，基于大数据和算法的人工智能应用日益广泛，加快提升物流园区运营管理能效。四是交通强国建设试点单位和行业龙头企业将努力突破物流关键性技术瓶颈，推进5G、大数据、人工智能、数字孪生等先进信息技术与物流活动深度融合，加快推进无人仓、无人机、无人车、无人码头等装备落地应用，推进物流园区技术升级。

六、双向开放，推动国际物流迈出新步伐

《规划纲要》提出，要坚持实施更大范围、更宽领域、更深层次的对外开放，依托我国超大规模市场优势，促进国际合作，实现互利共赢，推动共建“一带一路”行稳致远，推动构建人类命运共同体。按照《“十四五”商务发展规划》要求，2025年我国货物进出口总额要达到5.1万亿美元，比2020年增加约9.7%。可见，中国“开放的大门”不会关闭，只会越开越大，这将给物流园区国际物流业发展带来新机遇。一是《规划纲要》要求研究在内陆地区增设国家一类口岸，将加快中西部和东北地区开放步伐，人员、货物、物品和交通工具出入更加便捷，部分内陆铁路口岸、航空口岸有望形成新的增长极。二是国务院印发《国务院关于同意在雄安新区等46个城市和地区设立跨境电子商务综合试验区的批复》（国函〔2020〕47号），我国跨境电子商务综合试验区扩大至105个，在全球疫情形势尚不明朗的情况下，跨境电子商务尤其是B2B业务将成为对外贸易的重要渠道，跨境电商物流园区业务量将继续保持快速增长。三是我国将通过进一步优化口岸通关流程、提升进出口环节监管证件和通关物流类单据单证电子化无纸化水平、降低进出口环节合规成本等方式，优化口岸营商环境，使口岸服务型物流园区运营效率进一步提升。四是我国将以自贸试验区和自由贸易港为

载体，在促进国内外人才、资本、技术、数据等要素自由流动方面加大制度创新力度，推动货物贸易自由便利。五是世界进入动荡变革期，国家安全体系和能力建设上升到重要高度，供应链、产业链安全得到重视。《“十四五”服务贸易发展规划》要求，推进现代国际物流供应链发展，加快构建开放共享、覆盖全球、安全可靠、保障有力的现代国际物流供应链体系。一些物流园区企业将根据发展战略和业务需求，在“一带一路”沿线加快布局重要节点。

七、管理提效，焕发园区高质量发展新气象

我国开发区在经过整合优化后，构建新发展体制成为高质量发展的重要抓手，将为物流园区发展带来新活力。一是《国务院关于推进国家级经济技术开发区创新提升打造改革开放新高地的意见》（国发〔2019〕11号）明确表示，要赋予国家级经济技术开发区更大改革自主权，推动其在“放管服”改革方面走在前列，依法精简投资项目准入手续，简化审批程序，下放省市级经济管理审批权限，实施先建后验管理新模式。开发区自主决策能力提升，有利于激发开发区自我发展的内生动力。二是商务部印发《国家级经济技术开发区综合发展水平考核评价办法（2021年版）》；《国家“十四五”口岸发展规划》要求全面开展口岸综合绩效评估；《国家物流枢纽联盟监测评价办法（试行）》《示范物流园区监测评估办法（试行）》在枢纽园区落地应用。在绩效考核下，园区将以高质量发展为导向，进一步提升园区规划、建设、管理和服务水平。三是有条件的国家级经济技术开发区开发建设主体可以进行资产重组、股权结构调整优化，引入民营资本和外国投资者，有利于激发开发区发展活力，提高开发区经营效益。四是在一、二线城市物流用地供应紧张、城镇化率提升的背景下，一、二线城市物流土地价值或将重估，普洛斯、宝湾、深国际、万纬等物流地产商将充分利用物流地产证券化加快一、二线城市优质物流基础设施收购，有助于提升园区运营管理水平。

八、低碳减排，绿色园区建设达到新高度

2020年9月22日，习近平主席在第七十五届联合国大会一般性辩论上发表重要讲话，中国将提高国家自主贡献力度，采取更加有力的政策和措施，二氧化碳排放力争于2030年前达到峰值，努力争取2060年前实现碳中和。这一减排承诺受到国际社会广泛认同和高度赞誉，将加快我国经济社会发展全面绿色转型，推动我国物流园区绿色发展迈上新台阶，发展重点主要表现在以下几个方面。

一是新能源物流汽车不断渗透。国务院办公厅发布的《国务院办公厅关于印发新能源汽车产业发展规划（2021—2035年）的通知》（国办发〔2020〕39号），要求

2021 年起国家生态文明试验区、大气污染防治重点区域的公共领域新增或更新公交、出租、物流配送等车辆中新能源汽车比例不低于 80%，新能源物流车在园区推广应用和充电桩、LNG 加气站建设将进入加速期。

二是快递绿色包装全面普及。《国务院办公厅转发国家发展改革委等部门关于加快推进快递包装绿色转型意见的通知》（国办函〔2020〕115 号）提出，到 2025 年，电商快件基本实现不再二次包装，可循环快递包装应用规模达 1000 万个，包装减量和绿色循环的新模式、新业态发展取得重大进展，绿色快递包装将在快递电商物流园区全面落地普及。

三是光伏电站加快建设。在“碳达峰、碳中和”目标下，推进屋顶分布式光伏建设成为我国发展新能源重要手段，物流园区拥有大量优质的屋顶资源，是建设分布式光伏的理想载体之一。“十四五”时期，各物流园区将积极参加整县（市、区）屋顶分布式光伏开发试点，为入驻企业提供更加安全、便捷、实惠的电力服务。

四是逆向物流体系建设逐步建立。《国务院关于加快建立健全绿色低碳循环发展经济体系的指导意见》（国发〔2021〕4 号）提出，要加快构建废旧物资循环利用体系，加强废纸、废塑料、废旧轮胎、废金属、废玻璃等再生资源回收利用，提升资源产出率和回收利用率。围绕废旧物资，部分物流园区将以建设再生资源区域交易中心为目标，推进线上线下融合的逆向物流服务平台和回收网络建设。

五是《物流企业温室气体排放核算方法》提上日程。2020 年 11 月，由中国物流与采购联合会牵头起草的《物流企业温室气体排放核算方法》行业标准通过国家发展改革委的审批立项。该标准将推动物流行业建立温室气体碳排放核算标准体系，促进物流园区完善绿色节能低碳运营循环的管理流程和机制，进一步提升绿色发展水平。

（作者：宫之光　中国物流与采购联合会物流园区专委会专家委员会
黄　萍　陈　凯　中国物流与采购联合会物流园区专委会）

专 题 篇

公路货运服务型物流园区发展报告

公路货运服务型物流园区（简称“公路物流园区”）是依托公路运输节点，按照城市空间合理布局的要求，集中建设和统一管理，为众多公路货运企业提供大批量货物分拨与转运的配套设施，主要服务于区域性物流转运及运输方式转换的物流产业集聚区。公路物流园区数量多、分布广，与城市消费和产业发展联系紧密。目前，与海港、空港等物流集聚区相呼应，往往以公路港、公路货运集散中心的名称出现，已经成为我国物流基础设施的重要组成部分，承担了货运物流网络重要的枢纽作用。

一、2020 年我国公路货运市场发展回顾

2020 年，我国公路货运市场承受住了新冠肺炎疫情考验，总体实现了平稳增长，也对公路物流园区带来了稳定和丰富的货运物流需求。

（一）公路货运市场总体平稳增长

2020 年，我国社会物流总费用为 14.9 万亿元，其中运输费用 7.8 万亿元，公路运输费用 4.2 万亿元，占社会物流总费用的 28.2%，与 2019 年基本持平。2020 年，我国货物运输总量为 463 亿吨，货物周转量 19.67 万亿吨公里。其中，公路货运量 342.6 亿吨，小幅下滑 0.3 个百分点，仍然占货运总量的 74%（见图 1）。

从单月货运量增速看，受疫情影响，公路货运量单月同比增速 2 月快速下探到 -29.9%。随着各地复工复产和基建投资拉动，单月货运量增速快速反弹，5 月转正，此后增速加快。12 月单月增速达到 7.4%，处于较快复苏区间（见图 2）。

从车流量看，2020 年全国路网交通量自 3 月起逐渐回升，4 月恢复至去年同期水平，此后保持年内高位波动态势，总体较 2019 年增长 5% 左右（见图 3）。

（二）公路货运市场结构冷热不均

从主要细分市场来看，我国整车运输、零担运输、城市配送市场需求冷热不均，带

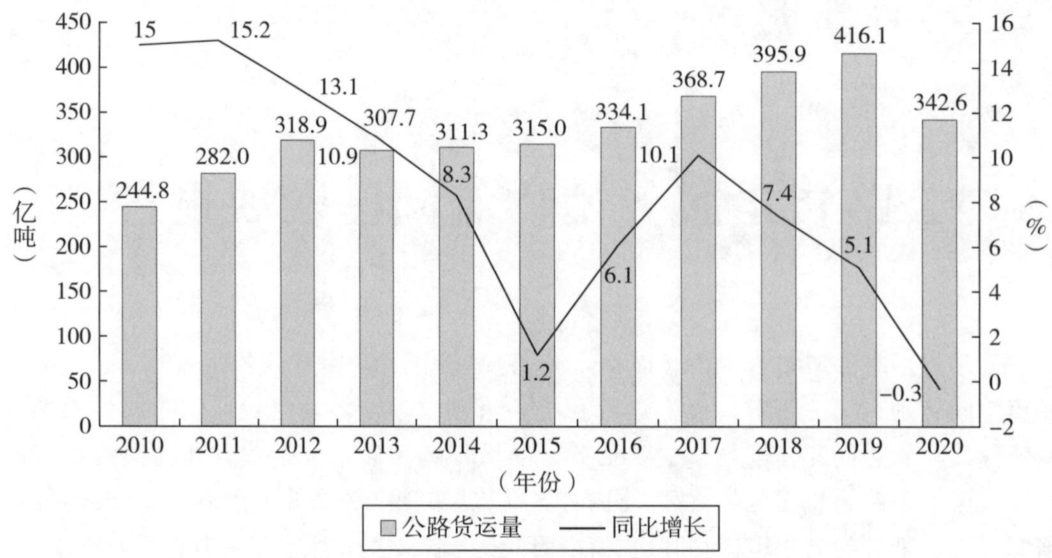

图 1　2010—2020 年公路货运量及增长速度

注：增速按可比口径计算。根据 2019 年道路货物运输量专项调查，对公路货物运输量统计口径进行了调整，公路货物运输量中“同比增速”基于调整后数据进行计算。

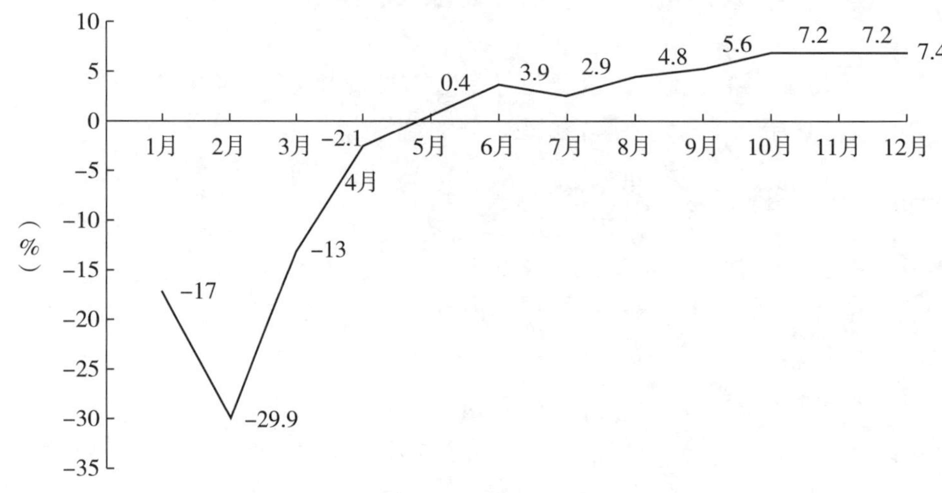

图 2　2020 年公路货运量同比增速变化情况

动企业经营逐步分化。

根据中国物流与采购联合会公路货运分会《2020 年度中国公路货运 CEO 调查报告》（以下简称《调查报告》）显示，有 73. 68% 的城市配送企业和 66. 67% 的零担快运企业 2020 年收入较上年提高，这是受高时效、标准化、规模化物流需求的网络购物等消费领域的增长带动。2020 年，全年实物商品网上零售额 9. 76 万亿元，比上年增长 14. 8%，占社会消费品零售总额的比重为 24. 9%，比上年提高 4 个百分点。

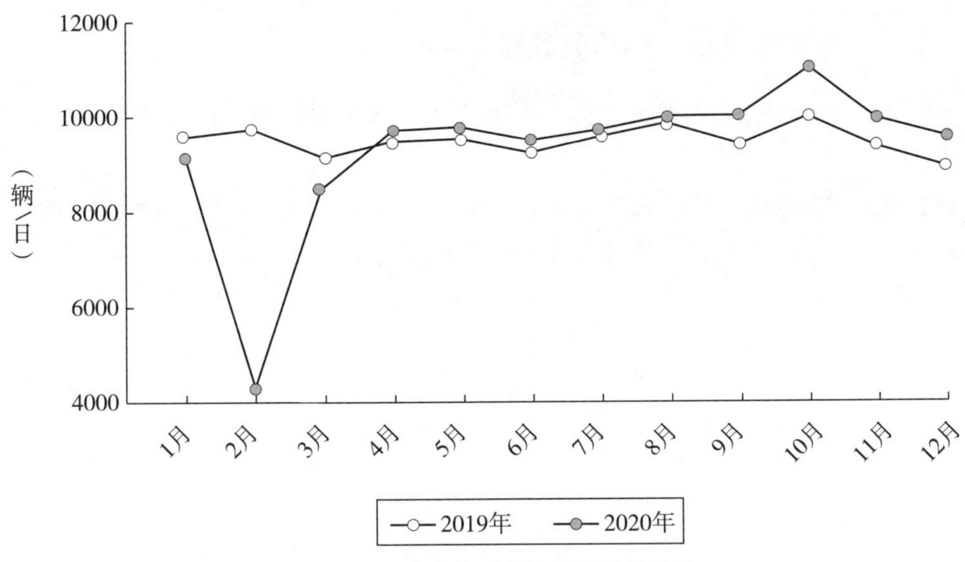

图3　2020年全国路网交通量变化情况

《调查报告》显示，整车运输企业总体仍然实现正增长，这也是受消费领域的电商快递对于整车运输外包需求的带动。受疫情影响下工业制造企业延迟复工复产、全球产业链和供应链中断的影响，生产领域物流需求有所放缓，相当部分服务工业制造企业的整车运输企业受到需求不足影响。此外，为抵御疫情冲击，国内投资拉动较大规模的运输需求，也在一定程度上弥补了整车运输收入影响。

《调查报告》显示，主要服务工业制造企业的合同物流（货运代理）和零担专线企业受影响更大。调查数据显示，合同物流（货运代理）企业中收入下滑的企业占到30%以上，零担专线企业中收入下滑的企业占到40%以上（见表1）。随着零担快运市场商业模式和经营模式的逐步成熟，价格、服务、品牌和网络优势逐步显现，零担快运逐步细分为小票零担快运和大票零担快运，大票零担快运正在加快替代零担专线和货运代理，也加速了相关细分市场的此消彼长。

表1　　2020年企业收入规模较上年的变化情况　　单位：%

	增长	持平	下滑
零担快运	66.67	13.33	20.00
整车运输	51.92	23.08	25.00
零担专线	35.71	21.43	42.86
城市配送	73.68	5.26	21.05
合同物流（货运代理）	43.24	24.32	32.43

注：数据存在四舍五入，未进行机械调整。全书同。

（三）公路货运市场主体日趋集中

随着公路货运市场用户需求提升，零担快运、整车运输等一些细分市场的企业主体日趋集中。

中国物流与采购联合会公路货运分会开展的《道路货运车队评估指标》团体标准贯标试点的车队共计284家，其中自有800辆车的五星级车队24家。根据对第四批贯标试点单位统计数据显示，试点车队2019年入网车辆数平均为116辆，其中五星级车队入网车辆数平均为827辆，7家五星级车队入网车辆占所有达标车队的33%，排名前十的车队入网车辆数超过6000辆，一星级车队入网车辆数平均为16辆，二星级车队入网车辆数平均为38辆（见图4）。

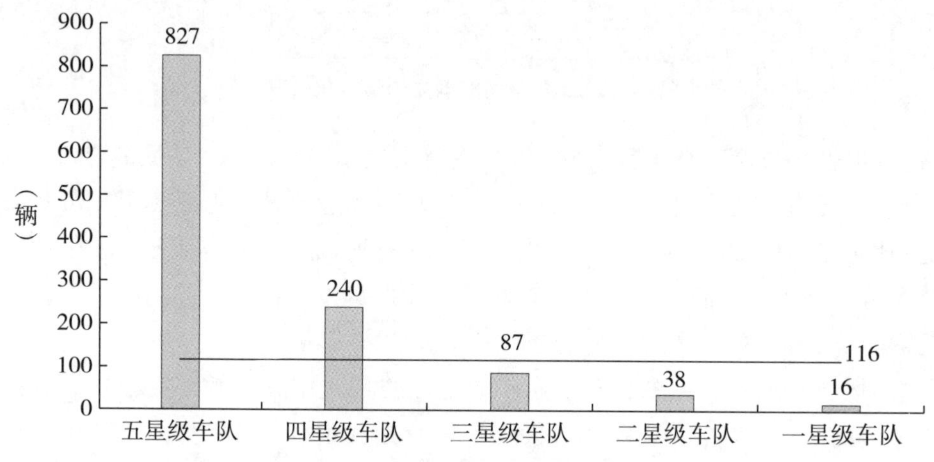

图4　第4批星级车队入网车辆数均值

随着快递、电商物流的快速发展，规模化货运需求旺盛，带动了一批规模车队的兴起。一是快递快运企业纷纷建设自营车队，凭借稳定的货源优势，建立包含上千辆车的自有车队，主要为企业自身提供运输服务。通过规模化、专业化和网络化优势，降低运输成本，保障运输安全和时效，提升终端客户体验。二是专属车队或共建车队日益普遍，货运车队为货主和合同物流企业提供专属运力服务，甚至贴上客户logo（商标），让客户感觉是货主和合同物流企业的自营车队，能够享受自营车队和外包服务的好处，并让货主和合同物流企业集中核心业务。三是车队联盟渐成趋势。最简单的是专线联盟，同一线路的车队开展合作，共享线路资源，节省运输成本。其次是网络联盟，不同区域的车队合资合作，建立共享运力网络，从而将区域优势扩大到更大范围，可以承接更大客户更广范围的业务。随着客户需求变化，传统车队逐步向“合同物流商+专属车队”转变。

根据运联传媒开展的零担快运30强调查显示，顺丰速运在2020年依然保持着高速增长，成为零担行业首个突破200亿元收入的企业。零担快运30强收入达到825亿元，其中前10强收入663亿元，占30强收入的80%，前10强市场占有率持续提升。近年来，零担快运全面布局大票零担市场，抢占传统零担专线和合同物流市场份额，通过拉直线路、降低中转频次来降低运输成本，实现抢占市场、规模扩张的目标。

（四）公路货运市场价格持续低迷

2020年，中国公路物流运价指数总体维持在97点和99点之间稳定运行，波动幅度较为平稳。2020年12月中国公路物流运价指数为98.9点，比上月增长0.4%，12月运价回升明显，主要受市场进入旺季供需影响，回升幅度较大（见图5）。根据不同车型来看，整车运输、零担轻货、零担重货平均运价指数分别为98.8、96.7、98.8点，增速分别为0.7%、0.4%、0.8%。

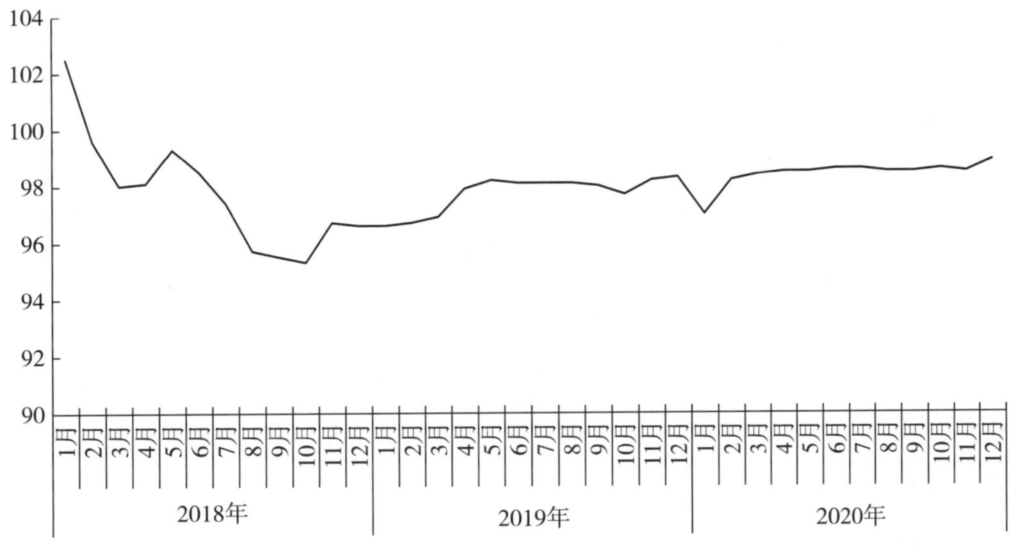

图5　2018—2020年各月中国公路物流运价指数

《调查报告》显示，公路货运市场仍然处于供过于求局面，公路货运价格出现持续下滑。调查数据显示，被调查CEO反映公路货运市场价格下滑的占43.56%，反映持平的占25.74%，反映增长的占30.69%（见图6）。

从细分市场看，仅有零担快运市场有超过50%的被调查CEO表示市场价格较上年增长。反映城市配送市场价格增长的占36.84%（见表2）。公路货运市场价格变化主要是受市场供需影响，消费领域的旺盛物流需求仍然是市场价格的重要支撑。与消费领域相对，偏重生产领域的整车运输、零担专线、合同物流（货运代理）等细分市场中，反映价格下滑的占比在50%左右，相关细分市场价格下行压力较大。

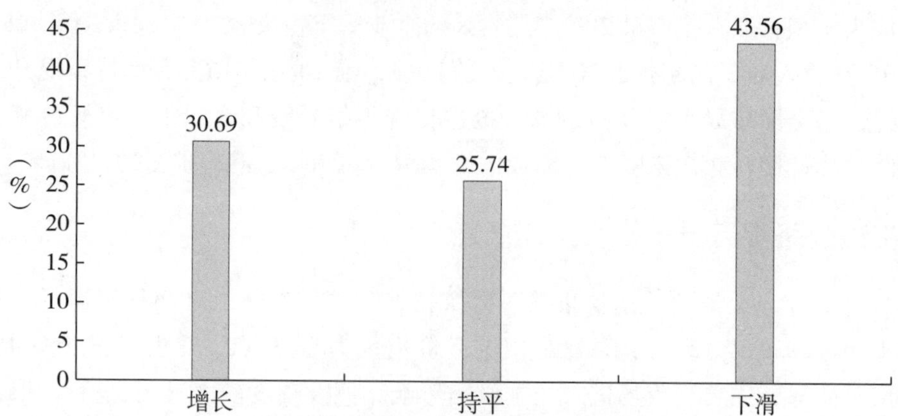

图6 2020年企业所在细分市场价格变化情况

表2　　2020年细分市场价格较上年的变化情况　　单位：%

	增长	持平	下滑
零担快运	53.33	20.00	26.67
整车运输	26.92	23.08	50.00
零担专线	21.43	28.57	50.00
城市配送	36.84	36.84	26.32
合同物流（货运代理）	21.62	32.43	45.95

（五）公路货运设施装备初具规模

根据《2020年交通运输行业发展统计公报》，2020年年末全国公路总里程519.81万公里，比上年年末增加18.56万公里；全国公路密度54.15公里/百平方公里，增加1.94公里/百平方公里（见图7）。

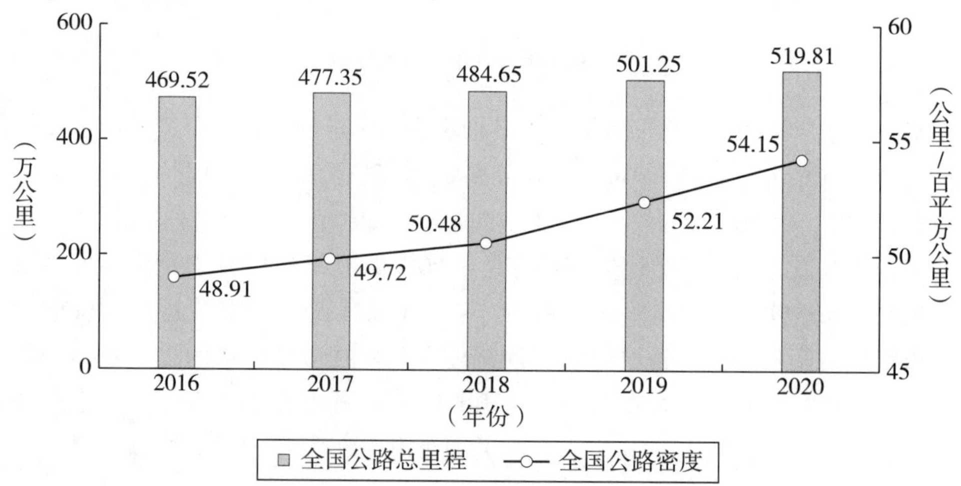

图7 2016—2020年全国公路总里程及公路密度

2020 年年末全国四级及以上等级公路里程 494. 45 万公里，比上年年末增加 24. 58 万公里，占公路总里程比重为 95. 1%，提高 1. 4 个百分点。二级及以上等级公路里程 70. 24 万公里，增加 3. 04 万公里，占公路总里程比重为 13. 5%，提高 0. 1 个百分点（见图 8）。高速公路里程 16. 10 万公里，增加 1. 14 万公里，稳居世界第一；高速公路车道里程 72. 31 万公里，增加 5. 36 万公里。国家高速公路里程 11. 30 万公里，增加 0. 44 万公里，高速公路对 20 万以上人口城市覆盖率超过 98%。

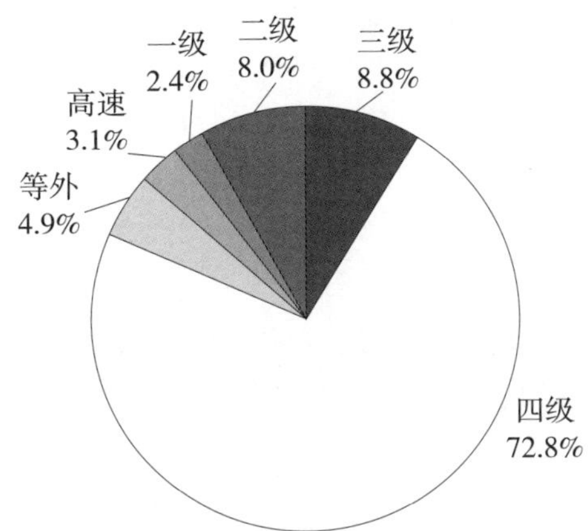

图 8　2020 年全国公路里程分技术等级构成

2020 年全国拥有公路营运汽车 1171. 54 万辆。拥有载客汽车 61. 26 万辆、1840. 89 万客位；拥有载货汽车 1110. 28 万辆、15784 万吨位（见图 9）。其中，普通货车 414. 14 万辆，专用货车 50. 67 万辆，牵引车 310. 84 万辆，挂车 334. 63 万辆，车挂比为 1∶1. 08。

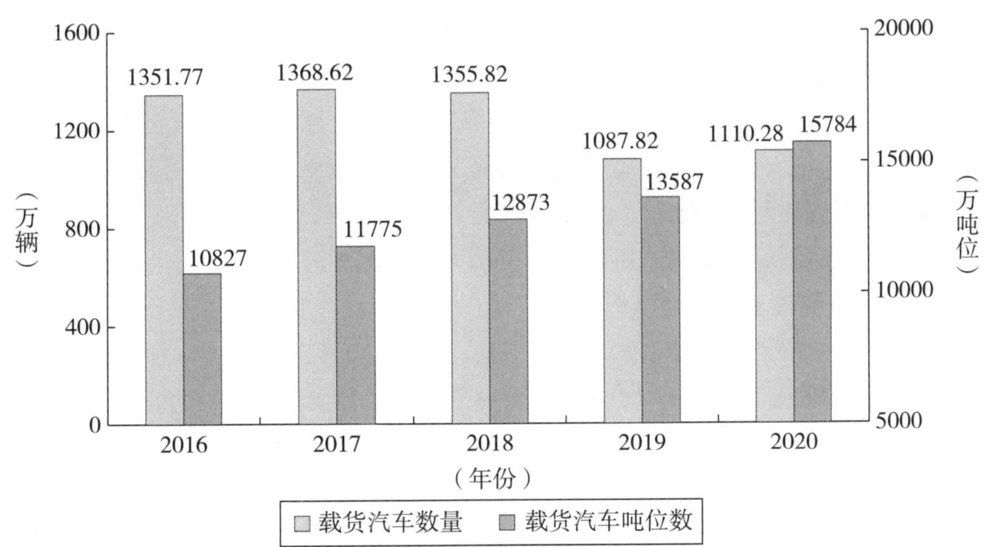

图 9　2016—2020 年全国载货汽车拥有量

二、2020 年公路货运服务型物流园区发展回顾

2020 年，公路物流园区经受了严峻考验，实现了快速复苏，切实保障了应急物资运输和居民消费物资供应。受市场结构调整和竞争压力加大影响，公路港等物流园区积极破局应变。

（一）新冠肺炎疫情加剧形势转变

1. 新冠肺炎疫情带来较大冲击

近年来，公路港等公路货运服务型物流园区受到上下游需求和内外部竞争影响，加快调整应变。2020 年贯穿全年的新冠肺炎疫情给行业带来更多压力，也加速了行业的转变。

2020 年年初，受新冠肺炎疫情暴发影响，大部分公路物流园区遭遇“开园难”“复工难”等问题。根据中国物流与采购联合会物流园区专委会调研显示，截至 2020 年 2 月 15 日，公路物流园区开工率不足 5%，有的虽然勉强开门但业务基本停顿。往年农历正月十五前后，此类园区陆续开业运营，而 2020 年整车运输恢复率仅为 20% 左右，零担运输基本处于停业状态。

随着地方政府、园区企业、入驻企业的通力合作，各地园区有序推进复工复产。各地政府部门纷纷出台疫情防控期间确保道路畅通和物流基础设施复工复产的政策措施，确保通往园区的道路畅通，有效保障应急物资运输和居民消费物资的供应。园区企业加大防疫物资采购和保障，积极协调周边道路畅通和入驻企业开业。入驻企业积极组织员工返程，确保线路正常开通。但是，市场整体恢复仍然较往年晚了半个月到一个月。根据 G7 物联网平台大数据显示，公路货运服务型的公共物流园区和主要快递企业分拨中心 1 月底吞吐指数降至最低（见图 10），一个月后才开始持续恢复，比往年晚了半个月左右。受车辆通行费免费等各项复工复产政策支持，恢复速度较快，3 月中下旬才基本恢复到往年同期水平。由于复工复产晚于往年，大部分园区面临拖欠房租、需求萎缩、收入放缓、投资延迟等较大经营压力，也倒逼园区加快转型，调整自救。

2. 平台经济倒逼功能转型升级

近年来，线上的平台经济对线下的物流园区，特别是对公路货运服务型物流园区造成较大冲击。2020 年 1 月 1 日开始，《网络平台道路货物运输经营管理暂行办法》正式施行，第一批无车承运人试点企业正式获得资质。截至 2020 年 12 月 31 日，超过 700 家平台企业获得网络货运道路运输经营许可资质。定位于干线公路货运车货匹配和交易服务平台的满帮业务覆盖国内超过 300 座城市，线路覆盖超过 10 万条，完成订单总量达 7170 万单，共计 280 万名货车司机在平台上完成货运订单。

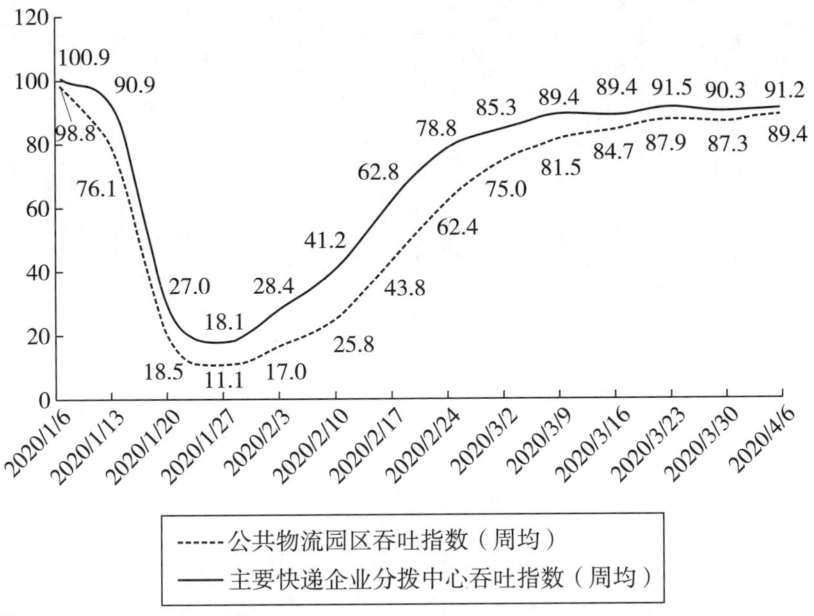

图 10　公共物流园区及主要快递企业分拨中心吞吐指数

根据中国物流与采购联合会发布的《2021 年货车司机从业状况调查报告》调查显示，52.4%的货车司机在货运平台上寻找货源，2020 年占比较 2016 年调查情况大幅提高。由相熟的货运中介联系或到相熟的配货站找货的分别占 22.3%和 20.8%，较 2016 年调查明显下滑（见图 11）。货运平台已经成为司机寻找货源的重要渠道，无须在传统的园区数字大屏和配货大厅去找货、等货，园区内整车配货业务大幅度减少。调研显示，大部分园区数字大屏和配货大厅门可罗雀，亟待转型调整。根据调研了解，通过手机上各类车货匹配软件，货车司机找货时间从原来的 3～4 天缩短到 1 天，甚至很多司机在去程时就提前联系好了返程货源，不再需要耗费大量的时间在公路物流园区停车找货、等货，而是直接到厂家提送货，也就大大减少了货车停车的时间。调研显示，原有园区停车场面积出现大幅缩减，相关的司机服务产业也出现了一定程度萎缩。

3. 客户需求转换暴露服务短板

随着零散整车配货业务的退出，公路货运服务型物流园区更加聚焦于提供货物的干支衔接和分拨转运服务，主要的客户对象是零担运输型企业，包括规模化的快递快运企业和相对零散的专线企业和货代企业。目前，随着资本进入带动规模效应提升，快递快运企业普遍建立了相对独立的分拨转运网络，初步形成了分拨转运资源集聚和规模集中。很多新建改建的物流园区也会重点考虑快递快运企业的需求，提供定制化设施和配套服务。根据国家邮政局发展研究中心调查显示，2018 年快递物流园区的数量已经达到 471 个。

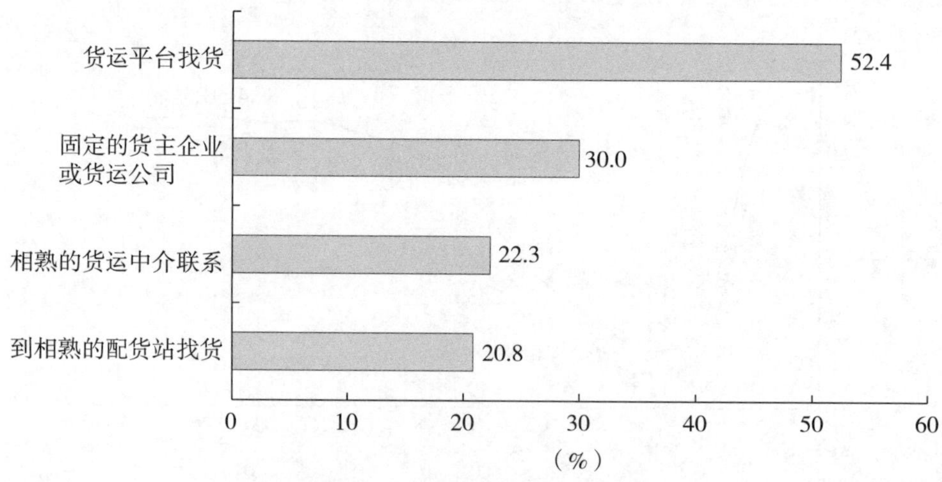

图11　货车司机货源来源分布情况

除快递快运企业外，我国公路货运服务型物流园区存在大量的专线企业。这类企业为我国大量制造企业提供运输配套服务，通过批发业务、点点直达模式拉直线路保证运输成本的经济性，也是我国制造业竞争力的重要支撑。近年来，随着制造企业流通渠道从原来的层次分级代理逐步向渠道扁平化、多样化、线上化转换，货主企业订单日益向小批量、多品种、高频次转变，对专线企业的线路开通能力和末端配送能力提出更高要求，也对物流园区线路的选择引进和落地配备功能提出了挑战。调研显示，大部分园区仍然采取租赁模式，对于企业和线路没有选择权，落地配备功能发育不足，难以承担集约化分拨配送的需求。

（二）园区加快调整转变升级

根据中国物流与采购联合会发布的《中国物流园区图谱》显示，入图物流园区共907家，其中公路物流园区549家，占到60.5%，是物流园区的主要类型。与其他类型的物流园区相比，公路物流园区主要提供公路干支衔接和分拨转运的功能，占地面积相对较小，平均在100~300亩①。但是入驻企业相对较多，平均在100家以上，可提供更多就业岗位，也是地区培育市场主体和解决就业的重要渠道。

近年来，公路货运服务型物流园区呈现出以下特点。

1. 从单一的公路场站向物流中心转型

公路货运服务型物流园区功能布局逐步综合化，但是仍保留着其主要功能类型，包括主要服务于独立快递快运企业、提供分拨转运服务的快递快运分拨转运中心，以及服务于零担专线企业、提供货物集散和分拨转运的公路货物集散中心。这些功能类

① 1亩≈666.67平方米。

型往往集成在一个园区内，形成以服务区域公共运输需求为主，也服务于独立企业内部运输需求的公路港。随车车辆和司机集聚，往往形成配套的货运后市场服务中心。此外，随着货物和企业资源集聚，依托靠近城市消费地的优势，延伸带动仓储、配送、加工、信息等服务需求，越来越多的园区配套建设一批仓储型、流通型基础设施，形成公路货运综合枢纽和城市物流中心，服务城乡生产生活需求。作为国内最大的公路港运输服务商，传化智联大力推动公路港向城市物流中心升级，核心区域除了以公共服务为主的专线运力中心，还包括流通型的分拨配送中心、仓储型的仓储物流中心，为制造商贸企业和物流企业提供一站式的综合物流服务体验。

2. 从传统的物业经营向物流经营转型

公路物流园区收入来源逐步多元化。对比最近几次全国物流园区（基地）调查，传统物流园区，特别是公路货运服务型物流园区，原来收入主要来源是租金，包括仓库租赁费用、设备租赁费用、房屋租赁费用以及停车场收费等，其中仓库租赁费用是租金的主要组成部分。但是最近的第五次调查显示，越来越多的园区开始利用自身平台优势，整合当地物流资源，介入物流业务活动。园区自身收入从租金收入向物流业务收入、商品贸易收入等多元化方向发展。例如，传化智联启动了大票零担服务业务，帮助入驻的专线企业提供前端揽货、末端分流、诚信交易和履约保障，补齐入驻专线企业两端能力的短板。山东盖家沟国际物流园区打造了城乡干支接合部“干专配”运营模式，将干线运输与市内配送对接，打造自营配送体系，更好地服务园区有需求的客户。江苏禾健物流园积极探索汽车贸易、二手车交易、汽车后市场等业态，逐步向经营服务型园区转型。

3. 从分离的货运节点向物流网络转型

公路物流园区节点布局日益网络化。传统的公路货运场站和集散中心往往是单点布局，很难形成协同效应。即使园区开发建设和运营单位在区域或全国多点布局建设，大部分园区也主要是自发经营，很难形成联动发展。而现代物流往往具有一体化运作、网络化经营、融合化发展的特点，需要两端节点的协调配合。近年来，随着独立的快递企业日益重视节点建设，轴辐式的快递分拨转运中心得到快速发展，并成为快递企业之间形成规模优势和协同效应的重要门槛。截至 2021 年 6 月 30 日，中通快递共有转运中心 96 个，网络通达 99% 以上的区县，乡镇覆盖率超过 93%。传统习惯于单一化经营的公路货物集散型园区也加快向网络化转型。一类是内部连锁化升级，如传化智联，截至 2020 年 12 月 31 日，已开展业务公路港 63 个，通过搭建大票零担数字化服务平台，将原来孤立的公路港串联起来，利用传化智联全国布局优势，实现园区间线路对开和直达。另一类是外部连锁化经营，如聚盟通过园区加盟方式，为入驻专线企业提供高标准装卸和仓配服务，与专线企业一起成长，打造大票零担网络运营商，加盟园区已经超过 100 个。正广通通过合作方式，设立了 20 多个智慧园区，打通单个园区的孤岛限制，通过货源牵引带动园区间线路开通，持续赋能中小专线企业。德坤物流通过园区租赁和入股方式，搭建以自身服务为主，兼顾专线企业的骨干物流网。

4. 从简单的数字大屏向物流平台转型

公路物流园区技术能力加快数字化。传统的1.0版数字化园区是以数字大屏为特色，提供信息发布服务，包括车源和货源信息。货车司机和货主企业通过到园区查看大屏滚动信息来实现车货匹配。目前，绝大部分园区数字大屏已经歇业，被2.0版数字化园区取代。传化智联、正广通、林安、聚盟等园区运营服务商全面打造网络货运平台，将传统的数字大屏在线化，信息匹配的效率、成本、范围全面优化，随着物流运输信息的数据化，加快推动了运输全流程可视化，大幅提高运输可靠性，匹配客户对更高服务水平的需求，有效提升客户满意度。随着公路货运全面数字化转型，3.0版数字化园区初露端倪。物联网（IoT）设备在园区仓库、货物、车辆、人流分布与运行上全面布局，推动园区智能化改造升级，搭建全面互联、数字共生的智慧物流新型基础设施。目前，传化智联与华为、中国电信合作的5G智慧园区已经在多地开展试运营。义乌公路港持续推进智慧园区建设，已经累计建成并投用物流综合服务平台等16项软件系统，园区建成的货运信息大数据展示平台，可以统计和直观展示园区货运和车辆信息及数据。

5. 从高排放、高污染向绿色低碳转型

公路货运服务型物流园区节能减排持续绿色化。当前，我国设定了“碳达峰、碳中和”的目标，公路货运行业作为移动源主要污染之一，面临较大挑战和压力。而作为公路货物集散中心的公路货运服务型物流园区，也迫切需要探索绿色化转型道路。近年来，光伏发电得到政策支持，包括光伏发电站建设和光伏发电上网电价补贴，物流园区拥有较大面积的平整仓库屋顶，具有光伏发电的发展优势。传化智联推进光伏电站项目，利用公路港屋顶架设光伏面板发电。光伏发电站产生的清洁能源电力不仅能满足公路港内包括日常办公、仓内照明、仓储作业、智能安防、新能源充电桩等多场景作业的用电需求，还可为国家电网提供大量的电力支持。截至2021年3月1日，传化智联近20个公路港均已开展光伏电站项目，年发电量总计超过3500万度，全年可减少二氧化碳排放量约2.64万吨。随着各地城市绿色配送行动启动，公路货运服务型物流园区由于靠近城市，往往成为新能源物流车仓配一体、干支衔接的重要节点，得到地方政府的重点支持。

（三）政策支持园区建设复工复产

公路货运服务型物流园区是服务城市生产生活的重要保障。疫情期间，在国家和各地政府政策支持下，公路货运服务型物流园区在保障疫情防控物资应急运输和企业生产物资运输方面发挥重要作用，物流园区发展越来越受到政府支持。

1. **疫情下"六稳""六保"的战略支点**

2020年年初，受新冠肺炎疫情影响，多地出现封村、断路、封城等现象，导致疫情防控应急物资乃至生产生活物资运输车辆无法通行。国务院及时提出全力保障公路路网顺畅通行，有序恢复公路运输服务、切实做好应急物资运输三个基本要求，明确提出严禁擅自封闭高速公路出入口等"五个严禁"。交通运输部、公安部等有关部门也提出了"一断三不断""三不一优先""开辟绿色通道"等政策措施，特别是要求各地政府部门确保通往主要园区的道路畅通，确保物流园区复工复产。对于部分疫情严重地区，为确保外省进入车辆运输通道畅通，有效保障疫情防控各类物资的及时运输，在有关部门指导下，部分重点省份确定了一批园区作为应急物资道路运输中转调运站。在有关部门和地方政府领导下，各地物流园区，特别是保民生、保供应的公路货运服务型物流园区快速复工复产，成为区域疫情防控和经济复苏的战略支点，为疫情下"六稳""六保"作出积极贡献。

2. **减税降费政策惠及园区企业**

降费政策取得实效。为切实降低车辆通行负担，推动行业复工复产，2020年2月15日，交通运输部下发通知，疫情防控期间免收收费公路车辆通行费。该项政策从2020年2月17日开始实施，直到5月5日，共免收通行费1590多亿元。政策实施当日，重型货车开行率实现快速复苏，带动各地园区加速复工复产。2020年3月3日，国务院常务会议确定支持交通运输、快递等物流业纾解困难加快恢复发展的措施，提出3月1日至6月30日，免收进出口货物港口建设费，将货物港务费、港口设施保安费等政府定价收费标准降低20%，取消非油轮货船强制应急响应服务及收费。6月30日前，减半收取铁路保价、集装箱延期使用、货车滞留等费用。降低部分政府管理的机场服务保障环节收费。推动有关企业对承租国有房屋的服务业小微企业和个体工商户，免除上半年3个月租金，增强了园区入驻物流企业的政策获得感和抵御疫情冲击的能力。

减税措施持续发力。为进一步做好新冠肺炎疫情防控工作，支持相关企业发展，财政部、税务总局下发公告，对纳税人运输疫情防控重点保障物资取得的收入，免征增值税；受疫情影响较大的，包括交通运输在内的困难行业企业2020年度发生的亏损，最长结转年限由5年延长至8年；对纳税人提供公共交通运输服务、生活服务，以及为居民提供必需生活物资快递收派服务取得的收入免征增值税，有力支撑了园区内承担疫情运输保障任务和受疫情冲击较大企业的正常运行。同时，继续实施物流企业大宗商品仓储设施用地城镇土地使用税优惠政策，延期至2022年12月31日，为园区经营企业带来重大利好。

3. **基础设施布局建设获得支持**

融入国家物流枢纽建设。2020年3月，国家发展改革委、交通运输部联合印发通知，正式启动2020年国家物流枢纽建设工作。按照《国家物流枢纽布局和建设规划》《国家物流枢纽网络建设实施方案（2019—2020年）》等有关文件要求，重点依托已投入运营、发展潜力较大、区域带动作用较强、在行业内具有一定影响力的物流设施，推动构建国家物流枢纽网络。公路物流园区作为存量最多、区域影响最大的物流设施加快融入国家物流枢纽建设。2020年10月，22个物流枢纽入选2020年国家物流枢纽建设名单，其中，大部分枢纽都整合了区域公路货运服务型物流园区，作为解决干支衔接、区域短驳和“最后一公里”的重要节点。两年来，两部门共布局建设了45个国家物流枢纽，大量公路货运服务型物流园区得到有效整合，有力支撑“通道+枢纽+网络”的现代物流运作体系建设。

物流园区（货运枢纽）获得支持。国家发展改革委会同自然资源部印发《关于开展第三批物流园区示范工作的通知》，启动新一批物流园区示范工作。委托第三方机构对各地报送的示范物流园区申报材料进行综合评审，确定第三批24家示范物流园区名单，部分园区整合吸纳了公路港或社会化公共型的公路货物集散中心，有力支撑了园区功能合理布局。交通运输部继续利用车购税资金对符合条件的货运枢纽（物流园区）项目进行投资补助，并对新一期货运枢纽（物流园区）项目进行公示。2019年12月，交通运输部发布了第一批多式联运示范工程验收结果，命名河北省“东部沿海—京津冀—西北”通道集装箱海铁公多式联运示范工程等12个项目为“国家多式联运示范工程”，大部分示范工程也融入了公路货运服务型物流园区或公路货运服务功能，实现了公路、铁路、水路、航空等多种运输方式协调发展。

（四）园区发展面临瓶颈制约

公路货运服务型物流园区作为存量最大的一类园区，与其他类型园区相比面临更大政策难题和行业困境。在当前土地财政环境下，税收贡献不足是导致园区出现一系列难题的主要原因，而物流园区，特别是公路货运服务型物流园区对区域经济、国内市场、居民消费、生产保障等战略支点的认识不足是根本原因，亟待从顶层设计层面予以重视和调整优化。

1. 物流用地难问题凸显

各地政府除了对规划建设的物流枢纽、公路港、货运场站等提供物流用地保障外，大部分公路货运服务型物流园区难以获得物流用地，往往是自发集聚和零散布局，规模普遍偏小、布点较为分散，用地属性有工业用地、商服用地等，很难树立长期发展目标。即使纳入城市规划的公路物流园区，也往往由于投资贡献、税收贡献不足难以获得用地指标。根据调研了解，物流企业亩均税收约为工业企业的20%～33%，部分在10%以下。如2020年浙江省规模以上工业企业亩均税收27.5万元，武汉市、银川市、昆山市3地园区工业企业亩均税收分别为40万元、31万元、58万元，而以上地区的物流企业亩均税收均低于10万元。各地政府普遍不愿意供应物流用地，使部分园区不得不修改规划兴建部分商业设施提高贡献指标，但是也面临没有投资运营经验、后续盈利不足的问题。

2. 园区落税难

针对税收贡献不足问题，部分快递快运企业通过将区域结算中心落在园区，部分解决了用地指标过高问题，同时地方政府也认识到快递服务对扩大居民消费的重要意义，快递分拨转运中心得到了快速发展。而对于社会化公共型的公路货物集散中心，由于所服务的专线企业很难在当地产生税收贡献，无法得到政策支持。其主要原因是专线企业服务的中小制造商贸企业往往不需要发票，也就无法产生税收贡献。近年来，随着金税三期的全面推广，上游制造商贸企业对税务合规日益重视，越来越多的货主企业要求专线企业提供交通运输增值税发票。近年来，随着网络货运平台的发展，获取交通运输增值税发票日益便利，但是由于平台没有属地特性，相关税收贡献也难以落到当地，导致园区落税依然较难。目前，一些园区也在考虑提供便利专线企业、小三方落税支持，有望解决公路货运服务型物流园区税收贡献不足的问题。

3. 物流减税难依然存在

2012年以来，国家四次出台文件，延续实施物流企业大宗商品仓储设施用地城镇土地使用税优惠政策，取得积极成效。虽然政策执行过程中不断进行调整优化，但是企业反映减税政策没有达到预期，存在以下几点主要问题。一是大宗商品仓储适用范围小，目前随着居民消费升级，物流企业仓储设施主要根据客户需求来储存商品，除大宗商品外，越来越多的日用消费品、冷链药品、生鲜产品进入仓储设施，快递电商仓储需求旺盛，为了满足消费市场需求，现行政策无法覆盖。二是物流企业自有（自用和出租）仓储设施占比少，目前大部分新建的物流仓储设施是由专业的物流地产企业投资建设，无法享受政策支持。为此，2018年税务总局又将该项政策扩展到物流企业承租用于大宗商品仓储设施的仓储设施用地也可享受土地使用税减半征收政策。但是，目前土地使用税普遍由出租方承担。通常情况下，出租方被认定为房地产行业，无法享受减半征收政策，而该部分税费也将转嫁给承租的物流企业，承租的物流企业无法受益，并没有降低物流企业经营成本。

4. 数字化、智能化转型难

目前，除了部分新建园区，大部分存量公路物流园区存在数字化、智能化转型难。1.0版数字化园区基本淘汰，而2.0版和3.0版数字化园区需要新增大量投资，这让规模面积较小、以租金为主要收入、单点布局发展的公路货运服务型物流园区面临成本回收压力。目前，部分规模较大、多点布局的园区大力推进智慧物流园区发展，但是还没有实现经验复制，数字化转型对园区效率提升、质量升级的价值没有得到充分发挥。由于缺乏数字化、智能化的基础和标准，物流园区之间的互联互通还难以实现，园区节点信息孤岛普遍存在，信息透明的公路物流骨干网还难以形成，无法对公路货运市场进行监测、调节和优化。

5. 城市车辆通行停靠难

随着城市化进程加快，各地城市不断扩围，原来位于城市周边的物流园区，特别是服务于居民消费、商贸流通和工业生产的公路货运服务型物流园区逐步纳入城市内部，因此普遍面临较大的车辆通行停靠问题。一些城市设置较为严格的城市货车限行政策，如限行区域、限行时段等往往覆盖到物流园区范围，导致大中型货车无法进入物流园区，严重影响了城市货运干支衔接。物流园区货车停车场大量减少，城市内部基本没有货车专用停车位，导致货车停车难，大量货车零散停放在城市路边，面临高额收费和违章停车问题，增加了企业负担。近年来，随着各地环保要求提高，柴油车限行范围和时段越来越多，导致柴油货车难以通行。而新能源物流车便利通行政策没有相应保障，导致城市货车通行矛盾突出。

6. 物流园区用工难

近年来，越来越多的物流企业反映用工难，主要原因是 A2 驾照难获取、就业强度大，投入产出不平衡导致年轻司机不愿意从事货运行业。而物流园区也普遍面临基层用工难的问题，主要是装卸搬运人员紧缺。部分园区反映，装卸搬运人员年龄普遍在 45 岁以上，也面临招不到人的问题。快递分拨转运中心在这方面的经验反映，通过投入包裹自动分拣系统，实现了机械替代人工。但是对于专线、整车运输等以大件货物为主的领域，机械化、自动化投入难，机器替代人工还面临较大的障碍。

三、“十四五”公路货运服务型物流园区发展展望

“十四五”时期，我国面临构建双循环新发展格局的战略要求，物流业将迎来高质量发展新的机遇期。国家有关部门出台《“十四五”现代物流发展规划》，为新时期现代物流体系建设描绘宏伟蓝图，也为物流基础设施发展带来政策利好。公路货运服务型物流园区数量众多、覆盖广泛，与城市生活和产业发展联系紧密，也将加快自身提质增效和转型升级，打造高质量公路物流网络，形成带动区域经济新的增长极，促进实体经济健康发展。

（一）双循环新发展格局的战略要求

习近平总书记在中央全面深化改革委员会第十五次会议上强调，加快形成以国内大循环为主体、国内国际双循环相互促进的新发展格局，这是在“十四五”新发展阶段、适应新发展理念提出的重要战略导向。我国传统的以出口导向为主的发展模式加快向基于城市化、工业化和国际化的“双循环”战略转换，这对物流园区布局和发展

战略提出新要求。靠近城市周边、以服务城市居民消费和工业生产为主的公路货运服务型物流园区需求旺盛。内陆地区产业转移带来物流基础设施配套升级要求。“十四五”时期，消费扩围和产业升级带动小批量、多频次、高时效的配送需求增加，产业转移带动物流布局调整，将成为支撑和带动区域物流基础设施转型升级的重要动力。

（二）物流规划国家政策的政策利好

“十四五”时期，要建设“通道＋枢纽＋网络”的现代物流运行体系，充分发挥物流资源集聚和区域经济辐射作用。国家将继续加大国家物流枢纽、多式联运示范工程、综合货运枢纽等重要物流基础设施建设，进一步促进多种运输方式的衔接和协调。公路货运服务型物流园区将作为参与主体或主要功能纳入其中，通过与其他运输方式连通，大力发展公铁、公水、空陆等联运方式，强化干支衔接、仓配一体能力建设，切实保障物流主通道的畅通和“最后一公里”的落地，迎接新的转型升级红利。联席会议由交通运输部、中央网信办、国家发展改革委等16个单位组成，交通运输部为牵头单位。主要职责之一就是“协调完善道路货运基础设施体系，推广先进车辆技术装备和运输组织模式，提升道路货运集约化发展水平”，公路货运服务型物流园区转型升级面临新的发展机遇。

（三）集聚发展提质增效的趋势场景

“十四五”时期，随着居民消费和产业升级对物流服务要求的提升，公路货运服务型物流园区也将加快转型升级发展。一是集聚发展，随着城市扩围，零散、低效、拥挤的公路物流场站或园区将陆续拆迁置换，逐步形成满足服务城市需求的、布局相对集中的高标准公路货运服务型物流园区，提供中转分拨、城市配送等基本服务业态和功能布局，满足公路货运物流基本要求。二是创新发展，随着物流设施数字化转型和智能化改造，2.0版和3.0版数字化园区加快投入，新一代通信技术与传统物流设施融合发展，带动新型物流基础设施建设。智慧园区管理、网络货运平台、大票货物分拣、5G商业化应用、无人驾驶场景落地等带来效率提升和成本降低，为园区丰富自身业态和服务功能提供了新的选择。三是联动发展，随着公路物流网络化发展日益提升，公路货运服务型物流园区除了内部连锁化，更重要的是开展外部连锁化，与规模化、网络化、集约化的物流企业共同成长，纳入社会物流运行体系，与物流企业一起提供标准化、可靠性、可视化的全程物流服务，共同搭建高质量公路物流网络。

（四）区域经济深化融合的增长亮点

“十四五”时期，随着城市群和都市圈的发展壮大，居民消费和产业升级物流需求蓬勃发展，公路货运服务型物流园区除了基础的中转分拨、配送转运服务外，为满足区域生产消费需求的流通型功能不断发育，将稳步增加流通型的区域分拨中心、物流加工中心等设施，提升物流附加价值，更好地满足区域经济发展需求。随着物流设施的加快完善，将更好地降低区域内企业物流成本，保障产业链、供应链安全稳定，提升区域经济投资环境和综合竞争力，形成与区域经济协同共生的格局。此外，农村物流日益受到重视，特别是县域物流资源整合具有较强优势，也将带动县域公路货运服务型物流园区的功能提升，增强城乡产业衔接的农产品加工、冷链物流仓储、批发贸易结算等功能，构建城乡一体的物流服务网络，重点推进农产品商品化、打通农产品上行通道，助力乡村振兴战略全面推进。

（五）绿色低碳和节能减排的发展潜力

"十四五"时期，随着"碳达峰、碳中和"目标的推进，绿色低碳和节能减排对公路货运行业压力将进一步增大。公路货运服务型物流园区作为干支衔接和城乡配送的重要节点，对于推广节能低碳型交通工具具有很大的优势。同时作为各类新能源物流车辆装卸、停靠、充电、换电、维修保养的重要节点，有望带动新能源物流产业集聚。同时，依托园区干支衔接优势，深化主要节点之间的联动发展，做大点与点之间的干线运输大通道，对于下一步推动电力、氢燃料、液化天然气动力重型货运车辆发展，促进干线运输新能源和清洁能源转换具有积极意义。此外，国家对于光伏发电支持政策仍然进一步延续，投入成本和收益逐步优化，将有效调动物流园区绿色低碳投资建设和能源结构调整的积极性，深入参与到交通运输绿色低碳行动中来。

附件：典型公路货运服务型物流园区和企业案例

一、传化智联

传化智联股份有限公司（以下简称"传化智联"）是传化集团旗下的A股上市公司，也是国内最大的公路港运输服务商。通过推动公路港城市物流中心全国布局，形成全方位地面物流服务网。截至2020年12月31日，传化公路港城市物流中心已开展业务公路港63个，在建项目10个，已获取土地权证面积1125.2万平方米，经营面积398.9万平方米，覆盖了近50%的国家物流枢纽承载城市，覆盖了"一带一路"沿线节点城市7个、长江经济带沿线城市13个、京津冀等国家城镇化城市15个，贯通"三纵四横"交通大通道和全国7大经济带。2020年，全国各公路港平台营业额共631亿元，同比增长28.5%；纳税21.29亿元，同比增长28.8%。园区总计入驻企业9871家，全国各公路港物业整体出租率88%，同比增长1.5%；累计车流量4125万车次，同比增长34%。

传化公路港城市物流中心是区域物流发展的重要载体，为制造企业、商贸企业、物流企业、卡车司机等提供一站式综合性智能园区服务；同时，基于公路港集聚的物流资源，搭建轻运营专线和城配运力池，构建分拨仓和云仓，发展油品与油卡销售、车后业务等增值服务。传化智联的平台网络中，传化公路港城市物流中心作为节点把人、车、货聚集起来，补足城市公路物流基础设施短板的同时，通过平台化运营，相互连接，形成了为各类企业提供集、分、储、运、配物流服务的“地网”。

公路港核心区域包括服务于零担专线的专线运力中心、服务于区域配送的分拨配送中心、服务于整车和合同物流的仓储中心以及服务于电商快递的转运中心。传化公路港城市物流中心可集聚成百上千的物流企业，服务周边数万家货主企业，调拨数十万辆货车。传化公路港城市物流中心在连通中形成遍布各地的城市物流中心生态网络。在不断扩大网络规模的同时，传化智联正深耕每一个城市，深刻理解每一座城市规划布局、产业结构、行业现状，研究每一座城市不同的货主企业、物流从业者的需求痛点，为城市定制物流中心，助力区域未来发展。

传化公路港城市物流中心也在不断推进数字化、智能化升级，通过全方位数字园区系统，实现公路港的人、车、货、场、企等各种资源数字化，并将物联网（IoT）设备应用在园区仓库、货物、车辆、人流分布与运行状态方面，实现智能化物业、智能化物流、智能化安防、无感停车、无人巡检等智能化操作，形成统一管理、统一调度。传化公路港城市物流中心已实现长沙、杭州区域无人车场景落地；与海康威视合作的慧眼智能监控管理系统，已在苏州、长兴、青岛、沧州四地公路港完成部署；与华为、中国电信合作的5G智慧园区已在多个公路港试运营，西安、郑州等地的5G智慧园区项目也已签署合作协议。

传化公路港城市物流中心是区域物流发展的重要载体。结合区域产业结构与特征，建设运营公路港，为制造企业、商贸企业、物流企业、卡车司机等提供办公、仓储、住宿和餐饮等一站式综合性园区服务，把公路港打造为区域优质物流资源的集聚区；接入网络货运、油品与油卡销售等增值服务，形成生态集群；建设公路港城市物流中心数字平台，推动港内物流资源上线，以智能技术驱动物流主体间协同共享，港港互联互通，充分发挥物流主体的活力，更好服务货主企业。

传化智联不断放大公路港作为城市物流中心的功能与作用，加速从原先的物业经营向物流业务经营的转型。2021年，传化智联正式发布大票零担数字化服务平台——传化货运网。利用平台的手段，提升中小专线物流企业的网络化、标准化和数字化水平，并以此实现对制造企业端到端的供应链物流服务。相对于快运替代专线、联盟整合专线的模式，传化货运网为专线物流企业提供前端揽货、末端分流、诚信交易和履约保障，用平台的方式充分发挥专线点点直达的优势，补足其两端能力的短板。同时通过汇集精品专线，传化货运网不断丰富运力资源与线路。在此基础上，利用传化全国布港优势，实现港港互通、线路对开、点发全省、点发全国。在正式发布前，传化智联其实已经将其落地运行了一段时间，传化货运网已覆盖600个城市，直线条数12000多条，直城数已达5000多个，线上专线车辆50万辆。

二、禾健物流园

禾健物流园隶属于江苏志宏物流有限公司（以下简称“志宏物流”），志宏物流是江苏省经信委认定的省重点物流企业，旗下拥有无锡禾健物流园、星网物流园、上源物流园、常州志宏物流港等众多物流园区。志宏物流积累了物流园区开发建设、经营管理的丰富经验，企业发展立足华东，布局全国。禾健物流园成立于2011年5月，于2012年10月建成并试投入使用，园区核心区占地面积15.25万平方米。禾健物流园核心区已建有零担货运中心、车辆管理中心、仓储配载中心、信息交易中心、司机之家、二手车交易中心、汽贸品牌街、商业中心、配套服务中心、管理中心等基础设施。“云通途”物流车货电子信息交易平台已建设完成。后期将推进网络建设智慧化发展，转型升级建设成禾健智慧园区。

禾健物流园作为物流平台整合运营商，自2013年4月至今，共入驻物流企业500余家。其中，零担货运中心入驻物流专线80余条，成立专线联盟，范围覆盖全国28个省、直辖市；车辆管理中心可同时容纳社会车辆1000余辆，日均停车量超过800辆，日均进出车流量超过1000车次，日均普通货物运输吞吐量超过3万吨；司机之家日均接待驾驶员超过800人次。园区内商业中心、汽修汽配、日用百货、加油站、监控设备、消防设施、地磅等各项配套设施齐全，已形成了一个专业的综合性物流园区。

禾健物流园加快转型升级进程，依托物联网、大数据等技术，采用“互联网+物流+金融”运营模式，推进智慧化发展，将企业进行全方位规划，拉伸汽贸产业链长度，积极营造由“物业管理型园区”向“经营服务型园区”的转型环境，并积极探索“物流+汽贸”“物流+智能”“物流+金融”“物流+保险”等更多具体服务业务，努力实践出“物流后市场”的新兴产业业态。

一是原有物流信息大厅与停车场转型为二手车交易中心。在原有建筑基础上，累计投入1600万元进行改造，组建无锡健凯汽车市场管理有限公司和无锡市健昌二手车鉴定评估有限公司，形成14000平方米的二手车展示展馆，无锡仅有的两家可办理“二手乘用车（轿车）”与“二手商用车（货车）”车驾管综合业务的交易中心。交易中心为无锡市公安局车管所驻点服务中心，运营两年来已经办理交易二手车4万余辆。

二是积极打造优质品牌商用车贸易聚集中心。禾健物流园积极打造特色化汽贸品牌街，形成品牌集群，汽贸品牌街承租已经超过90%，2018年入驻品牌数2个；2019年入驻品牌数5个，年销售额5902.39万元；2020年入驻品牌数11个，年销售额29917.82万元；2021年入驻品牌数7个，截至2021年7月1日销售额58192.32万元，年累计销售商用货车12000余辆。禾健物流园已然是无锡地区最大的商用车汽贸销售中心。

三是积极拓展汽车产业后市场服务功能。禾健物流园积极引进汽车保险、汽车金融、汽车快修及养护、汽车配件、汽车文化产业等，全面向后市场延伸，力争在两年内打造成无锡特有的汽车全产业链一站式服务园区。禾健物流园当前拥有常规市场保险与金融品牌齐全，基本实现园区内无忧购车，并于2020年8月启动开业筹建一年的“无锡健腾机动车检测站”，预计每年可以上线检测客车、货车4万台以上，使惠山区市民车辆年审更为便捷。

四是应对新业态需求提升配套服务层级。以汽贸物流特色配套服务打造全新物流购物的新观念，配套服务中心将是禾健物流园首次升级主要功能，形成以商业超市、时尚百货、餐饮、娱乐、司机之家、园区之家、人才公寓等为一体，规划打造物流商业一体化服务中心。在以大货车驾驶员为消费主体的基础上进行配套设施的全面提档升级，满足汽贸客户所要求的服务层级。

五是强化产品上下游需求对接，营造园区内一站式闭环生态圈。2020年举行了两次园区内部资源对接会，参会汽车品牌销售商21家、物流企业516家，有交易意向的车辆近千辆，通过集采集购的优惠政策，为上游企业创造了商机，为下游企业节省了资金。在实现三方共赢的基础上，开创了园区内一站式闭环生态圈的全新经营模式。

三、义乌公路港

义乌公路港是浙江省级物流示范园区。项目以实体平台为基础、信息化技术为核心、公路运输为支撑，依托“五大”优势，全力打造成为国内一流的现代综合物流园区。

公路港凭借优良的配套设施引进了200多家专线企业，直达线路500余条，业务基本覆盖全国主要城市，也在零担快运区二层设置了14栋、单栋面积6500平方米的通用仓库，吸引了9家大型仓储企业入驻，入驻率达到100%，为电商企业、物流公司、仓储企业、第三方物流服务商、供应链服务商等各类企业提供优质服务。依托成熟的干线运输体系，公路港激发仓储功能，为发货企业提供“仓干配”一体化的供应链服务，有效降低了商品的单位运输成本和运输时间，切实有效地解决了前后一公里配套服务不完善的问题。

跨境电商、直播电商新业态的出现，引领园区新发展。物流与仓储是跨境电商发展的两个重要因素。公路港二期共设有5幢仓储楼与2幢商业配套楼。强大的物流支撑为义乌跨境电商发展奠定了重要基础，同时也为跨境电商发展提供了一流的物流保障和专业化仓储场所。公路港致力发展直播产业链和物流链“双链”融合，打造5G电商直播中心。公路港二期是义乌首个服务功能全、业态模式新、产品线路丰富的跨境电商物流基地，占地面积14万平方米，目前已引进虾皮跨境电商平台、卓雅国际贸易和义乌市冬宝电子商务公司等18家企业，达到100%入驻，为发展跨境电商、国际贸易、国际物流和网红直播等多种业态提供场地，成功打造义乌首个跨境电商物流园区。

公路港深耕信息化建设，用“智能、高效、便利”三把“金钥匙”，稳步“解锁”现代化智慧物流园区管理。公路港持续推进数字化园区建设工作，力求解决园区企业“上线难、揽货难、配送难”等难题，刷新了多项“首发”纪录。已累计建成投用电费预缴系统、物流综合服务平台等16项软件系统，取得丰硕成果。目前，公路港已建成的货运信息大数据展示平台，可以统计并直观展示园区货运和车辆信息及数据。园区积极响应义乌市委全面深入推进数字化改革，升级建设智慧园区管理平台2.0。秉承云驿小镇的“小镇客厅”使命，公路港谋划筹建展示大厅，旨在通过展示义乌全市物流行业信息、有效监测物流行业动态、分析物流发展趋势等功能，为义乌市场与贸易提供数据支持。接下来，公路港不仅将着眼园区自身的运营能力，还将奋力推动国内物流综合服务平台的建设，以信息技术创新领航干线物流提速增效。义乌公路港数字化建设如图12所示。

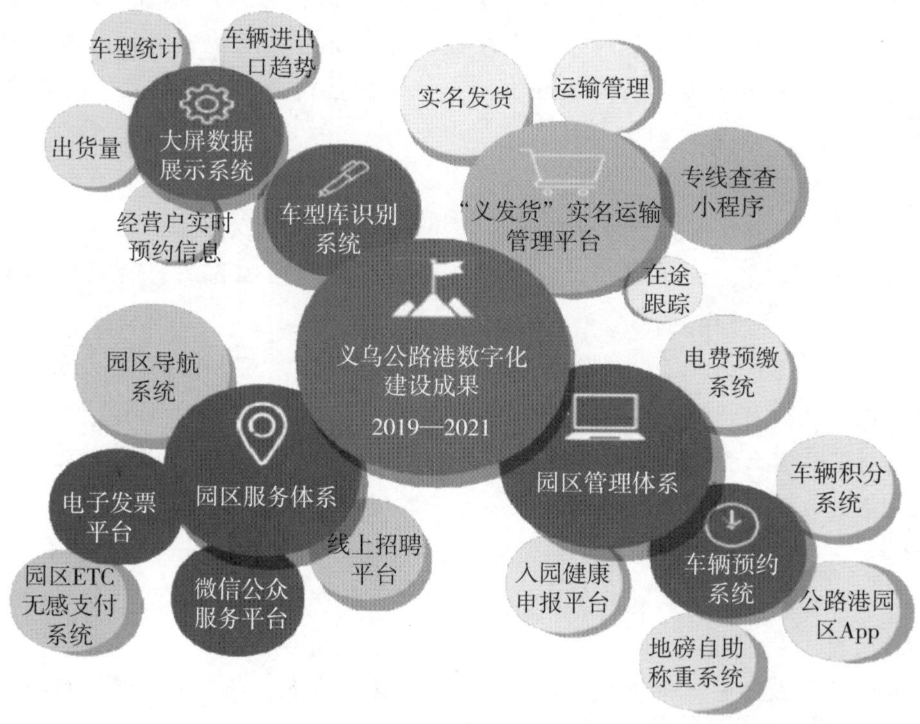

图12　义乌公路港数字化建设

四、盖家沟物流园

山东盖家沟国际物流园区（以下简称“盖家沟物流园”）由山东盖世国际物流集团投资建设，注册资本30080万元。集团总占地面积近7000亩，形成济南总部、盖世冠威、盖世济北三个基地，拥有常温仓库200万平方米，冷库30万吨，入驻客户2300余家，其中A级以上物流企业22家，5A级物流企业12家，货运专线2000余条。2016年园区获评首批“国家示范物流园区”，2020年集团成为国家物流枢纽投资运营主体。多年来，园区积极顺应经济发展新形势，转变服务思路，创新服务模式，拓宽服务领域，成功打造了城市干支接合部“干转配”独特的物流园区建设及运营模式，起到了良好的引领示范作用。

盖家沟物流园定位于城市干支接合部“干转配”综合性物流服务平台。所谓“干转配”，就是充分利用物流园区既对接外来干线运输节点，又整合市内配送服务的集散地的特点，将干线运输与市内配送对接，形成城市干支接合部，统一汇集外来的干线运输和本地外运的货物，为众多专线运输企业提供标准化、规范化的作业场所；同时，将园区作为干线运输转向市内配送的资源集聚平台以及物流周转中心，实现干线运输资源的集聚与就近配送消费，通过铺设市内配送网络，解决城市运输“最后一公里”难题。

同时，盖家沟物流园以形成融产业功能、城市功能、生态功能为一体的“产城综合体”为目标，完善城市配送体系，满足区域物流分拨需求，优化与仓库流通管理相应的现代化仓储设施，建立出入仓库装卸输送系统、商品分拣系统和仓储保管系统，同步打造标准化配送作业平台。集团作为第三方资源整合方，根据需求提供“干转配”对接服务与管理，同时打造自营配送体系，更好地服务于园区有需求的客户，打造以大数据、智能物流技术为支撑的城市干支接合部“干转配”智慧物流综合服务平台，实现了物流园区与城市物流发展的有机结合。

园区依托入驻企业形成覆盖全国的运输网络与区域配送网络，探索并形成了“产业融合”至“产城融合”的发展思路，成功实现“模式复制”和“多园协同”发展战略，物流与市场“一站式运作”“一体化发展”，通过整合分散的物流量与市场资源，形成商贸与物流的良性互动，实现规模效应递增的良好局面。济南总部园区以打造区域性物流中心城市物流总部基地及物流交易指挥控制中心为目标；盖世济北园区致力于成为知名企业、规模物流企业集聚区；盖世冠威园区定位为电商物流企业集聚区，新老园区协同并进，实现“一核多园”、差异化发展。

五、正广通

江西正广通供应链管理有限公司（以下简称“正广通”）成立于2014年8月，注册资本1.5亿元，是中国物流与采购联合会副会长单位、国家5A级物流企业，通过ISO 9001质量体系认证和ISO 14001环境体系认证。历经多年的经营和发展，现已发展成为集合同物流、百城同配、智慧园区、运力支持、金融服务、技术创新、网络货运及乡村振兴八大业务板块于一体的大型赋能型物流平台企业。正广通成立至今，在全国各省市拥有合资子公司80多家，管理20多个现代化物流园区，业务已覆盖全国30

个省份，致力于打造最具价值的“互联网+供应链+实体平台”产业生态圈，借助大数据、AI、云计算、物联网等技术，实现物流作业全程可视化管理，结合数据共享、供应链金融及智能协同，实现货主、物流企业、司机、收货人的互联互通，增强上游黏性，形成完善、高效、成本最优的物流生态系统。依托互联网、信息化建设、供应链金融及组织创新，聚合全国中小微物流企业，打通单个物流园区的孤岛，连接平台成员之间的业务流、信息流与资金流，提供更准确、更快捷、更高效、更超值的服务，助力中小微物流企业转型升级，实现中小微物流企业集团化发展。

正广通自2017年加大智慧园区业务板块的投资和建设，目前已设立沈阳、北京、上海、武汉、深圳、西安、重庆等20个智慧园区，园区总用地规模200公顷，园区总建筑面积近百万平方米，服务1500多家物流企业，有3000多条物流专线。智慧园区业务板块GMV（成交总额）近300亿元/年，营收3亿元/年。围绕数字智能化、运营信息化、服务平台化、社区移动化的四化建设，通过“纵向一体化、横向网络化”的运营模式，利用科技手段，集合资源，形成供应链闭环，为生产企业降本、为物流企业增效，发挥集群效应，实现资源的优化配置与高效共享（如图13所示）。

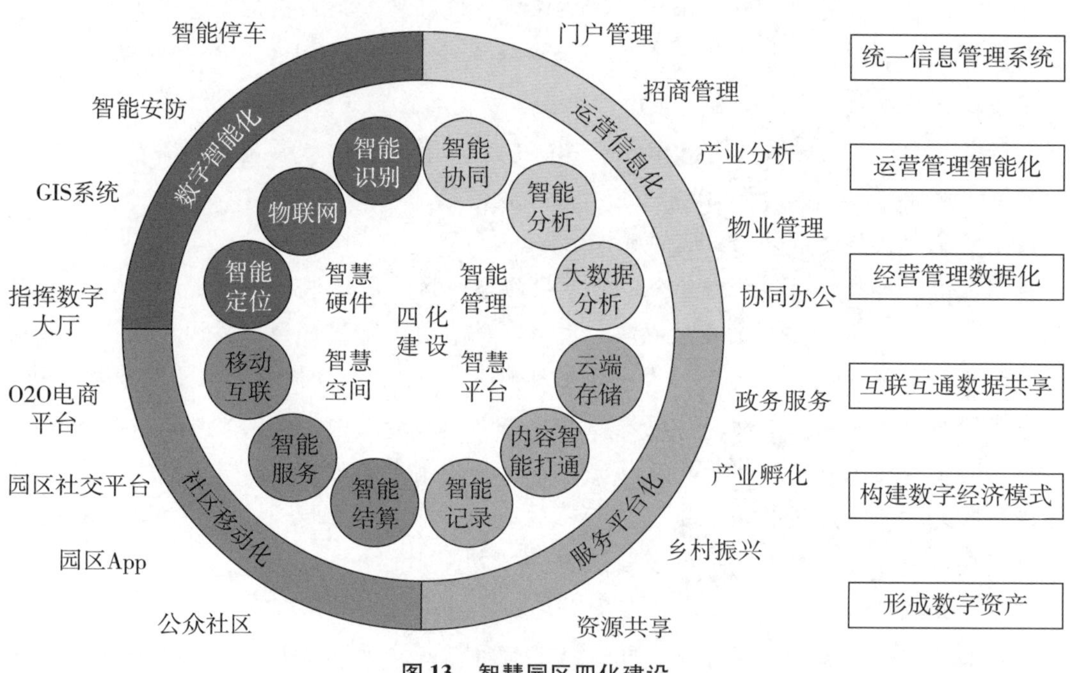

图13 智慧园区四化建设

智慧园区服务定位于集约化的省际干线转运服务、网络化城际支线和电商配送服务、标准化电商运营和物流服务、可视化的全国仓储服务、信息化的全程物流服务、现代化的供应链金融服务、在线化的商贸物流服务、系统化的乡村振兴服务、一体化的公铁海多式联运服务、智能化的超级算力调度服务。智慧园区建成后，能够实现全国无盲区，专线不重复。通过打造数智化的城乡高效配送体系，为专线企业线下提供优质、高效的装卸、分流、暂存服务，线上提供交易、结算服务，助力专线企业省钱、省事、省心；提供仓配一体化服务，缩短配送周期，提升供应链效率；可以根据客户需求提供定制化服务。

（作者：周志成　胡纾娜　中国物流与采购联合会）

我国铁路物流中心发展报告

铁路物流中心是指依托铁路、具有完善信息网络、为社会提供物流活动的场所，并具有为社会或企业自身提供物流服务、物流功能健全、集聚辐射范围大和储存吞吐能力强等功能的现代铁路物流基础设施。铁路物流中心作为承担国内外货物集散的重要节点和铁路发展现代物流业的重要突破口，是物流园区的主要载体，对推动铁路货运转型升级，提供服务质量更优、体验更好的货运产品，支撑建设国家物流枢纽，满足社会规模化、多样化、个性化的运输物流服务需求具有重大作用。

一、我国铁路物流中心近年来发展状况

自中共十九大报告明确提出加强铁路、物流等基础设施网络化建设以来，物流业在国民经济和社会发展中的基础性、战略性、先导性作用不断增强。国务院办公厅于2018年发布了《推进运输结构调整三年行动计划（2018—2020）》，中共中央、国务院于2019年发布了《交通强国建设纲要》，国家发展改革委等有关部委陆续出台了一系列物流规划、政策，指导推动物流业高质量发展。铁路是国民经济大动脉和综合交通运输体系的骨干，在大宗物资和中长途运输中具有不可替代的作用。随着运输结构调整下的铁路货运增量行动计划和“交通强国铁路先行”的实施，铁路货运改革持续推进，多项促进铁路物流中心发展的规划和指导意见陆续出台，铁路物流中心建设发展取得了新进展。

（一）铁路物流中心建设方案持续落实

2015—2017年，中国国家铁路集团有限公司（以下简称国铁集团）根据发布的《铁路物流基地布局规划及2015—2017年建设计划》，持续推进铁路物流中心（基地）建设工作，取得了一定的成效。2018—2020年，国铁集团与各铁路局集团公司承接以上规划，进一步开展了铁路物流中心建设实施工作，结合实际优化调整了部分铁路物流中心的路网级别，共建设完成石家庄、即墨、苏州西、改貌4个一级铁路物流中心项目；将董家镇、南翔、昌北3个铁路物流中心调整为二级铁路物流中心，并完成建

设工作；废止了原规划的北京窦店一级铁路物流中心。此外，还完成了齐河、向塘 2 个铁路物流中心建设任务并将其调整为一级铁路物流中心。当年规划的一级铁路物流中心总体建设情况如表 1 所示。

表 1　《铁路物流基地布局规划及 2015—2017 年建设计划》中规划的一级铁路物流中心总体建设情况

集团公司名称	序号	项目名称	所在省份	所在城市	建设情况
哈尔滨局集团公司	1	新香坊	黑龙江	哈尔滨	已建成
沈阳局集团公司	2	长春	吉林	长春	已建成
	3	蒲河	辽宁	沈阳	已建成
	4	金港	辽宁	大连	已建成
北京局集团公司	5	新港北	天津	天津	已建成
	6	石家庄	河北	石家庄	已建成
	7	窦店	北京	北京	已废止
太原局集团公司	8	中鼎	山西	太原	已建成
呼和浩特局集团公司	9	沙良	内蒙古	呼和浩特	已建成
郑州局集团公司	10	圃田	河南	郑州	已建成
武汉局集团公司	11	吴家山	湖北	武汉	已建成
西安局集团公司	12	新筑	陕西	西安	已建成
济南局集团公司	13	即墨	山东	青岛	已建成
	14	董家镇	山东	济南	在建（已调整为二级铁路物流中心）
上海局集团公司	15	南翔	上海	上海	规划（已调整为二级铁路物流中心）
	16	杭州北	浙江	杭州	已建成
	17	合肥北	安徽	合肥	已建成
	18	宁波北	浙江	宁波	已建成
	19	苏州西	江苏	苏州	已建成
	20	尧化门	江苏	南京	已建成

续 表

集团公司名称	序号	项目名称	所在省份	所在城市	建设情况
南昌局集团公司	21	前场	福建	厦门	已建成
	22	杜坞	福建	福州	已建成
	23	昌北	江西	南昌	已建成（已调整为二级铁路物流中心）
广州局集团公司	24	霞凝（长沙北）	湖南	长沙	已建成
	25	大田	广东	广州	在建
	26	平湖南	广东	深圳	部分运营部分在建
南宁局集团公司	27	沙井（南宁南）	广西	南宁	已建成
成都局集团公司	28	团结村	重庆	重庆	已建成
	29	城厢	四川	成都	已建成
	30	改貌	贵州	贵阳	已建成
昆明局集团公司	31	王家营西	云南	昆明	已建成
兰州局集团公司	32	东川	甘肃	兰州	已建成
乌鲁木齐局集团公司	33	三坪	新疆	乌鲁木齐	已建成

（二）铁路物流中心发展规划动态完善

为适应新发展阶段对铁路货运提出的新要求，推动铁路货运转型升级和高质量发展，优化铁路物流节点布局，有序推进铁路物流中心建设，实现交通强国、铁路先行发展目标，国铁集团开展了《2018—2020 铁路物流基地发展规划及运营开发研究》，对《铁路物流基地布局规划及 2015—2017 年建设计划》执行情况和铁路物流中心建设运营情况进行了评估总结和优化调整，于 2020 年印发了《铁路物流基地发展规划及 2020—2022 年建设计划》。该规划成为铁路货运供给侧结构性改革的具体行动方案，对持续补齐铁路物流基础设施短板、构建以铁路物流中心为枢纽的多式联运网络体系、促进铁路货运向现代物流转型升级、实现铁路物流高质量发展具有重要意义。

本次规划对铁路物流中心的内涵和分级标准进一步明确和深化，提高了对于一、二级铁路物流中心远期到发量的预期，新增了对于一、二级铁路物流中心测算占地规模、承载城市 GDP 总量和对国家物流枢纽建设的要求。具体而言，一级铁路物流中心位于全国性铁路枢纽城市，要求货物聚集、班列组织、路网中转功能强，具备完善的物流服务、增值服务和配套服务功能，在国家物流枢纽中发挥核心作用，远期到发量不低于 500 万吨，测算占地规模一般不低于 2000 亩，原则上不低于 1000 亩，承载城市

GDP 不低于 6000 亿元，若为中国西部城市则 GDP 不低于 2000 亿元。二级铁路物流中心位于重要铁路枢纽城市，具备较强货物聚集、班列组织或专业物流功能，远期到发量不低于 200 万吨，测算占地规模一般不低于 1000 亩，原则上不低于 500 亩，承载城市 GDP 不低于 1000 亿元，若为中国西部城市则 GDP 不低于 300 亿元。一、二级之外的铁路物流中心为三级，主要承担一般城市货物集散及城市配送、专业物流功能。相较于传统铁路货场，第三级铁路物流中心在具备所有物流基础服务的基础上，还应具备一定的物流增值服务功能，远期到发量应不低于 50 万吨。

《铁路物流基地发展规划及 2020—2022 年建设计划》还对一、二级铁路物流中心的布局进行了调整，整体规划一、二级铁路物流中心 262 个，其中一级 35 个、二级 227 个，数量上相较于 5 年前新增 54 个，其中一级铁路物流中心总量增加了 2 个。35 个一级铁路物流中心中（见表 2），已建成 29 个、在建 2 个、规划 4 个，具体调整情况为新增了平谷马坊、白沟、高碑店、齐河、徐行、向塘 6 个项目，废止了窦店项目，将董家镇、南翔、昌北 3 个原一级铁路物流中心调整为二级铁路物流中心。227 个二级物流中心中，已建成 94 个、在建 24 个、规划 109 个。

表 2 《铁路物流基地发展规划及 2020—2022 年建设计划》中一级铁路物流中心情况一览

集团公司名称	序号	项目名称	所在省份	所在城市	接轨站	建设情况
哈尔滨局集团公司	1	新香坊	黑龙江	哈尔滨	新香坊	已建成
沈阳局集团公司	2	蒲河	辽宁	沈阳	蒲河	已建成
	3	金港	辽宁	大连	金港	已建成
	4	长春	吉林	长春	一间铺	已建成
北京局集团公司	5	平谷马坊	北京	北京	三平	规划
	6	新港北	天津	天津	新港北	已建成
	7	石家庄	河北	石家庄	高邑	已建成
	8	白沟	河北	雄安新区	白沟	规划
	9	高碑店	河北	保定	高碑店	规划
太原局集团公司	10	中鼎	山西	太原	北六堡	已建成
呼和浩特局集团公司	11	沙良	内蒙古	呼和浩特	沙良	已建成
郑州局集团公司	12	圃田	河南	郑州	圃田、占杨	已建成
武汉局集团公司	13	吴家山	湖北	武汉	吴家山	已建成
西安局集团公司	14	新筑	陕西	西安	新筑	已建成
济南局集团公司	15	即墨	山东	青岛	即墨	已建成
	16	齐河	山东	德州	晏城北	已建成

续 表

集团公司名称	序号	项目名称	所在省份	所在城市	接轨站	建设情况
上海局集团公司	17	徐行	上海	上海	徐行	规划
	18	尧化门	江苏	南京	尧化门	已建成
	19	苏州西	江苏	苏州	苏州西	已建成
	20	杭州北	浙江	杭州	杭州北	已建成
	21	宁波北	浙江	宁波	宁波北	已建成
	22	合肥北	安徽	合肥	合肥北	已建成
南昌局集团公司	23	前场	福建	厦门	前场	已建成
	24	杜坞	福建	福州	杜坞	已建成
	25	向塘	江西	南昌	向塘	已建成
广州局集团公司	26	霞凝	湖南	长沙	长沙北	已建成
	27	大田	广东	广州	大田	在建
	28	平湖南	广东	深圳	平湖南	在建
南宁局集团公司	29	沙井	广西	南宁	南宁南	已建成
成都局集团公司	30	团结村	重庆	重庆	团结村	已建成
	31	城厢	四川	成都	城厢	已建成
	32	改貌	贵州	贵阳	改貌	已建成
昆明局集团公司	33	王家营西	云南	昆明	王家营西	已建成
兰州局集团公司	34	东川	甘肃	兰州	坡底下	已建成
乌鲁木齐局集团公司	35	三坪	新疆	乌鲁木齐	三坪	已建成

为贯彻落实国家调整运输结构的决策部署，积极适应我国经济转型升级和高质量发展要求，构建资源节约、环境友好的综合交通运输体系，促进我国多式联运发展，铁路大力推进了铁路集装箱运输发展，其中铁路集装箱节点网络建设成为重要的工作内容。国铁集团于2019年印发了《铁路集装箱运输发展规划》，规划了14个路网性集装箱节点站（见表3）、65个区域性铁路集装箱节点站。路网性集装箱节点站以始发、终到集装箱班列为主，兼顾中转功能，配套服务设施完善，装卸机具和管理机制先进；具有编发接卸整列集装箱班列、集装箱堆存和空箱调配能力，具有集装箱检修、清洗设施，可办理国际集装箱运输业务，年作业能力不低于120万TEU。区域性铁路集装箱节点站以始发、终到集装箱直达班列为主，部分具备中转功能，配套服务设施较完善，具有办理集装箱班列到发及集装箱储存、装卸、搬运、检修和维护功能，年作业能力30万TEU以上。

表 3　《铁路集装箱运输发展规划》中集装箱节点站汇总一览

级别	载体城市	节点站	载体城市	节点站
路网性集装箱节点站	武汉	吴家山	兰州	东川
	天津	西堤头	昆明	王家营西
	重庆	团结村	西安	新筑
	郑州	圃田	南昌	向塘
	广州	大田	贵阳	改貌
	南京	尧化门（龙潭）	哈尔滨	新香坊
	沈阳	蒲河	乌鲁木齐	三坪
区域性铁路集装箱节点站（具备中转功能）	北京	高碑店	石家庄	石家庄
		平谷马坊	徐州	铜山
	南宁	南宁东	济宁	济宁
	合肥	合肥北	济南	齐河
	长沙	长沙北		
区域性铁路集装箱节点站（不具备中转功能）	博尔塔拉蒙古自治州	阿拉山口	北海	北海港
	伊犁哈萨克自治州	霍尔果斯	防城港	防城港
	昌吉回族自治州	准东	钦州	钦州港东
	达州	宣汉	锦州	锦州
	成都	城厢	鞍山	鞍山
	呼伦贝尔	满洲里	营口	营口自贸区
	锡林郭勒	二连浩特	大连	金港
	乌海	乌海北	嘉峪关	嘉峪关
	包头	包头西	宣城	港口镇
	呼和浩特	沙良	齐齐哈尔	齐齐哈尔
	曲靖	马龙	龙岩	龙岩
	湛江	湛江港	厦门	前场
	红河哈尼彝族自治州	河口北	福州	杜坞
	上海	徐行	吉林	南三道
		芦潮港	长春	长春
	绍兴	皋埠	吕梁	孝南
	杭州	杭州北	临汾	侯马北
	义乌	义乌西	太原	中鼎物流园

续 表

级别	载体城市	节点站	载体城市	节点站
区域性铁路集装箱节点站（不具备中转功能）	金华	金华南	宜春	八景
	宁波	宁波北	六盘水	水城
	天津	新港北	西宁	双寨
	唐山	京唐港	中卫	中卫
	雄安新区	白沟	宜昌	宜昌东
	三门峡	三门峡	无锡	无锡南
	东莞	石龙	苏州	苏州西
	佛山	丹灶	淄博	淄博
	深圳	平湖南	青岛	即墨
	连云港	连云港	百色	百色东

（三）支撑国家物流枢纽建设

为贯彻落实党中央、国务院关于加强物流等基础设施网络建设的决策部署，2018年12月，国家发展改革委、交通运输部经国务院批准，印发了《国家物流枢纽布局和建设规划》，确定了127个具备一定基础条件的国家物流枢纽承载城市。规划中明确提出要优先利用现有物流园区，特别是国家示范物流园区，以及货运场站、铁路物流基地等设施规划建设国家物流枢纽。针对陆港型国家物流枢纽，更是明确提出优先鼓励依托全国性和区域性铁路物流中心培育发展陆港型国家物流枢纽。

《铁路物流基地发展规划及2020—2022年建设计划》将《国家物流枢纽布局和建设规划》作为主要依据之一，提出铁路物流中心规划建设要坚持服务大局的原则，明确要求铁路物流中心支撑国家物流枢纽建设，一、二级铁路物流中心全部覆盖127个国家物流枢纽承载城市。在铁路物流中心分级标准中，明确一级铁路物流中心要在国家物流枢纽中发挥核心作用。

从实际的建设情况看，铁路物流中心依托国家物流枢纽承载城市，充分发挥自身优势，加强与地方政府、社会物流合作，推进了物流资源要素集聚，有效支撑了一批具备关键节点、重要平台和辐射带动作用强的国家物流枢纽建设。例如，重庆陆港型国家物流枢纽重点依托团结村一级铁路物流中心（路网性集装箱节点站）和兴隆场特大型铁路编组站，突出国际枢纽口岸开放、国际物流、国际贸易、自由贸易等特色功能，大力发展进口整车、跨境电商、医疗器械、进口冷链等特色产业，2020年开行中欧班列（渝新欧）重箱折算列2603班，同比增长超过70%；运输箱量超22万TEU，同比增长超过65%；枢纽完成货物吞吐量2642万吨，其中集装箱吞吐量69.8万TEU；

实现营业收入920亿元，其中物流业务总收入137.8亿元；吸引了约4500家企业入驻，其中物流企业599家，成为重庆对外开放的重要载体。西安陆港型国家物流枢纽充分发挥西安铁路集装箱中心站（路网性集装箱节点站）、新筑一级铁路物流中心、新筑车站等铁路物流基础设施的对外开放平台作用，对标上海航运中心，建立“港口核心功能+物流增值功能+商务配套功能+信息服务功能”的现代化港口功能体系，2020年开行中欧班列长安号3720列，运送货物约264万吨，同比增长80%，实现了中国邮政、招商物流、传化、京东、圆通等330多家物流企业集聚，物流业务收入超百亿元。太原陆港型（生产服务型）国家物流枢纽依靠中鼎铁路物流园（铁路一级物流中心、区域性铁路集装箱节点站），充分发挥和围绕铁路主导作用；在空间布局上通过宽领域、深层次优化整合铁路、公路、口岸、港口、保税等各方面功能，先后吸引了中铁快运、山西荔日旺、捷时特物流、德裕物流等一批全国性企业入驻，2020年开行铁路货运班列208列，形成了集多式联运、仓储配送、公路物流、综合保税、特货运输等于一体的现代物流产业体系，实现货物吞吐量900多万吨，同比增长近50%。在前3批确定的70个国家物流枢纽中，有59个枢纽基于铁路物流中心或引进铁路专用线开展运营，其中38个枢纽依托铁路一、二级铁路物流中心建设发展。

（四）运输结构调整推动铁路物流中心“硬件”“软件”双提升

为贯彻落实国务院关于调整运输结构的决策部署，国铁集团颁布实施了《2018—2020年货运增量行动方案》，采取了一系列创新服务举措，推动国铁货运量从2018年的31.9亿吨提升至2020年的35.81亿吨。与此同时，全社会铁路货运量从2018年的40.26亿吨上升至2021年的45.52亿吨，铁路货运量占全社会货运总量的比重也由7.95%上升至9.62%，运输结构调整取得了阶段性成效。“公转铁”对铁路物流中心建设运营提出了新要求，倒逼铁路物流中心设施设备和软件系统升级。

1. 铁路物流中心设施设备

按照铁路货运增量行动计划部署，铁路物流中心着力提升货运服务能力，对一些老旧铁路货运场站进行了改扩建，增配了龙门吊、正面吊、动态轨道衡等大型装卸搬运设备，大力推广使用35吨敞顶箱、探索推广使用托盘等标准化运载单元。例如，中国铁路乌鲁木齐局集团有限公司为完成2018年1亿吨运量目标，对库尔勒、柳园、阿克苏、喀什、石河子、和田等16个场站线路进行集中整治，实现了集约化生产，同时加强对基础设施扩能改造，规划了19个物流基地建设和货运设施补强项目，为货运上量提供了支撑。一些铁路物流中心还积极应用现代先进物流技术，探索铁路物流作业自动化。例如，中鼎铁路物流园结合实际物流作业需求，创新关键技术，形成了具有国内一流技术水平和铁路特点的自动化作业系统，成为全国铁路物流园首个采用“智能作业调度指挥+门吊远程控制+集装箱AGV水平搬运”模式的自动化无人集装箱作业场站，可提高集装箱整体作业效率 50%，减少作业人员 20 人，实现了作业效率和安全双提升。钦州铁路集装箱中心站配置了 6 台全自动智能化门吊，积极探索铁路智能化示范场站建设。

2. **铁路物流中心软件系统**

大数据、云计算、物联网等先进信息技术与物流活动深度融合，催生了众多“互联网 +”高效物流的信息服务平台与系统应用软件，带动了铁路物流中心信息化水平提升。中国铁路 95306 货运电商平台开发了“数字口岸”系统，实现铁路物流中心与海关部门信息互联互通、作业高度协同，推动跨境铁路货运过检通关数字化，提高了整体通关效率。作为中欧班列枢纽节点的铁路物流中心还通过与地方企业合作，实现了物流信息化的跨越式发展。例如，中国铁路乌鲁木齐局集团有限公司与乌鲁木齐经济技术开发区建设投资开发有限公司等合建的乌鲁木齐国际陆港，依托三坪铁路一级物流中心，通过利用大数据、云平台、物联网、区块链、人工智能、5G 等先进技术，打造了数字班列万物互联平台、多式联运物流信息共享交换平台、枢纽综合信息服务平台，融合物流集结、班列发运、智能场站、多式联运、跨境贸易服务、运营服务等线上线下的多业务综合服务体系，支撑物流、贸易、金融和数据的协同应用发展，初步建设区域生态化的智慧铁路港口信息化平台。

（五）中西部铁路物流中心国际化步伐加快

随着“一带一路”倡议深入推进，我国与沿线国家的贸易往来发展迅速，中欧班列开行数量呈现快速增长势态。特别是新冠肺炎疫情暴发后，一方面我国率先实现复工复产，对进出口形成了有力支撑；另一方面欧美港口拥堵，海运价格大幅提升，出现“一箱难求”的情况，使得部分货源向更加稳定、安全的铁路运输转移。2020 年中欧班列开行数量超过 1.2 万列，同比上升 50.8%（见下图），通达境外 21 个国家的 92 个城市，比 2019 年年底增加了 37 个，中欧班列的贸易大通道作用更加凸显。此外，随着 2019 年国家发展改革委发布《西部陆海新通道总体规划》，西部陆海新通道建设上升为国家战略，以城厢、团结村、王家营西 3 个一级铁路物流中心为骨干，国铁集团积极组织西部陆海新通道铁海联运班列，2020 年西部陆海新通道铁海联运班列开行 4596 列，较 2019 年的 2243 列有大幅增长，开行数量超过前 3 年总和。

铁路物流中心是中欧班列和西部陆海新通道铁海联运班列枢纽节点的核心物流设施和重要组成部分，在班列的货源集散、集结编组、列车到发中发挥着重要支撑作用。中欧班列、西部陆海新通道铁海联运班列开行数量的快速增长，推动了两类相关铁路物流中心国际物流业务快速发展和作业组织模式创新探索实践。一是助力中欧班列集结中心建设。2020 年国家发展改革委下达中央预算内投资 2 亿元，在乌鲁木齐、郑州、重庆、成都、西安建设中欧班列集结中心。三坪、圃田、团结村、城厢、新筑 5 个一

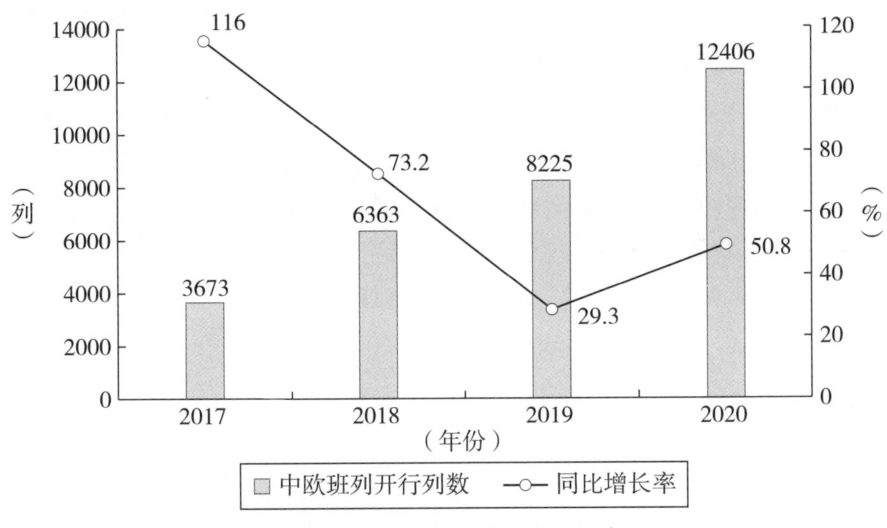

2017—2020 年我国中欧班列开行情况

级铁路物流中心作为中欧班列集结中心的核心物流基础设施，在支撑中欧班列集结中心建设发展的同时，也积极推进了自身国际物流的发展。2020 年上述五大集结中心开行中欧班列近 8000 列，占比超过 60%。作为中欧班列集结中心重要组成部分的三坪、圃田、团结村、城厢、新筑 5 个一级铁路物流中心的进出口业务量也随之快速增长。二是提升边境铁路口岸物流中心作业能力。由于中欧班列的快速增长，霍尔果斯、阿拉山口、满洲里、二连浩特等边境口岸站出现拥堵现象。为缓解口岸站拥堵的状况，这些铁路物流中心积极配合边境口岸站扩能改造。例如，二连浩特二级铁路物流中心在 2020 年年底完成扩能改造，运输能力提升三分之一，该口岸站在 2020 年发送中欧班列超过 2000 列，同比增长超过 50%。三是探索铁路物流中心间运输组织模式创新。以城厢、霞凝为首的部分铁路物流中心为减轻口岸站换装作业压力，尝试组织中欧班列“三并二”集并运输，由铁路物流中心组织目的地相同的三列班列同时到达口岸站，利用口岸站较长的编组线完成集并作业。2018 年，城厢一级铁路物流中心与哈铁进行合作，组织了 12 列“三并二”集并运输班列，全程运行 10 天左右，全程物流成本下降了 5 ~ 10 个百分点。2020 年，霞凝一级铁路物流中心组织了三列分别装载 41、41、42 个 40 英尺集装箱的中欧班列，后经满洲里口岸合并为两列各装载 62 个 40 英尺集装箱的列车，前往白俄罗斯明斯克科利亚季奇铁路车站，同样取得了不错的成效。

中欧班列、西部陆海新通道铁海联运班列的开行，不仅推动相关铁路物流中心国际业务量快速增长，还为铁路物流中心服务升级创造了条件。一是口岸功能不断完善，例如，自重庆铁路口岸获批临时对外开放的国家一类口岸以来，已建成汽车整车口岸、植物种苗口岸、进境水生动物口岸、进口药品和生物制品口岸、国际邮件互换局和铁路保税物流中心等核心功能性开放平台。二是提升口岸通关服务质量，铁路物流中心加强与海关部门协调对接，做到一次申报、一次查验、一次放行，通关成本显著降低，通关效率显著提升。三是国际物流辐射范围不断扩大，一些入驻中欧班列枢纽节点铁路物流中心的企业，沿着中欧班列沿线设立境外分拨集散中心和海外仓，扩大了铁路物流中心的业务辐射范围。四是推动物流服务创新。依托团结村一级铁路物流中心的重庆陆港型国家物流枢纽积极探索陆上贸易规则，参照海运模式中“货代单”代替“船东单”的方式，将重庆铁路口岸公司作为货到整车口岸的控货单位，赋予铁路货代单唯一提货权，推动实现跨境铁路提单融资、结算便利化、常态化，2020 年开具铁路信用证共计 20 单，总货值 4500 万美元。

（六）铁路改革提升铁路物流中心服务效能

2018 年以来，中国铁路总公司推动了进一步全面深化改革工作，2019 年 6 月 18 日，经国务院批准同意，中国铁路总公司改制成立中国国家铁路集团有限公司。国铁系统加快走向市场，一方面提升了铁路物流中心服务效能，另一方面加强了与当地经济产业的融合联动，助力地区经济发展。

1. 建立铁海快线品牌

在中欧班列国际品牌影响力日益提升的基础上，中铁集装箱运输有限责任公司立足自身集装箱场站资源优势，推进了铁海快线品牌建设。铁海快线品牌主要为客户提供精确货物到发时间、网络覆盖全球、适箱货源品目繁多、铁海信息高度共享、运输过程动态掌握、一站式无忧报送、绿色环保、无缝衔接的品牌服务，对于推进货物多式联运高质量发展具有重要意义。2020 年铁海快线开行线路 75 条，其中内贸线路 44 条，外贸线路 31 条。2020 年铁海快线开行班列 13987 列，集装箱运量 110.1 万 TEU，其中内贸班列开行 4189 列、集装箱运量 35.9 万 TEU，外贸班列开行 9798 列、集装箱运量 74.2 万 TEU。2020 年铁海快线开行列数较 2019 年进步显著，其中内贸开行列数是 2019 年的 20.5 倍，外贸开行列数是 2019 年的 14.3 倍。铁海快线班列采用“公铁海”联运的全程运输方式，相比纯公路运输，不仅大幅降低了企业综合物流成本，还提高了产品市场竞争力。

2. 升级货物运输服务

铁路物流中心结合区域经济发展和产业布局特点，深入挖掘货运物流需求，定制开行了特色货运服务班列。例如，以沙井一级铁路物流中心为基础的南宁国际铁路港结合当地自身产业优势开行了“中越老”农资产品跨境多式联运班列，全程约 1300 公里，运行时间 4 天，相较于海运全程运输时间节省了 10 天以上，运能也提高了 50%，已实现常态化开行。集宁铁路货运中心西货场依托区位地理优势，开通了蒙古国乔伊尔到乌兰察布庙梁 35 吨焦煤固定循环班列，助推乌兰察布打造蒙古煤炭交易分拨中心和加工基地。王家营西一级铁路物流中心支撑昆明商贸服务型国家物流枢纽大力开展多式联运，为客户提供“一单制”、干甩衔接、散货集装等服务，截至2020年年底，服务品类30余个，服务国内城市20余个，服务国家5个。

3. **大力发展全程物流服务**

铁路物流中心加大货运改革力度，努力从“站到站”服务逐渐向“门到门”服务转型。例如，城厢一级铁路物流中心依托中欧班列运邮试点，吸引跨境电商企业通过中欧班列开展跨境电商业务；同时，与全省13个地市州共建“亚蓉欧物流（产业）基地”，形成了“进出口贸易在铁路港，生产基地在市州”的产业联动模式。通过这种模式助力四川电子信息、装备制造、先进材料、汽车整车及零配件等产品远销欧亚。2020年班列带动进出口贸易额达148.5亿美元，同比增长41.4%。此外，该铁路物流中心内的多式联运综合服务大厅内设立铁路、船公司、港口、海关、检验检疫“五类”服务窗口，推行“单窗口一站式”服务，为客户提供包括铁路、海运、公路各环节的多式联运、“一站式通关”、一票办理，同时提供进出口集装箱货物仓储、加工、保税、标签、包装、分类及分拨配送等综合物流服务。

4. **打造城市配送服务新模式**

《推进运输结构调整三年行动计划（2018—2020年）》提出要充分发挥铁路既有资源优势，完善干支衔接的基础设施网络，打造“轨道+仓储配送”的铁路城市物流配送新模式。近年来，国铁集团陆续探索城市绿色物流体系建设，加强了铁路货场向物流中心的转型升级。作为调整运输结构的重点区域，中国铁路北京局集团有限公司推进“2+9”绿色物流网络布局，新建了平谷马坊、京南昌达2个铁路物流中心，将大红门、顺义、三家店、黄村、百子湾、双桥、沙河、庙城、牛栏山9个既有铁路货场改造为铁路物流中心。此外，中国铁路北京局集团有限公司和北京锦绣大地农副产品批发市场共同探索尝试，通过将民生物资在河北涿州集结，利用小编组列车定时运输至北京大红门基地，再由清洁能源车进行市内配送，推动大红门车站向农产品供应链城市集配中心转型。这种“外集内配、绿色联运”的城市配送模式，不仅有效降低了货运物流成本、缓解了城市交通拥堵，还减少了大气污染物排放，为首都蓝天保卫战作出了重要贡献。

5. **探索开展高铁快运**

近年来，电商、外卖等线上商贸形态的快速发展推动了快递业务的指数级增长；与此同时，各类客户对于快递乃至快运物流的时效性提出了更高的要求。高铁运输具有速度快、准时性高、运能大、污染物排放少等特点，符合物流业绿色化转型发展趋势。2019年“双十一”期间，各铁路局集团公司依照国铁集团的统一部署，充分利用高铁成网物流设施设备资源，服务电商、快递、物流以及生产制造企业。“双十一”期间，铁路系统日均安排高铁载客动车组列车800列、预留车厢的高铁载客动车组列车181列、高铁确认列车22列、旅客列车行李车450列、特快电商货物班列6列，共发送货物30129.6吨，同比增长38.6%，各项指标均创历史新高。此外，各铁路局集团公司主动联合电商、快递企业，共同推出“高铁+电商”运输、“当日达”和“铁路冷链快递”等多项新服务，并继续与京东、顺丰等密切合作，做好“高铁极速达”“高铁京尊达”“丝路高铁快运”等在内的多种特色服务。高铁快运蕴含的发展潜力和空间受到各界广泛关注。2021年，吴家山等铁路物流中心探索了高铁快运货物集散地；与此同时，四川和广西分别开始着手广元·川陕甘高铁快运物流基地和南宁高铁物流基地的建设工作。

近年来在铁路物流中心等基础设施深入合作的产权问题方面，国铁集团和部分铁路局集团公司也尝试开展了与路外企业关于“分层确权”的探索。如依托平湖南一级铁路物流中心支撑建设的深圳商贸服务型国家物流枢纽，中国铁路广州局集团有限公司与深圳国际控股有限公司双方探索实施多层产权结构，在铁路装卸线及站台基础上盖建多层立体物流设施，实现“铁路+物流仓储”结合，既有利于缓解深圳市物流用地严重短缺的局面，同时也促进了各主体发挥其效能及各自的优势。

二、我国铁路物流中心发展中存在的主要问题

近年来，我国铁路物流中心发展虽取得了一系列显著成效，但与全国示范物流园区相比，在规划建设、运营管理和服务水平等方面仍有一定差距，尚难以适应我国加快构建新发展格局的要求。

（一）规划建设难以充分满足市场需求变化

当前，我国铁路物流中心规划建设难以满足市场需求变化、支撑铁路物流高质量发展要求，主要有以下几个方面的原因。一是铁路系统与地方政府有效地双向沟通不足，部分铁路物流中心规划缺乏较为详细的市场调研，地方规划对铁路物流中心考虑不足，导致铁路物流中心与区域经济、城市发展、产业布局、交通物流规划衔接不够紧密，远离经济技术开发区、商贸批发市场等物流需求来源地，周边交通道路衔接不顺、组织不畅。二是部分铁路局集团公司对铁路物流中心重视程度不够，缺乏对管辖范围内铁路物流中心的系统布局规划和建设发展计划，部分一、二级铁路物流基地建设进度较为迟缓。三是部分铁路物流中心未能将现代物流理念充分融入规划建设中，对仓储、配送、流通加工、信息服务等功能设置考虑不足。四是随着城市扩张和产业结构与空间布局调整，铁路物流中心周边企业和货主向外搬迁，居民区、商业圈和休闲风景区环绕左右，不仅原有业务规模缩小，物流生产作业还与人们对美好生活追求的矛盾加剧，这在北京、上海等一线城市的表现尤为突出。五是部分铁路物流中心对运输结构调整、现代物流等国家政策预见性、前瞻性不足，扩能改造工作进展缓慢，

导致公路货运量向铁路转移时出现供需不匹配。

（二）设施设备难以适应现代物流生产运作

近年来，我国铁路物流中心设施设备整体水平有所提高，但与快速高效安全的现代物流生产运作要求还有一定距离，降低了铁路运输竞争力，主要表现在以下几个方面。一是多数铁路物流中心设施设备配置仍以满足铁路运输为主，缺少配送、包装、流通加工、信息服务等物流相关设施设备，增加了短驳运输成本，难以满足物流一体化的运作要求。二是一些铁路物流中心建设时间较早，货场、仓库、站台等设施老旧失修，部分物流设备处于超期服役、运作不良状态，不仅降低了物流作业效率，作业与人员安全也面临严重挑战。三是铁路物流中心物流装备技术水平不高，集装箱、托盘等运载单元推广应用不足，龙门吊、正面吊、堆垛机、动态轨道衡等大型机械化设备数量不足，AGV、自动货架、自动存取机器人、自动识别分拣等自动化、智能化设备配置较少，部分铁路物流中心物流作业仍以人工搬运为主，降低了铁路物流中心的运作效率。四是随着我国产业结构与布局调整和消费需求升级，快递、快运、冷链等物流需求旺盛，但铁路物流中心对这些新兴物流需求所需的相关设施设备配置严重不足。例如，目前我国高铁站严重缺乏快运货物通道和作业场所，而铁路物流中心尚不具备进行高铁快运的装卸作业条件。随着国家对高铁快运和航空货运补短板的日益重视，铁路在高铁货运设施、铁路快运物流中心、空铁联运衔接设施等方面的研究、规划、设计与运营工作亟待展开。

（三）信息化建设难以支撑铁路物流转型升级

“互联网+”高效物流的深入推进，催生出一批“互联网+车货匹配”“互联网+运力优化”“互联网+仓储交易”等新业态，极大提升了我国物流产业信息化发展水平。与这些物流行业领先的信息服务平台相比，我国铁路物流中心的信息化、智能化建设较为滞后。一是铁路物流信息系统缺乏统筹规划，国铁集团、各铁路局集团公司铁路物流中心信息系统自成体系，不同信息系统间难以兼容与集成，不仅铁路系统内部信息难以互联互通，更难以与社会物流企业实现实时信息交互，严重制约了多式联运和现代物流业务发展。二是物流信息系统服务功能不全，面向客户的物流信息服务功能开发不足，客户信息服务体验不佳；面向生产运作的资源调配、流程优化、决策管理等功能有待深化，数字化管理能力有待加强；目前还缺少服务入驻物流企业和周边客户企业的信息综合服务平台，难以与周边企业实现协调联动。三是部分铁路物流中心对先进信息技术手段利用较少，信息采集、传输、存储、处理仍以人工为主，电子标签、电子订单等无纸化技术尚未普及，严重影响了铁路物流中心运营效率。

（四）服务水平难以符合经济高质量发展要求

近年来，国铁集团实施货运组织改革，完善货运受理方式，清理规范货运收费，大力发展铁路“门到门”全程物流服务，铁路物流中心服务能力和水平明显提升。但随着我国经济转型升级，对物流服务提出了更高要求，铁路物流中心供给质量亟须进一步提升。一是多数铁路物流中心现代物流观念不强，主要业务仍以铁路运输、装卸搬运、货物暂存等传统运输业务为主，“门到门”物流服务能力较弱，配送、流通加工、包装、信息处理等物流服务尚未开展，物流服务一体化水平不高。二是受管理体制制约，铁路物流内部条块分割，多数铁路物流中心单点运营、缺乏有效的跨区域协作机制，铁路物流网络服务优势难以发挥。三是铁路物流中心缺少仓单质押、提单质押、代理采购、商品展示、市场交易等高增值服务，可提供金融保险、住宿、餐饮、修理、办公、加油充电等基础配套服务和市场监管、交通等政务服务的较少，没有形成融合发展的物流生态圈。四是铁路物流中心服务意识有待提高，尚未建立完善的物流服务质量综合评价体系和激励约束机制，物流服务质量与社会物流还存在一定差距，铁路物流服务品牌效应不佳。

（五）政策力度难以提供坚实的资源要素保障

铁路物流中心建设发展整体较为滞后，转型升级需要投入更多的资源要素，但目前在资金、土地、人才方面都缺少有效支持。在资金方面，多数铁路物流中心运营管理单位不是法人单位，不具备独立财务核算资格，导致社会化融资困难，建设发展资金主要依靠上级主管部门拨款。虽然2018—2020年铁路固定资产投资年均8000亿元，但用于铁路物流中心新建和改扩建的资金严重不足，制约了铁路物流中心建设发展。在土地方面，由于铁路物流中心税收贡献不高，地方政府不愿意将有限的土地资源用于新建铁路物流中心；此外，由于铁路用地多为交通运输基础设施划拨用地，而物流用地包括工业仓储用地、商业用地等，土地性质转变涉及土地利用总体规划和城市规划调整，烦琐的报批手续和僵化的制度束缚导致铁路物流中心服务功能扩展缓慢。在人才方面，铁路物流中心明显缺乏专业的规划建设人才、运营管理人才、信息化人才、供应链组织与运营优化人才，而近年来铁路在这方面的专业培训也明显不足。

三、我国铁路物流中心的发展趋势

当前，我国正在加快构建以国内大循环为主体、国内国际双循环相互促进的新发展格局，经济发展变革和产业空间调整优化为铁路物流发展带来了新需求，“交通强国铁路先行”赋予了铁路物流新使命，数字经济为铁路物流创新发展提供了新动力。可以预见，当前及今后一段时期，我国铁路正在并将要处于支撑全面建设现代化国家的关键期、深化改革创新的突破期和做强做优做大的提升期，铁路物流发展也将迎来新的战略机遇。作为铁路货运与现代物流的重要基础设施，随着现代物流体系发展和国家物流枢纽网络化建设，铁路物流中心将在现代物流体系建设中努力先行，着力固根基、扬优势、补短板、强弱项，加快推动铁路物流发展质量变革、效率变革和动力变革，促进铁路货运向综合物流转变。

（一）发挥先行作用，支撑现代物流基础设施网络建设

中共中央、国务院印发《国家综合立体交通网规划纲要》，要求构建以铁路为主干，以公路为基础，水运、民航比较优势充分发挥的国家综合立体交通网，为新时代“交通强国铁路先行”赋予了新使命。一方面，铁路系统将持续贯彻落实《铁路物流基地发展规划及2020—2022年建设计划》，依托国家物流枢纽承载城市，坚持“打基础、上台阶、现代化”三步走的发展思路，在既有铁路物流中心（基地）的基础上，做实2020—2022计划，预计到2025年将规划建设一、二级铁路物流中心（基地）200个，构建覆盖全国的铁路物流骨干服务网络。同时，一些网络节点作用突出的一、二级铁路物流中心（基地），有望加强与地方政府和社会企业合作，共同参与国家物流枢纽申报与建设工作，助力“十四五”推进的120个左右国家物流枢纽建设，形成以国家物流枢纽为核心的骨干物流基础设施网络和骨干多式联运体系。另一方面，三级铁路物流中心（基地）将根据当地经济发展的需要，重新调整功能与定位，实施改扩建工程，在提高装卸和转运能力的同时，建设仓储、配送、流通加工、信息服务等物流设施，并积极向重点港口、枢纽机场、产业集聚区、大宗物资主产区延伸，推进铁路运输与交通物流、区域经济融合发展。此外，还有部分铁路物流中心（基地）由于城市扩张、货源流失、功能单一、效率不高等原因，将逐步被整合优化。

总体来看，铁路物流中心发展将坚持系统观念，科学有序地推进网络化建设工作。充分考虑既有存量与新建增量的关系，以及与客运设施间的关系，避免盲目追求高标准、片面发展某一类设施、过度超前建设或重复建设，统筹市场需求、地方支持政策、资金筹措等因素，合理把握建设节奏，按照“成熟一个、推进一个”的原则，优先安排需求大、投入小、见效快、实施难度低的项目，有序推进建设，强化铁路物流中心重要节点作用，扩大铁路货运网络覆盖范围，为铁路货运转型发展打下良好基础。

（二）数字经济赋能，推动铁路物流中心智能化升级

新冠肺炎疫情加速全球数字化转型，数字经济已经成为抢占全球竞争制高点的重要战略选择，各国和地区纷纷加强数字经济政策制定。《中华人民共和国国民经济和社会发展第十四个五年规划和2035年远景目标纲要》明确提出要加快数字化发展，建设

数字中国。深化铁路网和互联网双网融合，发展铁路数字经济和网络经济，既是建设交通强国的政治担当，也是驱动铁路发展方式和治理方式变革的重要手段和推动铁路高质量发展的内在要求，铁路物流中心建设将迈入数字化转型和智能化升级的新阶段。一是集装箱货运量的快速增长，对铁路集装箱场站的作业效率提出了更高要求，传统以人工操作模式为主的集装箱场站运作模式难以适应新发展要求。铁路物流中心将结合自身作业特点和安全要求，把成熟的集装箱自动化装卸搬运系统的装备制造、系统集成和运营管理等关键技术与铁路物流组织活动融合，推动人、货、车、场等要素网联化、数字化。届时，实时感知、精准操作、智能决策的高效无人集装箱场站或将出现。二是《新时代交通强国铁路先行规划纲要》提出，完善95306货运服务信息系统，构建智慧公共信息服务平台，实现在线受理、跟踪查询、电子票据、结算办理、货物交付及客户管理等一站式服务。随着新基建的推进，铁路物流中心将依托95306服务功能升级，推进铁路运输与仓储、配送等各物流环节以及供应链各主体之间信息交换共享，为客户提供在线化、一体化、透明化的全新信息服务体验。一些铁路与地方企业共建的铁路物流中心，还将在共建信息服务平台的基础上，积极拓展仓储、配送、流通加工、在线交易、供应链金融等信息服务功能。三是铁路物流中心将利用积累沉淀的大量数据，开发面向生产运作和营销管理的可视化、智能化决策分析系统，加强大数据分析，不断提升铁路物流供给服务效率和质量。

（三）国际班列增扩，促进国际物流服务能力提升

随着我国陆海内外联动、东西双向互济的高水平对外开放新格局的逐步推进，服务内陆和沿边地区的铁路物流中心具备提升国际物流服务能力的良好条件。“十四五”期间，我国除中欧班列、西部陆海新通道将继续保持良好发展态势外，面向东盟的中越班列、中老班列、中缅班列也有望迎来爆发期。2022年1月1日，东盟十国以及中国、日本、韩国、澳大利亚、新西兰15个国家签署的区域全面经济伙伴关系协定（RCEP）正式生效。RCEP可大幅提升区域内贸易和物流便利化水平，深化我国与东盟地区经贸合作水平。无论是近年中欧班列计划难以推进、还是疫情反复和地缘冲突加剧，均要求国际铁路货运班列拓展新通道、扩容新线路，这必将推动四川、重庆、贵州、广西、云南等相关铁路物流中心和沿边铁路口岸设施设备改造升级和先进技术应用，提升国际货运服务能力。依托国际货运班列建立起的联通国内外的物流大通道，部分铁路物流中心将充分利用国内外两个市场、两种资源，拓展全球采购、国际分拨、保税加工、国际结算、国际贸易、跨境电商等增值服务。同时，一些入驻铁路物流中心的企业，将跟随国际货运班列“走出去”，在“一带一路”沿线重要交通物流枢纽设立分拨中心和海外仓，与铁路物流中心形成境内外联动，组织返程货源。

（四）创新驱动发展，提升优质高效铁路物流服务供给

我国经济正迈向高质量发展阶段，对物流业提质降本增效提出了更高要求，迫切需要铁路发挥经济、准时、绿色等特点，进一步降低全程运输物流成本。铁路物流中心面临从运输组织中心向物流组织中心转变的形势要求，未来将增强开拓创新能力，优化铁路运输组织模式，强化铁路运输和两端配送有机衔接，提升铁路物流交付时效和品质。一是铁路集装箱节点站逐步建成运营，铁路集装箱下水、海运集装箱上铁的制度性和技术性瓶颈有望打破，铁路35吨敞顶集装箱得到业内认可，为“十四五”期间集装箱多式联运快速发展奠定了坚实基础。铁路物流中心、港口、物流园区等物流节点将以多式联运链条为纽带，建设高品质铁路干线物流通道，打造高效高质的集装箱多式联运网络。二是加强与港口、工矿企业、粮食企业等合作，强化铁路运输能力保障，积极推进货物“散改集”，大力推动大宗货物和中长途货物运输向铁路转移。三是深化铁路货运供给侧结构性改革，根据市场需求变化实施货物列车提速达速，发展直达货运班列、小运转车、钟摆式列车、双层集装箱列车等先进运输组织方式，扩大冷链、汽车、大宗初级产品等专业班列规模，提升产品有效供给，促进铁路增运、增收、增效。四是联合商贸流通、快递快运、城市配送企业，对靠近一、二线城市内的铁路物流中心改造提升，发展“外集内配、绿色联运”现代绿色城市物流配送体系。五是部分城市将探索建立高铁物流基地，有效发挥高铁成网优势，打造铁路高端物流服务新品牌。

（五）深化市场化改革，建立互利共赢铁路物流生态圈

“十四五”时期，国铁集团将坚持以市场为导向，努力在推进运输组织变革、管理变革、机制变革、运输供给侧结构性改革、交通运输结构变革、经营方式变革等方面有更大作为，进一步激发发展活力和动力，更好适应现代经济体系建设和满足人民日益增长的美好生活需要。在铁路改革发展推动下，铁路物流中心也将深化与地方政府、社会企业合作，推动规划建设变革、运营管理变革和经营方式变革，共创互惠互利、合作共赢的铁路物流生态圈。在规划建设方面，铁路物流中心将进一步加强与城市总体规划、交通物流规划、国土空间规划相衔接，融入采取合资共建、以租代建、BOT（建设—经营—转让）等市场开发方式，吸引社会资本投资建设仓储、配送、流通加工、商贸交易等物流增值服务设施，增强铁路物流中心（基地）服务创新和价值创造能力。在运营管理方面，铁路物流中心借鉴社会物流园区成功管理经验，结合现行管理模式优缺点，充分发挥铁路、地方、社会企业等多方优势，积极推广铁路、地方、社会企业等多方参与的园区公司制管理模式，并积极吸纳物流专业管理人员参与园区管理，推动铁路物流中心（基地）协同高效运转。在经营方式方面，部分先行的铁路

物流中心将进一步整合社会物流资源，承接生产企业、流通企业的物流总包项目，提供仓储、分拨及全流程配送等一体化物流解决方案。

总的来看，随着新发展格局的构建和“双碳”目标的稳步实现，铁路必将以其经济高效、绿色安全等比较优势，在我国现代物流体系建设中发挥更大作用，而铁路物流中心也将借助铁路全面深化改革和国家物流枢纽与现代物流园区网络化建设，在实现自身创新发展的同时，为我国经济社会的高质量发展做出新的贡献。

参考文献

［1］庄河．铁路多式联运发展策略研究［J］．铁道运输与经济，2021，43（2）：1－6.

［2］周凌云．组织生态学视角下铁路物流基地成长机理及对策研究［J］．铁道运输与经济，2018，40（6）：35－41.

［3］杨建国，周凌云．铁路物流基地盈利模式及经营策略探析［J］．铁道运输与经济，2018，40（4）：18－22，29.

［4］张晓东．新时代下的铁路物流中心发展［J］．中国物流与采购，2018（14）：36.

［5］张晓东．运输结构调整下的铁路物流园发展机遇与挑战［J］．中国物流与采购，2018（24）：49.

［6］王沛，贾若浩，张晓东．2019 年铁路货运发展回顾与 2020 年展望［M］//中国物流与采购联合会，中国物流学会．中国物流发展报告（2019—2020）．北京：中国财富出版社，2020：103－113.

［7］王沛，赵方，张晓东．2020 年铁路物流发展回顾与 2021 年展望［M］//中国物流与采购联合会，中国物流学会．中国物流发展报告（2020—2021）．北京：中国财富出版社，2021：110－123.

（作者：张晓东　北京交通大学交通运输学院
陈　凯　中物联物流园区专委会
贾若浩　北京交通大学交通运输学院）

港口货运服务型物流园区发展报告

一、前言

经过多年的发展，我国港口物流功能逐步完善成熟，港口后方的综合物流园、专业物流园、临港产业园区等蓬勃发展、百花齐放，已经初步形成了“港园产城”的总体发展格局，以集装箱、煤炭、矿石、石化、冷链、商品汽车等为主要货种的专业化码头和港口货运服务型物流园区、综合保税物流园区相互配合，港口综合物流服务水平大幅提升，有效支撑了我国进出口贸易的快速增长。同时，在国家港口物流重大政策、港口型国家物流枢纽建设的推动下，我国港口物流、港口货运服务型物流园区、临港产业、城市运行之间的关系越来越紧密，通过港口货运服务型物流园区有效地促进了港口和临港产业、城市的协同与融合发展，港口集聚效应进一步发挥，以港口为核心的物流链向供应链方向加快了延伸和拓展。因此，港口货运服务型物流园区与港口物流以及港口型国家物流枢纽的建设和发展密不可分。

二、2018—2020 年我国港口物流发展情况

（一）全国港口发展总体情况

一是港口基础设施结构不断优化，码头泊位呈现大型化、专业化趋势。截至 2020 年年末，全国港口生产用码头泊位 22142 个，比 2018 年减少 1777 个，但万吨级及以上泊位 2592 个，比 2018 年增加 148 个，泊位大型化趋势明显。内河码头结构不断优化，2020 年内河港口生产用码头泊位 16681 个，比 2018 年减少了 1504 个，下降幅度为 8.27%，万吨级及以上泊位增加了 17 个。码头专业化建设加快，2020 年全国港口万吨级及以上专业化泊位达到 1371 个，比 2018 年增加了 74 个。（见表 1）

表1　2018—2020年全国港口生产用码头泊位情况

泊位类型	泊位数量（个）			
	2018年	2019年	2020年	2020年比2018年增加
全国港口生产用码头泊位	23919	22893	22142	-1777
其中：沿海港口	5734	5562	5461	-273
内河港口	18185	17331	16681	-1504
全国港口万吨级及以上泊位	2444	2520	2592	148
其中：沿海港口	2007	2076	2138	131
内河港口	437	444	454	17
其中：专业化泊位	1297	1332	1371	74
通用散货泊位	531	559	592	61
通用件杂货泊位	396	403	415	19

二是内河航道里程显著增加，高等级航道加快拓展。2020年全国内河航道总里程达到12.77万公里，等级航道里程6.73万公里，三级及以上航道里程1.44万公里，分别比2018年增加559公里、828公里、923公里，基本建成了以长江干线、西江航运干线、京杭运河、长三角和珠三角高等级航道网为主体、干支衔接、通江达海的“两横一纵两网十八线”内河航道体系。在通航内河中，珠江水系发展最为迅速，2020年航道里程比2018年增加了298公里。

三是港口货物吞吐量增幅较小，但重点货类增量显著。2020年全国港口完成货物吞吐量145.50亿吨，其中，内河港口完成50.70亿吨，比2018年增长了3.72%；受到海外新冠肺炎疫情严重影响，沿海港口完成94.80亿吨，仅比2018年增长了0.18%。港口吞吐量中外贸货物的占比基本稳定在30%，东盟、欧盟、美国三大贸易伙伴仍是与我国港口货物往来频繁的国家。全国港口作业的货类仍以煤炭、石油天然气、金属矿石、集装箱等为主，其中，石油天然气、金属矿石的吞吐量分别比2018年增长了22.89%和10.32%，达到13.10亿吨和23.41亿吨。

四是集装箱吞吐量增长稳定，铁水联运量大幅增加。2020年全国港口完成集装箱吞吐量2.64亿TEU，比2018年增长了5.18%。在全球十大集装箱港口排名中，我国港口常年占据七席，以上海港、宁波舟山港（也作宁波—舟山港）、深圳港、广州港、青岛港、香港港、天津港为代表的港口成为我国参与国际海运竞争的主战场。2020年全国规模以上港口完成集装箱铁水联运量687万TEU，比2018年的450万TEU，增加了52.67%，运输结构调整成效显著。

（二）港口物流资源整合情况

交通运输部先后印发了《交通运输部关于推进港口转型升级的指导意见》《交通运

输部关于印发全面深化交通运输改革试点方案的通知》《交通运输部关于学习借鉴浙江经验推进区域港口一体化改革的通知》等文件，着力推动港口资源整合和区域港口一体化发展，推动全国港口形成良性互动发展格局。在此背景下，沿海及沿江省份开启港口资源整合热潮，通过“行政推动＋政府引导＋市场主导”等模式，成立区域港口集团，通过省（区、市）内与跨省（区、市）的港口集团的成立加快推动区域港口一体化，进而促进港口由分散竞争走向协同合作发展。

1. 省（区、市）内港口资源整合

在省级政府的大力推动下，沿海及沿江省（区、市）纷纷成立省一级的港口集团，促进港口资源的整合。2018 年至今，共有 9 个省成立了省一级的港口集团。

（1）湖北省港口资源整合。2021 年，在湖北省政府的推动下，按照“资产整合＋业务重组”的方式，成立了湖北省港口集团有限公司，将省属国企及长江、汉江沿线市州的国有港口资产整合划转到省港口集团，实现了规划、建设、管理和运营一体化。

（2）辽宁省港口资源整合。2017—2021 年，在辽宁省政府的推动下，通过股权划转的形式，与招商局集团合作组建成立辽宁港口集团，整合大连港、营口港、丹东港、锦州港、盘锦港、葫芦岛港，实现省内港口一体化经营。

（3）福建省港口资源整合。2020 年，福建省国资委组建福建省港口集团，整合福建省交通运输集团、厦门港务集团、福建能源集团和漳州、泉州、宁德、平潭等地拥有的国有港口企业资产，实现省内国有港口企业一体化经营。

（4）山东省港口资源整合。2019 年，在山东省政府的大力推动下，成立山东港口集团，整合青岛港集团、日照港集团、烟台港集团、渤海湾港口集团，实现对省内港口资源整合，形成了“以青岛港为龙头，日照港、烟台港为两翼，渤海湾港为延展，各板块集团为支撑，众多内陆港为依托”的一体化协同发展格局。

（5）江西省港口资源整合。2019 年，江西省交通运输厅出资组建江西省港口集团有限公司，通过股权划转、合作参股等多种方式，实施全省港口资源整合，基本实现了“一省一港一主体”整合目标。

（6）四川省港口资源整合。2019 年，经四川省政府批准，由四川省国资委牵头成立四川省港航投资集团，作为四川省港航资源整合战略平台，控股了泸州港、宜宾港、乐山港、南充港、广安港等省内港口。

（7）广东省港口资源整合。2019 年，广东省委和省政府印发《关于构建“一核一带一区”区域发展新格局促进全省区域协调发展的意见》，提出优化整合广东港口资源，形成以珠三角港口群为主体、粤东和粤西港口群为两翼的港口发展格局。

（8）湖南省港口资源整合。2018 年，湖南省成立湖南省港务集团，逐步整合湖南全省岳阳港、长沙港、常德港、衡阳港等重要港口资源，形成岳阳港为龙头港，省内其他港口为喂给港的整体战略布局。

（9）安徽省港口资源整合。2018 年，安徽省港航集团会同芜湖、马鞍山、安庆、池州、铜陵沿江五市共同发起设立安徽省港口运营集团，作为港口资源整合实体平台，有序推进安徽省港口资源整合。

此外，早在 2018 年之前，我国已经有 5 个省（区、市）成立了省级港口集团，并取得了较好的运营效果。

（1）江苏省港口资源整合。2017 年，在江苏省政府的大力推动下，采用政府引导 + 市场主导模式，将江苏省属港航企业以及南京、苏州、镇江、常州、泰州、扬州等沿江沿海城市国有港口企业整合并入江苏省港口集团，促进港口一体化发展。

（2）海南省港口资源整合口。早在 2005 年，海南省组建海南港航控股有限公司。2017 年，由省政府推动，按照“四方五港多港点”发展格局，由海南港航控股有限公司作为港口资源整合省级平台，重点整合海口港、洋浦港、八所港、三亚港、清澜港的公共码头及马村港区东部岸线的业主码头。

（3）广西壮族自治区港口资源整合。2007 年，在广西壮族自治区的大力推动下，广西整合钦州港、北海港、防城港港，成立北部湾国际港务集团，三港统称“广西北部湾港”。

（4）浙江省港口资源整合。2015 年，浙江省国资委组建成立浙江省海港投资运营集团，与宁波舟山港集团按“两块牌子、一套机构”运作，是全省海洋港口资源开发建设投融资的主平台，先后完成了温州、台州等五港和义乌陆港以及嘉兴等有关内河港口的全面整合。

（5）重庆市港口资源整合。2006 年，重庆市整合重庆港务集团、重庆物资集团、重庆市万州港口集团、涪陵港务管理局等国有资产，组建重庆港务物流集团，建成以主城果园港、万州港、涪陵港、江津港为核心的现代化港口集群。

2. 跨省（区、市）港口资源整合

为了在更大的范围内实现区域港口资源的协调发展，国家层面也在探索跨省（区、市）的港口资源协同发展模式。

一是积极推动上海组合港协同发展。1997—2018 年，经国务院同意，由交通运输部与上海市、江苏省、浙江省、安徽省共同组建上海组合港管理委员会，在不改变原有地域和行政隶属关系的前提下，以上海港为主体，对相应的集装箱码头泊位进行组合，整合港口、航运、代理资源，推进长三角港航一体化。

二是促进津冀港口协同发展。2014 年，组建渤海津冀港口投资发展有限公司，负责天津及河北区域内港口项目的投资运营与管理，天津、河北港口逐步从无序竞争走向竞合。以天津港为中心的环渤海内支线运输网络初具规模，天津港与唐山港、黄骅港形成干支联动、无缝衔接、相互支撑的有利格局。

随着港口资源整合深入实施，将推动区域内港口物流的集约化发展，促进资源要素在区域内的高效流动与优化配置，增强港口物流综合竞争力，为港口货运服务型物流园区发展提供新动能。区域港口物流集约化、一体化发展，将进一步实现港口间分工协作和联合运营，促进“港园产城”格局的不断优化，进一步强化港口货运服务型物流园区在沟通不同港区、沟通港产城中的作用，进出促进港口货运服务型物流园区的交流合作以及业务升级发展。

（三）影响我国港口物流的重大政策

1.《国家综合立体交通网规划纲要》要求构建现代港口物流网络

为构建现代化高质量国家综合立体交通网，中共中央、国务院印发了《国家综合立体交通网规划纲要》。该纲要提出到2035年建成“四纵四横两网”高等级航道2.5万公里左右，沿海主要港口27个，内河主要港口36个。该纲要布局了11个国际海港枢纽，国际海港枢纽是具有全球影响力和资源配置能力的国际航运枢纽和国际物流中心，在提升国家影响力与竞争力等方面具有重要作用。该纲要还在区域港口群、航运服务、港产城融合、绿色、智慧、安全等方面，明确了港口物流发展的重要任务，加速构建现代化港口物流发展新格局。

2.《关于建设世界一流港口的指导意见》带来港口物流发展新机遇

在新发展格局下，面临新的国内国际形势，为加快建设交通强国，交通运输部联合八部门印发了《关于建设世界一流港口的指导意见》，聚焦一系列港口发展的重大问题，明确了强化港口的综合枢纽作用的总体要求，在国家层面指明了以港口为核心的物流发展方向，提出打造一流设施、一流技术、一流管理、一流服务“四个一流”港口，着力推进陆海联动、江河海互动、港产城融合，建设安全便捷、智慧绿色、经济高效、支撑有力、世界先进的世界一流港口，同时也对港口物流及港口货运服务型物流园区的发展提出了更高的要求。

3.《内河航运发展纲要》推动内河港口物流高质量发展

内河航运是综合运输体系和水资源综合利用的重要组成部分，国家内河航道网已经基本建成了“两横一纵两网十八线”1.9万公里高等级航道，但是与综合立体交通网规划的2035年目标还有差距。2020年，交通运输部印发了《内河航运发展纲要》，提出内河航运要在基础设施、运输服务、绿色发展、安全监管等方面取得重大突破，内河高等级航道达到2.5万公里，主要港口重点港区基本实现铁路进港，内河货物周转量占全社会比重达到9%，物联网、人工智能等新一代信息技术在内河航运广泛应用。此外，浙赣粤运河也在国家的大力支撑和推动下，成为连通长江水系和珠江水系的内河运输新通道。内河港口物流发展将为运输结构优化调整，推进实现“双碳”目标作出更大贡献。

4.《国家物流枢纽布局和建设规划》打造港口物流枢纽增长极

2018 年，国家发展改革委联合交通运输部印发了《国家物流枢纽布局和建设规划》，规划建设 212 个国家物流枢纽，并规划 30 个港口城市作为港口型国家物流枢纽承载城市，要求依托港口资源，对接国内国际航线和港口集疏运网络，实现水陆联运、水水中转有机衔接，为腹地及辐射区域提供货物集散、国际中转、转口贸易、保税监管等物流服务和其他增值服务。在 2019 年和 2020 年分别评选的两批国家物流枢纽建设名单中，共有 45 个城市入选，其中有 16 个港口型国家物流枢纽获批。国家物流枢纽建设有利于改善传统港口物流枢纽粗放的发展模式，紧密结合腹地产业发展需求和城市经济发展要求，实现“港物产城”融合发展。

5.《推进运输结构调整三年行动计划（2018—2020 年）》有效促进水运系统升级和多式联运提速

2018 年，国务院办公厅印发了《推进运输结构调整三年行动计划（2018—2020 年）》，要求推进大宗货物运输“公转铁、公转水”，计划 2020 年比 2017 年全国水路货运量增加 5 亿吨，沿海港口大宗货物公路运输量减少 4.4 亿吨，全国多式联运货运量年均增长 20%。在水运系统升级行动方面，完善内河水运网络，推进集疏港铁路建设，推动大宗货物集疏港运输向铁路和水路转移，大力发展江海直达和江海联运。在多式联运提速行动方面，加快联运枢纽建设和装备升级，发展集装箱铁水联运，实施多式联运示范工程。运输结构调整三年行动计划实施以来获得了显著成效，实际 2020 年水路货运量比 2017 年增加了 9.38 亿吨，全国重点港口集装箱铁水联运量由 348 万 TEU 提升至 687 万 TEU，年均增长率达到 25.5%。

6. 海南自由贸易港建设探索建立港口物流对外开放新形态

2018 年 4 月，习近平总书记在庆祝海南建省办经济特区 30 周年大会上发表讲话，宣布党中央决定支持海南全岛建设自由贸易试验区，支持海南逐步探索、稳步推进中国特色自由贸易港建设。2020 年 6 月，中共中央、国务院印发了《海南自由贸易港建设总体方案》，标志着海南自由贸易港建设正式拉开序幕。海南自由贸易港提出之后，一系列制度突破和创新，给海南港口发展带来了巨大的政策红利，高度自由便利开放的运输政策相继落地实施，效果显著。自由贸易港是当今世界最高水平的开放形态，国家赋予了海南经济特区改革开放新的重大责任和使命，也将有力地推动形成我国新一轮全面开放格局，为全国其他临港型自贸试验区和保税区的发展先行先试创造经验。

三、2018—2020 年港口型国家物流枢纽的发展动态

1. 港口型国家物流枢纽的批复情况

根据《国家物流枢纽布局和建设规划》，全国共有 19 个沿海港口城市、11 个沿江

港口城市被列入港口型国家物流枢纽承载城市。到目前为止，两批共有16个获得批复，基本覆盖长三角、环渤海、东南沿海、珠三角、西南沿海和长江流域主要港口城市（见表2）。

表2 港口型国家物流枢纽规划布局和建设情况

批次	沿海枢纽	沿江枢纽
港口型国家物流枢纽城市规划布局名单	天津、唐山、秦皇岛、沧州、大连、营口、上海、连云港、宁波—舟山、福州、厦门、青岛、日照、烟台、广州、深圳、湛江、钦州—北海—防城港、洋浦等	南京、苏州、南通、芜湖、安庆、九江、武汉、宜昌、岳阳、重庆、泸州
第一批港口型国家物流枢纽布局建设名单	1. 天津港口型国家物流枢纽 2. 营口港口型国家物流枢纽 3. 广州港口型国家物流枢纽 4. 厦门港口型国家物流枢纽 5. 宁波—舟山港口型国家物流枢纽 6. 青岛生产服务型（港口型）国家物流枢纽	1. 南京港口型（生产服务型）国家物流枢纽 2. 宜昌港口型国家物流枢纽 3. 重庆港口型国家物流枢纽
第二批港口型国家物流枢纽布局建设名单	1. 唐山港口型（生产服务型）国家物流枢纽 2. 钦州—北海—防城港港口型国家物流枢纽 3. 大连港口型国家物流枢纽	1. 苏州港口型国家物流枢纽 2. 芜湖港口型国家物流枢纽 3. 武汉港口型国家物流枢纽 4. 岳阳港口型国家物流枢纽

2. 港口型国家物流枢纽发展的特点及态势

随着我国大力支持国家物流枢纽的建设，我国以港口货运服务型物流园区为核心载体的港口型国家物流枢纽的发展也取得了显著的进展，并呈现出以下发展特点。

一是运输组织方式逐步优化，物流枢纽组织效率显著提升。

港口型国家物流枢纽以提升港口与物流园区间的联动效率效益为导向，不断加强完善港口枢纽及港口货运服务型物流园区铁路专用线及其他多式联运、转运设施设备，各种运输方式衔接更加紧密，通过开行小运转班列、双重运输、甩挂运输、供应链服务等创新运输组织方式的模式，多式联运快速发展，联运换装转运效率显著提高，降本增效效果显著。2020年，全国集装箱铁水联运量规模达687万TEU，全国港口铁水联运量占比达到2.6%，“十三五”时期年均增长率为25.8%。其中，青岛港集装箱铁水联运量接近170万TEU，排名居全国首位；营口港、宁波舟山港集装箱铁水联运量均突破100万TEU；天津港集装箱铁水联运量为80.5万TEU，增长41.7%；北部湾港集装箱铁水联运量为28.2万TEU，增长75%。宜昌港口型国家物流枢纽建立甩挂运输分拨中心，开展三峡坝区滚装船甩挂运输，比传统滚装运输效率提高了150%，降低物流成本 42.9%。

二是物流枢纽集聚效应凸显，供应链组织中心逐步建成。

港口型国家物流枢纽依托其在全国物流网络中关键节点作用，与区域内相关产业协同联动和深度融合发展，促进现代物流、国际商贸、先进制造和高端服务等全产业要素资源在枢纽城市及港口货运服务型物流园区内加速集聚。同时，在港口型国家物流枢纽内，以枢纽平台整合、供应链融合为特征的新业态新模式加快发展，上下游资源优化整合、高效协同的供应链服务不断拓展，逐步将港口型国家物流枢纽打造成为供应链组织中心，进一步增强价值创造能力，提升产业链枢纽地位。

案例一：物流枢纽集聚效应凸显

苏州（太仓）港口型物流枢纽建立现代物流产业集聚区。苏州（太仓）港口型物流枢纽加速布局高端装备、先进材料、健康医药、现代物贸等产业，集聚扬子三井新能源船舶、电机龙头鸣志太仓智能制造产业基地、宝洁公司新智造中心等项目；进一步集聚现代物流产业，引进希杰荣庆物流中国总部、平伊大健康冷链综合产业园、京东物流江苏区域总部建设等项目，国际商贸物流、制造业物流和冷链物流的发展规模持续壮大，具有国际采购、集中仓储、商品展示、集散分拨、城市配送等一体化供应链物流服务功能。苏州（太仓）港口型物流枢纽的功能不断延伸，逐步构建起一站式、综合性的供应链基地。

三是先进信息技术广泛应用，智慧型物流枢纽水平加快提升。

以 5G、大数据、物联网、云计算、人工智能等为代表的新一代信息技术与物流枢纽的作业、运营、管理不断融合，引领港口型国家物流枢纽打造智慧物流创新高地。以信息技术的应用提升，搭建具备高度共享、全面感知、智能应用和广泛互联的供应链信息服务平台，提升物流枢纽通信网络和生产基础设施的智慧化水平，推进智慧港口、无人场站、智能化仓储等物流设施建设应用。依托供应链信息服务平台，推动供应链上下游各环节数据、信息、设备进一步互联共享，促进相关资源要素有机整合与高效配置，加速构建智慧供应链，创新开展大数据挖掘、分析等延伸服务，推动以港口型国家物流枢纽为核心载体构建智慧型物流枢纽生态圈。

案例二：智慧型物流枢纽水平提升

厦门港口型物流枢纽打造智能化、信息化示范。在厦门港口型物流枢纽内，厦门港远海码头 2020 年 5 月建成国内首个、全球领先的 5G 全业务场景智慧码头，落地 5G

独立专网、AI 智能理货、5G 远控装卸、5G 无人驾驶、5G 智能安防等智慧应用。建成厦门国际航运中心港口智慧物流平台示范工程，将港区智慧化向物流服务链拓展延伸，通过物联网、云计算为港口集疏运智能协同、多式联运、对台海运快件等物流板块服务，实现港口、船舶、代理、仓储、运输等信息融合与协同作业，车辆通过码头时间缩短2/3、过闸时间小于1分钟。

四是枢纽间协调衔接更加紧密，一体化物流组织协同推进。

港口型国家物流枢纽立足国家物流骨干网，不断加强与其他国家物流枢纽及物流产业集聚区的协调衔接，构建协同发展机制，促进资源整合和优化配置，形成以企业为主体的区域利益共同体，有效拓展完善江海河中转、公铁水联运、干支配衔接等服务功能，避免重复性建设和恶性竞争，提升网络枢纽辐射能力，进而扩展物流枢纽发展空间。

案例三：枢纽间协调衔接紧密

苏州（太仓）港口型物流枢纽构建与其他枢纽的协同体系。一是与上海港分工协作，错位发展，加速推进“沪太同港化”，开通上海—太仓“穿梭巴士”。二是与宁波舟山港两翼协同，共赢发展，共同构建集装箱运输的网络体系，“甬太快航”于2020年成功开通。三是与长江中上游物流枢纽战略合作，与重庆港合作开通渝太五定班轮快线，与南京港和张家港港合作分别开辟“宁太穿巴”和“张太穿巴”。四是构建北至营口、南至海口的沿海内贸干线网络，推进南方沿海港口依托太仓港对接中欧班列，搭建国际物流新通道。

西部陆海新通道沿线枢纽联手共建、共谋发展。钦州—北海—防城港港口型枢纽、重庆陆港型枢纽、兰州陆港型枢纽等西部六省市八股东联手共建西部陆海新通道跨区域综合运营平台，打造覆盖西部7省23市49站的服务网络，2020年西部陆海新通道开行班列4607列，同比实现翻番。

四、港口货运服务型物流园区发展情况及趋势

（一）港口货运服务型物流园区的发展情况

港口货运服务型物流园区依托港口建设，是港口物流发展的重要组成部分，也是我国港口型国家物流枢纽建设的核心载体。随着我国现代化港口体系的快速发展、港口物流体系的不断完善，我国港口货运服务型物流园区建设发展也取得了显著进步。

一是物流园区多元化服务不断拓展。

随着我国自由贸易区制度的不断创新，我国港口被赋予更多的功能及作用。与此同时，港口货运服务型物流园区的功能也在不断拓展，除了运输、仓储、装卸、配送等传统业务外，转运、交易、信息、货代等配套服务功能迅速完善，多式联运、电商、冷链、保税、跨境贸易等专业化需求的物流服务水平不断提升。此外，部分领先的物流园区延伸服务链条，物流咨询、金融服务、商品展示、设施租赁、保险代理、信用管理、生活配套等增值服务种类日益丰富，“园区＋期现货交割物流”“园区＋大宗商品供应链”“园区＋信托基金”等新业态创新发展，成为园区的新增长点。

案例四：物流园区多元化服务拓展

青岛港物流园区。青岛港物流园区在全国首批运作20号胶的期货保税业务，开展水产品国际中转集拼业务，不断吸引国际采购、分拨配送等物流增值服务。

大连大窑湾保税物流园区。大连大窑湾保税物流园已发展成为具有国际仓储、国际中转、国际配送、国际采购、转口贸易、国际商贸和物流增值服务的现代物流业集聚区。

南京龙潭综合物流园区。南京龙潭综合物流园区大力发展多式联运，园区具备供应链物流、跨境电商物流、冷链物流、保税物流等多种物流业态，打造形成了南京综合保税区和南京龙潭跨境电商产业园两个特色平台。

二是物流园区信息化水平加速升级。

随着我国大力推进交通运输“新基建”、北斗等通信技术的快速发展以及智慧港口的加速建设，新一代信息技术加速在港口货运服务型物流园区推广应用，信息化、数字化水平加速提升。多数物流园区实现了与港口、海关、国检、海事等企业部门的信息互通互联，具备了信息发布、货物跟踪、数据交换等服务功能，提升了园区信息化水平。部分港口货运服务型物流园区创新发展“园区＋互联网”模式，以“数字和科技”为驱动，推进物流平台与信息平台联动发展，搭建了线上智能物流服务平台，开发货运信息匹配、运力交易、支付结算、融资保险、信用管理等业务功能，逐步形成线下与线上融合发展的平台模式。

案例五：物流园区信息化水平升级

河北港口集团依托其港口货运服务型物流园区建设云计算数据中心、港口客户服务 App 和网上营业厅平台，建立港口物流“一单制”服务模式，建设物流公共信息服务平台和供应链管理系统。

连云港港口集团依托其港口中哈物流园区大力推动信息化建设，建设了远程装卸车操作系统，实现了与港口、铁路的信息互联，并与哈萨克斯坦的物流园区进行信息互联，通过信息化发展实现了一体化作业。

三是物流园区联动化发展逐步增强。

全球分工的持续推进以及供应链的柔性化、弹性化发展，客观要求港口货运服务型物流园区要与周边的港口、产业良性互动和联动。物流园区在港口、临港产业、区域经济间的纽带作用日益凸显，物流园区功能与港口、临港产业的协同性、配套性进一步提升，建成了一批以集装箱、煤炭、矿石、石化、建材、商品汽车等为主要服务货种的专业化物流园区，也建成了一批具有综合服务功能的保税物流园区。同时，港口货运服务型物流园区与其他物流园区、枢纽之间的联系日益紧密，物流园区之间信息互联、业务协同进一步发展，物流园区协同化、网络化竞争合作发展格局正在形成。

案例六：物流园区联动化发展增强

大连港进行全国冷鲜港布局。依托大连港大窑湾集装箱码头，大连港毅都冷链有限公司专业化从事全方位冷链物流服务，不仅在临港区域建有26万平方米场地的冷链物流园区，并不断完善全国物流服务网络能力，在全国布局沈阳东北冷鲜港、郑州华中冷鲜港、广州华南冷鲜港等，物流园区联动发展，共同提供包括疏港、查验、仓储、催熟、交易、分拨、配送等全产业链一体化服务，实现了大连口岸香蕉年进口量占全国的34%。

（二）港口货运服务型物流园区的发展趋势

1. 物流园区连接国内与国际市场服务国家战略的作用将更加突出

面对国际、国内复杂严峻的发展形势，中央政治局会议提出加快形成“以国内大循环为主体、国内国际双循环相互促进”的新发展格局。我国沿海27个主要港口承担了85%以上的全国沿海港口货物吞吐量、95%以上的外贸远洋干线集装箱运输量，港口物流是构建双循环新发展格局的重要支撑。此外，港口货运服务型物流园区在服务“一带一路”、京津冀协同发展、粤港澳大湾区等区域性国家发展战略中起到重要作用。港口货运服务型物流园区将进一步拓展发展空间，加快打通生产、分配、流通和消费等各环节，打造高效的供应链体系，深度参与全球供应链分工合作，强化对港口物流供应链、产业链的控制力，增强价值链的创造力，支撑建立更加畅通高效的现代港口物流体系，港口货运服务型物流园区将迎来转型升级、提质增效的重要机遇期。

2. 物流园区将由单一物流作业中心向资源整合中心转型

我国港口货运服务型物流园区的主要功能多以货物的堆存、中转为主，主要服务于货物的集疏港运输组织。随着物流园区功能多元化及联动化发展的不断推进，物流园区的综合服务能力不断增强，并向供应链上下游延伸，与区域内产业经济城市的融合发展日益明显，物流、金融、产业、贸易、保税等资源要素加速向物流园区集聚，物流园区将逐步由单一的物流平台转变为各类支撑产业发展的相关要素的集聚平台、供应链高效协同平台升级，生产制造、商贸流通、金融保险等企业通过物流园区可以实现高效整合、跨界融合，逐步发展成为区域供应链服务中心，打造供应链生态圈。

3. 物流园区的网络化和协同化运行将更加明显

在我国港口资源整合、区域物流一体化发展的大背景下，区域港口资源的整合客观上带来相关物流要素的资源整合，客观要求港口货运服务型物流园区网络化布局和协同化发展。货源的统一组织、物流要素的统一配置，将促进区域内物流园区之间的协作日益紧密，物流园区间将通过信息共享、物流功能协同、业务对接、网络共建、资本合作、设施联通等方式，逐步由单点建设向区域协同转变，由独立发展向网络化运营转变。通过构建集约高效、协同互补的物流园区网络体系，促进园区之间资源要素的有效融合和高效流动，实现物流资源配置的优化和物流活动组织效率的提升。

4. 物流园区的科技化、智慧化水平显著提升

以大数据、物联网、云计算等为核心的新一轮科技革命进入拓展期，并加速渗透到物流运营服务领域，为满足高增长、高附加值物流服务需求，港口货运服务型物流园区发展正在向数字化、智能化、智慧化方向升级。未来，物流园区将加快推进设施设备智能升级，建设智能仓储等设施，推广智能安检、装卸、拣选等装备。物流园区加快建设智慧物流服务平台，实现供应链上下游信息的采集、处理与无缝对接，从而实现物流园区的系统集成与智能化管理。仓储库存数字化管理、安全生产智能预警、车辆货物自动匹配、装备智能调度等智能化应用将与物流园区运营深度融合，再造物流园区业务流程和运营模式，创造智慧物流园区转型升级新动能。

5. 一体化、集约化构建港口型国家物流枢纽

《国家物流枢纽布局和建设规划》要求推动港口物流设施集约整合，优先利用现有物流园区特别是国家示范物流园区，以及货运场站、港口货运服务型物流园区等设施规划建设国家物流枢纽。在此背景下，港口货运服务型物流园区将全面整合区域内物流资源，进行统一管理与运作。以港口为核心，进一步加强物流园区与区域内港口码头、货运场站等物流设施资源整合优化，实现一体化布局、集约化发展，共同打造港口型国家物流枢纽，实现业务互补和能力升级，形成合力有效提升区域物流运作水平，在更大范围内提升枢纽服务能级，将是国家物流枢纽体系下港口货运服务型物流园区发展的重要方向。

五、港口货运服务型物流园区发展的问题及对策建议

（一）强化园区与城市和产业协调发展，构建港产城融合纽带

我国部分城市港口建设起步比较早，城市“以港而建、因港而兴、由港促产”，长期以来港口发展对提升当地经济社会水平产生了深远影响。但随着城市空间扩张，人口数量增加，以及其他产业迅速发展，港口及其后方的物流园区逐渐被城市包围，港区与生活区之间的隐形隔离带越来越窄，港口及其后方的物流园区的货运发展与居民生活之间的矛盾越来越突出。一是城市发展导致港口及其后方的物流园区发展空间受限，港后堆场和物流园区用地不足，临港产业落地困难，给港口规模上量带来不利影响，也阻碍了城市经济和产业发展。二是港口及其后方的物流园区作业对城市造成较多干扰，例如，进出物流园区的大量货车与城市交通相互干扰，造成了严重的交通拥堵以及空气污染，甚至部分港口直接带来噪声污染和散杂货中转引起的空气污染。三是港口及其后方的物流园区通常以服务港口作业为核心，对城市生产和居民生活服务的支撑性较弱。

面临这些问题和发展困境，通常需要对港口物流体系进行重新规划。首先，对港口及其后方的物流园区进行升级改造，替换老旧设备，重新规划港口及其后方的物流园区的作业流程及方案，利用智能化的作业手段最大限度地利用有限的场地，并提升作业能力和节能环保水平。其次，优化调整港口及其后方的物流园区的功能布局，将对城市环境、交通影响较大的码头或货类向距离城市较远的港区转移。再次，退港还城，将老港区拆除，在其他位置规划新港区，协同规划物流园区和临港产业发展。最后，提升港口对城市生产和居民生活的服务能力及服务水平，构建干线运输、支线运输、城市配送、共同配送、电商物流等多功能的服务体系。

案例七：园区与城市和产业协调发展

南京港升级改造码头及物流园区。长江下游的南京港正在优化新生圩港区的空间布局，提高设施作业能力。

连云港港优化调整港口及物流园区布局。连云港港大力发展两翼港区承接服务临港产业的功能，以干散货、液体散货和散杂货作业为主，而对距离城市较近的主体港区进行功能整合和调整，大力拓展港航服务业，重点发展以集装箱和件杂货为主的清洁货种。

黄石港跳出老港区、另辟新战场。黄石港已经跳出老港区、另辟新战场，于2014年开工建设黄石新港，规划57个泊位，并同步规划和建设了新港支线铁路、保税物流中心、黄石新港（物流）工业园区、宝钢黄石新港（物流）工业园等一系列项目，港口及其后方的物流园区的土地空间和发展前景都非常广阔。

（二）提档升级园区功能，由物流节点向供应链组织中心转变

我国港口货运服务型物流园区的建设发展取得了显著的成绩，但部分港口及其后方的物流园区的发展模式仍然相对比较粗放，尤其是内河港口。从入驻物流园区的企业的服务能力来看，单一功能船代企业、货代企业、仓储企业、物流企业占据多数，能够提供一体化物流解决方案的综合性物流企业较少；能够深入生产企业，整合采购、生产、销售、售后环节提供供应链物流服务的企业更少。这些企业在管理水平、创新能力以及专业化水平等方面也存在差距，致使物流园区的综合物流服务能力较弱。从物流园区配备的物流设施及功能来看，港口及其后方的物流园区的现代化设施设备、信息技术、政策平台建设均存在短板，核心功能仍以服务腹地货物的装卸搬运、中转运输为主，物流金融、供应链管理等高端港口物流服务和增值服务业态缺乏。

港口货运服务型物流园区需要在功能层次、一体化运作、网络化运营、专业化服务方面加强建设，依据港口功能及腹地产业需求大力拓展物流服务功能，大幅提升综合服务能力和水平。首先，要注重推进物流园区与港口、供应链、产业链、价值链的有效融合，逐步向流通加工、信息处理、国际贸易、跨境电商、金融结算、船舶经济等高端港口物流服务领域升级，探索发展“港口物流＋互联网＋金融”业务，发展物流港、智慧港和贸易港服务体系，推动园区由单一物流功能向支撑产业发展的要素集聚平台、供应链高效协同平台升级，向区域性枢纽和供应链中心转变。其次，地方政府需注重培养领军物流企业，打造良好的营商环境，吸引大型第三方专业化综合物流企业入驻物流园区，加速港口货运服务型物流园区的经营主体迭代升级。最后，要以资本和业务为纽带，加强企业之间合作，以企业联盟的形式打造优势互补、业务协同、利益一致的共同体。

案例八：向供应链组织中心升级

海南洋浦港加快提升港航物流服务能级。依托海南自由贸易港政策和制度优势，海南洋浦港大力发展以港口为核心的港航物流服务，整合资源、产业、信息、运输优势，构建面向东南亚的物流中心、出口加工基地、大宗商品集散地，着力打造保税油供应中心、国际船舶登记中心、国际航运交易所、国际货物集散中心，建立能源和大

宗商品线上交易平台、航运综合信息平台、跨境电商物流平台。保税港区物流园除传统保税物流功能之外，已入驻了冷链加工产业、粮油加工产业、跨境电商产业、高端旅游消费品制造产业、免税消费体验区、医药大健康产业等，成为集国际贸易、跨境电商、流通加工、港航物流等功能于一体的现代化临港物流园。

（三）着重发展铁水联运，补齐设施短板，创新联运组织模式

我国推进运输结构调整，大力发展铁水联运，加快公路货运向铁路和水路转移，但由于公路运输门到门直达、时效性强等技术特点以及成本相对较低的现实优点，总体上港口及其后方的物流园区铁水联运发展水平较低，仍存在诸多问题。一是集装箱铁水联运比例偏低，2020 年全国港口集装箱铁水联运量仅占全国港口集装箱吞吐量的 2.6%，与欧美发达国家 20% ~40% 的比例相比差距很大。二是铁路进港条件不优，全国共有 95 个集装箱港区，虽然其中 43 个港区接进了铁路专用线，但全国港口集装箱铁水联运量的 82% 集中在沿海 7 大港口，可见铁路集疏运在其他港口的运行效果不佳，一部分大型港口和大部分内河港口仍缺乏联运条件。三是联运效率偏低，基础设施衔接不畅，“一单制”还需要加大推广，信息壁垒还未完全打通，联运装备标准化程度低等问题突出。

为提升我国港口及其后方的物流园区的运输组织能力，首先，要大力推动建设铁路线进港、进园，并向堆场、码头前沿延伸，补齐基础设施短板。其次，要建设具有多式联运功能的港口货运服务型物流园区，创新多式联运组织模式，完善吊装、滚装、平移等快速换装转运设施，提高一体化转运衔接能力。最后，统筹对接船期、港口装卸作业、堆存仓储安排和铁路运输计划，积极推广电子化单证，推进实现“一单制”物流全程可监测、可追溯，提高整体物流效率。

案例九：发展集装箱铁水联运

青岛港大力拓展铁路班列网络。青岛港建设了 19 个内陆港，开通了 72 条铁路班列线路，2020 年铁水联运量接近 170 万 TEU，排名居全国首位，约占全国集装箱铁水联运量的 25%。

唐山港创新多式联运转运模式。唐山港物流园区将煤炭、矿石等大宗商品集疏运由“公路到发、码头接驳”优化为“铁路翻车卸货 + 皮带走廊 + 散货船装卸”的转运模式，提升集疏运效率的同时减少了粉尘污染。

（四）因地制宜找准着力点，打造特色突出的专业化物流园区

我国大多数港口物流园区仍然普遍存在功能“全而不专、专而不精”的问题，追求以量取胜，各物流园区大同小异，自身定位和特色不明显、不突出，在促进港口发展、提升枢纽地位、发挥通道价值中的作用不强。由于港口区位条件、交通优势、港口作业水平、产业基础和资源禀赋不同，港口货运服务型物流园区既要遵循港口作业特点，也要因地制宜、找准着力点，凸显物流业务特色，打造专业化物流园区和品牌产品。

园区的功能和定位代表了园区的价值和发展空间，可从以下几个方面考虑。首先，对于区位优势突出的港口，要根据港口定位同步规划园区功能。例如，对于货物以两头在外为主的中转型港口，物流园区要着重提升中转作业效率，打造快速中转通道；对于以进口为主的港口，物流园区要加强区域分拨和配送功能；对于以出口为主的港口，物流园区要大力提升集疏运能力，拓展腹地、增加货源。其次，对交通优势突出的港口，物流园区要用好通道沿线资源，开展中欧班列、跨境班列、铁水联运等特色产品，形成与区域通道有机衔接的战略支点，并与通道沿线节点联动发展。再次，对于产业优势突出的港口，物流园区要以服务重点产业为核心，打造冷链、汽车、粮食、能源、电商等特色物流产品，形成集加工、物流、交易、贸易等功能于一体的供应链中心。最后，对于政策优势突出的港口，物流园区要用好自贸试验区、保税港区、海关指定监管场地，以及各类示范区等资源，推动政策和制度创新应用。

案例十：特色突出的专业化物流园区

连云港中哈物流园做大国际运输业务。连云港中哈物流园拥有中哈合作基地政策优势、新亚欧大陆桥桥头堡区位优势，已开通四条中欧（亚）班列，打通了日韩—连云港—欧亚跨境国际通道，形成了以国际班列为载体的境内外、多节点、高效协同的物流节点布局体系。参与了“霍尔果斯—哈国东门”“连云港—里海”物流基地项目，以粮食接卸转运为重点的中哈过境运输全国领先。

广州南沙国际物流中心（南区）建设华南地区最大的冷链物流基地。广州南沙国际物流中心（南区）正在建设华南地区最大的冷链物流设施，定位为华南国际冷鲜港、临港分配枢纽型综合冷链物流基地，打造以肉类、水产品、果蔬为主，集保税仓储、产品加工、展示交易、分拨配送、查验监管等为一体的临港综合性冷链物流枢纽。

深圳盐田港保税区打造“绿色通道”做强转口贸易。深圳盐田港保税区以转口贸易和仓储功能为主，通过一条24小时“绿色通道”与盐田港码头直接相连，实现园区与港区实施一体化运作和国际货物快速中转，专门发展现代物流业。此外，园区内的

企业享受保税区的优惠政策，实行“入区退税”。

(五) 把握智慧、绿色、安全内核，强化园区科技创新应用

由于大多数港口物流园区主要服务于临港货物，货量大、附加值低，对时效性要求不高，仓储和运输环节相对粗放，导致物流园区的智慧、绿色、安全程度不高。在智慧化方面，有些园区拥有信息系统，使用了一些自动化的装备和设备，但与全面感知、泛在互联、港车协同的目标还存在较大差距。在绿色发展方面，物流园区清洁能源使用比例还很低，在设计、建设、运营等环节都没有充分体现绿色节能环保要求。在安全保障方面，部分园区储存了大量危化品和易燃物，一旦发生安全问题一般都是特大或重大事故，但安全管理仍以制度约束和自觉遵守为主，手段落后。

随着物联网、云计算等新一代信息技术的快速发展，需要加快现代化科学技术在物流园区中的应用。首先，要加速推进设施设备数字化、智能化改造，提升园区整体作业效率和安全水平。其次，要推进货物运输信息互联互通，建立综合性信息平台整合物流各环节、供应链上下游数据资源，大力提升园区物流信息化水平，实现港口企业、物流企业、政府企业的信息交换共享。再次，要从污染防治、低碳用能、资源节约、循环利用，以及生态环保等方面加快绿色化建设和实施。最后，要推动园区危险作业场所和作业环节实现自动化和无人化，对重要设施设备及作业环节进行实时监测和智能感知。

案例十一：园区科技创新应用

青岛港应用科技手段解决运输瓶颈。青岛港口物流枢纽综合运用了北斗定位、机器视觉、激光扫描等新技术，建立了智能空轨集疏运系统，彻底破解平面运输的交叉、拥堵等交通瓶颈。

参考文献

［1］庞彪．加快转型升级，迈向高质量发展——“2020 物流园区综合排名 Top10”榜单分析［J］．中国物流与采购，2021（4）：8－10.

［2］陈红梅，李芏巍，杨倩，等．港口型国家物流枢纽：概念、特征及其在全球供应链中的地位［J］．供应链管理，2020，1（9）：62－73.

［3］邓延洁．物流园区年会展播："一主体双循环"下物流园区发展之路［EB/OL］．［2021-01-05］．http：//yqzwh.chinawuliu.com.cn/hyjchg/202101/05/538640.shtml.

（作者：邓延洁　交通运输部水运科学研究院院副总工，物流中心主任
邢虎松　交通运输部水运科学研究院物流中心副总工
周洋帆　交通运输部水运科学研究院物流中心高级工程师
胡　筎　交通运输部水运科学研究院物流中心助理研究员）

航空货运服务型物流园区发展报告

航空货运服务型物流园区（也称航空物流园区）是指在机场周边特定区域内，以机场地面配套物流设施为核心，以航空货运为主要运输方式，以服务高临空指向性产业为对象，为航空物流产业链上下游提供公共物流设施、物流信息服务及综合物流服务的综合性区域，具有产业发展性质的经济功能区。该区域以航空货运为主线，以降低航空物流综合成本、提高物流保障水平为目的，集中建设物流专业设施群和众多专业化航空物流企业，开发口岸功能，融合综合物流业务的货物集散与分拨中心。航空物流园区主要包括三大功能平台：航空物流核心功能平台、航空物流增值功能平台和航空物流服务支持平台。

一、发展环境

（一）宏观经济跌宕起伏

2018 年以来，世界经济增长动能开始减弱，世界主要经济体呈现高负债、低利率、低通胀和低增长的特点。2020 年，世界经济受到新冠肺炎疫情的冲击，经济增长的不确定性和下行压力继续加大。我国在供给侧结构性改革的推动下，经济保持缓中趋稳、稳中向好的总体态势，经济结构进一步优化，经济增长的韧性持续增强。在新冠肺炎疫情阴霾下，2020 年，中国国内生产总值（GDP）首次突破 100 万亿元大关，比 2019 年增长 2.3%，货物贸易进出口总值 32.16 万亿元，同比增长 1.9%，外贸规模再创历史新高。在世界经济增长和全球贸易遭受严重冲击的背景下，中国率先实现经济复苏，交出亮眼成绩单，在全球主要经济体中唯一实现经济正增长。

航空运输业与世界经济贸易休戚相关，在贸易和制造业强劲增长的推动下，推动航空货运需求持续提升。随着我国改革开放的深化，“一带一路”倡议的推进，自贸区战略的加快实施和《区域全面经济伙伴关系协定》（RCEP）的签署，以及跨境电商支持政策的不断推出，在新冠肺炎疫情的良好管控情况下，中国经济整体将继续保持稳定增长，为我国航空货运发展提供增长预期。

（二）航空货运稳健发展

2020年，在新冠肺炎疫情对全球民航业造成巨大冲击的背景下，航空货运在抗疫物资运输、稳定供应链等方面作用更加凸显，加强航空货运能力建设上升为国家战略，一系列支持航空货运发展的政策不断推出。由于我国迅速采取有力举措，航空货运能力快速提升，航空运输保障畅通高效，在全球率先触底反弹，全年完成货邮运输量676.6万吨，相当于2019年的89.8%，成为全球恢复最快、运行最好的航空市场。航空运输与区域经济发展之间具有高度关联性，越来越成为各级政府调整产业结构、转变经济发展方式的重要抓手，航空货运的发展也带动了临空经济区内航空物流园区的建设和发展需求。国内经济和对外贸易的持续向好为中国航空货运行业的稳定发展提供了根本保证，同时也需要航空货运行业提高竞争力，特别是中远程货邮运输能力，更好地服务经济发展。此外，以跨境电商、冷链运输为代表的新业态新模式和以智慧物流、无人机运输为代表的技术创新趋势，叠加政策引导，共同推动我国航空物流高质量发展。

（三）政策利好持续加码

为促进我国航空货运和物流业有序健康发展，航空货运市场主体将在相关政策扶持下迎来发展机遇期。

2018年5月，民航局印发《民航局关于促进航空物流业发展的指导意见》，第一次从国家层面对航空物流业所有相关方提出要求，全方位、深层次、多角度地推动航空货运的发展。2018年12月，民航局出台《新时代民航强国建设行动纲要》，明确提出构筑覆盖全球的国际航空物流网络，打造以航空物流为主导的全球现代供应链管理中心、国际快件转运中心和跨境电商物流分拨中心，推动传统货运企业向货运集成商和物流企业转型。2019年9月，中共中央、国务院印发《交通强国建设纲要》，明确提出完善航空物流网络，提升航空货运效率，大力发展航空物流枢纽，构建国际寄递物流供应链体系。2020年3月，国务院部署进一步提升我国国际航空货运能力，努力稳定供应链，会议提出了三条举措。一要加强国际协作，畅通国际快件等航空货运，对疫情期间国际货运航线给予政策支持。鼓励增加货机，发展全货机运输。二要完善航空货运枢纽网络。三要健全航空货运标准，建立航空公司、邮政快递、货站等互通共享的信息平台。2020年9月，国家发展改革委、民航局联合印发《国家发展改革委 民航局关于促进航空货运设施发展的意见》，提出充分利用既有机场的货运设施能力，提高综合性机场现有货运设施能力和利用率，优化机场货物运输组织，提升机场货运服务品质，强化机场内外设施的协同联动。该意见还对有序推进专业性货运枢纽机场建设、全面提升航空货运设施使用效能和规划临空物流园区等方面提出多项具体举措。

此外，为了确保航空货运通道顺畅，民航局先后出台《关于疫情防控期间国际航空货运建立审批“绿色通道”的通知》《关于进一步优化货运航线航班管理政策的通知》和《货邮飞行航班时刻配置政策》等具体举措，从航线审批、航班时刻、资金支持等方面给予全方面多维度支持，推动航空货运稳步发展。

（四）跨境电商、冷链医药等市场巨大

航空在高附加值、高时效性货物远距离运输方面具有绝对优势，在促进国际贸易、吸引利用外资、推动区域经济转型升级和融入全球产业链、价值链等方面发挥着愈加重要的作用。据航空运输行动组织（ATAG）估算，航空货运量约占全球贸易总量的1%，但货值占全球贸易总额的35%，航空运输是全球高附加值产品运输的重要方式。在新一轮消费升级的带动下，线上购物成为全球消费的大趋势，跨境电商销售额实现跨越式增长，新冠肺炎疫情推动“宅经济”消费全球化趋势进一步扩大。2020年，我国跨境电商市场规模高达12.5万亿元，同比增长19.0%，近5年的平均增速达13.3%。跨境电商的迅猛发展，将为航空货运带来巨大的物流需求。2013—2020年我国跨境电商市场规模及增速如图1所示。

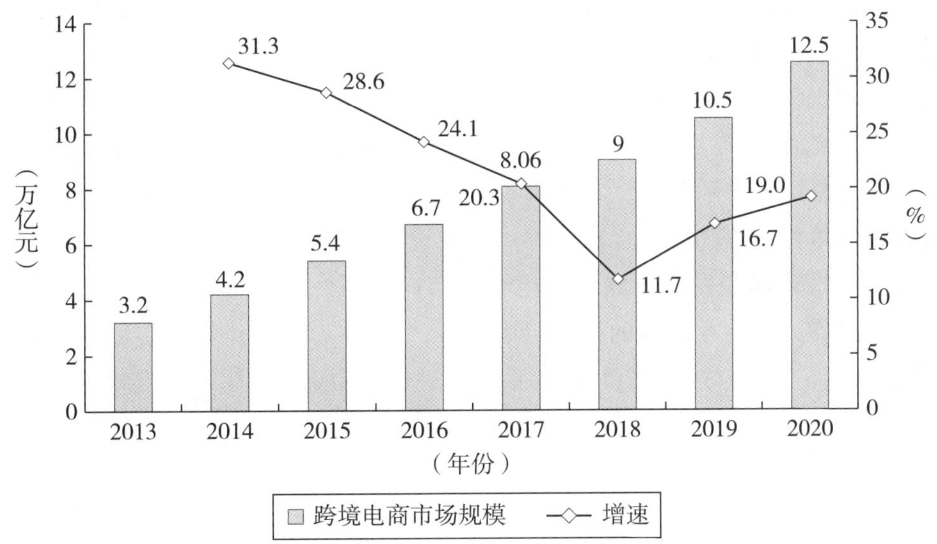

图1　2013—2020年我国跨境电商市场规模及增速

近年来，中国冷链物流市场规模和需求迅速增加，据罗兰贝格咨询公司2020年预测，中国冷链物流行业至少未来5年将保持年均25%的高速增长。冷链物流对温度与时间有双重高要求，再加上冷链货物多为高价值商品，相对于陆运及海运耗时长、环节多导致货物易损等缺点，航空物流无疑是冷链运输最好的方式。随着我国经济转型及消费升级，必将带动冷链消费市场快速增长，其中，冷链医药具有巨大的消费需求。

新冠肺炎疫情全球蔓延背景下，疫苗的研发和运输成为关注的焦点，疫苗运输对温度和时间的要求严苛，航空运输快速安全的特点成为生物医药产品最佳运输方式，据DHL估计，为了确保未来新冠疫苗在全球的覆盖率，可能需要7.5万个运输托盘在1.5万次航班上运送20万次。

此外，受生鲜电商崛起、城市化进程加快和国家大力扶持等利好因素驱动，依托当前万亿级规模的生鲜、医药市场，航空冷链物流正在由起步阶段进入快速上升通道，为航空货运带来巨大的增长空间。航空物流园区的空间布局、货运设施和流程等需要作出调整，以满足跨境电商、冷链物流等急剧扩张的需求和市场结构的变化。

（五）临空经济区持续扩容

以机场为核心的临空经济区已成为全球经济要素资源重新组合的“战略节点”，规划和建设临空经济区逐渐成为机场未来发展的热点。从全国临空经济区建设数量角度看，临空经济区的规划建设总量持续扩容。截至2021年6月，在我国243个颁证运输机场中，已有106个机场运营和规划建设临空经济区，与2019年相比，全国规划建设临空经济区的机场数量增加了19个。此外，国家级临空经济示范区建设也在稳步增长，临空经济示范区对促进现代临空产业发展、深化对外开放、培育经济新增长点等方面发挥了引领作用。2013年3月，郑州航空港经济综合实验区获得国务院批复成为全国首个国家级临空经济示范区，此后国家发展改革委和民航局先后批复了16个国家级临空经济示范区，其中，2018年新增宁波、西安临空经济示范区，2019年新增南京、首都机场临空经济示范区，2020年新增长春、南宁和福州临空经济示范区。各临空经济示范区依托政策优势、自有资源、区位优势等已成为推动地区经济高质量发展的动力源，在推动转变发展方式、优化经济结构、转换增长动力上发挥了重要作用。航空物流园区作为临空经济区的核心组成部分，是临空经济区建设的重点，航空物流园区与机场、临空产业之间相互协同，共同促进航空物流产业生态系统的不断完善。

二、发展现状

（一）机场发展现状

截至2020年年底，我国境内运输机场（不含香港、澳门和台湾地区）241个，比2019年年底净增3个，其中定期航班国内通航城市（或地区）237个。2020年，我国境内机场完成货邮吞吐量1067.49万吨，较2019年下降6.0%。2020年各机场中，年货邮吞吐量100万吨以上的机场有4个，分别是上海浦东、北京首都、广州白云和深圳宝安机场，完成货邮吞吐量占全国机场的50.11%，较2019年下降1.3个百分点，其中上海浦东机场作为内地最大的航空口岸，全年完成货邮吞吐量高达 368.66 万吨，同比增长 1.44%，稳居国内第一、世界第三。年货邮吞吐量 10 万吨以上的机场有 30 个，完成货邮吞吐量占全部的 90.93%，较 2019 年下降约 0.6 个百分点。

从区域来看，我国各区域内机场航空货运表现各异，其中，中部地区机场凭借完善的基础设施、便捷的集疏体系和高效的通关效率，以及相关政策的大力支持等优势，航空货运率先恢复且增长强劲。自 2020 年 5 月开始，中部地区货运需求恢复至新冠肺炎疫情前水平并持续保持高速增长，截至 2021 年 6 月，中部地区货邮吞吐量高达 78.8 万吨，同比增长 46.2%，远超 2019 年同期的 55.3 万吨，占全国总量的 8.79%，同比提升 1.2 个百分点。东部机场依然占据最主要的市场份额，市场份额保持相对稳定。新冠肺炎疫情对东北地区机场货运的影响最为显著，2020 年货邮吞吐量同比下降 17.25%，2021 年上半年虽有所增长，但依然增长乏力，不及新冠肺炎疫情前水平。2020 年 1 月—2021 年 6 月国内分区域市场同比增速如图 2 所示。

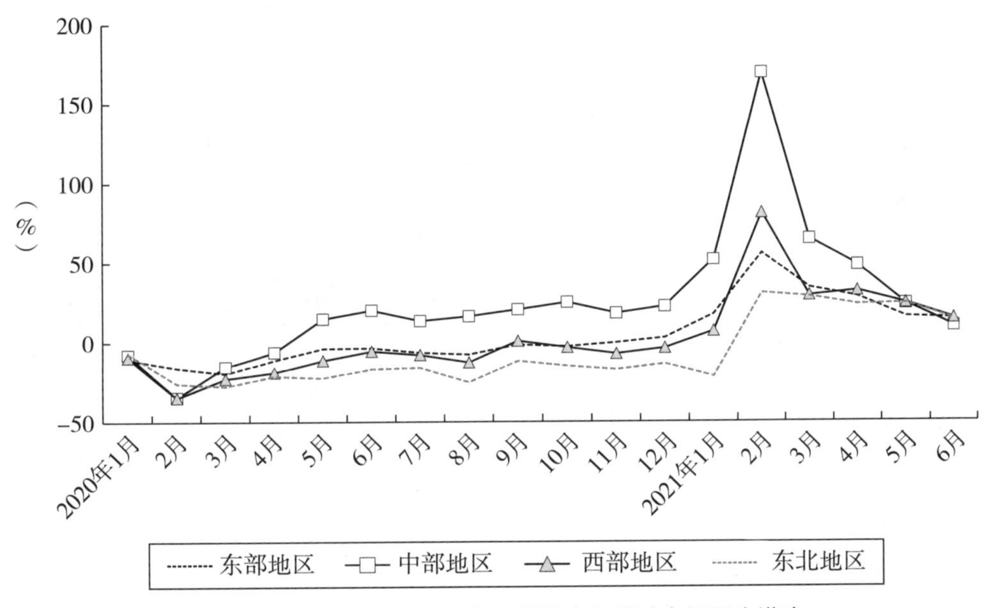

图 2　2020 年 1 月—2021 年 6 月国内分区域市场同比增速

2021 年以来，全球范围内制造业新出口订单的采购经理人指数（PMI）大幅增长，工业生产有所恢复。我国对新冠肺炎疫情的防控呈现良好态势，为我国航空货运的发展提供根本保证。2021 年上半年，航空货运市场持续恢复，前 6 个月累计货邮吞吐量 374.3 万吨，较上年同期增长 24.6%，超过 2019 年同期的 351.2 万吨，航空货运已恢复至疫情前水平。2020 年及 2021 年上半年我国机场货邮吞吐量排名情况如表 1 所示。

表1　　2020年及2021年上半年我国机场货邮吞吐量排名情况

机场	排名（2020年）	货邮吞吐量（万吨）				
		2021年上半年	同比增速	2020年	2019年	2018年
上海/浦东	1	212.59	24.4%	368.66	363.42	376.86
广州/白云	2	96.56	24.7%	175.93	191.99	189.06
深圳/宝安	3	77.00	25.2%	139.88	128.34	121.85
北京/首都	4	66.07	15.5%	121.04	195.53	207.40
杭州/萧山	5	46.16	28.0%	80.20	69.03	64.09
郑州/新郑	6	34.08	33.6%	63.94	52.20	51.49
成都/双流	7	31.97	16.0%	61.85	67.19	66.51
重庆/江北	8	22.92	29.1%	41.12	41.09	38.22
南京/禄口	9	21.65	22.3%	38.94	37.46	36.51
西安/咸阳	10	21.07	38.0%	37.63	38.19	31.26
上海/虹桥	11	17.91	34.0%	33.86	42.36	40.72
昆明/长水	12	17.97	32.1%	32.50	41.58	42.83
厦门/高崎	13	16.20	26.9%	27.83	33.05	34.55
青岛/流亭	14	11.90	29.2%	20.68	25.63	22.45
长沙/黄花	15	11.26	45.0%	19.20	17.57	15.55
武汉/天河	16	14.99	123.3%	18.94	24.32	22.16
天津/滨海	17	9.51	5.4%	18.50	22.62	25.87
南昌/昌北	18	9.92	42.3%	18.22	12.25	8.26
沈阳/桃仙	19	7.95	4.2%	17.20	19.25	16.86
无锡/硕放	20	7.84	8.8%	15.72	14.51	12.38

资料来源：民航机场生产统计公报。

（二）航空物流园区的特点

航空物流园区依托机场建设而成，以机场的地面物流设施资源为核心，以航空公司、货运代理商以及其他相关物流企业为服务客体，是航空物流产业集聚的特定组织形式。航空物流园区的功能规划以机场货站区为基础，并不断向航空物流产业价值链上延伸以获得更大的价值。具体来说，航空物流园区的功能可以分为以下三种：基本物流服务功能、航空特定物流服务功能、延伸增值及配套功能（见图3）。

基本物流服务功能是对机场货运功能的继承，主要有以下几个方面：集货、中转、分拨、仓储、分拣、装卸搬运、流通加工等货运服务，相较于传统物流园区，航空物流园区处理的货物具有轻薄小、高附加值等特点。航空特定物流服务功能主要包括航

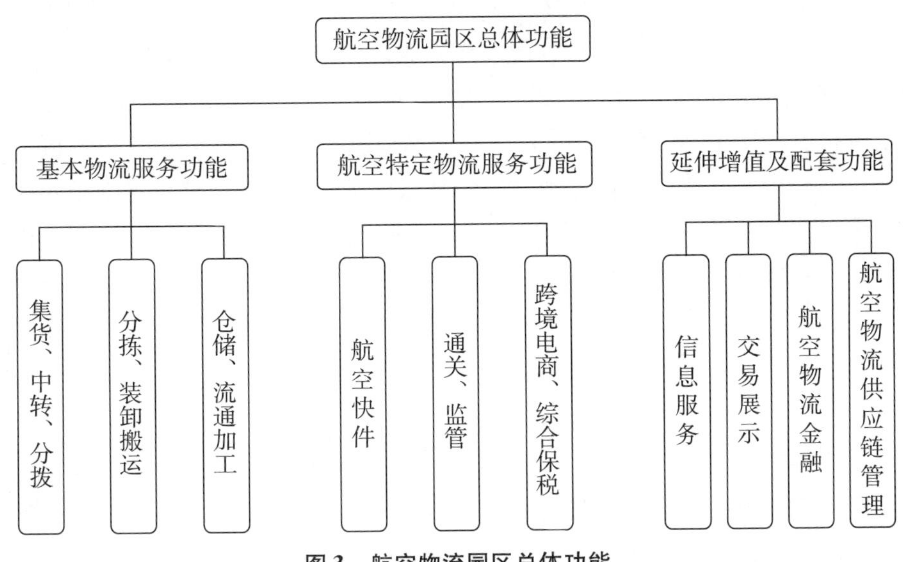

图 3　航空物流园区总体功能

空快件、通关、监管、跨境电商、综合保税等服务，航空特定物流服务功能使区域经济通过航空枢纽融入全球产业链、价值链中。航空物流园区除了提供基本物流服务功能和特定物流服务功能外，逐渐由单一业务向综合业务方向发展，航空物流园区内提供一站式航空物流解决方案，通过不断延伸航空物流价值链从而获得更大的价值，航空物流产业价值链如图 4 所示。

	货主	物流外包商	货代	机场货站	航空公司	机场货站	代理公司	收件人
内容	·生产型企业或消费者 ·付款	·选择运输方式 ·订单处理 ·仓储管理	·集中零散货源 ·预付航空运费 ·寻找合适的承运航空公司 ·地面收货 ·暂时储存	·具备货代职能 ·单证审核、检验 ·货舱配载 ·货舱装卸	·经营航线 ·负责空中运输	·货舱装卸 ·货物检验 ·单证审核	·从机场提货 ·负责机场到收货人的地面派送	·支付费用 ·货物验收
需求	·运输时效、货物安全	·低运输成本 ·满足客户需求 ·掌握货物状态	·利差最大化 ·航线运力充足	·地场面处置费最大化	·货舱充分利用 ·高运价 ·稳定货源	·地面处置费最大化	·派送费用最大化 ·派送需求集中	·运输费用低 ·配送速度快、配送安全

图 4　航空物流产业价值链

航空物流园区的主要特点体现在五个方面。

第一，辐射范围广。航空运输以枢纽机场为基础，具有运距长、速度快等优势，以航空运输为核心的交通运输体系突破了时间、空间上的局限性，实现了生产资料在世界范围内的快速流通。在经济全球化背景下，航空运输适应国际贸易距离长、范围广、时效强等要求，成为经济发展驱动力。

第二，准入门槛高。航空物流园区的规划建设运营都是以当地所在的机场为依托，机场配套基础设施的建设具有很强的专业性，机场货站装卸、处理货物的要求较高。此外，航空物流园区的特定功能包含口岸、跨境电商、保税加工等，在园区审批、监管等方面更加严格，这些因素都导致航空物流园区准入门槛高、资金投入大。

第三，服务对象特定。航空物流具有运输速度快的独特优势，但由于飞机载重和空间的限制，导致航空运输运量小、成本高。因此，航空物流主要适用于时效要求高、运输成本敏感性低的货物，比如商务信件、生鲜和高附加值产品等，产品往往具有轻薄小、高附加值等特点。航空物流园区要针对特定的服务对象，依据其独有的特点进行功能布局、设施设备、监管等方面的建设。

第四，货物中转速度快。相对于其他运输方式，航空运输独具高时效性优势，要求货物在航空物流园区内实现运输或中转。因此，航空物流园区内的货运设施、功能布局、流程设计、物流信息系统均要满足货物快速流转的需要，创新监管模式，尽量缩减货物在园区内的停留时间，但保税中心或者保税区的货物除外。

第五，具有保税功能。在经济全球化的背景下，航空货运枢纽将成为全球制造、商贸、金融等领域的重要节点，航空口岸是地区经济融入全球产业链、价值链与创新链的重要依托，而依托航空港建立的综合保税区，凭借其功能定位、政策制度等独特优势，在驱动外向型经济中的作用愈加凸显。航空物流园区应充分利用口岸和保税功能，从单一进出港货站保障功能升级至中转分拨、进出口集拼和保税加工等拓展服务功能，逐渐实现航空口岸与综合保税功能的协同发展，使其成为区域经济增长的动力源。

（三）航空物流园区的形成条件

航空物流园区以机场为核心布局，以航空货运为主要运输方式，除了具有集货、中转、仓储和流通加工等基本物流服务功能外，还具有口岸、保税和跨境电商贸易等特定物流服务功能，此外还具有信息服务、供应链金融等延伸功能。因此，航空物流园区的建设需要综合考虑其功能特点，园区的形成条件主要有以下几个方面。

1. 机场硬件设施健全

航空物流园区的形成是依托机场航空运输资源，因此机场硬件设施是航空物流园区形成的先决条件，包括机场跑道、停机坪、货站和地面交通设施等。要实现货物在航空物流园区内快速流动，需要通达的航线网络、高效的物流设施、灵活的地面运输资源以及物流信息系统的支持等。

2. 区域市场需求强劲

区域市场需求是航空物流园区形成的经济基础，航空运输产品适用于时效要求高、运输成本敏感性低的货物，需要区域内有较强的市场需求作为支撑。因此，引导区域内高端制造、信息技术、生物医药、跨境电商等高临空指向型产业发展，不断吸引优势产业、新兴产业集聚，不断增强的区域市场需求为航空物流园区提供发展动能。

3. **航空物流服务供给**

航空物流服务产业链包括机场、航空公司、海关、货代企业和运输企业等不同主体，航空物流服务的完成需要各方主体共同协作，此外还需要金融服务、信息服务等作为配套服务。因此，航空物流园区的形成要充分考虑各主体间服务内容，合理规划布局园区功能，不同主体间能高效分工协作。

4. **政策引导支持**

航空物流园区建设具有门槛高、投入大、建设周期长等特点，随着跨境贸易规模不断扩大，航空物流园区海关监管、保税加工等功能需要不断完善。航空物流园区的建设需要政策引导支持，政府需要通过加强顶层设计、扩大资金投入、完善园区功能、规范园区运作机制等举措，为航空物流园区发展提供有利环境。

（四）航空物流园区建设情况

在经济全球化背景下，航空运输适应国际贸易距离长、范围广、时效强等要求，航空物流是现代物流中最高效的运输方式。新冠肺炎疫情的持续蔓延凸显了航空货运在国际供应链中的重要作用，航空货运物流服务能力正在成为提升国际供应链竞争力的重要因素，加强航空货运能力建设得到前所未有的重视。与此同时，机场已从传统单一运送旅客和货运的场所逐渐演变为全球生产和商业活动的重要节点，航空物流园区吸引物流、商流、资金流和信息流在园区集聚，从而全面提升机场、货运和临空产业间的促进作用，推动区域产业转型升级，并形成新的现代物流格局。

目前，我国东部地区机场凭借良好的区位优势、完善的货运设施和丰富的口岸功能等资源，占据主要的航空货运市场份额，2020 年我国机场货邮吞吐量中东部地区占 72.7%，依托机场建设的航空物流园区发展也较为完善。近年来，国家对西部地区机场的支持力度不断增大，西安、重庆、成都等城市大力发展航空物流产业，相继出台支持航空货运枢纽建设政策，机场货邮吞吐量持续攀升，航空物流园区的建设趋于成熟。表 2 是 2020 年国内主要机场的航空物流园区建设情况。

根据表 2 可以发现，我国内地主要机场货邮吞吐量与区域经济发展十分相符，并各有特点。从数量上来看，2020 年我国机场货邮吞吐量前 20 个机场中，有 14 个已经建成或规划有航空物流园区，其中东部地区机场有 8 个，西部地区机场有 4 个，中部地区机场有 2 个。从运量上来看，东部地区经济较为发达，产业基础良好，货运航线网络遍及全球，航空货运需求十分旺盛，其中，上海、广东、北京机场群航空货邮吞吐量占全国的 52.7%，具有绝对优势。从航空物流园区建设规模上看，东部地区由于

表 2　　2020 年国内主要机场的航空物流园区建设情况

机场	货邮吞吐量（万吨）	所属区域	园区名称	规模	建设情况
上海/浦东	368.66	东部地区	浦东空港物流园区	约 16.8 平方千米	浦东空港物流园区分为保税物流园区、综合物流区、海关监管区、航空公司基地、飞机维修基地、发展备用地、结构绿地等若干区域。将浦东国际机场建成亚太核心枢纽港的目标，建设与之相配套的空港物流平台，将其建成亚太地区一流的国际空港物流核心枢纽，形成国际快递、国际中转、物流增值服务、国际贸易及展示、国际商务五大功能
广州/白云	175.93	东部地区	广州空港物流产业园区	占地面积约 983 亩	主要为国际、国内航班货物物流的仓储、转运、加工、包装、快递、配送、报关、保税、信息提供全程服务
深圳/宝安	139.88	东部地区	深圳机场物流园	规划面积 116 万平方米	深圳机场物流园是深圳市规划建设的六大物流园区之一，位于机场区域内，由国际货运村、国内货运村、物流大厦等基础设施组成。负责打造开放的物流基础设施平台、专业的物流信息化平台、高效的物流运营环境平台和创新的物流业务发展平台，通过专业化运营，持续提升物流发展综合竞争力和物流资源及服务业务整体价值，构建一流的航空物流发展平台和良好的物流生态体系
北京/首都	121.04	东部地区	首都机场航空货运大通关基地园区	占地面积 3178 亩	位于首都机场中跑道北端延长线上，与停机坪直接相邻，实现航空货运与物流功能区的无缝对接，提高通关效率。依托首都国际机场口岸辐射能力及综合保税区政策优势，园区大力发展高端产业链，聚集了航空物流产业、医药产业、文化产业、零售产业，以及航材产业等高端产业集群，形成首都机场高端产业核心

续表

机场	货邮吞吐量（万吨）	所属区域	园区名称	规模	建设情况
郑州/新郑	63.94	中部地区	郑州空港型国家物流枢纽	面积 2.52 平方千米	在国家示范物流园区建设基础上，整合郑州机场西货运区、北货运区、新郑综合保税区（不含保税加工设施）内物流功能突出、存量资源基础较好、运营业务协同、设施平台衔接的功能区域，形成北区（主体功能区）与西区（互补功能区）两大片区
成都/双流	61.85	西部地区	成都航空物流园区	控制规划面积 3500 亩	园区将以“成片集中、复合多层、注重形象、加快建设”为突破口，切实推进航空、公路、铁路整体联动发展，将园区建设成为“三位一体，快速通关”的国际性枢纽型物流园区
重庆/江北	41.12	西部地区	重庆机场航空物流园区	规划面积 9000 亩	分为物流园 A、B、C、D、E 区五个区域，分期实施规划建设。随着机场东区扩建配套货运区工程的竣工，园区物流仓储面积达到 23 万平方米，实现货物年保障能力 110 万吨；园区拥有国际货运站、国内货运站、物流分拨中心、航空货运街、快件中心、联检报关中心、海关监管中心、公共保税仓库、指定口岸等各类设施
南京/禄口	38.94	东部地区	南京禄口国际机场货运中心	占地面积 120 亩	集航空货站、货代和物流功能于一体，以现代物流信息技术为依托，融入先进的物流理念和管理手段，以一流的专业航空货运设施为海内外航空公司、货主、货运代理提供货物过港保障、进出港交接以及仓储、地面运输等一站式的现代空港物流服务
西安/咸阳	37.63	西部地区	西咸新区空港新城	5 平方千米	围绕“丝绸之路经济带核心的货运集散中心和中国西部国际航空物流枢纽”的战略目标，依托陕西唯一临空型保税物流中心、国际快件监管中心和西北最大航空货站等功能性平台，实现内陆地区人流、物流、资金流与国际市场的融合

续 表

机场	货邮吞吐量（万吨）	所属区域	园区名称	规模	建设情况
昆明/长水	32.50	西部地区	昆明空港经济区航空物流产业园区	约1830亩	依托长水机场打造的一个物流作业集中地区。是将多种物流设施和不同类型的物流企业在空间上集中布局的场所，主要为高附加值和时效性要求较高的航空货物提供仓储配送、中转分拨、增值加工、信息服务、货运代理、展示交易等物流服务
青岛/流亭	20.68	东部地区	青岛空港物流园	约331.77亩	实现了“集中库区、集中监管、集中查验、卡口验放”的物流监管新格局。通过进口普货一站式服务，提前申报、货到验放，预约服务，现场直提等服务措施，有力促进企业便利通关
武汉/天河	18.94	中部地区	天河机场航空物流公司园区	运营面积为20.22万平方米	包括两个国内货库、一个通过海关总署第171号令监管要求的国际货库，园区设有冷冻、冷藏、贵重物品和危险品仓库，年货物处理能力为55.2万吨；园区入驻的单位有东航、南航、邮航、顺丰和邮政海关监管中心等
天津/滨海	18.50	东部地区	天津航空物流区	规划面积7.67平方千米	以建设北方航空货运中心为目标，以建立航空物流综合产业体系为主导，大力发展航空运输、邮件快递、电子商务、航空金融、商务服务、航空维修、教育培训和综合服务等产业，集聚各类资源要素，服务和带动临空经济和周边高端制造业，打造成为特色鲜明、功能完善、产业集聚的国际航空物流核心功能区
无锡/硕放	15.72	东部地区	苏南快递产业园	规划面积2平方千米	依托机场的航空货运优势，建立产业园区，通过规模化、标准化的运营，满足区域经济发展对快递服务的需求，将无锡打造成为快递服务的国内重要基地和国际快递服务的重要门户

资料来源：根据公开资料整理。

机场建设较早，物流园区的规划相对滞后，物流用地的紧张导致物流园区规模较小。西部地区适度超前规划物流园区，园区规划面积较为充裕，成都双流物流园区规划面积3500亩，重庆机场航空物流园区规划面积高达9000亩，分期实施规划建设，园区内货站、分拨中心、监管中心、保税仓库及指定口岸等各类设施完备，以更好地支撑航空货运发展。

此外，随着航空运输对区域经济增长的促进效应不断显现，航空货运需求不断增长，中小机场也在逐渐规划和建设航空物流园区（见表3），通过航空物流促进区域经济转型升级。

表3　　部分中小机场航空物流园区建设情况

机场	货邮吞吐量（万吨）	所属区域	园区名称	规模	建设情况
宁波/栎社	11.92	东部地区	宁波空港物流园区	约1000多亩	项目依托宁波栎社国际机场和宁波市区域经济、交通优势，经过中长期发展，将建设成为以航空物流服务为龙头，以保税物流业务为重点，以海陆空联运、城市配送、第三方物流为辅助，以物流相关服务为补充的综合型物流园区和华东重要航空物流中心
温州/龙湾	7.36	东部地区	温州机场航空物流园	约2720亩	以温州城市经济圈和温台沿海产业带为市场支撑，以规范化、信息化、系统化为建设标准，集聚现代物流企业、货运代理企业和相关服务企业，打造功能完善、设施齐全、技术先进、运转高效的综合性物流服务平台
兰州/中川	7.00	西部地区	兰州中川机场空港物流园区	占地面积21.7万平方米	推进航空货运枢纽建设和构建“多式联运”物流体系，大力提升兰州中川国际机场货运保障能力、推进西北地区航空货运枢纽建设，推动兰州中川国际机场建成进疆通藏西北门户、连通东西转运中心、辐射中西南亚重要枢纽

续 表

机场	货邮吞吐量（万吨）	所属区域	园区名称	规模	建设情况
呼和浩特/白塔	4.31	西部地区	白塔国际空港物流园区	规划面积40.36平方千米	以现代物流、临空产业、总部经济和综合保税“四大服务业板块”为核心，以科教服务、商贸服务、生活居住服务为辅助
珠海/金湾	3.84	东部地区	珠海机场空港国际智慧物流园	占地面积约7.17万平方米	建设由国际进出港操作区、海关监管库、保税仓储库等组成的国际物流园区以及包含国内进出港操作区、全货机分拣中心、快件分拨中心、特运库、熏蒸库的国内物流园区

资料来源：根据公开资料整理。

温州作为浙南闽北的经济中心，近年来产业升级不断加速，航空物流市场空间巨大，温州机场坚持客货并举发展战略，高度重视航空物流发展，坚持把航空物流业作为加快打造东南沿海重要商贸城市和全国性综合交通枢纽的重要内容，作为促进临空经济和现代物流产业发展的重要举措。2019 年 12 月 30 日，温州航空物流园一期正式开工建设，于 2021 年 8 月 4 日正式投用。

（五）航空物流园区的运营模式

航空物流园区的发展情况与区域经济发展和机场建设情况十分相关，由于我国机场开发和运营模式不尽相同，航空物流园区的发展也有不同的模式。经过近几年的发展，我国已探索出四种相对成熟的开发运营模式，即政府主导运营模式、主体企业引导模式、物流地产商模式和综合开发运作模式。国内部分机场物流园区经营/管理主体如表 4 所示。

表 4　国内部分机场物流园区经营/管理主体

机场	物流园名称	规模	经营/管理主体
上海/浦东	浦东空港物流园区	约 16.8 平方千米	上海浦东国际机场货运站有限公司
广州/白云	广州空港物流产业园区	占地面积约 983 亩	广州白云国际物流有限公司

续 表

机场	物流园名称	规模	经营/管理主体
深圳/宝安	深圳机场物流园	规划面积116万平方米	深圳机场现代物流有限公司
北京/首都	首都机场航空货运大通关基地园区	占地面积3178亩	航港发展有限公司
郑州/新郑	郑州空港型国家物流枢纽	面积2.52平方千米	航空港实验区管委会
成都/双流	成都航空物流园区	控制规划面积3500亩	成都航空物流园区管委会
重庆/江北	重庆机场航空物流园区	规划面积9000亩	重庆机场航空物流园区管理委员会
南京/禄口	南京禄口国际机场货运中心	占地面积120亩	南京禄口国际机场
昆明/长水	昆明空港经济区航空物流产业园区	约1830亩	云南省昆明空港经济区管理委员会
青岛/流亭	青岛空港物流园	约331.77亩	青岛国际机场集团有限公司
武汉/天河	天河机场航空物流公司园区	运营面积20.22万平方米	湖北机场集团航空物流有限公司
天津/滨海	天津航空物流区	规划面积7.67平方千米	天津港保税区天津空港经济区管委会

资料来源：根据公开资料整理。

1. 政府主导运营模式

当地政府牵头成立航空物流园区管理委员会（以下简称管委会），政府在园区规划、资金投入、土地政策、税收政策等方面进行直接管理，园区规划建设也具有一定的前瞻性，基础设施先进，功能区比较明确，能充分整合区域内分散的航空物流资源，为航空物流发展打造综合性平台，有利于带动区域内航空物流产业形成规模。同时，政府在招商、税收等方面会给予较大优惠，推动航空物流产业发展和区域经济发展，是一种自上而下的运营模式。目前，成都航空物流园区、昆明空港经济区航空物流产业园区、天津航空物流区、苏南快递产业园等园区均由当地政府直属的管委会进行运营管理。

2. **主体企业引导模式**

主体企业从市场经济的角度出发，能够将航空物流资源和产业资源进行高效配置，通常是机场集团成立专业的航空物流公司，对物流园区的建设具有一定的自主权，运营管理也趋于专业化。在政府宏观政策的引导下，通过主体优势企业在园区内开发和发展，依托其专业资源和管理优势，逐步实现园区范围内航空物流产业的集聚，园区功能的不断完善吸引更多工业、商业企业入驻，从而达到物流园区开发和建设的目的。目前，浦东空港物流园区、广州空港物流产业园区、萧山机场空港物流园区、南昌航空物流产业园等均为机场集团下属主体企业进行运营管理。

3. **物流地产商模式**

物流地产商模式区别于政府主导运营模式和主体企业引导模式，其园区首先由政府进行统一规划，然后通过给予开发商适宜地产项目开发的土地、税收以及市政配套等优惠政策后，由物流地产商对园区的道路、仓库和其他物流基础设施及基础性装备进行投资和建设，再以租赁、转让或合资、合作经营的方式进行园区相关设施的经营和管理。这种模式结合政府在土地、招商、政策等方面优势，也结合物流地产企业专业资源优势，具有比较好的发展前景。目前，我国航空物流地产发展势头迅猛，普洛斯（GLP）、丰树（Mapletree）、安博（Prologis）和顺丰丰泰等物流地产商积极布局空港物流园区，如普洛斯开发天津空港物流园、重庆空港北物流园、武汉空港物流综合园等项目。

4. **综合开发运作模式**

综合开发运作模式结合政府主导运营模式、主体企业引导模式和物流地产商模式，集中各方优势资源进行混合开发运营。政府为航空物流园区规划、土地开发、政策扶持提供顶层设计，机场集团和物流地产商分别就航空物流服务设施、配套设施进行建设与完善，从而在多方协同下完成航空物流园区建设。该模式在我国东部地区枢纽机场物流园区建设运营中较为常见。首都机场航空货运大通关基地园区是北京航空城的核心区域，由航空发展有限公司全面负责开发、建设、运营及管理工作，航港发展有限公司是由首都机场集团、普洛斯（GLP）、北京航达投资有限公司出资设立的有限责任公司，是国内唯一的专业开发、投资、建设、运营航空货运大通关企业。

三、园区发展新实践

（一）拓展园区业务类型，延伸产业价值链

近年来，航空货运公司商业模式发生改变，传统的机场到机场的 B2B 业务占比有所减少，有着小批量、多批次特性的门到门的 B2B 和 B2C 业务相应增加。其中，以跨

境电商为代表的新业态新模式快速发展，截至 2021 年 6 月，我国跨境电商综试区扩容至 105 个，试点范围的不断扩大，加快外贸新业态新模式的发展，推动外贸升级。航空货运企业业务从单一货运向综合一体化服务的现代物流转型，也进一步促使航空物流园区的业务向产业价值链延伸，除了货邮处理、仓储、配送等基础服务外，园区提供物流服务链两端延伸的服务，如机坪空侧驳运服务、货站间机坪驳运服务、国际进港逾期无人认领货物操作等。新冠肺炎疫情暴发以来，机场不断迎合冷链物流和医药物流的发展需求，不断创新航空物流新模式，北京首都国际机场、上海浦东国际机场、深圳宝安国际机场相继获得由国际航空运输协会（IATA）颁发的独立医药物流验证中心（CEIV Pharma）药品认证，助力航空物流园区从单一货运业务向航空物流产业价值链延伸。

（二）依托航空货运枢纽，建设高效物流园区

在国家积极部署自有供应链产业布局、鼓励航空货运发展的背景下，国内多家快递物流企业纷纷投资建设专业航空货运枢纽，依托航空货运枢纽打造航空物流园区，重构我国航空物流格局。顺丰投资建设的鄂州花湖机场是亚洲第一个、全球第四个专业航空货运枢纽。鄂州花湖机场对于完善我国现代综合物流运输体系、加快推进民航强国建设具有十分重要的意义。此外，圆通拟在浙江嘉兴建设的全球航空物流枢纽“东方天地港”、京东拟在安徽芜湖建设的“京东全球超级港”也都在紧锣密鼓的筹备中。近年来，快递物流企业依托专业性货运机场规划建设自有航空货站或航空物流园区已成为我国航空物流发展的新实践。航空货运枢纽是国内市场和国际市场的战略连接点，通过投资建设航空货运枢纽，打造有竞争力的航空物流园区，完善航空货运生态体系的构建，实现航空货运的变革和增效。

（三）协调联动开放平台，促进园区持续发展

随着航空物流业的快速发展，航空物流园区建设者开始考虑与空港、临空经济区和自由贸易区（港）间的联动发展，整合保税区的政策优势和港区的区位优势，拓展港区功能，实现口岸增值，推动转口贸易及物流业务发展。2021 年 2 月，民航局发布了全国首批提升航空物流综合保障能力试点项目。其中，山东自贸试验区青岛片区航空物流超级货站一期成功获批，计划占地面积 1 万平方米，总投资约 3000 万元，试点建设以客户需求为导向的物流全链条公共信息平台，探索运用 5G、物联网、区块链等新技术建立远程集中判图、全程标准化安全监管的机场货运安检前置模式，加快推动信息要素的互联互通，并实现关区执法互认和执法互助，真正实现区港联动。未来，在探索建设自由贸易港的契机下，航空物流园区将进一步拓展服务功能，最大限度简化相关手续，吸引国际企业入驻，加强国际贸易，促进航空物流市场持续发展，有效

提高园区货物运输组织效率，推动保税区与空港物流园区协同发展。

四、主要问题

（一）土地资源供给紧张，资金投入有待加强

航空货运服务型物流园区相较于其他物流园区，还需要额外提供机场机坪地面服务、海关、检疫检验等口岸管理服务，需要足够的土地资源和资金支持。但是，受园区用地资源紧缺、民航业“重客轻货”观念等因素的影响，我国航空物流园区普遍存在建设规模小、招商引资难等问题。一方面，机场多建设在远离市区的位置，在机场空侧或周边建设物流园区经常与农业保护地、耕地红线等用地指标产生冲突，用地征地难以协调，航空物流园区改扩建空间有限，通常只能建设在距离机场较远的位置，无法与机场实现“零对接”，影响航空货代等企业入驻物流园区。另一方面，传统用地规划普遍遵循“客运优先”的原则，在建设机场周边设施时，往往会优先考虑客运需求，货运基础设施建设边缘化，资金投入少、项目建设慢、企业入驻难，难以满足现代航空物流发展的需要。

（二）园区设施设备落后，综合服务能力不足

目前，我国航空物流园区的专业化水平、综合服务能力普遍低于其他物流园区，已建设完成的航空物流园区常出现与现代化发展需求不匹配、货运设施设备原始、一体化程度低等问题，难以达到现代专业化的运输要求。以冷链物流为例，近年来，我国冷链物流规模逐渐增长，年复合增长率高达 17.5%。但是，在新冠肺炎疫情的背景下，我国航空食品生鲜冷链运输和生物医药冷链运输凸显短板，国内鲜有具备完整冷链运输、仓储、分拣一体化功能的航空物流园区，难以满足日益增长的航空冷链运输需求。此外，我国航空物流园区内从事物流业务的企业多为航空货运公司及货代企业，缺乏专业化的第三方物流，无法提供集货代、仓储、运输、配送于一体的综合物流服务。航空物流园区作为供应链上下游的衔接点，常面临货运主体分散、服务流程分离和客户需求多元等问题，对市场资源和供需端的变化掌控不充分，导致不能充分发挥快速集散等优势。

（三）园区发展定位模糊，对外开放程度欠佳

我国航空物流园区在早期建设过程中，由于缺乏科学的统筹规划，园区布局不够合理、发展定位不明确，多数物流园区片面追求“大而全”，重复建设导致功能定位类似，造成物流资源闲置，没有形成明显的差异化竞争优势，同质化现象比较严重。与

其他交通方式相比，航空运输拓展了贸易空间范畴，贸易业的海外版图进一步扩大，航空物流园区也应当顺应国际化发展趋势，扩大对外开放程度。但是，随着顺丰、圆通、京东等民营企业在航空物流领域的迅速崛起，以及 UPS、FedEx、DHL 等国际航空物流巨头不断深耕国内市场，使我国航空物流国际市场竞争进一步扩大，现有航空物流园区服务保障能力难以达到国际化竞争水平。

(四) 区港之间衔接不畅，难以形成区港联动

为了能够高效地完成航空物流任务，理想化的状态是航空物流园区能够与空港进行“无缝衔接”。但是，我国现有的航空物流园区各功能区间不够紧密，致使功能分散，普遍存在衔接不畅的问题，难以形成有效的区港联动。一方面，物流园区和空港在空间上相隔较远。货物在流转过程中，常面临中转运输、二次检验、货物交接等问题，延长了货物处理时间、增加了运输风险和成本。另一方面，即使在园区内部的操作流程上也尚未充分对接。航空物流园区内并未建设保税物流仓库、跨境电商专用通道等基础设施，检验检疫、海关等特殊监管区入驻园区难等问题也亟待解决。

(五) 多式联运发展缓慢，交通环境有待改善

目前，我国现有的城市快速路网、高速公路和轨道交通等主体交通网络已初步形成，同一运输体系内部基本能够实现高效运转和有效衔接，但是缺乏一体化的综合货运枢纽，不同运输体系间的联合运输仍然存在多种问题。国内航空物流园区主要通过公路运输进行货物集散，空铁联运仅在少数机场航空物流园区内试点运行，规模较小。一方面，航空运输与其他交通方式间的联运设备建设进展缓慢，影响不同交通方式间中转衔接。另一方面，我国交通运输领域的管理分属不同部门，各部门间职能分割、自成体系、规章标准各异，联运过程中难免遇到兼容性问题。此外，各类物流园区又分属于不同行业部门管理，导致园区之间基础设施配套性差、难以共用，运输信息不对等、难以共享。

五、发展趋势

(一) 园区规划向土地集约化、投融资多元化方向发展

由于机场周边可用土地面积有限，航空物流园区改扩建空间不足，园区不得不向内寻求解决方案。一方面，园区在最大限度地集约资源，尽可能利用有限的土地资源产生更大的效率。通过对园区进行系统规划和设计，对入园企业进行有效控制和引导，高效利用园区土地和公共设施资源，在节约资源的同时注意园区生态和环境的保护，

从而创造一个资源集约利用，环境舒适优美，效率显著提升的发展局面。另一方面，航空物流园区可以通过股权合作、投资补助、基金注资担保补贴、贷款贴息等方式筹集建设资金。多元化的投融资模式可以将资金投入提高航空公司航空货运能力、加强园区地面物流基础设施建设上，构建“天地合一”的航空物流产业体系，推动航空物流园区内部及上下游之间的资源整合。未来，航空物流园区规划、建设与发展必将更加柔性化，进而大幅度提高土地利用率，引领了航空物流园区规划向土地集约化、投融资多元化方向发展。

（二）航空物流园区专业化、智慧化程度不断提高

随着居民生活水平的提高，消费者对于“快速、新鲜、安全”的诉求进一步增加，航空物流园区也要紧跟时代的步伐，提升自己的专业化水平。物流园区功能从单一的传统货运向现代化多元物流发展，由单一的仓储、运输功能，逐步向综合保税、快递转运、加工等功能发展，逐渐从基础功能向衍生功能发展。全球新一轮科技革命和产业变革催生新技术、新模式、新业态的历史机遇，推动航空物流园区智慧化发展。2020 年 10 月，民航局局长冯正霖指出，智慧民航建设将作为“十四五”民航发展主线，更好地满足现代航空物流发展需求。新时期航空物流园区的建设，需要依托物联网、云计算、大数据、区块链、移动互联等现代信息技术，实现园区的数字化、网络化、平台化，以高端的基础设施支撑起高效的服务管理，以高质量的创新环境推动园区业务的可持续发展。未来，无人驾驶物流车、中性电子货运平台等智慧创新将为我国航空物流园区发展提供持续的推动力。

（三）园区发展定位逐渐清晰，国际化程度进一步加强

2018 年，国家发展改革委和交通运输部联合印发《国家物流枢纽布局和建设规划》，首次提出“空港型国家物流枢纽”的概念。2021 年，在《国家综合立体交通网规划纲要》中，再次强调和强化“物流枢纽”的定位作用。航空物流园区作为物流枢纽的重要载体，通过不同地区间的互动协调，形成空间结构合理的航空物流园区关联网络，推动航空货运网络化、协同化和系统化运作。此外，传统的航空承运商也在向“配送网络 + 卡车运输 + 物流仓储 + 机场货站 + 航空货机”的空地全供应链服务商转变，有助于实现我国航空物流向具有国际竞争力的现代物流服务商转型的目标。

（四）区港之间紧密协调联动，持续推进一体化进程

近年来，随着国家政策的倾斜扶持和互联网技术的辅助支撑，区港联动一体化发展逐渐成为可能。推动“区港联动”两地区域成为贸易投资便利、产业布局优化、通关监管安全高效、辐射带动作用突出的高水平开放的“核心区域”。区港之间协调联动

可以将双方的信息动态共享，适时调整运输方案，提升航空物流园区内的服务能力。一方面，航空物流园区不断与空港口岸管理部门（如政府海关、检验检疫等部门）建立密切联系和合作关系，将航空物流园区打造成一个兼具口岸服务功能、商贸服务功能、货运枢纽功能的地域综合体，实现“区港”的一体化运作，形成最具活力和竞争力的综合带动效应。另一方面，航空物流园区也在不断集聚产业，将航空物流产业链上相关的各级货主单位、航空公司、货站、货代公司、第三方物流企业、金融和保险机构、各类商贸公司等作为集聚的目标群体，在航空物流园区中为它们提供全方位、高质量的基础设施和配套服务，发挥产业集聚的规模效应和范围效应。

（五）发展多式联运，打造综合立体交通网关键节点

航空物流园区主要依托于机场提供运输服务，但随着市场需求的变化，未来航空物流园区将朝着以航空运输为先导、地面运输为骨干的现代化综合货运集疏体系方向发展。由于机场是流动性最强、集聚效应最高的交通枢纽，航空物流园区也必须提升航空物流的集散能力和流转速度，进而实现高时效、高质量、高标准的发展目标。未来，随着国家对综合交通运输体系建设的重视不断增加，航空、铁路、公路等运输方式间的联合将得到更广泛应用，在全国范围内形成通行便利的物流交通网络。航空物流园区的集疏运体系也将会进一步得到完善，逐步打造成为综合立体交通网的关键节点。

（作者：曹允春　朱俊洪　赵柯焱　刘朝颖　中国民航大学临空经济研究中心）

我国商贸服务型物流园区发展报告

商贸服务型物流园区是依托大型商圈、批发市场、专业市场等商品集散地而规划建设，能够为商贸流通企业提供一体化物流服务及配套商务服务，为满足一般商业和大宗商品贸易的物流需求而存在的一类专业物流节点，是国家标准《物流园区分类与规划基本要求》（GB/T 21334—2017）中定义的五类物流园区之一。

一、我国商贸服务型物流园区发展环境

商贸物流发展与国内国际贸易息息相关。近年来，我国正处于百年未有之大变局，商贸物流发展环境发生重大变化，国际经贸形势复杂多变，特别是美国不断挑起国际贸易摩擦，使全球贸易格局加速调整。随着新冠肺炎疫情全球暴发，各国经贸发展面临重大挑战。为应对深刻复杂变化的国际环境，商贸物流发展需要适应以国内大循环为主体、国内国际双循环相互促进的新发展格局。与此同时，我国加速复工复产，商贸环境稳步恢复。

（一）国际商贸环境复杂多变

新冠肺炎疫情导致全球供应链体系面临重构。新冠肺炎疫情对世界经济复苏进程造成重大影响，全球疫情形势不容乐观，各国经济活动停滞带来全球供应链受阻甚至中断的风险。由于我国分级分区精准抓好疫情防控，有序推动国内产业链各环节协同复工复产，我国庞大的消费市场、稳定的营商环境、高素质的劳动人口等优势得到维持。我国在全球供应链体系中的地位进一步稳固，在推动全球供应链恢复增长与安全稳定中发挥了重要作用。

中美贸易摩擦加深。2018 年以来，中美贸易摩擦进一步加深，对中国进出口贸易带来巨大影响。中美贸易摩擦影响下的中美货物贸易进出口总值变化示意如图 1 所示。美国不断对中国出口美国商品加征关税，2019 年，中美货物贸易进出口总值出现明显下滑，同比下降 10.7%。新冠肺炎疫情的全球暴发，对各国的生产与贸易活动造成了巨大冲击。疫情蔓延提升了“中国制造”在全球产业链中的相对地位，疫情下美国对

华贸易依赖性上升，中美货物贸易进出口总值有所回升。但是中美关系仍旧面临巨大挑战。一是美国继续实施前总统特朗普时期对中国输美商品加征关税；二是2021年6月9日，美国国会参议院审议通过所谓“2021年美国创新和竞争法案”，标志着美国从立法层面加剧了对华摩擦。中国商贸领域仍旧面临着来自美国的巨大压力。

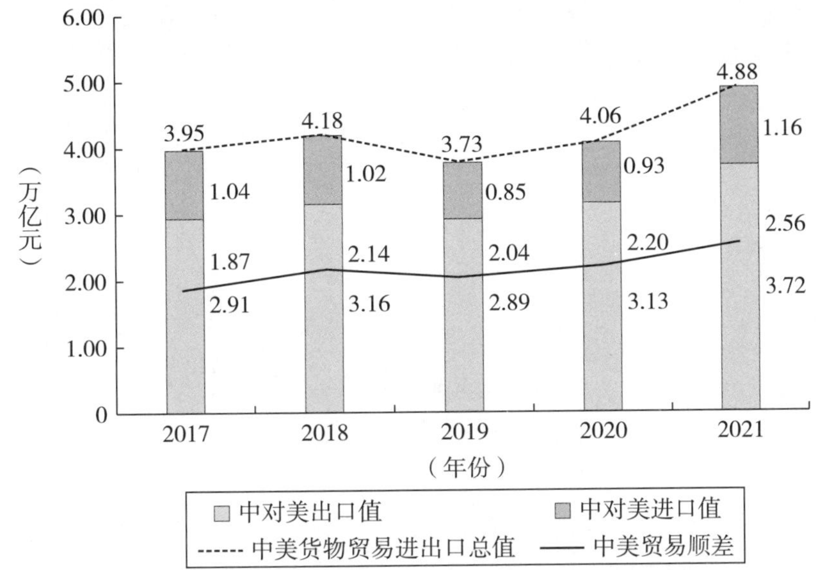

图1　中美贸易摩擦影响下的中美货物贸易进出口总值变化示意

数据来源：海关总署统计数据。

我国贸易伙伴结构发生重大变化。2019年以前，中国前五大贸易伙伴依次为欧盟、美国、东盟、日本和韩国。2019年，中国主要贸易伙伴结构发生变化，东盟替代美国成为中国第二大贸易伙伴，仅次于欧盟。2020年，我国贸易伙伴结构再次发生变化，东盟成为我国第一大贸易伙伴，前五大贸易伙伴依次为东盟、欧盟、美国、日本和韩国。2021年，我国贸易伙伴结构保持不变，对上述贸易伙伴进出口总值分别为5.67万亿元、5.35万亿元、4.88万亿元、2.40万亿元和2.34万亿元，分别增长19.7%、19.1%、20.2%、9.4%和18.4%。此外，我国对“一带一路”沿线国家进出口总值达到11.6万亿元，同比增长23.6%。

我国国际关系及国际环境发生的重大变化，为我国商贸物流发展带来新的机遇和挑战。

（二）内外贸易发展稳中向好

消费市场规模不断扩大。内需对稳定经济运行具有“压舱石”的作用。根据国家统计公报显示，2017—2021年，我国社会消费品零售总额从34.73万亿元增长到44.08

万亿元（见图2）。我国国内消费市场具备强大韧性，2021 年，消费市场经受住局部地区新冠肺炎疫情、极端天气等因素冲击，社会消费品零售总额同比增长 12.5%，恢复态势延续。城镇市场持续复苏，城镇消费品零售额比 2020 年增长 12.5%。商品零售增势较好，商品零售额比 2020 年增长 11.8%，比 2019 年增长 9.2%。市场销售总体持续恢复，消费结构优化升级态势明显，为国内商贸物流发展提供较好环境。

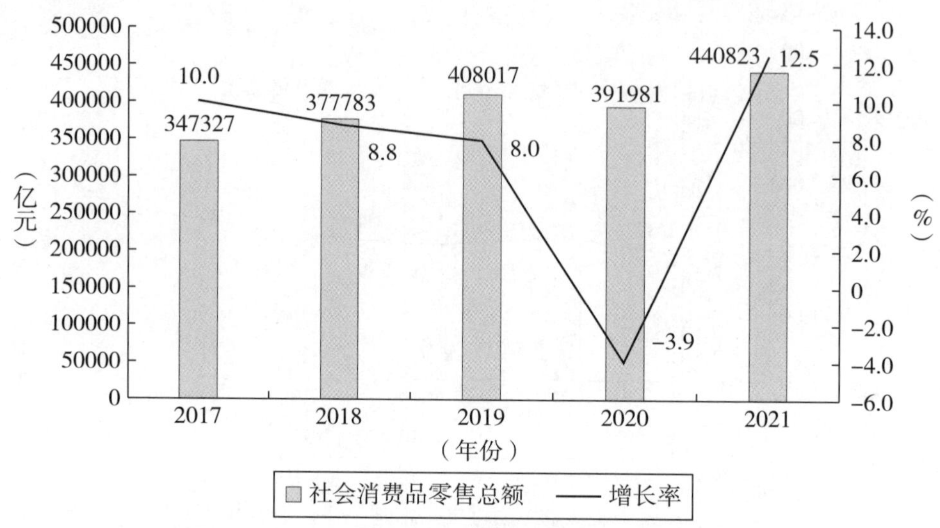

图 2　2017—2021 年社会消费品零售总额及增长率情况

数据来源：中华人民共和国 2021 年国民经济和社会发展统计公报。

电子商务加速发展，助力国内大循环。近年来，国家陆续出台政策全面推进“互联网 +”，持续打造数字经济新优势，电商网购、在线服务等新业态在抗击疫情中发挥了重要作用。国家统计局显示，2016—2020 年，全国电子商务交易额从 26.10 万亿元增长到 37.21 万亿元，年均增长率为 9.3%。2021 年前三季度，全国电子商务交易额 32.14 万亿元，同比增长 21.0%。在市场用户规模方面，我国网购用户规模在 2020 年年底已达 7.82 亿人，截至 2021 年 6 月更是达到 8.12 亿人，连续多年保持全球规模最大、最具活力的网络零售市场。我国电子商务正在从高速增长向高质量发展阶段迈进。新冠肺炎疫情发生以来，网络零售市场平稳增长，2021 年全国网上零售额 13.09 万亿元，比上年增长 14.1%。其中，实物商品网上零售额 10.80 万亿元，增长 12.0%，占社会消费品零售总额的比重为 24.5%，成为消费市场的稳定器。同时，农村电商实现跨越式发展，全国农村网络零售额由 2016 年的 0.89 万亿元增长到 2020 年的 1.79 万亿元，“十三五”期间年均增长率为 19.1%，2021 年进一步达到 2.05 万亿元，比上年增长 11.3%。全国农产品网络零售额 4221 亿元，同比增长 2.8%。

跨境电商进出口规模持续快速增长。2020 年 4 月，国务院总理李克强主持召开国务院常务会议，推出增设跨境电子商务综合试验区等系列举措。2021 年 11 月 18 日，商务部对外发布《“十四五”对外贸易高质量发展规划》，提出促进跨境电商持续健康发展，扎实推进跨境电商综试区建设。“十三五”时期，我国跨境电商综试区增至105个，跨境电商零售进口试点范围扩大至86个城市以及海南全岛，跨境电商进出口规模较2015年增长9倍，市场采购贸易出口规模增长3倍。2021年以来，新业态正在实现新的增长。海关统计数据显示，2021年我国跨境电商进出口额达到1.98万亿元，同比增长15%；其中出口1.44万亿元，同比增长24.5%。海外仓数量已超过2000个。

电子商务及跨境电商的快速发展，创新全球产业分工及协作方式，有效提升内外贸一体化程度，促进国内国际双循环畅通，为商贸物流发展创造新的动力。

对外开放水平稳步扩大。为了应对复杂多变的国际形势，自由贸易试验区成为中国进一步提高对外开放水平、提升国际贸易合作空间的重要途径。当前，我国自由贸易试验区快速发展，从2013年上海自由贸易试验区一枝独秀，到现在已经扩容到21个自由贸易试验区，包括几十个片区连点成线、连线成面，沿海省份已经全部建设有自由贸易试验区，实现中国沿海省份自由贸易试验区的全覆盖。党的十九大报告指出，要赋予自由贸易试验区更大改革自主权，探索建设自由贸易港。中共中央、国务院在2020年6月对外印发《海南自由贸易港建设总体方案》，提出支持海南逐步探索、稳步推进中国特色自由贸易港建设，分步骤、分阶段建立自由贸易港政策和制度体系。作为习近平总书记亲自谋划、亲自部署、亲自推动的改革开放重大举措，自由贸易港成为新时代引领我国对外开放的鲜明旗帜和重要开放门户。与自由贸易试验区相比，自由贸易港开放程度更大，拥有更大的改革自主权，可以进一步实现贸易自由便利、投资自由便利、跨境资金流动自由便利、人员进出自由便利、运输往来自由便利和数据安全有序流动。海关统计数据显示，2021年我国综合保税区、自由贸易试验区、海南自由贸易港进出口分别增长了24.3%、26.4%和57.7%，呈现出蓬勃发展的态势。为追求更高水平对外开放，自2018年我国召开首届中国国际进口博览会以来，进博会规模不断扩大。第二届中国国际进口博览会的国家展和企业展总面积与首届相比进一步扩大，从30万平方米增加到36万平方米。2020年，在疫情防控常态化状态下第三届中国国际进口博览会如期举办，并新设置了公共卫生防疫专区、智慧出行专区、节能环保专区和体育用品及赛事专区四个专区。2021年11月4日，中国召开第四届中国国际进口博览会，共有58个国家和3个国际组织参加国家展，来自127个国家和地区的近3000家参展商亮相企业展，国别和企业数均超过往届。举办进博会是中国主动向世界开放市场的重大举措，是中国推动建设开放型世界经济、支持经济全球化的务实行动。

自由贸易试验区和自由贸易港建设的稳步推进，持续助力释放国内市场潜力，为国内外贸易注入新的活力。中国国际进口博览会推动中国与世界市场相通、产业相融、创新相促、规则相联，成为构建新发展格局的重要窗口、高水平开放的新载体、多边主义的新舞台。中国经济进入高质量发展新阶段，我国商贸发展由量变走向质变，继续深化对外开放，商贸物流业势必爆发巨大能量。

（三）现代流通体系建设推动商贸物流发展

习近平总书记在中央财经委员会第八次会议强调流通体系在国民经济中发挥着基础性作用，构建新发展格局，必须把建设现代流通体系作为一项重要战略任务来抓。社会再生产过程中，流通效率和生产效率同等重要，是提高国民经济总体运行效率的重要方面。高效流通体系能够在更大范围把生产和消费联系起来，扩大交易范围、推动分工深化、提高生产效率、促进财富创造，国内循环和国际循环都离不开高效的现代流通体系。不同于流通领域的各自创新、独立发展，此次中央在国内外新的发展阶段、发展环境和发展要求下，把统一市场、交通物流、商贸流通、信用体系、财政税收、金融支持等构成“大流通”的关键领域当作一个整体，进行顶层设计和统筹推进，明确下一步建设重点，打响了整体推进现代流通体系建设的“发令枪”。

现代流通体系建设，需要充分发挥物流业基础性、战略性、先导性作用，融入新发展格局。商贸物流作为物流业的重要组成部分，对构建现代流通体系至关重要。加快推进现代流通体系建设，需要商贸物流充分发挥生产端与消费端的衔接作用，助力完善国内统一大市场，形成供需互促、产销并进的良性循环。完善商贸物流网络布局，加快形成内外联通、安全高效的物流网络，助力建设现代综合运输体系。完善现代商贸流通体系，培育一批具有全球竞争力的现代流通企业，推进数字化、智能化改造和跨界融合，加强标准化建设和绿色发展，支持关系居民日常生活的商贸流通设施改造升级、健康发展。完善商贸物流信用体系，加快建设重要产品追溯体系，建立健全以信用为基础的商贸物流新型监管机制。强化商贸物流领域金融基础设施建设，创新发展物流金融、供应链金融等业务模式。

现代流通体系既是国内大循环的基础骨架，也是国内国际双循环必须借助的市场接口，加快现代流通体系建设必定会推动商贸物流稳定向前发展。

二、我国商贸服务型物流园区发展状况

2018 年以来，我国商贸服务型物流园区迈向高质量发展新阶段，深入贯彻新发展理念，深化供给侧结构性改革，在多方面加快变革速度、提高发展质量。

（一）商贸服务型物流园区高质量发展新阶段

2017 年 10 月，习近平总书记在党的十九大报告中明确提出，我国经济已由高速增长阶段转向高质量发展阶段。近年来，发展阶段的转换推动着商贸服务型物流园区发

展重点也由规模速度转向质量效益，迈向高质量发展新阶段。

商贸服务型物流园区服务水平不断提高。近年来，随着我国经济高质量发展，商贸服务型物流园区在多个方面提升物流服务水平。一方面，物流园区不断提高流通加工水平，商贸服务型物流园区内部逐步增设流通加工功能区，为不同产品提供不同加工服务。如东北快递（电商）物流产业园打造建设东北电商产品加工中心，引进了医疗科技智能加工、可降解日用品等项目。另一方面，物流园区冷链服务水平不断提高，商贸服务型物流园区在园区内部提高冷库等设施占比，为生鲜、生物医药等产品提供更高水平服务。如鹰潭现代物流园区建设冷链配送中心，主要经营城市配送、冷链物流、冷冻加工、第三方仓储物流，目前已建成具备一定规模的自动化立体仓库和冷链仓储设施群。

商贸服务型物流园区加快绿色化转型。随着《中共中央 国务院关于全面加强生态环境保护　坚决打好污染防治攻坚战的意见》《国务院关于印发打赢蓝天保卫战三年行动计划的通知》（国发〔2018〕22 号）的正式发布，商贸服务型物流园区的绿色化转型升级已经成为大势所趋。为响应国家政策要求，商贸服务型物流园区采取多项措施加强绿色化发展水平。其中，新能源物流车的应用成为物流园区绿色化转型发展的重要内容之一。2018 年，大型物流快递企业开始自购新能源车辆进行运营，如京东物流的“青流计划”，菜鸟物流联盟的“ACE”计划，顺丰、四通一达等大型物流和快递企业也纷纷提出几万辆甚至上百万辆新能源车的更换计划。随着 2019 年《国务院办公厅转发交通运输部等部门关于加快道路货运行业转型升级促进高质量发展意见的通知》（国办发〔2019〕16 号）的发布，各地区逐步放开新能源物流车的路权。截至 2021 年 8 月，全国共有 46 个城市创建绿色货运配送示范工程，对新能源物流车实施不同程度的路权放开政策。同时，部分城市已经探索城市间物流运输禁燃油车的相关政策。除此之外，各大物流园区加快了清洁能源等相关设施的建设，在《国家物流枢纽创新发展报告（2021）》中，有 11 家枢纽提及清洁能源装备及新能源物流车的建设，其中包括 4 家商贸服务型国家物流枢纽，如深圳商贸服务型国家物流枢纽加强绿色仓库、新能源车、充电桩、电动叉车在枢纽内部的应用，绿色化水平稳步提升。

（二）商贸服务型物流园区设施更新改造加快

传统商贸物流设施提档升级。近年来，随着高质量发展目标的确立，各地区对商贸服务型物流园区内部传统物流设施纷纷进行提档升级，以提高物流设施专业化水平。如承德国际商贸物流园区联合当地多部门开展晨阳汽配城和昌升现代商贸城专项治理行动，彻底解决了两城安全生产和货物摆放等问题，为广大入驻商户营造良好的生产经营环境。江苏海安商贸物流产业园实施货场改扩建工程，建设多条铁路专用线，并均已入网运营，完成了原有设施的改造升级。

智慧化设施设备加快改造。智慧化设施设备的运用能够有效改善物流园区服务质量，降低物流成本。国家发展改革委等部门2019年陆续发布《关于推动物流高质量发展促进形成强大国内市场的意见》（发改经贸〔2019〕352号）等多项政策提出加快物流园区智慧设施、设备建设。为响应国家政策，满足商贸服务型物流园区发展需要，很多商贸服务型物流园区陆续对不同功能的设施设备开展智慧化改造工作。在仓储设施领域，园区积极建设智慧仓储设施，实现智能化物流管理，提高物流作业效率。如深国际华南物流园在传统物流仓储基础上，实现智慧化改造，融合现代化智能高新技术，推行具有弹性租仓、高容量结构、高密度智能仓位、可视化管理等优点的智能电商云仓。项目开展以来，仓库库容率提升3倍，出货效率大幅度提升，有效节省人力资源，降低运营成本。在分拣设施方面，通过建设自动化分拣线，有效加快分拣作业速度，提高作业效率。如截至2019年年底，重庆空港国际商贸物流园区的35家物流企业中已有6家实施智能化改造，共计拥有分拣线53条，其中半自动化分拣线37条，全自动分拣线16条。智能化改造成功后，园区企业设施智能化率达到17%，生产效率提升70%以上，分拣效率提高2～3倍，平均减少线上人员50%以上。在运输设备领域，日日顺物流应用无人化技术主导研发生产了首辆无人车“闪电号”，通过订单指令即可实现从“仓”到“厂”以及从“厂”到“仓”的全流程无人化高效对接，凸显了智能化改造对物流行业的推动力量。随着商贸服务型物流园区内设施设备改造速度加快，越来越多的商贸服务型物流园区实现智慧化发展，提高了园区内部作业效率。

（三）商贸服务型物流园区网络布局持续优化

商贸服务型物流园区加快外迁速度。随着城市扩张，为加快新型城镇化、提高城镇居民幸福指数、推动现代化城市建设、提高城镇治理水平，位于城市内部的商贸服务型物流园区开始外迁至城市边缘。商贸服务型物流园区的外迁不仅有利于新型城镇化建设，同时也为自身发展谋得新出路。原始的商贸服务型物流园区货物无序摆放、业态混杂、商品质量参差不齐，难以在一定区域内形成具有影响力和竞争力的专业市场，严重阻碍了物流园区的发展壮大。唯有将园区外迁到整体规划及配套更齐全、更完善的地方，才能彻底解决商贸服务型物流园区继续发展面临的问题。例如，重庆市根据“十三五”规划要求，快速推进了都市功能核心区大市场的外迁工作。2020年，临沂市为减少落后和过剩产能，调整优化产业结构布局，启动了兰山商贸物流园区搬迁升级计划。北京、长沙、成都、南京等地同样积极开展物流园区迁址计划，物流园区迁址进一步改善了城市环境及城市交通状况，达到商贸服务型物流园区集聚效果，改善了全区发展环境、提高了物流效率。

物流园区仓储向消费端前移。为适应消费者需求的多变，许多商贸物流企业会选择将原本物流园区内部的仓储服务向消费端前移，构建消费需求快速响应机制。库存前移改变了商贸服务型物流园区网络格局，使物流园区的仓库更加贴近消费者，靠近需求，缩短产品与消费者的直接距离，从而提高市场响应速度和服务水平，降低库存成本。生鲜配送领域是库存前移策略重点实施对象，生鲜类货物的特殊性对仓储与配送提出更高的要求。许多提供生鲜的企业纷纷采取库存前移策略，将库存放在更加贴近消费者的地方。其中，前置仓是库存前移的主要手段之一。每日优鲜是商贸物流领域前置仓模式的先行者，随后叮咚买菜奋起直追。截至 2021 年 3 月，叮咚买菜已经在 29 个一、二线城市建立了超过 950 个前置仓，超越每日优鲜，位居第一。盒马鲜生和 7FRESH 发展仓店一体模式，采用前店后仓的模式，选址靠近社区，既能在店消费，也能即时配送，本质也是前置仓的一种。库存前移的不断发展与深入应用也意味着商贸服务型物流园区的网络布局在进一步优化，加快构建更加贴近消费者、快速响应需求的高效商贸服务型物流园区网络成为一种新特点。

（四）商贸服务型国家物流枢纽建设提速

党的十八大以来，我国物流基础设施和交通基础设施网络不断完善，在促进物流资源集聚、提高物流运行效率、支撑区域产业转型升级等方面发挥了重要作用。2018 年，国家发展改革委、交通运输部联合印发了《国家物流枢纽布局和建设规划》，正式明确国家物流枢纽的概念，将国家物流枢纽建设列为贯彻落实党中央、国务院决策的重要举措。商贸服务型国家物流枢纽属于六大类型之一，其具体含义是，依托商贸集聚区、大型专业市场、大城市消费市场等，主要为国际国内和区域性商贸活动、城市大规模消费需求提供商品仓储、干支联运、分拨配送等物流服务，以及金融、结算、供应链管理等增值服务。商贸服务型国家物流枢纽的布局建设，有利于提高物流整体运行效率、完善商贸物流网络体系。

商贸物流运行效率不断提高。国家物流枢纽是依托大型物流园区、专业市场建立的物流设施群和物流活动组织中心，以整合优化存量物流设施为主，增量补短板为辅，优先利用现有物流园区特别是国家示范物流园区，以及货运场站、铁路物流中心（基地）等设施规划建设国家物流枢纽。对枢纽范围内部的物流设施进行系统规划建设，改善部分园区存在同质化竞争、低水平重复建设问题，对内部进行有效分工，充分发挥集聚和配置资源要素的作用。如临沂商贸服务型国家物流枢纽由天源片区（存量资源）以及顺和片区（增量资源）组成。其中，天源片区以商贸集货、供应链服务、干支联运、仓配一体、中转分拨、多式联运、国际物流、金融保险、配套服务九大功能为基础，为临沂商贸业提供干、支、仓、配、信息、金融一体化服务；顺和片区则致力于打造“标准化、智能化、网络化、绿色化、集约化”的物流枢纽，为临沂商贸业、制造业提供增值物流服务。与物流园区相比，国家物流枢纽辐射区域更广、集聚效应更强、服务功能更优、运行效率更高。

商贸物流网络体系不断完善。国家物流枢纽是物流网络体系的核心基础设施，更是贯彻落实党中央、国务院关于加强物流等基础设施网络建设决策部署的重要载体。《国家物流枢纽布局和建设规划》在55个城市规划建设55个商贸服务型国家物流枢纽，从总体上明确提出到2020年，布局建设30个左右辐射带动能力较强、现代化运作水平较高、互联衔接紧密的国家物流枢纽，形成国家物流枢纽网络基本框架。到2025年，布局建设150个左右国家物流枢纽，枢纽间的分工协作和对接机制更加完善，社会物流运行效率大幅提高，基本形成以国家物流枢纽为核心的现代化物流运行体系。2019年，国家发展改革委、交通运输部联合印发《关于做好2019年国家物流枢纽建设工作的通知》，经过评选，共有23个物流枢纽入选，其中有5家商贸服务型国家物流枢纽入选。2020年，新增22个国家物流枢纽，其中包括3家商贸服务型国家物流枢纽。2021年11月，国家发展改革委印发《关于做好“十四五”首批国家物流枢纽建设工作的通知》，将25个枢纽纳入“十四五”首批国家物流枢纽建设名单，其中包含5家商贸服务型国家物流枢纽。商贸服务型国家物流枢纽建设稳步推进，具体名单如下表所示。截至目前，国家发展改革委已牵头布局建设了70个国家物流枢纽，枢纽网络覆盖全国29个省（区、市）和新疆生产建设兵团，为加快构建“通道＋枢纽＋网络”的现代物流运作体系，为促进形成以国内大循环为主体、国内国际双循环相互促进的新发展格局提供了有力支撑。

2019—2021年商贸服务型国家物流枢纽建设名单

批准年份	所属地	商贸服务型国家物流枢纽名称
2019	上海市	上海商贸服务型国家物流枢纽
	浙江省	金华（义乌）商贸服务型国家物流枢纽
	江西省	赣州商贸服务型国家物流枢纽
	山东省	临沂商贸服务型国家物流枢纽
	深圳市	深圳商贸服务型国家物流枢纽
2020	山东省	济南商贸服务型国家物流枢纽
	云南省	昆明商贸服务型国家物流枢纽
	青岛市	青岛商贸服务型国家物流枢纽
2021	内蒙古自治区	呼和浩特商贸服务型国家物流枢纽
	浙江省	温州商贸服务型国家物流枢纽
	福建省	福州商贸服务型国家物流枢纽
	河南省	商丘商贸服务型国家物流枢纽
	四川省	达州商贸服务型国家物流枢纽

（五）商贸服务型物流园区业务模式不断创新

商贸服务型物流园区服务功能不断拓展。除了商贸集货、运输仓储、装卸搬运、中转分拨、城市配送、货运代理、信息服务等基本物流功能不断强化之外，商贸服务型物流园区积极探索新的业务模式，拓展在干支仓配一体化、多式联运、国际贸易、跨境电商、信息平台建设、供应链金融等方面的服务，寻求服务模式新突破。

积极探索干支仓配一体化业务模式。商贸服务型物流园区依托园区之间的干线通道网络与区域物流网络进行有效对接，实现园区与干线业务密切联动，实行一体运行的区域仓储分拨集散和配送业务。如依托临沂商贸物流园区建设的临沂商贸服务型国家物流枢纽与入驻的19家专线物流企业签订合作协议，着力打造“干线运输＋区域分拨＋城市配送”的现代化枢纽运行网络。打造同城网、城际网、国内干线网“三网”融合的物流网络体系，提供“点收全国、点发全国”的干支仓配分拨一体化服务，从而提高流通效率、降低物流成本。

加快推进多式联运在商贸服务型物流园区的应用。除了既有的中转分拨作业外，商贸服务型物流园区还依托既有设施或与港口、铁路场站合作的方式积极开展多式联运业务。如金货（义乌）商贸服务型国家物流枢纽内部的商贸服务型物流园区通过建立战略合作，率先开展“中欧＋海铁＋海运”多式联运转口贸易业务，提升了商贸服务型物流园区铁海联运和对外联通能力。赣州商贸服务型国家物流枢纽创新开行铁海联运“三同”班列，即货物进境与沿海同价到港、出境与沿海同价起运、通关与沿海同等效率。目前，已陆续实现开通至盐田港、蛇口港、厦门港、广州港、宁波舟山港5条铁海联运“三同”班列线路。

提高商贸服务型物流园区国际贸易发展水平。商贸服务型物流园区积极对接中欧班列和国际铁海联运班列等国际运输业务，拓展跨境电商新模式，搭建对外贸易通道，提高国际贸易发展水平。如深圳商贸服务型国际物流枢纽搭建中欧班列运营平台，开行“湾区号”中欧班列，成功打通国际物流通道。赣州商贸服务型国家物流枢纽创新打造“双区联动”跨境电商中欧班列新型贸易模式。该模式通过中欧班列南线运输至布达佩斯，再由匈牙利中欧商贸物流园区分拨至英国、德国、法国等国家。

加快物流公共信息平台建设。商贸服务型物流园区综合信息服务平台建设步伐加快，部分园区已经完成了内部信息共享、数据开放的信息平台搭建工作。如山东顺和国际智慧物流园区规划之初便设计了“1＋34568”创新发展战略，以园区为依托，在一个平台上实现同城配送网、城际分拨网、国内干线网“三网融合”，打造四个转型，实现五个统一，塑造六大赋能平台，配套八大系统。青岛商贸服务型国家物流枢纽整合亚欧海铁智慧交易平台、胶东产业供应链平台等现有系统基础及平台载体，建设亚欧慧联枢纽综合信息服务平台，消除了不同部门、不同行业间信息孤岛现象，形成综合信息统一管理及共享体系，实现物流全流程标准化、可追溯。

积极拓展供应链金融服务。为了进一步加强商贸服务型物流园区与区域内相关产业协同联动和深度融合发展，商贸服务型物流园区在加快发展供应链服务的基础上积极拓展供应链金融服务。如昆明商贸服务型国家物流枢纽以“宝象智慧供应链云平台”旗下供应链金融子系统为支撑，基于供应链云平台真实交易，在传统供应链金融模式嵌入底层区块链系统保障安全的前提下，探索引入资金方，重点开展运费保理融资、存货质押融资、代采代销融资等供应链金融业务。

三、我国商贸服务型物流园区存在的主要问题

在商贸服务型物流园区快速发展的同时，我国商贸服务型物流园区的组织模式、设施设备、市场响应速度和数字化建设等方面与高质量发展要求尚存在一定差距。

（一）商贸服务型物流园区组织模式不完善

近年来，各商贸服务型物流园区积极拓展多种物流组织模式，但是在实践过程中尚存在许多困难。

一方面，商贸服务型物流园区面临诚信问题。物流园区的生产运转需要以诚信为基础，但是尚存在一些商贸服务型物流园区没有形成完善的诚信体系。如对于共同配送等集约化组织模式而言，需要面对物流园区与客户之间的信任问题。物流园区无法保障在通过集约化组织模式实现物流规模化的同时，是否可以保证客户服务的一致性和信息安全性。另一方面，利益分配问题，部分物流园区缺少客观精准的核算和管理体系，导致项目实施前，无法明确具体成本与收益情况，易产生利益分配不明等问题。如物流园区在组织全程物流服务时，各个物流主体间的利益不同、文化不同、经营方式不同、成本和利益核算标准也不同，导致协同难度加大。

（二）商贸服务型物流园区设施设备匹配度偏低

近年来，由于入驻企业差异和物流作业环节不同，导致商贸服务型物流园区内部存在设备之间、设备与设施、货物之间匹配度不高的问题，具体体现在以下几个方面。

一是基础设备间匹配度较低。园区物流基础设备种类众多、型号规格各异，包括装卸设备、运输设备和仓储设备等。以托盘为例，托盘是物流作业中最基本的装载单元，在货物运输、装卸搬运等各环节中起着承上启下的关键作用。由于不同种类货物对托盘的需求不同，企业与企业之间、包括企业内部都存在托盘不统一不协调的问题。部分生产企业还存在不使用托盘的情况。这均会对商贸服务型物流园区内部运输、装卸搬运、仓储、配送等环节的作业效率产生影响。此外，2020 年我国托盘年产量约为

3.4 亿片，同比增长 13.3%；托盘市场保有量达到 15.5 亿片，其中，循环共用托盘池规模超过 2800 万片，占市场托盘总规模较低。说明物流园区乃至物流领域的托盘循环使用率较低，尚存在一次性使用引致的大量资源浪费现象。

二是设备与设施、货物之间匹配度较低。物流园区在诸如装卸环节、搬运环节、仓储环节等不同作业环节均涉及设施的匹配度问题，具体存在运输设备与装卸设备、装卸设备与仓储设施、装卸货物等不匹配的问题。以装卸环节为例，在实际作业中，园区内部仓库存在装卸站台与车底板高度不一致、起重机械与所起重货物的吨位不匹配等现象，严重影响了装卸效率。

（三）商贸物流市场响应速度较慢

商贸物流一端连着生产一端连着消费，是商品流通过程中的重要一环。提高商贸物流质量，需要提高商贸物流对市场的响应速度。当前，作为商贸物流的重要物流节点，商贸物流园区的市场响应速度较低，供给两端脱节，最终产生大量的库存成本与缺货成本，同时客户服务满意度降低。影响商贸物流园区市场响应速度的原因主要有以下三点。

一是商贸物流园区的布局问题。商贸物流园区与需求市场距离较远，无法及时获取需求信息，快速响应客户需求。以货物新鲜度为例，远距离的生产与运输导致供应脱节，货物运至需求端将会面临新鲜度下降，出现影响销售和市场需求发生变化等情况。

二是物流环节较多。商贸服务型物流园区的位置距离实际需求地较远，远距离运输会导致控制难度提高和物流环节增加。不同环节产生的时滞不断叠加，最终降低整个物流活动的服务时效。

三是市场信息不对称。从供应链的角度而言，商贸物流园区对于供应链各环节相互衔接起着重要作用。但由于供应链本身存在信息传递不及时等问题，园区获取信息与市场信息不对称，导致出现库存积压或没有库存的现象，进而使得商贸物流园区的库存成本高居不下。

（四）商贸服务型物流园区数字化建设不平衡

商贸物流园区不是在众多企业在物理空间的简单集合，还需要利用信息技术整合园区内部各企业资源，对物流作业各环节进行有效衔接，优化作业流程。当前，商贸服务型物流园区数字化建设尚存在不充分、不平衡的现象，主要表现在以下两个方面。

一是物流公共信息平台建设推进困难。商贸服务型物流园区在进行物流活动时，涉及范围广、主体众多、有各自的信息归属，导致信息资源分散，企业自身物流信息也被分割，信息处理能力下降。同时，提供给信息平台的数据往往会涉及商业机密，许多企业不愿共享信息。

二是大宗货物数字化平台建设困难。如今，在众多大型商贸服务型物流园区中，面向高附加值产品的库区管理、车货匹配、自动化分拣等设施设备正在陆续进行智慧化改造，自动化水平越来越高，但是大宗商品的数字化平台建设程度仍旧较低。如大宗商品的交易平台、电商平台建设困难。大宗商品价格时刻在变动，交易平台目前的搜索技术难以准确地分析大量的资源报价，使得交易双方的权益难以得到保障。同时，在支付手段方面，大宗商品交易资金额度较高，交付手续繁杂，存在资金安全问题，无法简单依靠线上电子支付，因此难以进行线上交易。

四、我国商贸服务型物流园区发展趋势

"十四五"时期，我国进入新发展阶段、构建新发展格局，发展基础将更加坚实，发展条件深刻变化，进一步发展面临新的机遇和挑战。面向"十四五"发展新阶段，国家陆续出台多项政策为商贸物流发展指明方向，商贸服务型物流园区也逐渐形成新的发展趋势。

（一）商贸物流网络化、协同化发展水平将进一步提高

商贸物流网络化发展水平有望进一步提高。随着新一批国家物流枢纽建设名单公布，枢纽网络覆盖面逐步扩大。商贸物流网络布局将进一步优化，商贸物流网络化水平提高，商贸服务型物流园区加大重要物流节点集聚辐射作用，加强与国家综合运输大通道及国家物流枢纽的衔接，空间布局逐步优化。《商贸物流高质量发展专项行动计划（2021—2025 年）》将物流基础设施建设列为优化商贸物流网络布局的重点任务内容，明确提出要统筹推进城市商业设施、物流设施、交通基础设施规划建设和升级改造。物流网络建设也是"十四五"期间推进现代物流发展的重要举措，《中华人民共和国国民经济和社会发展第十四个五年规划和 2035 年远景目标纲要》提出加快形成内外联通、安全高效的物流网络。商贸物流基础设施建设稳步推进，商贸服务型物流园区网络建设将进一步加强，其中，城乡物流配送网络建设将逐步完善。同时，为适应外贸结构调整，商贸服务型物流园区将会配合构建国际商贸物流网络，扩大国际货源，提高国际货物集疏运能力，减少回程空载现象，优化物流园区在全球范围内的布局。

商贸物流协同化发展水平有望进一步提高。《商贸物流高质量发展专项行动计划（2021—2025 年）》中提出要促进区域商贸物流一体化发展。围绕国家区域重大战略、区域协调发展战略实施，支持京津冀、长三角、粤港澳大湾区、成渝地区双城经济圈等重点区域探索建立商贸物流一体化工作机制。围绕商贸物流一体化建设，区域内部商贸服务型物流园区合作水平将稳步推进，优化整合区域商贸服务型物流园区设施布

局，物流园区之间功能衔接互补，减少和避免重复建设，区域物流资源集中度和商贸物流总体运行效率有望进一步提高。同时，商贸物流园区物流生产要素的使用效率稳步提高。节约资金、土地、人力等要素投入量，实现跨区域商贸物流园区的商流、资金流、物流、信息流的有效衔接。

（二）商贸物流数字化、智能化发展进程将进一步加快

现代信息技术的不断发展推动着商贸物流领域技术应用的更新与升级。随着5G、大数据、物联网、人工智能等现代信息技术与商贸物流领域的不断融合，商贸物流数字化、智能化发展进程将进一步加快。2020年6月，国务院办公厅发布《国务院办公厅转发国家发展改革委交通运输部关于进一步降低物流成本实施意见的通知》（国办发〔2020〕10号）中明确提出要推进新兴技术和智能化设备应用，提高仓储、运输、分拨配送等物流环节的自动化、智慧化水平。2020年7月31日，北斗三号全球卫星导航系统正式建成开通，成为众多应用领域的热门话题。促进北斗系统在商贸服务型物流园区的推广应用也成为商贸物流园区技术发展的工作重点热点之一。

为响应国家号召，进一步提高物流服务质量与效率，商贸服务型物流园区数字化、智能化发展将会全面提速，智慧商贸物流园区覆盖面扩大，在园区多方面提高智慧化、数字化水平。传统商贸物流设施数字化、智能化升级改造加快，推广智能标签、自动导引车（AGV）、自动码垛机、智能分拣、感应货架等系统和装备投入使用，加快高端标准仓库、智能立体仓库建设，推进园区仓储服务向柔性化、模块化、智能化发展，物流仓储服务水平将全面提高。智慧车联网系统、无人驾驶系统、货物追踪溯源系统等新技术在商贸服务型物流园区运输及配送领域的应用普及提速。物联网技术运用范围更广，物品单元的标准与数字身份证的编码标准统一，实现商贸物流流程数字化，为智能化建设打下基础。通过智能化发展使物流资源更加高效运用，物流网络更加稳定畅通，为降本、提质、增效带来更有力的支撑。物流设施设备向高端化、智能化、自主化、安全化方向发展，助力建设智慧商贸服务型物流园区。

（三）商贸物流全球化加速，国际竞争力将进一步提升

积极融入国家对外开放战略，充分发挥商贸服务型物流园区在对外贸易中的重要作用，是商贸服务型物流园区发展的重要方向之一。近期，国家陆续出台多项政策支持提高商贸物流的国际竞争力。2022年1月发布的《“十四五”现代流通体系建设规划》中指出，要从提升多元化国际物流竞争力等方面推进现代物流发展，为现代流通体系建设奠定坚实基础。为提高商贸物流全球化水平，将从拓展内陆国际联运通道、加强商贸服务型物流园区国际物流服务能力、完善全球营销和物流服务网络等方面入手，全面提高我国商贸物流国际竞争力。“十四五”期间，商贸服务型物流园区与周边

铁路网、公路网、航空网、航运网的衔接能力将不断提高，加速借助国际航运、航空货运等手段助力打通国际大通道，建设中欧班列、陆海新通道等国际物流大通道畅通国际物流业务。同时，商贸服务型物流园区国际竞争力不断提高，境内外物流节点和服务网络铺设进一步完善，商贸服务型物流园区将在全球物流与供应链网络中发挥更大作用。

（四）“碳达峰、碳中和”倒逼商贸服务型物流园区绿色化发展

2020 年 9 月 22 日，习近平总书记在第七十五届联合国大会期间郑重向国际社会宣示，中国将提高国家自主贡献力度，采取更加有力的政策和措施，二氧化碳排放力争于2030 年前达到峰值，努力争取 2060 年前实现碳中和。为进一步实现物流领域的“碳达峰、碳中和”，国家先后出台多项政策指导物流领域绿色化发展，提高清洁能源在物流领域的应用比例。《“十四五”冷链物流发展规划》中提出，在实现“碳达峰、碳中和”目标背景下，迫切需要优化用能结构，加强绿色节能设施设备、技术工艺研发和推广应用，推动包装减量化和循环使用，提高运行组织效率和集约化发展水平，加快减排降耗和低碳转型步伐。《“十四五”现代综合交通运输体系发展规划》从鼓励发展集约化配送模式、积极推广新能源和清洁能源运输车辆等方面强调全面推进绿色低碳转型，提出城市物流配送、邮政快递等车辆中电动车辆比例不低于 80%。在此目标背景下，加快发展集约化配送模式，扩大清洁能源在物流园区中的应用，推进快递包装减量化、标准化、循环化将成为商贸服务型物流园区绿色化发展的主要方向。同时，“十四五”期间我国光伏市场将会迎来市场化建设高峰，加快园区光伏项目建设也将是商贸服务型物流园区实现绿色低碳发展的重要举措之一。

参考文献

［1］沈国兵．中美贸易关系的相互依赖性和多元化拓展［EB/OL］.（2021－09－24）［2022－01－07］．https：//www. sohu. com/a/491839287_120815451.

［2］中华人民共和国海关总署官网．海关总署 2021 年全年进出口情况新闻发布会［EB/OL］.（2022－01－14）［2022－02－25］．http：//www. customs. gov. cn/customs/xwfb34/302330/4124672/index. html.

［3］中华人民共和国商务部电子商务和信息化司．中国电子商务报告（2020）［EB/OL］.（2021－09－15）［2022－02－25］．http：//dzsws. mofcom. gov. cn/article/ztxx/ndbg/202109/20210903199156. shtml.

［4］中华人民共和国海关总署官网．改革开放以来，我国货物贸易实现跨越式发展 外贸增长潜力不断释放［EB/OL］．http：//www. customs. gov. cn/customs/xwfb34/mtjj35/4112808/index. html.

［5］中华人民共和国中央人民政府官网．以现代流通体系建设支撑构建新发展格局——解读中央财经委员会新部署［EB/OL］．（2020－09－10）［2022－02－24］．http：//www. gov. cn/zhengce/2020－09/10/content_5542425. htm.

［6］喜崇彬．探析新能源物流车产业发展［EB/OL］．（2018－07－16）［2022－02－23］．https：//mp. weixin. qq. com/s/Z8MwGyzkn6e－FBJ5uOjs1A.

［7］中国物流与采购杂志．上半年新能源物流车销售增长184.69%，成为下一个“风口”［EB/OL］．（2021－08－12）［2022－02－23］．https：//mp. weixin. qq. com/s/8Xb_eQzTDShVKkAiB6i－Qw.

［8］深圳市人民政府国有资产监督管理委员会官网．深国际华南物流产业转型升级打造国家级现代物流产业园区［EB/OL］．（2018－05－24）［2022－02－23］．http：//gzw. sz. gov. cn/zwgk/qt/pcgz/content/post_4811343. html.

［9］周召彬．实施技术创新 提升智能水平 推动重庆国际商贸物流园区高质量发展［J］．重庆行政，2020，21（4）：104－105.

［10］科技物语．前置仓的现状、未来及其他［EB/OL］．https：//mp. weixin. qq. com/s/b0wGPI26HOvmgDt9lcEJ0w.

［11］国家发展和改革委员会经济贸易司，中国物流与采购联合会．国家物流枢纽创新发展报告（2021）［M］．北京：中国财富出版社有限公司，2021.

［12］孙熙军，王芮．托盘行业篇丨2020年中国物流装备市场回顾与2021年展望（上）（三）［EB/OL］．https：//mp. weixin. qq. com/s/eNpbpAuzSxvvQk2K5fKwPQ.

［13］中国物流与采购联合会，中国物流学会．中国物流发展报告（2020—2021）［M］．北京：中国财富出版社有限公司，2021.

（作者：姜超峰　中国物流与采购联合会物流园区专家委员会
梁力元　张晓东　北京交通大学交通运输学院物流工程系）

口岸服务型物流园区发展报告

一、前言

《全国物流园区发展规划》首次提出口岸服务型物流园区的概念。该规划指出，口岸服务型物流园区是指依托口岸，能够为进出口货物提供报关、报检、仓储、国际采购、分销和配送、国际中转、国际转口贸易、商品展示等服务，满足国际贸易企业物流需求的物流园区。2016 年 6 月，交通运输部发布的《“十三五”综合客运枢纽和货运枢纽（物流园区）建设方案》提出要重点建设口岸服务型货运枢纽（物流园区）。2017 年，国家质量监督检验检疫总局、国家标准化管理委员会发布的《物流园区分类与规划基本要求》指出口岸服务型物流园区所依托的“口岸”是指对外开放的海港、空港、陆港及海关特殊监管区域及场所。综合上述文件，口岸服务型物流园区与货运服务型、生产服务型、商贸服务型等物流园区相比，其典型特征是必须位于口岸区域范围内，具备一定规模海关特殊监管区域，具有一定跨境货物吞吐规模，即口岸功能，跨境货物吞吐量占项目总吞吐量比例不低于 50%；其核心功能是组织跨境货物流通、支撑外向型经济、推进国际物流发展。

我国口岸服务型物流园区源自保税物流产业的发展。保税物流是指保税状态下货物在海关特殊监管区域、场所或网点间的流通和转移，包括保税货物在供应链上的采购、储存、简单加工、增值服务、检测、维护、配送、分拨、分销、运输、流转、调拨等。保税物流是伴随着加工贸易而出现的，随着加工贸易形式的不断变化发展，对应的保税物流也在不断变化发展。1979 年 5 月，北京海关正式核准并建立了中国大陆地区第一家保税物流监管场所——中国技术进出口总公司日本横河机电保税仓库，成为中国海关保税物流监管场所创新工作的开端与发展的基础。经过 40 余年的发展，我国保税物流经过了 20 世纪 80 年代的两仓时期，90 年代的保税区时期，21 世纪首个十年的出口加工区、跨境工业区、保税物流园区、保税物流中心、保税港区和综合保税区时期，一直到 21 世纪第二个十年的自贸试验区与自贸港时期，我国保税物流集聚区域逐渐扩大、服务功能逐渐增强、监管形态更为多元、开放程度也越来越高，经济、社会和管理效益日益显著，在保税物流基础上发展起来的口岸服务型物流园区也经历了从萌芽期、成长期到发展期的逐步发展过程。

本报告首先总结了我国口岸服务型物流园区的发展历程，然后回顾了2021年我国口岸服务型物流园区的发展，最后对我国口岸服务型物流园区2022年及未来的发展趋势进行了展望。

二、我国口岸服务型物流园区发展历程

（一）口岸服务型物流园区的定义

口岸是指供人员、货物和交通工具出入国（边）境的港口、机场、车站通道等，是国家对外交往的门户。按照出入国（边）境的交通运输方式划分，口岸可分为港口口岸、陆地口岸和航空口岸。港口口岸包括海港港口口岸和内河港口口岸；陆地口岸包括国（边）境以及国家批准内地可以直接办理对外进出口经济贸易业务的铁路口岸和公路口岸；航空口岸包括国家批准的可以直接办理对外进出口经济贸易业务的航空器起落场所。根据口岸服务型物流园区与货运服务型、生产服务型、商贸服务型等物流园区在区位、构成、功能、服务对象等方面的差异，本报告认为口岸服务型物流园区应当满足以下条件。①基本属性是物流园区，即项目以物流园区、物流基地、公路港、铁路港、物流港、无水港等署名在政府相关部门报备及立项。②地理区位是依托口岸，即依托对外开放的海港、空港、陆港及海关特殊监管区域而建。根据海关特殊监管区域的特性与规模，口岸服务型物流园区可以被包含于海关特殊监管区域或者本身便包含了海关特殊监管区域。③主要服务对象是国际贸易企业，为进出口货物提供报关、报检、仓储、国际采购、分销和配送、国际中转、国际转口贸易、商品展示等国际物流综合服务，跨境货物吞吐量占园区货物总吞吐量比例应不低于50%。满足以上条件的口岸服务型物流园区是支持外向型经济、推进国际物流发展的重要物流基础设施，是依托口岸而规划建设的发挥综合协调和基础作用的物流设施的区域集合体，是大规模、集约化物流设施的集中地和物流通道的交会点，是多个物流中心或货运中心、配送中心的空间载体，具有集成多种物流方式和物流形态的作用。

（二）我国口岸服务型物流园区的发展

口岸服务型物流园区依托口岸而建，“口岸服务”是口岸服务型物流园区的核心功能，而“口岸服务”功能是随着我国保税物流监管形态的演变而逐渐产生的。本报告以我国保税物流监管形态功能演变中“口岸服务”功能的提出、“口岸服务型物流园区”概念的提出为分界点，将我国口岸服务型物流园区的发展历程划分为三个阶段：

萌芽期、成长期、发展期（见图 1）。

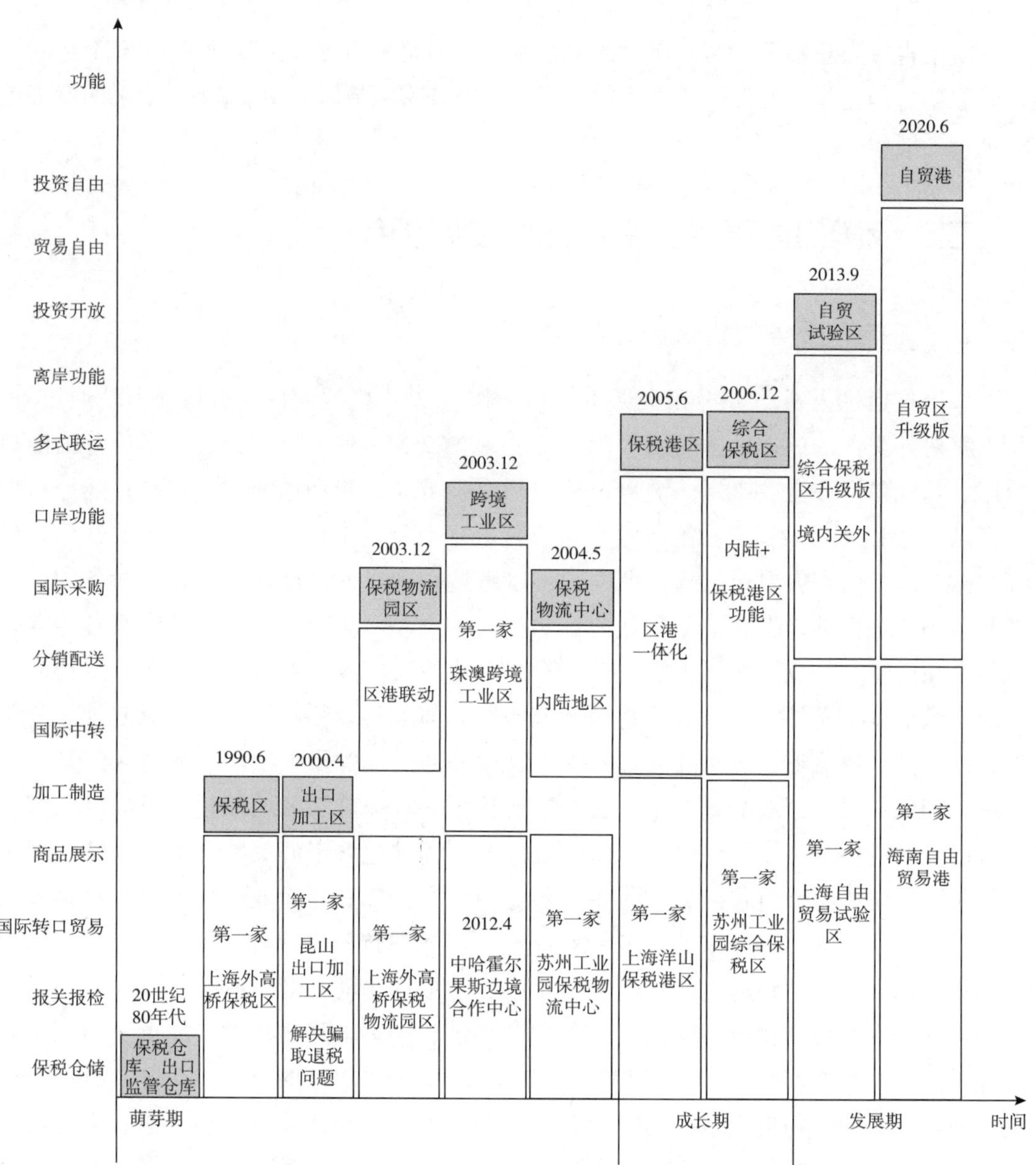

图 1　我国保税物流监管形态功能演变及对应口岸服务型物流园区发展历程

1. 萌芽期（20 世纪 80 年代—2005 年）出现的保税物流集聚区及其发展

我国在这一时期出现的保税物流监管形态主要有：保税仓库、出口监管仓库、保税区、出口加工区、保税物流园区、保税物流中心、跨境工业区。

保税仓库与出口监管仓库。保税仓库和出口监管仓库是中国在 20 世纪 80 年代设立的最早的海关保税监管模式，设立审批权属于直属海关，因占地面积较小而被归为海关特殊监管场所，仅具备保税仓储功能。保税仓库主要存放加工贸易保税进口货物，货物储存期限为1年；出口监管仓库对已办结海关出口手续的货物进行储存、保税物流配送、提供流通性增值服务，货物储存期限为6个月。

保税区。为了适应我国当时多种经济成分和多种贸易方式，1990年6月上海外高桥保税区经国务院批准设立，其功能包括保税仓储、报关报检、转口贸易、商品展示、加工制造。到2009年12月，国务院共审批了15个保税区。然而，随着中国加入WTO所作承诺的逐步兑现、外贸经营权的放开和关税的逐步下调等，这些因素都使得保税区在政策与功能上的优势逐步弱化，有被综合保税区取代的趋势。截至2020年12月底，我国共有9个保税区仍在发挥作用，其中，包括第一个批准设立的上海外高桥保税区以及天津港保税区、大连保税区、宁波保税区、厦门象屿保税区、福州保税区、福田保税区、广州保税区、珠海保税区。

出口加工区。为了促进加工贸易转型升级，同时遏制利用国家政策进行骗取退税等行为，我国从2000年开始创立出口加工区模式。2000年4月，由国务院审批设立的昆山出口加工区成为中国第一家封关运作的出口加工区。到2017年4月，中国已先后设立了62个出口加工区，形成以长三角地区为主，珠三角地区、环渤海地区为辅，兼顾东北地区和中西部内陆地区的基本格局。随着我国保税物流区域类型优化和综合功能加强，国家对出口加工区的批复设立开始放缓，同时现有出口加工区不断开展功能拓展、升级为综合保税区。如2006年12月，昆山出口加工区经国务院批准拓展保税物流功能和开展研发、检测、维修业务试点，成为全国首批拓展功能的七个出口加工区之一，随后升级为昆山综合保税区。截至2020年12月底，我国仅存1个广州出口加工区。

保税物流园区。我国保税区在发展过程中，由于地理区位限制，和所属港口无联动，导致进出口货物出现二次报关问题，即货物由口岸海关和保税区海关进行监管，需要两次报关、两次查验、两次放行。为提高通关效率、降低企业物流成本，2003年国家提出“区港联动”政策。2003年12月，国务院批准设立上海外高桥保税物流园区，作为全国首家“区港联动”试点区域。保税物流园区将保税区的保税仓储功能和临近港口的装卸、运输等物流功能整合起来，实现了保税区与港口的一体化管理和运作，重点发展保税仓储和物流业。2015年国家出台《加快海关特殊监管区域整合优化方案》之后，全国各地物流园区逐渐出现整合转型趋势，截至2020年6月底，我国仅存1个保税物流园区——上海外高桥保税物流园区。2021年1月19日上海海关公布，上海外高桥保税物流园区正式转型为上海外高桥港综合保税区。至此，我国海关特殊监管区域中再无保税物流园区。

保税物流中心。保税物流园区需依托邻近的保税区和港口运营，对地理区位要求较高。为满足内陆地区的发展需求，2004年5月，海关总署正式批准在苏州工业园区内设立全国首家“保税物流中心（B型）”试点，其功能与保税物流园区类同。保税物流中心（本报告后文中所出现的保税物流中心均指B型）与保税仓库、出口监管仓库均由主管海关批复建立，且占地面积较小，因此被归为海关特殊监管场所，而保税区、出口加工区、保税物流园区等其他类型的保税物流监管形态均由国务院批复建立，面积较大，因此被归为海关特殊监管区域。保税物流中心既无地理区位方面的特殊要求，又消除了两仓功能单一、相互隔离等缺点，同时还对两仓进行了整合、优化和提升，这些优势使得保税物流中心在我国得以快速发展。截至2021年6月30日，我国共有保税物流中心87个。

跨境工业区。为整合资源、深化区域合作、推动产业结构多元化发展，2003年12月，国务院批准设立珠澳跨境工业区，位于珠海拱北茂盛围和澳门特别行政区青州之间，两地之间开设有专门的口岸通道，实行24小时通关。该跨境工业区功能定位为粤澳经济深层合作实验区、新型工业化示范区、现代物流展销区和自由贸易试点区，享受“保税区+出口加工区+专用口岸”三重政策优惠，旨在实现地区之间资源要素的优势互补和合作共赢。2012年4月18日，我国第二个跨境工业区——中哈霍尔果斯国际边境合作中心正式运营，该合作中心位于我国西北边陲最大的公路口岸，是世界上首个跨境自由贸易区，集商贸洽谈、商品展示销售、仓储运输、金融服务等多种功能于一体，实行“7×14”小时通关工作制，享受相应的关税优惠政策。中哈两国公民和第三国公民，无须签证即可凭护照或出入境通行证等有效证件出入，实现面对面商贸洽谈和商品交易。

萌芽期的保税仓库和出口监管仓库因为功能单一，所以由直辖海关直接管理；而保税区、出口加工区、保税物流园区、保税物流中心，则因为口岸和监管区域是分开的，分属两个海关监管，货物从口岸运到监管区域属于转关运输，因此这四类保税物流集聚区域都是以转关方式实现监管衔接；跨境工业区则拥有了专用口岸。由此可以看出，萌芽期的保税物流集聚场所开始逐步具备口岸功能。

2. 成长期（2005—2013年）出现的保税物流集聚区及其发展

我国在这一时期出现的保税物流监管形态主要有：保税港区与综合保税区。

保税港区。进入21世纪后，为了适应贸易全球化和多元化发展，推动我国航运中心建设，国务院批准设立保税港区。2005年12月，第一家获批设立的上海洋山保税港区正式启用。与保税区、出口加工区、保税物流园区相比，建立伊始的保税港区开放程度最高、政策最优惠、功能最齐全、区位优势最明显、与国际惯例最接近，其集成了保税物流、保税加工、口岸服务等多种功能，实现了区港一体化发展。然而，截至2020年12月底，全国仅存2个保税港区，分别是张家港保税港区和海南洋浦保税港区，与2017年年底的14个相比数目锐减。主要原因在于2015年国家出台的《加快海关特殊监管区域整合优化方案》规定，现有出口加工区、保税物流园区、跨境工业区、保税港区及符合条件的保税区将逐步被整合为综合保税区，新设立的海关特殊监管区域统一命名为综合保税区。如2020年1月，洋山保税港区整体纳入新设立的洋山特殊综合保税区。

综合保税区。为促进我国内陆地区对外贸易的发展，2006年12月，国务院正式批准设立我国第一个综合保税区——苏州工业园综合保税区。作为设立在内陆地区的具有保税港区功能的海关特殊监管区域，综合保税区整合了原保税区、保税物流园区、出口加工区的多种外向型功能区后，成为一种更为开放、也更符合国际惯例的形态，其开放程度和政策全面优惠程度仅次于自由贸易试验区。截至2020年12月底，全国共有综合保税区147个。

成长期出现的两类保税物流集聚场所——保税港区和综合保税区都已具备口岸功能。具体文件依据如下：2010年3月15日，海关总署令第191号《海关总署关于修改〈中华人民共和国海关保税港区管理暂行办法〉的决定》的第二条提出，保税港区是指经国务院批准，设立在国家对外开放的口岸港区和与之相连的特定区域内，具有口岸、物流、加工等功能的海关特殊监管区域。第八条提出在保税港区内可以开展下列业务：存储进出口货物和其他未办结海关手续的货物；国际转口贸易；国际采购、分销和配送；国际中转；检测和售后服务维修；商品展示；研发、加工、制造；港口作业；经海关批准的其他业务。第四十五条规定经国务院批准设立在内陆地区的具有保税港区功能的综合保税区，参照本办法进行管理。

3. 发展期（2013年至今）出现的保税物流集聚区及其发展

2013年，《全国物流园区发展规划》首次提出口岸服务型物流园区的概念。各地在规划的指导下，纷纷依托自身区位优势（口岸资源），或规划建设口岸服务型物流园区，或不断丰富和完善原有广义保税物流园区功能，形成概念意义上的功能较为完备的口岸服务型物流园区，口岸服务型物流园区正式进入发展期。2016年6月，交通运输部发布的《“十三五”综合客运枢纽和货运枢纽（物流园区）建设方案》提出要重点建设口岸服务型货运枢纽（物流园区）。2017年，国家质量监督检验检疫总局、国家标准化管理委员会发布的《物流园区分类与规划基本要求》在国家标准层面上规定了“口岸服务型物流园区”的概念。2018年第五次全国物流园区调查显示，全国符合本次调查基本条件的各类物流园区共计1638家，其中，口岸服务型物流园区占比5.5%，约90家，而能提供国际物流服务的园区占比23.5%，约385家。

在这一阶段，支持我国口岸服务型物流园区发展的载体不断增加。为了进一步推进更大范围、更宽领域、更深层次的对外开放，我国大力建设自由贸易试验区和自由贸易港。由于有着更为优惠的外贸政策和更为全面的配套功能支持，这些自由贸易试验区和自由贸易港为口岸服务型物流园区发展营造了良好的发展环境，成为口岸服务型物流园区发展的良好平台。

自由贸易试验区。2013 年 9 月 29 日，中国（上海）自由贸易试验区正式成立，涵盖上海外高桥保税区、上海外高桥保税物流园区、上海洋山保税港区和上海浦东机场综合保税区 4 个海关特殊监管区域。随后其面积不断扩展，截至 2019 年 7 月，上海自由贸易试验区在地理位置上又包括了陆家嘴金融片区、金桥开发片区、张江高科技片区、临港新片区。作为综合保税区的升级版，自由贸易试验区的战略定位高于海关特殊监管区域，其目的是加快推动政府职能和行政体制创新改革，培育有利于中国面向全球的竞争优势，因此其在贸易业务模式创新、投资开放创新、离岸功能创新和政府管理服务创新方面更为开放自由。从 2013 年 9 月到 2020 年 9 月，我国已经分 6 个批次批准了 21 个自由贸易试验区，分布在上海、广东、福建、天津、辽宁、浙江、河南、湖北、重庆、四川、陕西、海南、山东、江苏、广西、河北、云南、黑龙江、北京、湖南、安徽，初步形成"1 + 3 + 7 + 1 + 6 + 3"的基本格局，形成了东西南北中协调、陆海统筹的开放态势，推动形成了我国新一轮全面开放的格局。

自由贸易港。自由贸易港（简称"自贸港"）是新时期自由贸易试验区（简称"自贸试验区"）的升级版，和自贸试验区"试验田"的战略定位不同，自贸港的战略定位是全面开放的新高地，是中国进一步提升对外开放水平、对接国际标准、实现贸易强国的新举措。2018 年 4 月 13 日，习近平总书记在庆祝海南建省办经济特区 30 周年大会上宣布，党中央决定支持海南全岛建设自由贸易试验区，支持海南逐步探索、稳步推进中国特色自由贸易港建设。在此之前，海南省已有海口保税区和洋浦保税港区，海口保税区成立于 1992 年 10 月，2008 年升级为海口综合保税区；洋浦保税港区的前身为 1992 年 3 月成立的具有保税区功能的海南洋浦经济开发区，其 2007 年升级为洋浦保税港区。2018 年 10 月，海南自由贸易试验区成立，将海南岛全岛 3.54 万平方公里划为自由贸易试验区，并在洋浦保税港区和海口综合保税区基础上，提出在三亚选址增设海关监管隔离区域。2020 年 6 月 1 日，中共中央、国务院印发《海南自由贸易港建设总体方案》，正式决定建设中国海南自贸港，并就海南自贸港的总体要求、制度设计、分步骤分阶段安排和组织实施等方面进行了全面部署。2020 年 12 月 31 日，经国务院批准，国家发展改革委、商务部发布《海南自由贸易港外商投资准入特别管理措施（负面清单）（2020 年版）》。海南自贸港的分阶段统筹规划建设将进一步加快中国扩大对外开放、积极推动经济全球化的步伐，同时也为口岸服务型物流园区的发展提供更为广阔的生长空间。

从 20 世纪 80 年代至今，我国先后推出了三种形态的海关特殊监管场所——保税仓库、出口监管仓库、保税物流中心，六种形态的海关特殊监管区域——保税区、出口加工区、保税物流园区、保税港区和综合保税区以及两种形式的区域组合——自由贸易试验区和自由贸易港。这些场所、区域以及区域组合的出现都与我国对外贸易的发展需求密切相关，作为我国保税物流的重要载体，它们都曾为或者仍在为我国展开渐进式扩大贸易开放路径注入新动力、拓展新空间。随着时代的变迁，功能较为单一的保税物流监管场所与区域被不断整合、优化、升级，现阶段留存下来的综合保税区、保税区、保税物流中心等成为我国保税物流集聚区的典型代表，它们也是口岸服务型物流园区成长发展的重要载体与依托，这些海关特殊监管区域与场所的发展现状也反映了口岸服务型物流园区的发展。

三、2021 年我国口岸服务型物流园区发展回顾

（一）口岸服务型物流园区对进出口贸易的贡献更加显著

口岸服务型物流园区是支持我国外向型经济、推进国际物流发展的重要物流基础设施，旨在满足国际贸易企业的物流需求。2021 年 1—8 月，我国货物贸易进出口总值达 24.78 万亿元，进出口、出口、进口同比分别增长 23.7%、23.2%、24.4%，不仅总量保持较快增速，质量结构也在提升。自 2020 年 6 月起，进出口连续 15 个月实现同比正增长，外贸稳增长态势进一步巩固。究其原因，2021 年 1—8 月，我国经济持续稳定恢复、稳中向好，市场主体活力增强，为外贸稳增长奠定了坚实的基础。同时，全球经济持续复苏，对国际贸易以及我国产品出口起到了提振作用。此外，2020 年基数较低以及价格因素在一定程度上也对外贸增长起到了拉动作用。

在这一背景下，我国口岸服务型物流园区呈现出服务需求稳步回升、发展态势良好的趋向，为我国对外贸易持续增长贡献了突出力量，其所依托的海关特殊监管区域进出口情况从侧面反映了这一情况。2021 年 1—8 月我国以海关特殊监管方式进出口 4.808 万亿元，占我国进出口总值的 19.4%，而 2000 年的该比重仅为 6.47%；其中，出口 2.3 万亿元，占出口总值的 16.9%，进口 2.5 万亿元，占进口总值的 22.3%。更详细地，2021 年 1—8 月我国主要海关特殊监管场所与区域运行情况如表 1 所示。

表 1　　2021 年 1—8 月我国主要海关特殊监管场所与区域运行情况

	出口（万元）	进口（万元）	总额（万元）	总额累计比去年同期增长（%）
保税区	35610754	78183105	113793859	18.8
保税物流中心	3157141	4939747	8096889	2.2
保税港区	929143	4150016	5079159	70.3
综合保税区	190304727	163192745	353497473	26.8
珠澳跨境工业区	205125	91260	296385	148.5
国际边境合作中心	39710	824	40534	197.4

注：由于四舍五入等原因，表格内显示数据与表格计算结果略有偏差，未进行机械调整。全书同。

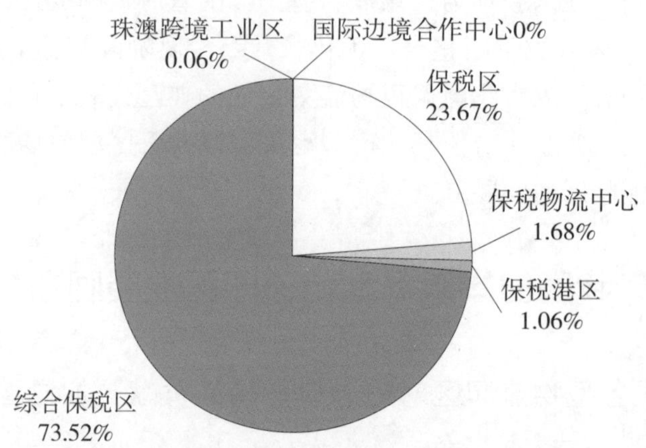

图2　2021 年 1—8 月我国主要海关特殊监管场所与区域进出口总额占比

注：图中数据存在四舍五入，未进行机械调整。全书同。

2021 年 1—8 月我国主要海关特殊监管场所与区域进出口总额占比如图 2 所示。其中，综合保税区和保税区占比分别为 73. 52% 和 23. 67%，两者的总和达到整体水平 97% 以上，表明这两者已经成为我国口岸服务型物流园区外贸活动发展的核心依托。同时，保税港区和保税物流中心的占比分别为 1. 06% 和 1. 68%。这主要是因为 2015 年国家出台《加快海关特殊监管区域整合优化方案》，随后各地加大各类海关特殊监管区域转型、升级与整合力度，截至 2020 年 12 月底，全国 31 个省、市、自治区共有海关特殊监管区域 160 个。其中，保税港区 2 个，综合保税区 147 个，保税区 9 个，出口加工区 1 个，珠澳跨境工业区（珠海园区）1 个，综合保税区成为各类海关特殊监管区域中数量占绝对优势的典型代表。全国海关特殊监管区域总规划面积超过 445 平方公里，以占约二万分之一的国土面积，实现近了五分之一的外贸总量，对进出口贸易的贡献和作用十分显著。与此同时，随着各地口岸综合服务需求不断增大，由海关直接批准设立的保税物流中心逐渐取代保税仓库和出口监管仓库，成为各地海关特殊监管场所的唯一代表。截至 2021 年 8 月底，全国 31 个省、市、自治区共有保税物流中心 87 个，功能拓展至保税仓储、国际物流配送、简单加工和增值服务、检验检测、进出口贸易和转口贸易、商品展示、物流信息处理、口岸功能、进入物流中心出口退税等。

2021 年 1—8 月我国主要海关特殊监管场所与区域进出口总额增速对比如图 3 所示。2020 年上半年，由于受新冠肺炎疫情影响，我国对外贸易增速出现下滑，2020 年 1—6 月，除综合保税区和保税物流中心外，其余海关特殊监管场所与区域进出口总额增速与 2019 年同期相比均为个位数或负值（见表 2）。2020 年后半年，由于我国疫情防控措施得当，各行业复工复产后，国内经济逐渐恢复，但从 2020 年至今，国际上疫情走势错综复杂，外贸发展面临的不确定、不稳定因素依然较多。我国对外进出口贸易在全球经济持续复苏的大背景下稳中向好，占据主导地位的综合保税区和保税区在

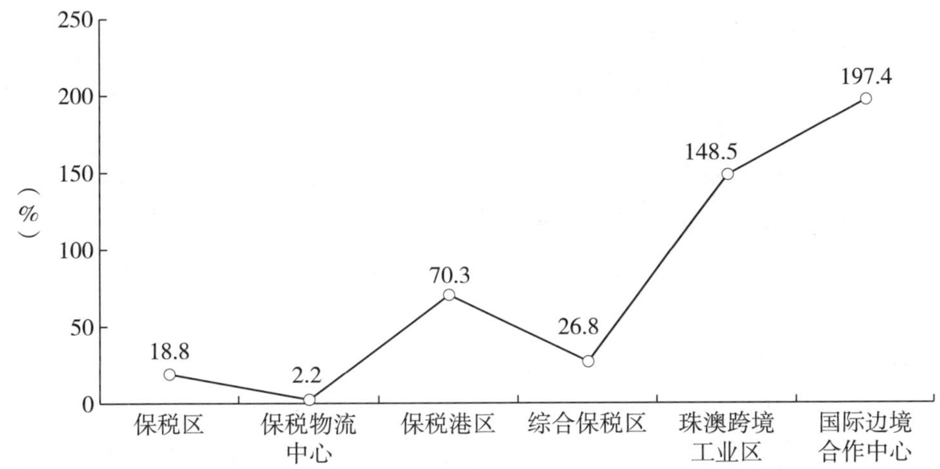

图 3　2021 年 1—8 月我国主要海关特殊监管场所与区域进出口总额增速对比

表 2　2020 年 1—6 月及 1—12 月我国主要海关特殊监管场所与区域进出口总额增速

单位：%

	保税区	保税物流中心	出口加工区	保税物流园区	保税港区	综合保税区	珠澳跨境工业区
1—6 月	4. 8	61. 6	-2. 7	7. 6	1. 3	13. 2	2. 4
1—12 月	5. 3	25. 1	4. 1	1. 9	5. 3	17. 4	-11. 8

2021 年 1—8 月进出口总额增速稳定，分别为 26. 8% 和 18. 8% 。保税港区、珠澳跨境工业区与国际边境合作中心，由于 2020 年同期基数较低，2021 年 1—8 月增速出现大幅度提升，分别为 70. 3% 、148. 5% 和 197. 4% 。保税物流中心在 2020 年 1—6 月所保持的 61. 6% 的增速明显超越其他类型区域，在基数较高的情况下，2021 年 1—8 月其发展状况基本与去年持平，进出口总额增速为 2. 2% 。

（二）营商环境持续优化促进口岸服务型物流园区降本增效

“十三五”以来，我国口岸营商环境得到显著提升，为口岸服务型物流园区降本增效带来了切实的利益。如在规范收费、进一步降低进出口环节费用方面，为减少新冠肺炎疫情对企业的影响、帮助企业渡过难关，自 2020 年 3 月 1 日起海关总署免征进出口货物港口建设费，将货物港务费、港口设施保安费收费分别下调了 20% ，阶段性减免和降低港口收费等惠企政策取得实效。2020 年全国免收港口建设费约 150 亿元，减收货物港务费和港口设施保安费 9. 6 亿元。为应对疫情影响，海关总署还出台了延期缴纳税款和减免滞报金、滞纳金等措施。2020 年海关共执行各类政策减（退）税 2687. 7 亿元，大宗矿产品“先放后检”改革措施实施以来，为企业节约堆存费等费用

36 亿元。

国务院优化口岸营商环境、促进跨境贸易便利化工作方案的全面落实，使减单证、优流程、提时效、降成本等改革措施落地见效。截至 2020 年年底，我国进出口环节监管证件从 86 种精简至 41 种，所推行的出口退税无纸化申报等便利化措施使全国正常出口退税平均办理时间压缩至 8 个工作日以内；中国“跨境贸易”指标全球排名由 2017 年的第 97 位大幅提高到 2019 年的第 56 位，其中，在进出口均为海运方式的经济体中排名全球第 7 位；2021 年 6 月，全国进口、出口整体通关时间分别为 36.68 小时和 1.83 小时，较 2017 年分别压缩了 62.34% 和 85.15%。

2021 年 8 月，海关总署、国家发展改革委、财政部、交通运输部、商务部等十部委联合下发了《关于进一步深化跨境贸易便利化改革优化口岸营商环境的通知》，各地方口岸坚决贯彻落实，营商环境的持续改善与优化，为口岸服务型物流园区降本增效提供了合理依据，也为我国开放型经济发展提供了有力保障。

例如，为助力营造高水平发展环境，实现“通关与沿海同样效率”，南昌海关积极落实《署省合作备忘录》，发挥枢纽作用，设立中欧班列申报专用窗口，为企业提供“7×24”小时预约通关服务，指导企业用好原产地证书、汇总征税等惠企政策，推进提前申报、两步申报、抵场直装等便利化创新举措，与口岸海关建立联系配合机制，简化业务手续办理，优化跨关区通关、转关操作流程，持续释放改革红利，大力提升进出口企业获得感。赣欧班列通关时间持续压缩，企业综合成本持续降低，新业态、新模式不断拓展。

为积极促进航运效益提升，中山港海关不断优化口岸营商环境，协同地方口岸部门规划推广“内外贸同船运输”模式，并建立监管场所视频监控、区划堆存等配套监管方案，叠加“内外贸泊位共享”等通关便利化措施，助力中山市内各港口陆续开通“中山港—蛇口港”“中山港—盐田港”“神湾港—蛇口港”“小榄港—盐田港”4 条同船运输航线，覆盖 6 个口岸。从 2019 年至今，中山水运口岸正式开展内外贸集装箱同船运输业务以来，已累计有 3.76 万标准箱在该模式下实现转运。

为充分利用运能，降低运费成本，提升港口物流效率，钦州港海关针对企业开展内外贸同船运输业务需求，广泛收集多方意见，制定口岸内外贸集装箱货物同船运输监管操作指引；提前介入制定首票业务通关方案，安排专人跟踪指导企业办理舱单申报、货物转关等手续；与联检部门、码头、企业等保持实时联系，设置固定泊位及集装箱堆场，利用视频监控和码头堆位可视化系统实现全程监管。随着西部陆海新通道高速发展，钦州港口岸 2021 年上半年集装箱吞吐量增幅达到 22.9%。

（三）国内国际双循环发展格局推动口岸服务型物流园区业务创新

2021 年 3 月，《中华人民共和国国民经济和社会发展第十四个五年规划和 2035 年远景目标纲要》提出加快构建以国内大循环为主体、国内国际双循环相互促进的新发展格局。口岸服务型物流园区处于国内国际双循环相互促进的重要节点，对于推进更大范围、更宽领域、更深层次对外开放，促进国内国际双循环顺畅联通起着重要的作用。为服务构建新发展格局，畅通国内国际双循环通道，各口岸服务型物流园区不断进行业务创新。主要表现如下。

“中欧班列 + 跨境电商”融合发展。受全球新冠肺炎疫情影响，国际物流资源紧张，海运、空运“一柜难求”。在此背景下，赣欧班列的常态化运营为江西外贸进出口提供了稳定的物流通道，为江西省稳外贸、扩内需发挥了不可或缺的重要作用。在“双循环”的新发展格局下，赣州国际陆港一方面打造快速高效的中欧班列，另一方面利用跨境电商综合服务平台承接跨境贸易，实现“中欧班列 + 跨境电商”融合发展，物流辐射能力进一步增强，国际货物集散地的地位进一步巩固。自 2017 年 4 月开行班列以来，至 2021 年 9 月 23 日，中欧班列（赣州）已累计发出 1000 列、串联 5 个边境口岸，累计载运进出口货值 162 亿元。

实行内外贸同船运输模式。中山市内各港口积极响应国内国际双循环发展格局，在稳定外贸出口航运业务的同时，也尝试向国内市场发力，积极开拓内贸运输业务。中山市各内河港口与深圳、广州等枢纽港之间航运线路繁忙，水路运输市场需求旺盛，但内贸、外贸货物因属性不同，需分别由不同船舶承运，舱位利用率低。为此，中山市各港口提出了“内外贸同船运输”模式。在这一模式下，从事承运海关监管货物的船舶在经海关备案后，可利用剩余舱位同时承运内贸集装箱货物，提高驳船的舱位利用率，节省运输成本。内外贸同船运输模式有效缓解了港口驳船运力紧张、周转不畅的痛点问题，使国际货运代理公司可以更合理地安排航运班次，提高物流运作效率，节约物流成本。采取“内外贸同船运输”模式的还有钦州港。随着国内国际双循环发展格局的提出，钦州港开通“钦州—洋浦”内外贸同船运输路径，实现双方外贸航线流向、班期和运力互补，为新通道沿线外贸货物就近出海提供了新的物流选择和解决方案。2021 年 8 月 27 日，首批 100 个内外贸同船集装箱搭轮从钦州港口岸出发，经 12 个小时到达海南洋浦港，标志着广西海港口岸首票内外贸集装箱同船运输试点成功。

实行“船边直提”“抵港直装”模式。进口货物“船边直提”是企业向海关提前进行申报，然后利用货物在途运输时间办理报关申报、单证审核、税款缴纳等通关手续；在企业提前申报的基础上，相关进境船舶抵港后，无须海关查验的货物就可以即时放行并实现从船边直接卸箱、提货。这一模式比传统提货流程更直接、更快捷，能够充分满足企业需求，尤其适用于一些鲜活、易腐或者企业生产所急需的原材料等货物。与进口货物“船边直提”模式相类似，企业在出口货物时也可选择“抵港直装”模式，即企业对出口货物采用“提前申报 + 运抵放行”的申报方式，如果未被抽中查验，货物就可直接由运输车辆运抵船边进行装船作业。我国已有一些口岸实行“船边直提”“抵港直装”模式。例如，截至2021年6月底，威海口岸已有3000多标准箱的进出口货物选择使用“船边直提”或“抵港直装”模式通关，企业可根据实际进出口计划提前与港口“预约”，安排货物抵港和提离时间，实现效益最大化，每箱平均可节省物流作业时间1.8小时。这种模式既节省了货物在口岸的物流成本，同时优化了港口作业环节和流程。南昌海关实行出口“抵港直装”和进口“船边直提”模式提升了通关效率，畅通了港口与海关之间的信息交互，实现集装箱提前预约，企业根据事先查询的船舶靠港信息安排好货柜车，切实减少了企业卸货等待时间，降低了物流运营成本，实现了到港即提货的“零延时”通关。

（四）自贸试验区持续改革创新助力口岸服务型物流园区快速发展

自贸试验区是我国以海关特殊监管区域为基础建立的特定经济发展区域，是诸多口岸服务型物流园区的集聚区，它的发展与改革直接影响着口岸服务型物流园区的发展。从2013年9月29日上海自贸试验区正式挂牌以来，经过6轮建设，我国现有自贸试验区21个，所涉及的区域也由上海逐步扩展到东部沿海地区、中西部地区以及沿边地区，覆盖范围进一步扩大。自贸试验区作为中国改革开放的新高地，既为我国改革开放制度先行先试树立了推广典范，也为全国稳外贸、稳外资作出了突出贡献，2021年前7个月，21个自贸试验区进出口总额占到全国进出口总额的16.6%，同比增长42%，该速度高于全国平均速度10个百分点以上。在实际利用外资方面，21个自贸试验区占到全国的17%，同比增长33.5%，也高于全国吸收外资的增幅。这些对外开放的显著成效都得益于我国持续不断出台的自贸试验区建设总体方案与专项政策，以及各个部门、各个地方对这些方案与政策的高度重视与推进落实。自贸试验区的持续建设从整体上进一步优化了口岸服务型物流园区的发展环境，提升了口岸服务型物流园区的服务效率，推动了我国口岸服务型物流园区健康快速发展。我国自贸试验区持续改革创新主要体现在以下方面。

政务领域改革创新。近年来，自贸试验区在服务领域的改革创新主要有：国际贸易“单一窗口”、证照分离、外商投资信息报告制度以及外商投资准入负面清单。国际贸易“单一窗口”是国家为广大进出口企业搭建的公共信息平台。全国第一个国际贸易“单一窗口”就是在上海自贸试验区上线的，大大提高了贸易便利化程度。自2016年正式建设以来至2021年7月30日，该系统已对接了口岸和外贸领域25个部委系统，提供739项对外服务，累计注册用户443万余家，日申报业务量达1200万票。“单一窗口”还利用数据聚集优势，与金融保险机构合作，创新推出“外贸+金融”模式，有效解决了中小微外贸企业融资难、融资贵的问题，惠及企业20多万家。证照分离指工商部门颁发的营业执照和各相关行业主管部门颁发的经营许可证审批的改革。2015年12月，国务院发布《国务院关于上海市开展“证照分离”改革试点总体方案的批复》，决定在上海浦东新区率先开展“证照分离”改革试点。2019年12月1日起，全国自贸试验区开展“证照分离”改革全覆盖试点，重点是对中央层面设定的523项涉企经营许可事项实现清单管理，分类推进审批制度改革。外商投资信息报告制度是在新型外商投资法律制度框架下设立的一项管理制度，主要目的是为制定和完善外资政策措施、提升精准服务水平、做好投资促进和保护工作等提供信息支撑。在外商投资管理方面，最初实施的是“逐级审批”制度，即每个外资项目都要审批，每个外资企业设立都要审批。2019年12月，商务部、市场监管总局联合制定《外商投资信息报告办法》，自2020年1月1日起施行，从而使外国投资者、外商投资企业需要填报的信息大幅精简，通过信息共享能够获得的信息无须重复报送，报送信息流程进一步合并和优化。2013年，全国第一张外商投资准入负面清单由上海自贸试验区推出至今，已经经过了7次修订，特别管理措施由当初的190项压减到现在的30项，并且仍在研究进一步削减该负面清单里的限制措施，这也从侧面反映了我国自贸试验区的开放水平在不断提升。2021年7月，海南自由贸易港率先推出了我国第一张跨境服务贸易负面清单——《海南自由贸易港跨境服务贸易特别管理措施（负面清单）（2021年版）》，该负面清单列出针对境外服务提供者的11个门类70项特别管理措施，包括国民待遇、市场准入、金融服务跨境贸易等方面对于境外服务提供者以跨境方式提供服务（通过跨境交付、境外消费、自然人移动模式）的特别管理措施，该负面清单适用于海南自由贸易港，地域范围为海南岛全岛，自2021年8月26日起施行。

金融领域改革创新。在金融领域，自贸试验区最早创设第一批自由贸易账户，现在又在此基础上推动本外币一体化账户，使得自贸试验区金融服务实体经济取得新的突破。银行账户是市场主体开展经营活动的重要载体和渠道。目前我国账户体系存在着本外币账户管理政策零散化、业务管理标准不统一等问题，为贯彻落实党中央、国务院关于服务实体经济、防控金融风险、深化金融改革的决策部署和“放管服”改革要求，便利市场主体享受安全高效的银行账户服务，中国人民银行研究构建了本外币合一的银行结算账户体系。其优势在于统一了过去多种银行账户，包括人民币银行结算账户、外汇账户、境外机构账户、自由贸易账户等多种账户。为了实现这一改革，2020年9月，中国人民银行印发《本外币合一银行结算账户体系试点工作方案》以及相关试点办法，从2021年7月开始，中国人民银行在广州市、深圳市、福州市和杭州市4个城市正式启动试点，试点银行提供账户多币种结算服务，存款人可以根据自身经营和财务管理的需要，选择使用多币种结算的账户管理本外币资金，从而提升了市场主体本外币银行结算账户业务的便利性。目前来看，试点运行平稳，社会反映良好，不仅节约了企业财务成本和管理成本，提高了企业跨境贸易结算效率，营造了良好营商环境，而且为推动人民币国际化、完善宏观审慎管理框架奠定了账户基础。随着中国人民银行对本外币合一银行结算账户体系试点工作的统筹推动，自贸试验区的金融环境将进一步优化，身处自贸试验区平台的口岸服务型物流园区的发展将更为顺畅。

海事领域改革创新。近年来，为推动自贸试验区建设，交通运输部在海事领域进行的改革创新主要体现在以下三个方面。一是取消了六项行政许可，进一步激发市场活力。新修订的《中华人民共和国海上交通安全法》于2021年9月1日正式实施。为了全面落实国家“放管服”改革精神和优化营商环境要求，《中华人民共和国海上交通安全法》共取消了大型设施水上拖带审批等六项行政许可，进一步激发了航运市场活力。二是全流程在线办理，实现不见面和无纸化审批。海事系统与国际贸易“单一窗口”国家标准版的互联互通，使船舶进出口岸申请数据和海事许可审批数据实现了“双向”传输，船舶进出口岸海事审批许可事项全流程能够在线办理。2021年1月1日至8月31日，海事系统累计办理国际航行船舶进出口岸手续约25万艘次，通过“单一窗口”审批率达到了100%。三是创新海事服务，积极推动自贸试验区建设。近年来，海事系统各直属单位推出系列创新制度、举措，积极推动自贸试验区的建设。例如，上海自贸试验区临港新片区下放调整了36项行政执法事权；浙江自贸试验区形成了10项制度成果，其中，国际航行船舶进出境通关全流程“一单多报”等四项海事创新管理制度被国务院采纳为自贸试验区复制推广经验；江苏省自贸试验区港口设置了海事政务自助服务站145个，提供24小时自助办理服务。

自贸试验区在政务、金融、海事等领域的改革创新，不仅支持了自贸试验区本身的发展，也推动了全国的发展。到目前为止，自贸试验区向全国或特定区域复制推广的制度创新成果达到了278项，不断释放改革红利。依托自贸试验区而建的口岸服务型物流园区及园区内企业也充分享受到了这些改革创新成果，从而焕发出日益增强的生命力与活力。

四、2022年我国口岸服务型物流园区发展趋势及展望

（一）各类保税物流集聚区将继续呈现整合转型升级趋势

据海关统计，2019年全国综合保税区对我国外贸增长的贡献度达30%，同年，国务院印发了《国务院关于促进综合保税区高水平开放高质量发展的若干意见》，赋予综合保税区改革开放新使命，也为保税物流园区的转型升级指明了方向和实施路径。根据国务院要求，新设特殊区域统一命名为综合保税区，海关总署正积极推动其他类型特殊区域加快整合优化为综合保税区。2020年2月25日，海关总署发布支持综合保税区发展6条措施，全力支持综合保税区多元化发展。截至2020年12月底，全国共有综合保税区147个。

近年来，各类政策主要聚焦鼓励平台建设、深化平台转型升级、货物与服务贸易

“双促进”、突出改革导向、着力营造环境、注重减负增效等方面。支持在符合条件的国家级新区、经济技术开发区、高新技术产业开发区设立综合保税区，发挥综合保税区和国家级新区等各类型区域的政策功能叠加效应，以高水平开放促进高质量发展，推动形成全面开放新格局。新设综合保税区向中西部地区倾斜，支持发展势头较好的东部地区设立综合保税区，服务地区开放型经济建设，加快推进保税港区等其他类型特殊区域转型升级为综合保税区，扩大政策覆盖面。推进全球维修和再制造业务在区内全面落地实施，支持综合保税区多元化发展。创新海关监管模式，对应用企业资源计划、仓库管理系统等管理系统且具备海关监管条件的区内企业，实施网上监管。加大对区内企业信用培育，统筹关区认证资源，对申请高级认证企业的区内企业，加快认证进程，帮助更多区内企业成为海关“经认证的经营者”企业。在区内大力推动“互联网+保税”监管，区内企业向海关申请注册登记、备案或变更的，海关实行网上办理。

在保税物流功能整合升级的趋势下，区域保税物流功能的发展将会更侧重区域特色，包括具体的区域经济、社会和环境等条件。在保税区进行转型升级的过程中，也需要政府要给予相应的政策支持。各级政府要进一步健全相关法律法规并改变原有的多头分管的管理制度，来提高保税区的运营速度，减少本地企业的成本费用。保税区作为经济发展的重要力量，正在迎接着机遇与挑战，在保税区向自贸试验区发展的大趋势下，把保税区的发展作为基础，着重发展物流和高新科技，形成以国际贸易、高新科技和制造等为主的海关特殊监管区域，以此来推动区域经济的快速发展。

（二）“一带一路”与跨境电商推动口岸服务型物流园区服务能力提升

“一带一路”倡议是国家实施扩大开放、营造有利周边环境的重大举措。随着经济全球化发展趋势不断明确，经济发展的区域范围不断扩大，同时也带动了电子商务实现跨境发展。我国“一带一路”建设战略规划的实施，将推动基础设施互联互通、完善对外开放平台、打造跨境产业链和产业集聚带、推动人文领域交流合作，从而使跨境电商获得了发展区域与空间。

“一带一路”倡议的提出给我国电子商务的发展带来了极大的利好，跨境电商获得了更为广阔的空间，得到国家的大力支持，一定程度上促进了电子商务的蓬勃发展，尤其是“一带一路”倡议的主要辐射地区，跨境电商的发展较为明显。中国与“一带一路”沿线国家和地区贸易规模持续扩大，已成为沿线25个国家和地区最大的贸易伙伴。从中国海关统计数据来看，2020年中国与“一带一路”沿线国家和地区进出口总值9.37万亿元，增长了1%，占进出口总值约30%。此外，从跨境电商来看，在“一带一路”倡议的影响下，我国跨境电商无论是“质”还是“量”都获得了较快发展，并逐渐建立了跨境的全天候、多元化消费平台。

跨境电商业务是口岸服务型物流园区业务的重要组成部分，跨境电商的发展有力推动了我国口岸服务型物流园区服务能力的提升，口岸服务型物流园区通过不断缩短货物通关时间、降低商家运营成本等方面助力跨境电商的发展。各地对“一带一路”倡议下跨境电商表现出较高的发展热情，不断完善口岸服务型物流园区相关配套政策，帮助跨境电商企业能够更好地“走出去”。在“一带一路”倡议的引领下，口岸服务型物流园区在我国跨境电商发展壮大的过程中必将发挥更大的作用，同时口岸服务型物流园区自身的服务效能也将得到更大提升。

（三）双循环背景下口岸服务型物流园区持续创新发展

当今世界正经历百年未有之大变局，在国内、国际经济发展的新形势下，国家提出要把满足国内需求作为发展的出发点和落脚点，加快构建完整的内需体系，着力打通生产、分配、流通、消费各个环节，加快构建形成“以国内大循环为主体、国内国际双循环相互促进的新发展格局”。

现代物流是连接生产和消费的重要纽带，国家物流枢纽是现代物流体系的核心基础设施，是辐射区域更广、集聚效应更强、服务功能更优、运行效率更高的综合性物流枢纽。口岸是国家对外开放的门户，是对外交往和经贸合作的桥梁，也是国家安全的重要屏障。在双循环格局下的口岸服务型物流园区建设，会发生一系列的变化。《国家“十四五”口岸发展规划》指出，要结合口岸改革发展实际，建设一批水运、航空、公路、铁路重点枢纽口岸示范工程；以补短板为主的口岸设施升级改造工程，主要包括口岸疫情防控能力提升工程、安全能力提升工程、重要边境口岸“卡脖子”事项解决工程、长距离孔道边境口岸“关口前移”工程；通过口岸设施设备升级工程、口岸监管信息系统升级工程、口岸综合管理能力建设工程及国际贸易“单一窗口”深化建设工程来完成口岸智慧创新工程；大力建设口岸国际合作工程，统筹使用优惠性融资、投资基金、援外资金，推动跨境基础设施互联互通，解决毗邻国家边境口岸短板，积极发挥对外援助作用，支持共建“一带一路”支点国家相关口岸境外段建设，提升口岸信息化水平，为保障运输安全提供数字化解决方案。

我国陆上边境口岸型国家物流枢纽建设资源在向西南地区倾斜。在第一批和第二批国家物流枢纽申报中，共有锡林郭勒（二连浩特）、博尔塔拉（阿拉山口）、呼伦贝尔（满洲里）三个城市获批成为陆上边境口岸型国家物流枢纽，这是我国为促进国家物流枢纽与中欧班列融合发展，支持内陆地区提升西向、北向对外开放水平的重要举措。2020 年，东盟历史性地成为中国第一大贸易伙伴，包括中国与东盟在内的 15 个国家签署《区域全面经济伙伴关系协定》（RCEP）。预计未来陆上边境口岸型国家物流枢纽建设资源将逐步由西北、东北地区向西南地区的中越、中缅、中老陆上边境口岸倾斜。

（四）“三智”建设将有力增强口岸服务型物流园区智慧化水平

目前，我国正在快速推进“智慧海关、智能边境、智享联通”（“三智”）的建设，倡导各地区（国家）海关聚焦新一代科技应用，结合自身发展水平和实际需求，加强硬件设施和软件系统建设，实现监管过程的自动化和智能化，提高内部运转效能。其主要体现在三方面：一是基础设施建设智能化，如基于地理信息、智能识别、传感器、溯源信息、机器人、无人机、人工智能、最新一代通信技术、大数据等新技术，研发配备相关软硬件基础设施，推动业务监管和内部管理的现代化；二是行政管理智能化，即将智能化管理贯穿到整个海关行政管理之中，高效配置人、财、物等资源，提升海关政务运转成效，优化内部风险控制，降低行政运作成本，提高海关廉政水平；三是海关监管智能化，即优化通关作业流程，利用大数据技术，提升挖掘、共享及应用数据信息的能力，建设海关智能作业平台，推动物流监管智能预警、安全风险智能研判、企业信用智能分析、产品信息智能溯源，提高海关监管的透明度、精准度、公平性、公正性。智慧海关的发展，伴随着AR、人工智能、5G等先进技术的应用，可以提高我国口岸服务型物流园区管理水平，服务旅客无感通关，同时压缩了进出口货物通关时间，提升海淘包裹通关效率。在我国智慧海关的发展过程中，以下发展趋势明显。

新基建融入海关基础设施建设。以信息、融合和创新为主要内容的新型基础设施建设目前正处于初步发展阶段，尤其是新冠肺炎疫情期间，大数据、云服务、数字化等新兴产业崭露头角，未来以5G、物联网、人工智能、工业互联网等为核心的通信网络基础设施必定广泛应用于海关监管，以人工智能、云计算、区块链、无人机等为主的新基建与海关通关、监管、查验等业务模块进行深度融合，将成为未来智慧海关监管建设的重要支撑。

通关便利化水平显著提升。近年来，国家在进出口环节审批、单证手续、通关流程、通关模式、监管手段、口岸费用等方面做了大量工作，如减少进出口环节监管证件，全国通关一体化，“提前申报”“两步申报”的通关模式改革试点，国际贸易“单一窗口”、一站式服务等。随着国家对口岸营商环境的重视度不断提高，我国海关定会对标国际领先口岸，以科技创新为依托，进一步推进通关便利化，继续深化国际贸易“单一窗口”建设，加快与港口、航空、铁路等机构对接沟通，实现全国海关报关、征税、查验、放行全流程通关一体化，监管措施互认和信息共享。因此，未来我国通关便利化水平将在目前的基础上再次显著提升。

监管技术更加智能化。海关的监管技术水平基本可以反映该口岸的通关水平。随着物联网、人工智能、VR（虚拟现实）、视频与图形分析、无人机等智能化监管技术广泛应用于海关监管中，未来我国海关监管将在CT、X光机等查验设备、智能审图等监管技术的基础上，将VR查验、无人机、人工智能系统、远程操作、5G智能眼镜等一系列高科技监管技术用于海关查验、检查等海关监管，更着重于全国通关一体化改革配套信息化建设，开发与多式联运、中欧班列和“一带一路”相关的辅助系统、“互联网＋海关”和大数据系统应用等重点工作，通过大数据平台实现高风险目标智能感知、智能识别、精准锁定，高效、精准地为海关提供业务支撑，实现全程无纸化和智能化。在大数据平台的支撑下，依托海关风险防控中心，整合海关内外部信息情报资源，通过风险研判、智能查验等专业技术提供的信息，安全准入风险管理效能逐渐提升，海关的风险管控体系会更加完善。

2020 年全国海关工作会议提出要积极服务对外开放大局，加强与“一带一路”沿线国家机制化合作，加快推进 AEO 互认合作，优化中欧班列和多式联运监管，推广“三智”合作理念，全方位深化国际合作。未来，智慧海关建设将更注重深化国际合作，实现国际海关间的联合监管，开展与境外“单一窗口”平台的国际交流合作和信息互联互通。在“一带一路”和“双循环”发展战略下，加强海关软硬件基础设施建设，实现监管过程的智能化和自动化，必将有力增强我国口岸服务型物流园区的智慧化水平，助力我国全方位对外开放和国际贸易的高质量发展。

五、结语

本报告首先阐释了口岸服务型物流园区的概念和内涵，系统地梳理了我国口岸服务型物流园区的发展历程。其次，本报告回顾了 2021 年我国口岸服务型物流园区的发展状况，我国口岸服务型物流园区在业务创新和降本增效等方面取得了新的发展，对进出口贸易的贡献更加显著。最后，本报告对我国口岸服务型物流园区的发展趋势进行了展望，预计在“一带一路”和双循环发展格局下，在“三智”建设的助力下，我国口岸服务型物流园区将持续进行功能升级和智慧化升级，在我国对外开放进程中发挥更大的作用。

【致谢】本项研究获国家社科基金重大项目（20&ZD053）的支持；并得到过程控制与效率工程教育部重点实验室和中国（西安）数字经济发展监测预警基地的支持。

参考文献

［1］何力．中国海南自贸港建设的国际贸易法律探讨［J］．国际商务研究，2021，42（2）：3－14.

［2］赖庆晟．我国从保税区到自由贸易试验区的渐进式扩大贸易开放路径研究［D］．上海：华东师范大学，2016.

［3］唐芳，张奇．自贸试验区背景下海关特殊监管区域发展模式的思考［J］．国际贸易，2017（11）：19－24.

［4］赵妍，杨壮．读懂用好海关总署支持综合保税区发展6条措施［J］．中国海关，2020（3）：26－27.

［5］王静改，葛颖恩，王骏，等．港口智慧海关监管的发展现状、趋势及思考［J］．中国港口，2020（5）：26－30.

（作者：石晓梅　西北政法大学商学院/管理学院讲师、博士
徐金鹏　西安电子科技大学经济与管理学院副教授、博士
冯耕中　西安交通大学管理学院教授、博士）

案例篇

诚信为本　创新赋能

——中储物流园区

一、企业简介

中储发展股份有限公司（简称“中储股份”）是全国性大型现代综合5A级物流企业，于1997年1月在上海证券交易所挂牌上市（证券代码600787）。中储股份秉承中国储运60年的光荣传统，继往开来，守正创新，正从传统储运企业向供应链服务企业转型升级。中储股份实体网络已覆盖全国20多个省份的主要城市和主要经济区域，业务已由最初的仓储、运输向现代物流、大宗商品供应链服务转型升级，涵盖智慧仓储、智慧运输、大宗商品供应链、消费品物流、工程物流、期现货交割物流、物流科技等领域。

中储股份作为中华人民共和国发展的历史见证者，近60年的发展历程孕育了务实诚信、勇于创新的企业精神，不忘初心、牢记使命，以服务国家战略为己任，正致力成为现代流通体系建设的主力军。

二、中储物流园区特色与成功经验

（一）积极对接国家物流枢纽项目，融入国家物流枢纽网络

中储股份在国内20多个省份投资运营了物流园区，旗下物流园区总占地面积约1350万平方米（其中，自有自建物流园区1000万平方米，合作整合的社会化物流园区350万平方米），拥有铁路专用线161条，总长度198公里（其中，自有铁路专用线47条，总长45公里）。实体网络覆盖北京、上海、天津、江苏、山东、湖北、湖南、广东、四川、河北、河南、陕西、山西、辽宁等地。园区占地面积在200～600亩，仓库类型包括平库、站台库、立体仓库、冷库、危险品库等，拥有铁路专用线或水运码头，交通便利，功能完善。基于仓储节点，中储股份发展智慧化仓储物流，形成集期货交

割、保税物流、运输配送、流通加工、现货市场、国际货代、物流金融等业务为一体的“仓储+”点式生态圈，支撑供应链服务高效运行。

中储股份已建和在建的物流园区，绝大多数地区处于国家物流枢纽承载城市，部分项目被纳入国家、省市重点规划项目名单，各物流园区与对应的国家物流枢纽核心区距离优势明显，依托园区内的铁路专用线、码头等资源，积极对接国家物流枢纽间的多式联运线路，从而与对应的国家物流枢纽建立“互联互通、差异定位、功能互补、资源共享、线路共建”的紧密合作关系，实现中储物流园区网络与国家物流枢纽网络有效融合。

（二）引领行业诚信，发起“中国放心库”联盟倡议

计划经济时期，中储股份素有“国库”之称，承担着占全国物资流通总量30%～40%的物资中转任务，在国内物资流通领域发挥着主渠道的作用，为中国社会经济发展作出了突出的贡献。转向市场经济的过程中，中储股份始终保持着“主体信用可靠”的口碑，不忘初心、牢记使命，履行央企担当之责，近年来更是积极打造“中国放心库”，发起诚信联盟倡议，郑重向社会作出“存货不会短少、单据真实有效、盈余货物返还、服务优质高效”的公开承诺。

2019年，中储股份通过运用WMS、AIoT、区块链电子仓单等新一代管理技术，建立中储数字化仓储应用场景，并为仓储服务设计了“五相符”工作法，即存货的电子账目、电子存货凭证、存货实物状态、存货货位、存货标识五要素实时相符。目的是以此印证中储股份的库存货物始终处于精准可控的可信、可靠状态，满足各合作方远程查账、看货、验单等需求，确保库存物资安全。

2021年，“中国放心库2.0”转型升级方案正式发布。该方案将通过单证数字化、流程可视化、园区物联化、服务集成化、业务平台化“五化”建设，赋予“中国放心库”新的内涵，深入推进中储股份的数字化转型升级，进一步提升中储股份品牌形象、管理服务水平，满足客户在新时代的发展需求。

（三）品牌引领，拥有国内国际主要期货交易所交割库资质

1993年年初，中储股份被确立为深圳期货交易所指定交割仓库，1998年该所撤销后逐步演变为上海金属交易所指定交割仓库，同年8月，上海金属交易所、上海粮油商品交易所和上海商品交易所合并组建成上海期货交易所，中储股份即成为其主要交割库运营商。

凭借长期以来的优质服务、良好品牌和国企信誉，中储股份与国内四大交易所，即上海期货交易所、大连商品交易所、郑州商品交易所、广州期货交易所建立了长期合作关系，是国内重要的期货交割库运营企业。截至2021年上半年，中储股份获批四

大交易所期货商品核定库容218万吨，拥有交割网点70个，涵盖铜、铝、铅、锌、镍、锡等24个品种，各品种占全国同类品种总库容比重较大，其中15个品种均位列第一。

2016年，中储股份收购Henry Bath（HB），取得了参与全球交割库市场竞争的资格，是伦敦金属交易所（LME）、洲际交易所美国期货分所（ICE Future U. S.）、伦敦国际金融期货交易所（NYSE LIFFE）、芝加哥商品交易所（CME Group）等全球主要大宗商品交易所的成员企业。当前HB集团有色金属业务量在LME中排名第5，库存占LME全球交割量的8%。

中储股份作为拥有国内国际主要期货交易所交割库资质的运营企业，将会持续深耕交割库市场，搭建期货与现货、国内与国际市场之间的桥梁，为调节市场供需、减缓价格波动、稳定产销关系，建立完善的市场经济体系，构建以国内大循环为主体、国内国际双循环相互促进的新发展格局发挥积极作用。

（四）创新赋能，推动仓储物流服务转型升级

随着科技的飞速发展，中储股份紧跟时代步伐，通过自主或联合高科技公司研发了仓储管理系统、人工智能物联网系统、区块链电子仓单，并以此为基础打造了供应链协同服务平台等新一代技术服务体系，建立了中储数字化仓储应用场景，实现仓储数字化，使“中国放心库”的内涵升级，让广大客户更放心、更安心、更顺心。

1. 打造中储智仓，推动仓储数字化

中储股份一直致力于走仓储数字化道路，通过运用仓储管理系统（WMS）、人工智能物联网系统（AIoT）、区块链电子仓单等新一代技术服务体系，建立了中储数字化仓储应用场景，于2019年在中储系统内仓库创新应用与实践。围绕数字化仓储服务，中储股份设计了“五相符”工作法，客户可通过线上访问的方式实时了解存货信息，远程感知在库货物的实际情况，包括电子账目、电子存货凭证、存货实物状态等，确保库存物资安全。同时根据需要，出具有区块链存证技术支持的存货电子仓单，通过交互工作指令实现线上业务办理。围绕科技赋能的仓储服务，有效集聚产业上下游客户，形成产业集群，提升大宗物资流通效率，大幅降低物流成本。

2. 打造中储智运，构建物流价值新生态

中储股份于2014年打造了全国网络货运平台——中储智运，利用移动互联网、云计算、大数据、人工智能等信息技术，构建数字物流基础设施平台，通过物流运力交易共享平台利用数学模型及算法和互联网技术将货、运输工具（车、船、铁路、飞机）、场等物流要素数字化，实现物流需求方、供给方之间的智能精准匹配与线上物流交易；通过网络货运平台实现物流全程的高效运作与管理，该平台是国家在物流运输行业的试点项目，目的是规范行业管理，汇聚和生产大数据，为物流资源配置提供决策支持；在此基础上，依托掌握的物流核心数据，利用区块链技术，构建聚合供应链

上下游企业商品贸易、物流、支付结算、融资等各类数据元的一体化智能供应链公共服务平台，形成第三方可信数据元，实现供应链上下游各环节的高效流通与闭环管理，全面提升社会供应链运作效率。中储智运功能架构如图 1 所示。

图 1　中储智运功能架构

当前，经过多年快速发展，中储智运平台已经整合 270 多万名专业司机、15000 多家运输企业为 22000 多家货主会员服务，平台业务覆盖 31 个省份，辐射全国 455 个城市，涵盖运输线路 32000 多条。

3. 打造中储智贸，推动商贸物流业融合发展

中储股份以供应链理念为引领，围绕仓储物流主业，搭建了线上线下相结合的产业供应链一体化服务平台，以中储“钢超”为例，如下所示。

在战略引领下，依托“中国放心库”品牌优势，中储“钢超”以钢铁数字化仓库为基础，以互联网和大数据技术为途径，是集物流服务、贸易服务、金融服务、咨询服务等为一体的供应链一体化服务平台。中储“钢超”由线上的交易交付平台和线下的实体物流平台组成，能为钢铁产业链上客户提供交易、仓储、运输、加工、信息咨询、市场等一体化服务，实现了业务线上化、单据电子化、流程标准化和布局网络化，极大地提高了钢铁交易、交付的安全性和便捷性，形成了涵盖钢厂、贸易商、次终端客户在内的钢铁物流良性生态圈。

目前，中储“钢超”已在西安、成都、兰州、西宁、武汉、长沙、合肥、衡阳、贵阳、郑州、重庆、格尔木等国内15个城市建立了业务网点，整合了上游钢厂68家，线上注册客户2000多家，业务采购入库物资累计350万吨，形成了区域协同发展的良好格局。

4. 打造中储智融，创新发展大宗商品供应链新生态

产品和技术是企业生存之本，中储股份从未停止过探索，通过数字化变革赋能现有传统仓库，为企业创新发展带来新动力。2019年，中储股份携手京东科技，联合打造了“货兑宝”平台，平台围绕大宗商品物资，通过线上资源整合、线下实物作业监控，结合物联网、互联网、人工智能、区块链等新一代技术对供应链流程进行全方位管理。平台打通了作业初期的主体认证、筛查、征信；中期的交易、交付、结算；后期合同、发票存证等全流程数据链，通过建立可信数据池，实现数据可查询、可追溯、可取证，保障产业链、供应链数据安全。

“货兑宝”平台提出了智库云、仓单云、融资云、交货云、协同云“五朵云”的服务理念，为大宗商品流通领域提供在线仓储、安全交易、电子仓单融资、数据等服务，被广泛应用于物流界同行、产业大客户、银行、政府以及产业集聚区等客户。“货兑宝”供应链生态体系如图2所示。

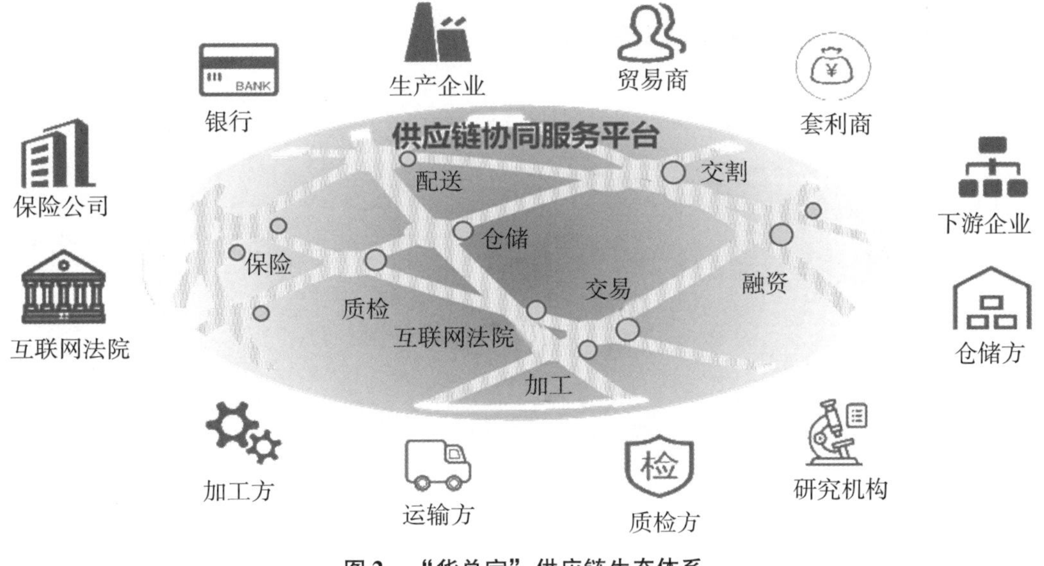

图2　“货兑宝”供应链生态体系

（五）致力打造绿色环保物流体系，助力“双碳”目标实现

中储股份积极响应国家有关政策，以“绿色仓储”“绿色运输”为抓手服务于地方发展，提升服务质量，增强市场竞争力。中储股份的煤炭物流平台——中储寿阳物流园，位于山西省晋中市寿阳县城，总占地面积51.32万平方米，拥有铁路专用线

11.5 公里，是当地重要的煤炭发运基地，年发运量 300 万吨以上。为实现企业绿色可持续发展目标，中储股份依托原有资产和规模优势，持续投入资金对园区改造升级，采用高标准环保要求，形成全封闭式储煤棚建设方案，建成后储煤棚总面积将达 16 万平方米以上，在国内同类设施中处于领先水平，能满足 3 个整列同时进库装卸，将会大大提高仓储的环保指数，从源头杜绝了煤炭等大宗散货对环境的污染。同时，依托中储股份在全国的物流园区，充分发挥铁路、水运在中长距离运输中的重要作用，积极打造大宗物资“公转铁”“公转水”“散改集”多式联运线路，为推动国家运输结构调整、降低物流成本、为用户提供一票式门到门运输服务，实现“绿色”物流发挥了积极作用。

三、未来展望

栉风沐雨六十载，砥砺奋进开新篇。中储股份秉承诚信为本、创新赋能，勇于变革之精神，不忘初心、牢记使命，以服务国家战略为己任，以“打造现代流通体系建设主力军——大宗商品供应链协同服务商”为愿景，依托通达全国、辐射全球的物流网络，借助现代科技手段，拓展供应链服务空间，构建面向国内外的公共物流服务平台，持续创造新业绩，贡献中储力量。

（作者：孙　艳　中储发展股份有限公司创新发展部总经理
吕　平　项目经理）

规划引领高标准建设　创新驱动高质量发展
打造皖江经济带多式联运枢纽中心

——宝特芜湖现代物流产业园

一、发展概况

宝特芜湖现代物流产业园是由宝特物流集团投资建设，由宝特物流集团直属子公司（独立法人）芜湖宝特物流有限公司（以下简称“芜湖宝特”）运营管理。宝特芜湖现代物流产业园是国家发展改革委“十三五”重点项目库项目，交通运输部货运枢纽全国重点扶持项目，是安徽省2014年“861”重点项目之一，安徽省首批多式联运示范工程，“长三角”多式联运产学研用基地，2018—2020年连续被中国物流与采购联合会评选为“优秀物流园区”，2021年入选第三批国家示范物流园区。

园区位于安徽省芜湖市综合物流产业集聚区核心区内，地理位置优越。整个园区基于“集约高效、智能便捷、安全通达、绿色环保”的前瞻性设计，规划建设“四大板块、六大功能区”，园区规划用地总面积1400余亩，项目总投资16亿元，设计年货运量500万吨。

园区于2017年10月投入运营的铁路港，有三条铁路作业线、四个作业站台、商品车作业区及存车场库面积10万平方米、集装箱货场及散货货场7万平方米、公铁无缝接驳立体仓库4.5万平方米。园区铁路港以芜湖（宝特）站挂网国铁集团运行，可与国铁集团全国所有货运站点开展货物运输发运和到达业务。目前，园区入驻大型生产制造、商贸、物流企业30多家。2020年实现年吞吐量295万吨，总营业收入超过10亿元，商品小汽车年运量15万辆。园区在提升公铁运输换装对接效率、市场需求响应速度、园区集约化程度等方面，不断摸索，大胆实践，走出了一条符合自己实际的创新发展之路。

二、建设与运营

（一）规划建设

1. 园区选址

（1）区位优势。园区选址于长江三角洲区域一体化发展三大核心城市南京、杭州、合肥的三角中心——安徽省芜湖市。芜湖市在历史上就是长江流域重要的商埠和对外通商口岸，居于国家发展战略东部向西部梯度转移的接合部，地处皖江密集城市群的中心，芜湖市境内有多条重要铁路线、公路线交会，又是长江第五大港口城市、中国最大的内河煤港，交通枢纽地位和区位优势明显。

（2）产业优势。芜湖市拥有较好的工业基础，制造业为芜湖市的支柱产业，国内有数十家大型企业在芜湖市投资建立生产基地，30 多家世界 500 强企业在芜湖市投资。园区靠近芜湖市的产业集聚区，周边有一个国家级高新开发区、两个省级工业开发区，紧邻格力电器、新兴铸管、海螺水泥、安徽华电、中联重机、玉柴动力、集瑞重卡、恒安纸业、双汇食品、双鹤药业、新联造船、威灵电机等几十家大型制造企业，园区物流业与制造业关联度高。

（3）政策优势。在芜湖宝特的网点空间布局规划范围内，地方政府对物流业发展是否有积极性也是园区选址的考虑因素之一。安徽省非常重视物流业的统筹发展和物流园区的布局建设。《芜湖市国民经济和社会发展第十三个五年规划纲要》指出要打造全国重要的现代物流中心，《安徽省“十三五”物流业发展规划》也提出要将安徽省打造成“一带一路”和长江经济带的重要物流枢纽。宝特芜湖现代物流产业园项目建设得到了当地政府的大力支持，先后被列为芜湖市 2014 年重点招商项目、安徽省 2014 年“861”重点项目、安徽省“十三五”物流发展规划多式联运重点项目。

2. 园区规划

高站位规划：根据建设服务本地制造业和服务长三角地区“多式联运枢纽型园区”的基本要求，园区规划建设“四大板块、六大功能区”，即“铁路板块、公路（多式联运）板块、电子交易板块、综合服务板块”和“铁路港综合功能区、公路港（多式联运）功能区、仓储分拨配送功能区、供应链服务加工功能区、电子商务（现货）交易功能区、综合服务（金融）功能区”。

园区的规划建设，一是注重公铁联运基础设施的配套衔接，铁路与公路接驳换装的高效衔接和一体化运作与管理；二是为打造区域公铁水或公铁海多式联运枢纽中心，注重园区服务功能齐全和高标准运营体系的谋划与建设。

3. 园区建设

高标准建设：园区建设实行集团董事长重点把关和调度，园区一把手具体实施和监管。园区铁路专用线建设从设计到施工再到基础材料，都是选择国内一流的设计院、一流的施工企业、一流的材料品牌、一流的工程监理；园区的仓储设施，全部由美国巴特勒公司按国际标准设计建造；园区大型装备龙门吊、对门吊、装载机、叉车等都是选用国际先进、国内一流的品牌。

（二）园区定位

园区的定位是服务芜湖市本地制造业和城乡经济，建成皖江经济带“公铁水”多式联运枢纽中心，打造承东启西对接“一带一路”联通“长三角”物流节点园区，为长三角高质量一体化协同发展服务。

（三）运营实践

1. 利用特色资源优势，打造华东商品小汽车物流分拨中心

园区的特色资源优势便是依托铁路专用线开展的铁路物流及多年积累的大宗商品物流服务经验。园区通过实践，摸索出“五位一体”的运营模式和标准化的管理方式，即“宝特园区、中铁特货、车企、配送、保险”协同运行，进行统一调度、统一标准、统一价格、分段核算、全流程监控、动态查询等，通过“库前移”的操作流程，将主机厂生产的商品汽车有计划、成规模地通过铁路运输前移至园区，再按照周边地区的市场需求，二次分拨至各经销商，有效地实现了商品车铁路专用作业区、商品车存放库区和商品车公路分拨作业区的“无缝”衔接，便利了商品车进行多式联运的转换。目前，从外地运往安徽、江苏、浙江、上海等省市的商品车都可以直接由铁路运送到园区，在园区内进行装卸、仓储、中转、分拨。宝特芜湖现代物流产业园已成为国铁集团指定的华东地区商品车分拨中心。

2. 创新多式联运组织模式，为企业提供定制化服务

本着为物流链降本、产业链增效的目的，园区积极进行运输组织模式创新探索，采取制造业仓库前置的功能配备，成功为格力电器、奇瑞汽车、双鹤药业、东方雨虹、双汇食品等知名企业提供了定制化的仓储供应链一体化服务。

园区通过对进出口货物运输通道的调查了解，结合芜湖宝特自身资源优势，与宁波舟山港、青岛港、船运公司、中铁快运、中铁集装箱、大型汽运公司建立广泛合作，为企业客户定制不受气候、季节因素影响，运输量稳定且时效更快的海铁联运方案。通过海运和铁路运输的有效衔接，为客户提供一体化组织的集装箱运输服务，这种运输方式运能大、安全性高、低碳环保，运输时效极大缩短。

3. 延伸服务链，开展大宗散货“散改集”运输业务

（1）砂石“散改集”。为响应国家提出的环境治理和实施“公转铁”的要求，园区积极为本地砂石经营企业制订“散改集”物流方案。通过对周边铁路运输物资进行详细调研了解，芜湖宝特了解到周边城市的砂石骨料物资运输目前大多采用水路运输，即从池州、鄱阳湖等地运送到合肥天高码头，虽然路程较短但受季节、气候影响最长运时达22天，加上遇旱期水位下降，中途需更换1千吨小船上闸，小船数量不足，运力满足不了企业所需。针对这种情况，园区设计采用35吨敞顶箱循环班列运输，即砂石骨料物资从池州装箱通过水运至三山港码头，再用集卡车短驳至铁路专用线，铁运至蚌埠、合肥等站。此方案得到了上海市交通运输行业协会的大力支持，仅在10天内就开通了首列循环班组。2020年从新河镇站、狮子山站、铜陵站、芜湖（宝特）站等共计发运20万余吨，为企业复工复产，解决企业资源短缺等问题起到了至关重要的作用。

（2）煤炭“散改集”。鄂尔多斯煤田是中国最大的多纪煤田，世界特大型煤田之一，地跨陕西、甘肃、宁夏、内蒙古、山西五省区。之前由鄂尔多斯接界陕西地区至安徽省池州市青阳地区的煤炭业务全部采用散装方式装入火车，通过火车发运至青阳新河镇站，再在该站货场内进行二次倒装，由集卡车短驳至省内企业客户，这种运输方式流程复杂，环节繁多，增加了物流成本，且多次倒装产生的煤屑、扬尘污染环境。针对这种情况，芜湖宝特于2021年1月3日新增开通了“曹家货场站—芜湖（宝特）站”煤炭运输多式联运班列，开启了省内煤炭运输新模式，煤炭在榆林市曹家货场站直接进行集装箱装箱并发运至芜湖（宝特）站，在园区内将集装箱吊装至汽车上保质保量及时配送至省内区域客户。这种“煤不落地”散改集运输方式，即全程利用集装箱开展煤炭运输，具有零损耗、低污染、绿色环保、装卸高效和运价低等运输优势，也实现了“门到门”全程物流运输的高效模式转变。

园区积极开展“水、公、铁”多式联运业务，有效防止了运输途中的扬尘，减少污染，响应了国家“打赢蓝天保卫战”的号召。同时也得到各级部门的大力支持，铁路部门通过运价下浮等一系列举措，提升了整体综合服务能力，为运输市场提供有效供给，实现物流业与制造业的双重降本增效。

4. 发挥平台功能作用，助力降本增效

园区运营采用宝特物流集团“双平台 + 基地”的运营模式。“双平台”即宝特大型枢纽型园区—集疏运基础设施平台，宝特运营网络信息智能化线上平台；“基地”即宝特运营干支线衔接节点配送基地。“平台 + 基地”的模式，首先是将园区打造成物流相关业者共同运作的平台，为各类入园企业开展物流经营活动提供安全、便利、高效的配套服务，比如仓储、办公、物业、停车、餐饮、住宿等，为入驻企业提供代办税务、工商登记、政府优惠政策申请、物流金融等附加升值服务。园区作为物流上下游企业共同运作的基础平台，可为入驻企业提供国铁集团货运站点的货物订班、线上下单以及交易信息查询等服务，园区铁路港还可借助宝特物流集团铁路运营网络配套的干支线衔接节点配送基地的优势，为客户提供运输、配送、多式联运等定制化的服务。

实践证明，园区采取“双平台 + 基地”的运营模式，在提高园区集约化程度、市场需求响应速度、公铁换装对接效率方面都发挥了积极的作用。

三、主要经验分享

（一）园区建设要定位清晰，目标明确，遵循整体规划和适度超前原则

一家大型综合物流园区从立项到开工再到建设完成需要经历若干年的时间，这段时间里，市场需求和行业环境也在不断发生变化。园区建设定位模糊、脱离实际盲目建设必定导致后续的经营不善和对资源的极大浪费。因此，在进行园区规划时，一是要清楚园区为谁服务的问题，找准基本定位；二是要有超前预设，要思考五年以后、十年以后的情况；三是选址一定要贴近市场需求以及具有良好的交通环境条件；四是园区建设要坚持高标准，园区基础功能设施必须齐全并配套。

（二）面向生产制造，创新服务产品，创新运输组织方式

宝特芜湖现代物流产业园主要面对的是制造业，了解、响应、满足制造业的物流需求，除了提供规范化、标准化的服务外，还需要研究不同企业不同产品的特殊性要求，包括运输、运载工具、仓储、装卸、时效等。有针对性并创新推出个性化、定制化的服务产品和一体化全程物流解决方案是道必答题。园区为双汇食品的进口肉类提供海铁冷链运输解决方案，为格力精密制造提供“铸铁”公铁多式联运服务，为格力电器的产品提供满足时效的铁海联运服务等，全都是“个性化的”服务产品，都是创新服务的成果。

（三）开展公铁联运标准化工作

在公铁联运标准化工作方面，芜湖宝特积极探索公铁联运标准体系。场站基础设施方面，提高公路和铁路的设施衔接以及公铁换装作业区的衔接水平；运输规则方面，对公铁联运运营规范实现标准化，设计快速中转作业流程，提高公铁联运一体化运营的能力；枢纽场站作业方面，对公铁联运枢纽场站作业实现标准化，提高枢纽场站的换装效率；管理方面，对多式联运业务流程、作业调度、协同体系等制定标准化操作手册；信息化方面，充分利用宝特物流集团开发的运营管理信息系统实现多式联运货物信息动态查询、动态可视，依托多式联运公共信息平台，实现多式联运的一体化经营。实践证明，公铁联运标准化的建设为提高物流运作效率和开展有成效的多式联运业务等，提供了强大的基础性支撑和制度性保障。

四、未来发展方向

在5G、物联网、云计算和大数据等信息化、智慧化发展背景下，宝特芜湖现代物流产业园将以建设智慧化园区为目标，大力运用现代科技推进园区运营和管理水平的快速提高，以园区为基础平台，围绕相关产业，筑牢“物流链”、构建“供应链”、提升“价值链”，打造对接“国家物流枢纽网络体系”的国家级示范物流园区。在“十四五”期间，首先加速完成多式联运枢纽中心项目的建设任务；其次是通过优化运营环境和条件、完善运营基本模式和高质量服务体系等提升园区运营管理水平；最后是部署和建设大宗商品货物电子交易平台、物流供应链金融平台、物流职业培训中心、物流产学研基地等，实现园区“设施完善、功能齐全、综合配套”所带来的综合效益。

（作者：杨　民　宝特芜湖现代物流产业园副总经理
罗义锦　宝特物流集团办公室副主任）

合作共赢建设县级数智物流产业园
打通城乡双向物流通道
助力乡村振兴战略实施

——京东（平邑）数智物流产业园

一、发展概况

京东物流是中国领先的技术驱动的供应链解决方案及物流服务商，以“技术驱动，引领全球高效流通和可持续发展”为使命，致力于成为全球最值得信赖的供应链基础设施服务商。京东物流构建了协同共生的供应链网络，中国及全球各行业合作伙伴参与其中。2017 年，京东物流创新推出云仓模式，将自身的管理系统、规划能力、运营标准、行业经验等应用于第三方仓库，通过优化本地仓库资源，有效增加闲置仓库的利用率，让中小物流企业也能充分利用京东物流的技术、标准和品牌，提升自身的服务能力。目前，京东云仓生态平台运营的云仓数量已超过 1400 个。通过与国际及当地合作伙伴的合作，截至 2021 年 6 月 30 日，京东物流已建立了覆盖超过 220 个国家及地区的国际线路，拥有约 50 个保税仓库及海外仓库。

京东（平邑）数智物流产业园是京东物流输出技术、经验、标准的标杆项目，由平邑财金投资集团有限公司投资、平邑县电子商务创业投资有限公司建设、北京京邦达贸易有限公司（京东物流集团主体公司）承接规划建设。园区规划用地总面积约 257.74 亩，项目总投资 25 亿元。园区位于临沂、枣庄、济宁、泰安四市交界的区域中心——平邑县，地理位置优越。整个园区以发展数字经济为核心，借助 5G、物联网、大数据、区块链、人工智能等技术，打造完整的数字物流经济产业链、生态链，推动建设成为产业链完善、大数据领衔、具备创新活力的数字经济产业集群，主要涵盖京东数字经济产业园、电商产业园、冷链物流产业园、金银花健康产业区。

二、创新做法与特色经验

（一）创新互利共赢的合作模式

平邑县的山区面积约占85%，农产品被种植在山地丘陵与地边小路，这种原始环境促使农产品生长极好，果实、花卉等农产品的品相好、品质佳。平邑县凭借丰富的资源优势，围绕金银花、黄桃等特色农产品产业，大力发展与培育一批具有特色的电商产业。近年来，平邑县积极响应国家关于“电商下沉”“快递进村”的政策方针，培育农村电商土壤，整合快递物流网络，提升仓配网络的服务能力。虽然县域电商的高速发展不断倒逼县域电商物流的现代化建设，县域的基础设施已经得到了大大改善，但县域之下的乡镇还达不到高水平物流的需求，尤其是农产品上行的冷链物流需求。

2019 年 10 月，经平邑县委、县政府批准，为高质量发展数字经济、现代产业及新业态经济，由平邑财金投资集团有限公司出资成立的平邑县电子商务创业投资有限公司负责京东（平邑）数智物流产业园建设任务，北京京邦达贸易有限公司（京东物流集团下属主体公司）利用十余年的基础设施建设经验和物流技术创新成果承接规划建设。

2019 年 12 月，京东（平邑）数智物流产业园规划初见成效，规划并开始建设了京东（平邑）自动化仓，京东物流集团联合并争取平邑县政府召开了平邑全县的县域物流整合现场会，初步打造了走出去（当地农特产品）、引进来（工业消费品）的“平邑模式”改革示范典型，并作为“山东省改革案例”上报中央改革办。2020 年，平邑县政府与京东物流集团借助国有企业投资运营的政策支撑进一步深化合作，再次升级京东物流区域性仓储中心与转运中心，建设京东物流集团在山东省第三个区域性物流枢纽中心、全国第一个智能化与自动化的县级京东云仓。

园区投入运营后，大幅缩短了平邑县内农产品上行、工业品下行距离，实现鲁南、苏北地区 12 小时内配送到位和 24 小时内到达长三角地区，日发货量将达到 20 万单，年可处理 7200 多万单，年产值突破 22 亿元，实现税收 1.5 亿元，带动社会就业 2300 多人，助力当地农产品上行、产业带升级以及脱贫攻坚，促进区域经济发展。

（二）高标准规划建设

京东物流集团与平邑县政府以“京东（平邑）数智物流产业园”为重要战略支点，将其建设成为京东在鲁东南地区的区域物流中心和仓储基地，全面打通平邑县特色优势产品“走出去、引进来”的双向物流通道，提升全域物流支撑力，提升电商物流配送效率。

京东物流根据多年的园区规划经验，按照平邑县经济高质量发展要求，围绕金银花、黄桃等特色农产品产业，为京东（平邑）数智物流产业园规划了“一园二区三基地”的空间布局，即“总部经济示范园、创业孵化中心区、金银花健康产业区、现代智慧仓储基地、现代物流集散基地、现代冷链物流基地”。园区建设从设计到施工再到软件部署，都是选择国内领先的设计院、领先的施工企业、领先的材料品牌、领先的物流软件企业；园区的仓储设施，全部由京东物流集团按物流行业领先标准设计建造。园区将极大助力县内特色电商产业的加快发展，以下是部分园区的规划建设特点。

数字经济产业园：在京东（平邑）数智物流产业园中，规划建设了数字科技大厦、京东智能云仓（全国唯一县级京东云仓）、数字经济客厅等基础设施，总建筑面积120000平方米。其中，京东智能云仓建筑面积42000平方米，新建仓利用了京东物流集团的自动化立体仓库、天狼穿梭车、地狼AGV与交叉分拣机四大自研硬件技术产品，以及CLPS、WMS、WCS、TMS等自研软件管理系统，真正实现了仓库的自动化存储、分拣、记录和智能化管理，可承接to B、to C业务，实现货到人拣选，处理效能大大提高。

电商产业园：在电商产业园中，规划建设了电子商务公共服务中心、农村调度转运中心、共同配送中心、电子商务信息服务大厅等基础设施，集多种服务功能于一体。目前电商产业园已入驻电商企业140余家、物流企业28家，实现了电商集聚性发展。

冷链物流产业园：在冷链物流产业园中，规划建设了低温库、恒温库、常用库房、驾乘服务区、综合服务信息楼及停车区等基础设施，主要用于农产品等生鲜产品的冷链运输及冷藏。

（三）打造数智物流产业园

京东物流集团利用自身在物流技术方面的优势与经验，为新建设的京东智能云仓量身打造了智慧化的系统解决方案，方案基于5G、IoT、区块链和AI等技术，为平邑县提供了供应链中台CLPS系统、仓储管理系统（WMS）、分拣系统（DMS）、运配系统（TMS）和结算系统（BMS），提升京东（平邑）数智物流产业园的仓运配业务的数智化水平。

1. 智能仓储

通过智慧进销存、货权转移、多货主管理、流程自定义等功能，为京东（平邑）数智物流产业园提供园区级、仓库级标准化、智慧化的入库作业、出库作业、库存管理作业等仓储作业管理，适配园区农产品、轻工业品等货品的作业场景，并满足多货主差异化、精细化的仓储物资管理需求。

2. 智能运配

通过运配全流程管控、司机揽件监管、回单审核管理、多承运商管理等功能，京东（平邑）数智物流产业园实现了园区、仓库、配送作业的无缝衔接，实现运配环节全程可控、可查，并以数据算法助力园区及园区客户更好地管控运力资源池，驱动运配降本增效。

3. 智能场地

应用机器视觉、深度学习、GIS、精准定位和5G技术，针对承运商、司机、物业、库内作业之间沟通难、协同难、效率低的问题，通过智能出入预约、自动人车识别、人车无感通行、月台推荐（物流车辆装卸作业的停靠时间、停靠位置信息化管理）等功能，以物联网技术将车辆道闸、人行道闸、门禁、传感器、月台等与物流作业相关的园区设施设备接入园区管理系统，并与物流管理系统高度协同，京东（平邑）数智物流产业园实现了园区场地与物流车辆、人员、货品的高效无感联动作业，实现园区内物流活动组织高效。

4. 智能物业

通过物联网安防监管、资产维护保养、安全隐患排查、安保巡更管理等功能，解决园区自身与园区客户之间常见的门禁访客、停车、安防以及日常投报修运营等难题，实现物业对门禁访客的高效化管理运营、无人值守停车场与高效管控停车秩序、缩短物业应急反应时间、提升投报修以及应急事务处理反应速度等目的。京东（平邑）数智物流产业园搭建了数字化物业管控体系平台，摆脱行业传统的粗放式物业运营方式，让物业运营迈入精细化，使得园区管理更为透明、安全、高效、省心。

（四）利用全渠道优势推动线上线下融合、物流一体化发展

1. 线上线下一体化

京东智能云仓提供了一套全渠道解决方案，将所有的线上电商平台与传统渠道进行连接，实现订单、库存、渠道、运配的线上线下融合。通过全渠道系统中的库存共享、仓库共用、线上线下SKU一致、线上多渠道的库存等数据打通，实现多渠道商品、订单统一管理；并且做到线上下单，就近门店发货、门店安装、门店售后，实现品牌商、经销商、线下门店的利益共享，真正实现线上线下的一体化。

2. 全链物流服务

通过仓库生产与快递发货、仓库调拨与运输发货、门店生产与O2O配送/门店自提等多种运配模式，全线互通主流快递、快运、O2O及京东物流集团全链路服务，助力园内合作伙伴进行信息化升级，解决了平邑县内物流技术方面的短板，提升了园区服务的全国商家及消费者体验。

在数字经济时代，任何一个产业的转型升级都离不开数字化赋能。平邑县的金银花、黄桃等特色产业规模化的自然资源，自然也是积极地向数字化方向发展。在这个过程中，京东（平邑）数智物流产业园向平邑县特色资源“走出去”提供线上线下一

体化、全链物流服务等县域物流产业园创新服务模式，不断推动县域经济创新和升级。截至2020年年底，平邑县金银花产业、黄桃产业产值分别已达45亿元、100亿元以上。未来，平邑县将进一步携手京东物流集团，围绕乡村振兴人才培养、线上线下融合发展、优势产业品牌赋能等加深合作，为平邑县的县域经济跨越发展注入新活力，为传统优势产业转型增加新动能。

三、未来发展方向

在当前物流需求发生改变的形势下，物流园区专业化服务水平的提升成为未来重点发展方向。随着中国经济的持续快速发展，社会分工日益深化。与传统服务方式相比，专业化物流服务综合成本更低、配送效率更高，更加贴近客户需求，已成为现代物流发展的方向。专业化物流的发展会推动物流园区向专业化领域渗透。物流园区发展趋势可以预见，物流园区专业化发展将成为趋势，特别是依托诸如消费品下行、农副产品上行、食品加工等产业集聚区的物流园区将会依靠稳定的市场需求，得到快速发展。京东（平邑）数智物流产业园将借力京东物流集团自身的新技术、新模式、新业态的优势与经验，将京东（平邑）数智物流产业园建设成为数智化物流园区，主要举措如下所示。

（一）建立标准化规范体系

标准化是实现现代物流的根本保证，京东（平邑）数智物流产业园从前期的场地规划（如仓库选址评估标准、仓库规划标准等）、场内设备规划（库房设备选型标准、库房配套设备选型标准等）至仓内作业流程规划（仓库作业流程标准、开仓作业标准等）等方面都制定了标准化的规范体系，而且所制定的标准化规范体系将随着园区新引入业务而不断迭代优化，以吸引更多合作伙伴进入园区开展物流服务。

（二）建设智慧化物流园区

随着装备技术的发展，物联网、大数据、云计算、人工智能等新一代通信技术与物流园区融合发展是时下物流园区发展的主要特点。京东（平邑）数智物流产业园中投入使用的供应链中台CLPS系统、仓储管理系统（WMS）、分拣系统（DMS）、运配系统（TMS）、结算系统（BMS）与数字物业管理系统，已实现了京东（平邑）数智物流产业园中信息发布、货物跟踪、数据交换、物业管理等业务的信息化管理。此外，未来将结合京东（平邑）数智物流产业园中的业务需要，开发运力交易、支付结算、融资保险、信用管理等业务辅助功能产品体系，加快园区数字化发展。

（三）多元化模式创新

京东（平邑）数智物流产业园基于当前已开展的办公、仓储、运输、停车、园区管理等基础服务产品，未来将进一步延伸园区的服务链条，为入驻企业提供物流咨询、物流金融、商品展示、保险代理等增值服务，探索与解密园区中的新业务增长点。

（作者：程　岩　京东物流副总裁
赵泰春　京东物流 行业技术销售总监
胡　琼　京东物流 行业解决方案岗）

创新引领管理　智慧助力发展

——深国际华南物流园

一、园区概况

深国际华南物流园由深圳市深国际华南物流有限公司（以下简称“华南物流”）负责投资、建设和运营。公司成立于2000年12月6日，注册资本3.5亿元，由深圳国际控股有限公司（简称“深国际”）全资控股。

园区地处深圳中部核心圈，是贯穿深圳东西两翼的国家级重要公路运输货运枢纽，占地面积58万平方米，总投资超过20亿元。园区主营业务包括保税物流、智慧仓储、奥特莱斯商场、龙华名车广场、跨境电商、国际红酒供应链、第三方物流、一站式通关服务等，是以保税物流与商贸为主的综合型产业园。园区于2003年正式投入运营，运营至今累计进出口货值突破3000亿美元。2014—2016年连续三年名列全国国有企业出口企业百强榜前十，2018年荣登中国出口企业200强榜单第100名。拥有国家示范物流园区、全国优秀物流园区、国家4A级物流企业、广东省供应链管理示范企业、深圳市重点物流企业、海关高级认证企业、龙华区百强企业等多项荣誉资质，且连续22年被列为深圳市重大项目。

园区一期占地面积51.6万平方米，建筑面积33万平方米，已全部开发完成。可提供保税监管仓储、智慧仓储、普通高标仓储、报关报检、第三方物流服务等物流基础服务，同时，基于丰富资源和完善配套，拓展了中欧班列、国际红酒供应链、国际国内配送、分拨装卸、供应链金融等物流延展性业务，形成了仓、装、运、配、贷全链条式产业运作。独立的保税运营中心提供运作、报关申报、信息对接等一站式服务，通关无纸化申报信息平台实现通关申请前端一次性数据录入，全程电子化流转；两仓（保税仓、监管仓，下同）WMS系统保障了库内“多业务”精细化操作与全方位管理；普通仓提供独立仓库、委托存仓及配套服务；智慧仓采用智能密集自动货架系统，具有高容量结构、高密度智能仓位，实现可视化管理。

商业项目包括8号仓奥特莱斯、龙华名车广场、跨境电商交易展示中心等。华南区最大的奥特莱斯体验店——8 号仓，有 200 多家大牌名品店入驻，是辅以 30 多家特色餐饮及豪华影院于一体的大型商业综合体，于 2015 年年初开业运营，2020 年营业额突破 8 亿元，是龙华具有示范效应的人流商贸聚集地。龙华名车广场引进奥迪、特斯拉、大众、斯巴鲁等品牌汽车 4S 店，内设前海湾平行进口汽车龙华体验中心，展销保时捷、陆虎、奔驰、宝马等高端汽车品牌，2020 年销售额约 21 亿元。葡萄酒集散中心构筑了从红酒品鉴到销售、检测到关务的一条龙服务，智利、法国等多家品牌酒庄进驻；同时，2020 年开始引进国产高端酒，实现多业态汇集，成功打造一个综合性生态型的高端现代物流服务产业园。深国际华南物流园示意如图 1 所示。

图 1　深国际华南物流园示意

二、主要做法与特色经验

（一）立足智慧物流，打造保税物流智慧仓

2017 年，在电商行业蓬勃发展的宏观背景下，为积极响应“互联网 + 物流”的战略思路，公司引进集高智能、高效率、高吞吐量为一体的智能电商云仓，探索“固租 + 提成”的复合型盈利模式，项目收益远超当年仓储平均收益的 50%，公司智慧物流发展序幕就此拉开。同年，公司与博丰合作，建设阿里巴巴溯源仓，深化智慧物流发展战略。随后，公司持续探索，结合园区资源优势，以客户需求为导向，与德邦、京东及圆通建立战略合作，引进智能分拣设备系统，分别打造德邦深圳中心仓、圆通

智能分拨仓及京东智能仓，加快推进传统物流园向智慧物流园转型。

2020 年，受新冠肺炎疫情和外贸环境影响，公司保税物流业务量下降。为打破僵局，公司业务及运作团队立足科技赋能，在传统物流仓储基础上，实现智慧化改造，建设深圳市首个保税物流智慧仓库。公司投资 2800 万元，对园区内 2 号仓库（面积为 10500 平方米）进行密集自动化升级改造，升级后仓库总出入库效率最高可达每小时 680 板，库容率提升 100%，作业效率提升 50%，成本节约可达 30%。园区作为深圳城区范围内规模较大的物流园，一期用地的容积率已达到上限，在无法新建仓库的情况下，对现有单层仓库进行自动化升级改造，能极大提升仓库容积率，空出更多仓库资源，大幅度增加收入。本项目作为深港两地首个保税物流散货集拼仓智慧化改造项目，每年预计额外增加利润约 600 万元，在行业内具有重大的推广价值和示范意义，将会进一步扩大深国际在物流行业中的品牌价值和知名度，树立创新型企业形象。深国际保税物流智慧仓如图 2 所示。

图 2　深国际保税物流智慧仓

（二）立足资源优势，开通深国际中欧班列业务

2020 年，因新冠肺炎疫情，全球海运及空运都受到不同程度影响。在此背景下，深国际以中欧班列为进出口业务发展新渠道，结合公司资源及运营团队，启动深国际中欧班列业务。项目由中外运深圳国际公司提供仓位，负责运营开往欧洲的陆运班列，华南物流负责业务开发、货源寻找以及货物储存、装卸、运输等货物集散的库内运营。2021 年 3 月 22 日，深国际华南物流园送出第一个货柜，标志着深国际中欧班列业务的正式启动。目前，中外运深圳国际公司每趟班列给华南物流 5 个仓位。项目运输的货物品类主要有机电设备、跨境电商货物及防疫物资等；项目运营 7 个月，已发出散货

拼箱货柜180个以上，发货量约20000立方米，进出口货值约1300万美元，在跨境电商客户及出口拼箱中小客户中有一定影响力。目前，华南物流已成为中欧班列出口货物集货点。2021年11月5日上午，中欧班列“深国际专列”首发仪式在平湖南国家物流枢纽举行（见图3）。此趟深国际专列是为粤港澳大湾区及周边城市跨境电商和外贸中小微企业量身定制。此次搭载50个标准箱出口货物，货值约合人民币2000万元，货源地覆盖深圳、东莞、惠州等湾区城市，以及厦门、漳州、福州、柳州等泛珠三角城市。

未来，依托中欧班列项目，公司将打造代理订舱、货物集中拼箱、装卸、仓储、运输及增值服务等一站式服务，每年可增加装卸作业量约20万立方米、报关量约3万票，营收近3000万元。

图3　中欧班列项目

（三）立足模式创新，实现全产业链运作

园区内物流仓储面积共有18.6万平方米，均为高标仓。其中，保税业务包括出口海运散货拼箱、进口拆箱分拨（LCL）、买方集运拼箱（Buyer's Consolidation）、全球DC仓、VMI + JIT保税工厂项目、多国集拼业务（MCC）、跨境电商及国际供应链业务等，可提供库内全套增值服务、运输服务、单证服务、报关报检服务及装卸服务等。普通仓入驻客户有德邦、顺电、京东、EMS、圆通等多家知名大型物流企业，为其提供物流基础设施保障和城市配送服务。园区物流仓库如图4所示。

图4　园区物流仓库

同时，为拓宽业务范畴，实现创收，公司可为客户提供供应链代理采购、供应链金融（代开信用证）、保税仓储、报关报检及代缴税费等一条龙服务。目前，园区已有澳大利亚、智利和法国的酒庄进驻，客户可以直接在红酒展厅品鉴红酒，到保税仓库提货，确保进口红酒的正品品质，实现内外贸融合，打通保税物流与商贸之间的流通渠道。

（四）立足信息升级，优化业务信息化管理

1. 保税运营中心提供一站式通关服务

2018 年，公司建设保税运营中心和单证服务大厅，将园区分散的办单点整理集中，设置统一办单窗口，制定标准化作业流程，实现运作、报关、信息、单证服务于一体，为客户提供一站式服务，操作效率提升了一倍。同时，形成模块化、标准化、规范化的管理模式后，风险防控进一步得到强化。通关与库内两套系统，保障高效通关和精细化库内管理。通关无纸化申报信息平台实现了通关申请前端一次性数据录入，全程电子化流转。至此保税物流业务正式进入海关“嵌入式”全时监管新模式，为下一步实现库内“多业务”精细化操作与全方位管理做好准备；两仓监管区域视频监控系统已新建 333 路数字高清视频监控，有效防控管理风险。

2. 信息技术不断创新，提升企业核心业务竞争力

通过多项信息化建设，实现保税物流核心业务竞争力提升。一是海关业务信息系统转换升级，顺利实现海关“金二”账册上线转换，与国家外贸“单一窗口”申报平台系统对接，保障两仓业务平稳有序。二是上线通关无纸化申报信息平台，将通关申报客户提交纸质资料“电子化”，在海关“先报关后入仓”的模式下通关效率显著提

升，降低了运营成本。三是两仓 WMS 系统与海关联网对接，在行业内率先通过海关对两仓业务的系统联网全面验收，后期将不断提升仓库“多业务”精细化操作与全方位管理水平，整合现有通关服务平台，实现保税物流业务信息化平台体系。四是打造两仓全数字高清视频监控平台，补足海关监管基础设施要求，打造了便捷、高效、规范的“一站式”保税物流业务服务新格局。

（五）立足区域服务，建设大型新能源汽车充电站

2019 年，为满足区域配套需求，园区规划 3 万平方米场地，建设充电桩 200 个，支持新能源车推广使用，满足周边新能源车充电使用，为深圳推广绿色货运和新能源车提供助力。项目分三期建设，日均充电车次达 2000 辆。同时，公司鼓励园区客户使用新能源车，共创绿色园区。充电桩项目如图 5 所示。

图 5 充电桩项目

三、未来展望

（一）挖潜创新，拓展自营业务占比，提升运营团队经验

在有序运营现有业务的基础上，利用公司资源和团队优势，大力开发自营业务，为客户提供仓储操作、报关报检及运输等一体化服务，拓宽自营业务范畴，提升自营业务占比；同时，培养公司运营团队能力，为后期轻资产管理输出奠定基础。

（二）探索智慧物流改造方式，实现传统物流转型发展

目前，园区已有智慧仓占比约40%，分为由公司投资建设及客户自行建设两种方式。未来，为提升园区仓库使用效率，基于剩余传统仓库使用效率较低的前提，公司将结合智慧物流发展趋势，与行业领先的公司合作，共同探索智慧仓储升级改造工程，实现园区从传统物流向智慧物流转型。

（三）积极开展保税仓集中申报政策研究，争取项目尽快落地运营

深入海关政策研究，将海关政策用活用到位，争取尽快实现两仓集中申报项目在园区落地，以此吸引园区周边的加工贸易企业来园区开展集中申报业务。

（四）结合公司运营经验，实现轻资产管理输出

目前，公司已在湖南岳阳开展了首个管理输出项目。同时，在2021年上半年，公司与江西丰城项目及海南洋浦项目达成合作意向。未来，公司将立足深圳，辐射粤港澳大湾区，持续挖掘轻资产管理合作项目，将公司优秀团队及运营经验推广出去。

（五）延伸公司业务，做大做强保税物流业务

保税物流业务是园区的核心主营业务，为夯实公司保税物流业务，公司将以资源及运营团队为基础，延伸保税物流业务范畴，挖潜资源，提升保税物流行业地位。

（深圳市深国际华南物流有限公司）

创新物流与供应链发展模式
打造佳怡智慧供应链产业园

——山东佳怡物流园

一、企业基本概况

佳怡供应链企业集团（以下简称“佳怡”）1999 年创立，是一家专注于现代物流与供应链服务的综合性企业，是国家 5A 级物流企业、全国物流先进集体、中国物流百强企业、改革开放 40 年中国物流杰出企业、国家级示范物流园区、中国民营物流企业 50 强、国家供应链体系建设试点企业、济南市“5G + 工业互联网”试点企业。

佳怡事业根植山东，面向全国。佳怡从最初定位于“为生产制造及商贸企业提供储运配一体化的第三方物流服务”进行创业，以自建快运网络为基础支撑，成为第一家实现山东省内无盲点配送的企业，并率先倡导行业规范化经营，业务范围不断扩展，目前已覆盖全国。佳怡旗下拥有 9 大子公司、30 家分公司、90 多个区域配送中心，整合及自有车辆 5500 多辆、运输线路 2000 多条，自建及合作建设 6 大现代物流园区，拥有超过 100 万平方米的仓储资源、1600 多人的供应链规划服务团队及 100 多人的信息化研发团队，为供应链上下游的 10 万多家客户以及 700 多家重要及战略客户提供现代化、智能化供应链全环节物流服务。

佳怡坚持创新驱动，形成了以供应链物流为核心，以物流园区、快运网络、信息技术、网络货运平台、商流服务、金融支持服务、专业团队为支撑保障的产品与服务体系，可为健康、汽车、电器、机械重工、新材料、食品酒水、时尚用品、文化用品、家居建材等 11 个行业的大中型生产制造企业和商贸流通企业提供供应链一体化服务。

二、主要做法与特色经验

（一）拓宽供应链领域，配套制造企业实现服务升级

佳怡秉承创新物流与供应链发展模式的使命，为了更好地满足制造业与商贸流通

业供应链降本增效的需求，佳怡自 2010 年起向以物流为核心的供应链企业转型，从采购物流、生产物流、销售物流、逆向物流四个环节入手，提供以储运配物流服务为核心的涵盖资金流、信息流、商流和物流的供应链一体化服务，帮助制造企业从制造全过程、供应链上下游全环节进行流程优化，实现降本增效。供应链物流模式设计如图 1 所示。

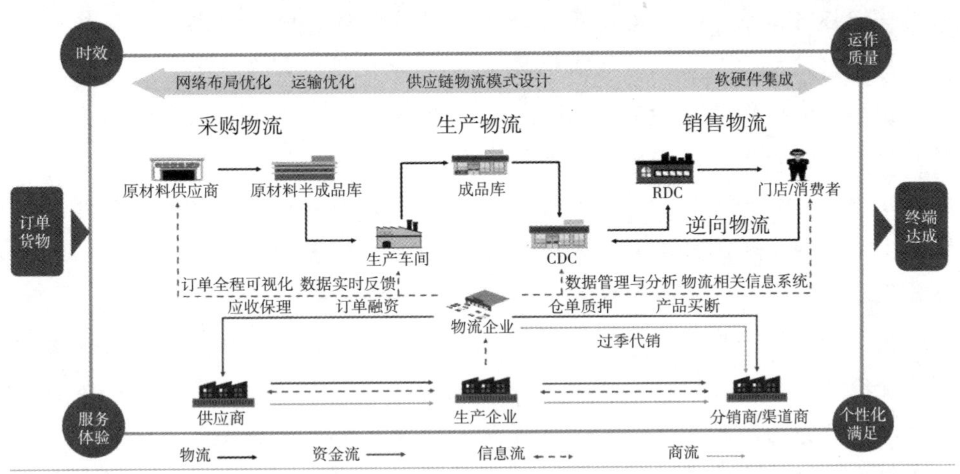

图 1　供应链物流模式设计

面对新冠肺炎疫情带来的不利影响，佳怡坚持以市场为导向，坚持客户服务至上，加快落实党中央及国务院提出的稳定产业链供应链要求，坚持立足并突出以供应链服务为核心，增强物流、信息流、商流、资金流、物流园区、快运网络、网络货运平台的支撑作用，把佳怡供应链一体化及专业化的主营业务做实做强。在巩固现有合作范围和优势基础上，实现供应链物流业务的进一步深化发展，拓宽供应链服务领域，围绕供应链核心制造企业采购端和分销端探索及实践了采购供应链管理与分销供应链管理模式，开发了涵盖供应链金融、原材料代采、产品分销等相关产品。集采、分销供应链服务如图 2 所示。

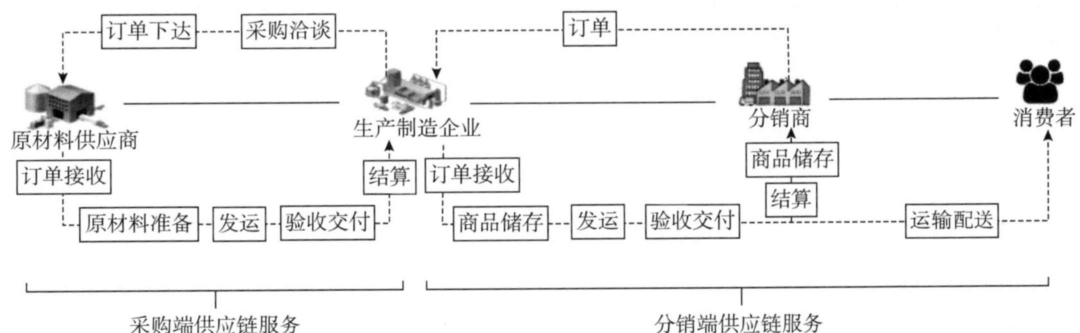

图 2　集采、分销供应链服务

案例1：佳怡为知名小家电企业及其OEM整机供应商共同提供基于小家电生产服务的供应链一体化服务。佳怡服务嵌入供应链的采购、生产、物流、销售全环节，在生产物流智能一体化、标准单元循环共用体系、信息系统智能化升级、物流运营新模式构建、电商包装标准化五个方面推进供应链一体化建设。加快推动各环节设施设备衔接、信息系统打通，数据交互顺畅，资源协同共享，提升供应链价值，使小家电供应链采用统一标准体系、统一物流服务、统一采购管理、统一信息采集、统一系统平台。让供应链上的核心企业九阳聚焦研发主业，OEM供方聚焦生产，实现九阳、OEM工厂和佳怡三方专业化分工和高效协同。目前已形成一套具有良好社会效益、经济效益，具有推广价值的小家电供应链一体化服务模式。

案例2：佳怡服务的某大健康行业客户自2006年至今，合作环节由销售物流逐步向供应链上游延伸，现已覆盖采购物流、生产物流、销售物流、逆向物流四大物流环节。合作区域覆盖山东、山西、内蒙古、新疆、安徽、湖北、福建、广东、广西等地。在生产物流方面，2014年该客户计划在东北地区建立生产制造中心，佳怡从客户前期选址建厂阶段就深度参与设计，与客户共同进行项目各方面的筹备规划与实施，从物流角度参与工厂布局的规划、物流动线设计、管理系统定制研发等；运营多年来，一直保持高水准运作质量，实现车间领料零失误、库存准确率高达99.997%、作业效率较其自有运作提升15%以上。在销售物流环节，佳怡通过对客户运输网络重新进行布局规划，增设DC，缩短配送半径，调整DC覆盖范围。目前DC仓库数量达16个，仓储面积约4万平方米，日均配送量达100吨，服务终端专卖店数量3000多家，平均节省成本180万元/年，同时实现部分客户配送时效缩短24～48小时，全国平均时效缩短6小时。佳怡为其提供全环节的供应链一体化服务，成为物流业与健康行业深度融合发展的典型案例。

案例3：入围2021天猫“双十一”美妆类top 5的瑷尔博士品牌为福瑞达旗下新生品牌，该品牌销售模式为纯电商模式，更注重前端销售，需要强有力的后方服务保障。自2020年开始由佳怡为其提供服务。目前该客户在济南、广州设置DC仓库约15000平方米。客户to C订单占比90%以上，佳怡日均处理订单2万～3万单，2021年“双十一”实现单日发货量30万单，远远领先行业平均水平。佳怡整合国内知名快递资源，可以根据订单重量区间、配送区域、时效要求等匹配最优快递资源，在时效范围内达到成本最优。

案例4：针对企业预算有限、仓储面积需求小且不稳定的情况，佳怡特推出“佳享仓”服务，为中小型客户与仓库供应商解决双向问题。由一仓一客户转换为多家客户共享一个仓库，中小型客户可享受与大客户同等优质服务，同时解决仓储资源闲置、人力成本较大的问题，实现社会资源最大化利用，满足500平方米以下中小型客户即刻投入运营的需求。

(二) 加快信息化技术应用，打造供应链协同平台

佳怡围绕提升供应链信息化、智能化水平，借助大数据、物联网、5G 等技术，加快提升信息技术水平，自主研发的佳怡智慧供应链协同平台（e 享系统），为订单管理、库存管理、物流跟踪、金融结算、统计分析等关键环节的业务协同提供应用支撑。通过信息平台赋能供应链核心企业，协助其实现采购与分销协同，实现企业与上游供应商和下游分销商的全链路的信息共享与信息协同，在保证物流、资金流、信息流畅通的前提下，提高采购效率、降低采购成本，实现优化供应链资源配置、提高供应链效率，有效提升供应链的协同性、敏捷性、稳定性和集约性。佳怡智慧供应链协同平台如图 3 所示。

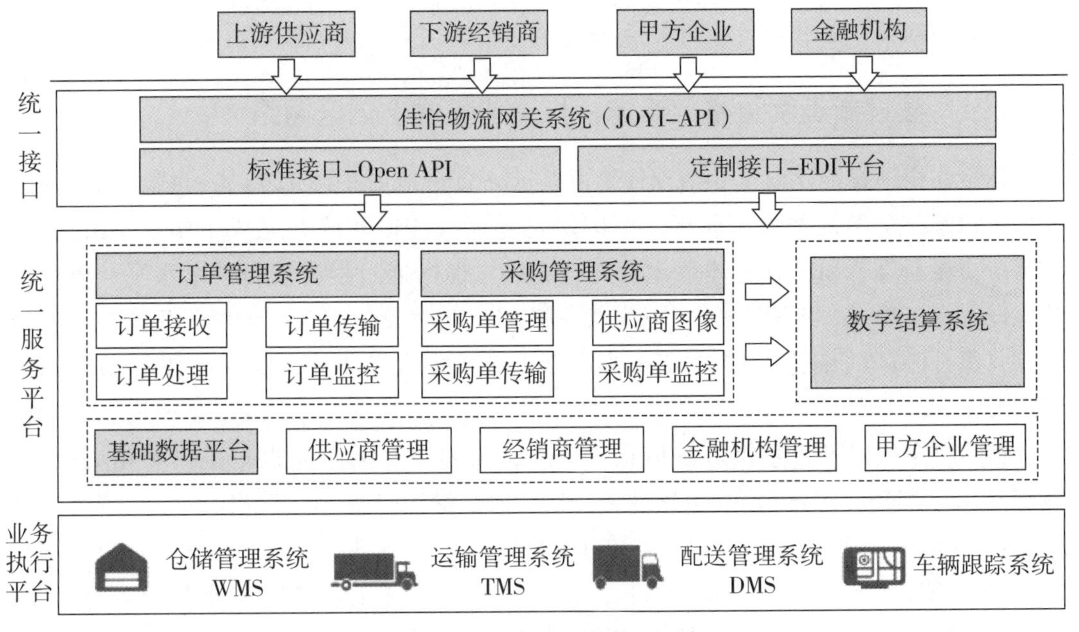

图 3 佳怡智慧供应链协同平台

在协同方面，供应链核心企业、上下游企业通过 e 享系统的链接，解决了供应链企业之间信息割据、各自为政的问题。通过“供产销”全流程数据信息的共享，核心制造企业能够有效地进行销售预测，从而制订相对准确的生产与采购计划，上游企业能够及时地做好原材料的供应，下游企业制订适宜的营销计划。从实施过供应链一体化管理的企业来看，供应链各环节管理及对接人员节省 20%，产业供应链的协同效率提升了 30% 以上。

在敏捷性方面，e 享系统打通整个链条上的信息传递，同时整合部分核心供应链服务商，大大缩短相应的订单传递与执行时间、原材料采购时间、商品交付时间、资金

周转时间等，从而缩短整个供应链运转周期，能够快速响应市场需求，提升竞争力和市场占有率，也能减少因为链条冗长带来的原材料及商品贬值。根据目前运营情况来看，交付周期可以缩短5~10天。

在稳定性方面，全链条信息壁垒的打通，使“供产销”各环节可以更加协同地组织生产、采购和销售，从而减少因信息不对称导致的销售预测错误、备货不足、库存积压等问题。全链条能够更敏捷地应对市场的变化，从而达到产销协同，提高供应链的稳定性。

在集约性方面，依托数字化技术对核心制造企业的资源整合，可有效提高协同效率，降低各环节的交易成本，减少企业资金的占用成本，提高供应链的经济性和集约性。

综合来看，通过供应链一体化管理，核心制造企业在供应链总成本上节约20%~35%的成本费用，提升至少30%的运营效率。

（三）建设新型物流基础设施，打造智慧物流园区网络

佳怡在全国投资建设了6个现代物流园区，总占地面积约1200亩，成为国家级示范物流园区、全国优秀物流园区、中国绿色仓库。佳怡实施并完成了国家、山东省、济南市物流业改革和供应链体系建设试点工程。佳怡通过提升装备技术水平，应用自动化设备，实现5G网络覆盖，引入智慧园区设计与建设，实现全天候无死角高清安防监控，提升园区精细化管理，保障园区安全有序的通行环境，实现高效的场站调度管理。

佳怡自主搭建了智慧供应链信息化体系，为客户提供所需数据接口和相关服务，拥有WMS、TMS、DMS等40项软件著作权。佳怡继续打造5G智慧园区，实现各园区5G网络的覆盖，逐步探索“5G+工业互联网”在物流领域的实际落地场景；搭建网络货运平台，打造支撑供应链业务的运力池，更好地保证供应链物流业务的运力调度；上线商业智能（BI）系统，实现经营管理可视化分析，助力企业从数据化向数智化转型，将企业所掌握的信息转换成竞争优势，提高企业的决策能力、决策效率、决策准确性；上线快运系统，通过车联网与云计算技术，实现干线运输的全程可视化。

园区借助ERP、WMS、CRM等系统，统筹货物收发管理、库存管理、库位管理、批次管理工作，实现了仓储资源的共享和运作管理的优化调整。园区综合考虑订单量、订单重合度、订单行数量、单SKU订货量等因素，分析得出客户订单特点并匹配适宜的分拣模式。在客户分别适用“货到人”“人到货”的不同分拣模式下，园区采用DPS分拣系统，配合不同的自动化分拣设备，实现了两种分拣模式并存，既提高了拣货效率和准确率，又降低了人员劳动强度。同时，园区积极研究托盘、立体货架、电动托盘车及平衡重式叉车等资源的共享。如某共享仓库现已实现共享托盘储位5000多个，

节省了仓储空间，提高了仓库作业效率。通过物流资源的共享和作业管理的统筹协调，园区直销共享仓库整体分拣效率达到4000单/天，SKU日动销超过2000个，分拣效率较一般运营效率提升55%，仓储运营成本大大降低，供应链的整体效益大幅提高。

（四）坚持标准化引领，大力推动标准化设施设备的使用

佳怡坚持标准化引领，形成了以质量提升为出发点的标准化管理体系，并通过ISO 9001质量管理体系认证，为培育品牌、降低成本、提高竞争力，结合国家标准、行业标准，分别从客户管理、财务管理、运作管理、人员管理、法务管理等方面制定了89项管理标准，并参与制定《物流常温仓储服务规范》《物流零担货运服务规范》标准，参与起草完成了《智慧物流箱循环共用服务规范》《直销行业物流质量控制规范》两项团体标准，并率先在企业内实施，切实起到了提质降本的效果。标准化设施设备的应用比率达80%，通过标准化设施设备的投入，货损率为0.0003%，装卸工时效率提高2倍，企业包装耗材成本降低6%，企业物流成本降低13%。

（五）坚持可持续发展道路，践行绿色物流的责任与使命

佳怡坚决贯彻绿色物流理念，在运输、仓储、配送等物流环节中积极应用新能源车，使用绿色环保器具。例如，为减少一次性纸箱和封箱胶带的使用，佳怡研发设计了可循环使用的JOYI－BOX（可循环周转箱），适用于快消、健康、美妆等多个行业。其结构性优于纸箱，能实现循环、回收、共用，防水级别达到国家B类3级标准，单箱堆码承重250kg，可循环使用5年，内置RFID射频芯片，可实现批量出入库，并通过自主开发周转箱管理数据平台（天鸽）以云端服务器为后端数据库，对周转箱进行动态监管，助力智慧物流建设。佳怡可循环周转箱自2017年上线后，已在全国21个配送中心全面推广，截至目前，累计使用295万次，共节省纸箱461万个。JOYI－BOX如图4所示。

此外，为缓解特殊季节电力资源紧张以及解决客户用电贵的问题，佳怡荷花园区上线光伏能源管理项目。该项目投运后，预计实现总发电量1350万千瓦时，可为园区客户提供清洁、安全、可靠、性价比高的绿色电力，并为园区新能源车辆增多提供服务保障。

三、未来展望与发展方向

国家“十四五”规划中提到“提升产业链供应链现代化水平”，为佳怡今后的发展指明了方向，佳怡明确了聚焦供应链管理主营业务，向价值链的高端延伸，在继续把供应链物流做强做大的同时，以山东市场为主攻方向，对整个业务提出了“做透山

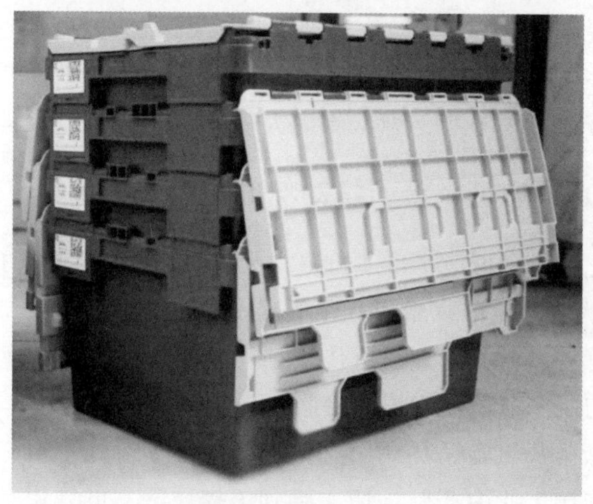

图 4　JOYI－BOX

东、货通全国”的口号，全力服务山东省的制造业、商贸流通业。

（作者：王　珍　佳怡供应链企业集团副董事长
谷绍滨　佳怡供应链企业集团副总裁
李真真　佳怡供应链企业集团园区事业部 副总经理
宋明远　佳怡供应链企业集团办公室 副总监
高　婷　佳怡供应链企业集团办公室 营销经理
孙　珂　佳怡供应链企业集团办公室 品宣经理）

打造钢铁供应链一站式产业服务平台 推动物流业与制造业深度融合

——湖南（长沙）一力物流园

一、企业基本概况

湖南一力股份有限公司（以下简称“一力”）创建于1995年，是国内领先的物流园区开发建设与运营管理商，公司目前布局岳阳、武汉、长沙、苏州、湘潭等地。其中湖南（长沙）一力物流园现入驻企业2000余家，年交易额超过700亿元，年上缴税费约4亿元，是国家级示范物流园区，蝉联2013—2020年度全国优秀物流园区。

自创立以来，一力秉持“服务社会大众、立志物流先锋”的使命，聚焦生产型服务业重点领域，坚守平台定位，潜心为钢铁流通产业各类客户提供一揽子服务，包括公共基础物流（含公铁联运、公共仓储、分拨配送）及供应链增值服务（含加工公共设施平台、供应链金融、配送配载及其他咨询服务）等。凭借供应链一体化协同管理与服务能力，一力与以宝武、华菱等为代表的80多家上游钢厂，以大汉、博长等为代表的近2000家中游贸易商，以中钢、金志杰等为代表的100多家加工制造配套企业，以及以三一、比亚迪、中国铁建等为代表的众多制造终端与下游企业紧密融合，形成了制造、贸易、加工、物流、金融等多业融合的钢铁流通生态圈及产业体系。

园区平台带动区域产业集聚效应明显。以湖南（长沙）一力物流园为中心，在园区周边汇聚了九座大小不一的钢铁物流园区，形成了大托钢铁物流产业集群。集群里各个园区、各类企业竞合有序，共同支撑全省工程机械、汽车制造等重点产业、行业发展。2020年，园区及平台客户协力为雷神山医院建设以及省内重点项目工程等复工建设提供钢铁物流服务，为钢铁供应链稳定运行发挥了重大作用。

二、主要做法与特色经验

总结园区运营成功的经验，关键在于守正、坚持与创新。

（一）以成本与效率量化园区规划与设计的合理性

园区的存在是否对物流成本的降低与效率的提升起到了作用，是衡量物流园区运营是否成功的核心指标。一力认为成本与效率是设计出来的，园区前期的定位与规划，将直接决定物流成本与效率的起点水平，而后期的运营水平则决定了成本和效率的上限。因此，一力在园区规划上，特别是选址以及园区布局设计都非常慎重，一般从区域产业基础支撑性、区位及交通便捷性等方面做重点考量。湖南（长沙）一力物流园选址落户长株潭融城核心位置，基于以下关键点。

首先，从园区发展产业基础上看，湖南是工业装备之心、重型机械之都，工程机械产业规模稳居全国第一。除工程机械外，汽车、轨道交通、军工、新材料、电子信息等多个产业齐头并进，良好的产业基础为园区对接产业服务提供了需求支撑。

其次，园区所在区位优势明显。长株潭主要产业园区呈 T 字形布局，湖南（长沙）一力物流园恰恰位于 T 字交会点，是辐射长株潭的最佳区位，这就意味着更低的运输成本及更高的物流效率。

再次，从交通便捷性上看，靠近高速公路是众多园区的天然优势，但高速公路到达园区的距离以及便利程度至关重要。即使园区被高速公路环绕，如不能便利进出，这种交通优势往往无法转化成物流优势。湖南（长沙）一力物流园距高速公路出口仅 300 米，货车通过匝道便利进出。同时，从京广铁路引入一条铁路专用线直达园区内部，公铁联运的实现成为园区为客户降本增效的有力工具。

最后，一力在内部园区布局设计时充分考虑了货物的“一次到位率”，尽可能减少货物的二次倒运，降低无效作业量；充分考虑了车流和物流动线，尽可能提高车辆在场内行动的效率与便捷性等。

以物流设施为依托，凭借良好的区位与交通优势，园区“物流 + 交易”的模式一举打造成型，经过多年的运营，成为中部地区规模最大、管理最为规范、服务最为完备的专业型物流园区。

（二）坚守“客户第一”法则，不断创新业务模式并解决客户痛点

钢贸属于资金密集型行业，园区入驻企业 90% 以上为中小微企业，融资能力弱、融资成本高，资金成为平台入驻企业发展瓶颈。自 2006 年开始，为解决入驻企业融资难、融资贵的问题，一力开始探索发展供应链金融业务。从最初面对入驻企业的仓单

质押业务开始，逐步发展到现在的面对上游钢厂的集中采购、面对下游终端企业的应收账款保理等。一力供应链金融业务已可以全链条、全方位介入解决入驻企业资金瓶颈。

凭借精细化供应链管理能力和优秀的风控成绩单，银行等金融机构逐步认可一力供应链金融模式，供应链金融业务得以突破自有资金单一来源，获得机构资金的注入，突破了业务发展天花板。一力供应链金融模式也从最初“物流 + 交易”两轮驱动，成功升级为“物流 + 交易 + 金融”三轮驱动，不仅有效解决产业链企业融资难、融资贵难题，还对提高钢铁流通产业链运转效率、降低产业链运营成本、提升产业链抗风险能力作出了积极贡献，实现多方共赢。

（三）引领园区生产制造配套服务向产业链价值中高端迈进，推进制造业与物流业深度融合

湖南（长沙）一力物流园集聚上百家生产制造型配套加工企业，为本地工程机械等制造企业提供基础加工配套服务。行业处于野蛮生长的初级阶段，存在设备结构性过剩、加工工艺粗放、原材料采购资金占用大、材料利用率低、加工仓配一体化服务能力不足等制约问题。这些问题的存在导致终端制造企业舍近求远，将配套作业分布在省外完成，提高产业链整体成本，降低了产业链运行效率。

更好地服务终端制造企业，一力与国内首家云切割平台合作共建集中下料样板工厂，将深厚的钢板切割行业经验和互联网技术相结合，推动钢材加工环节降本增效。

样板工厂集合终端客户订单后进行原材料的集中采购、集中套料，然后按加工配套商设备能力分配订单，切割完成后由平台进行集配，打造从端到端的设计、采购、加工、检验检测、配送等在内的一体化服务模式。在此模式下，加工配套商的原材料资金占用成本得到降低，设备利用率和材料使用率得到提高，还可以共享平台在设计、检验检测和配送等方面的公共服务。自运行以来，集中加工下料平台成果初显，将持续推动区域性公共精深加工平台建设与价值呈现，实现为多行业制造企业降本增效。

（四）坚守平台定位，专注打造一体化物流服务模式

随着钢铁流通产业链逐步向高质量方向发展，传统单一仓储型物流服务无法有效满足产业链各参与方要求，无法更好地促进降本增效。针对此现状，以建设供应链一体化服务为目标，一力盘点自身能力后重点补齐之前发展比较薄弱的配送和加工功能：如为解决制造企业“最后一公里”效率问题，利用已有优势做强货运配送业务；如投资建设冷卷公共加工平台，补齐区域范围内冷轧板加工水平低的短板。在完善硬件功能的同时，一力加速对园区基础设施和运营系统进行数字化改造，逐步实现“人、车、

货、场”连接，并对运营流程重新设计，实现全要素、全周期运营数据化、线上化。

经过多年深耕，一力可为钢铁流通产业链上各类参与方，包括贸易商、运输商、加工配套商、金融机构、仓储资源方等，提供包括仓储、加工、配送、交易平台、供应链金融等一揽子的服务，且逐步实现了全部业务线上化运营。目前所有业务已有序整合到智慧园区、智慧物流、智慧金融三个平台上，至2021年，一体化服务规模约占总业务规模的20%，为客户提供一体化服务能力基本成型。

一力钢铁供应链服务平台功能如图1所示。

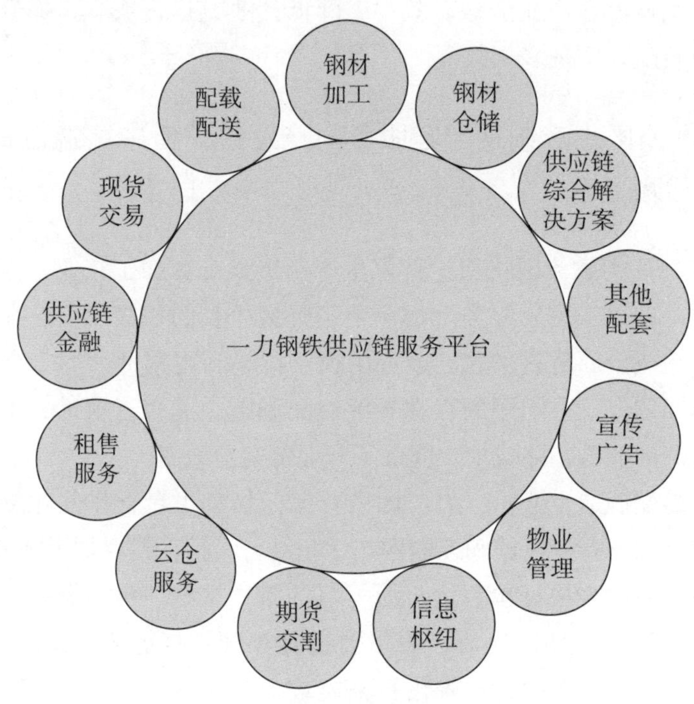

图1　一力钢铁供应链服务平台功能

（五）坚持技术创新与数据驱动，为产业链高质量发展赋能

物流是企业的第三利润源，数据则是将物流转化为利润的驱动器。为实现全要素、全周期运营数据化、线上化，实现“科技赋能、数据驱动”的目标，一力智慧物流管理系统先后经历了5次更迭创新，目前已实现100%电子单证管理、作业现场PDA全面普及应用、用户电子提单与仓储自助等基础功能，并通过与WMS、门禁出入口管理系统无缝对接，平台客户可实现远程查询及下单，司机凭借“一卡通”可全程无须下车实现换单、提货、结算一站式便捷、安全服务，在提高物流效率的同时极大提升了客户体验。

一力“一卡通”门禁入口如图2所示。

在此基础上，为提升产业链协同效率，有效支撑和保障一体化业务运作，平台建

图 2　一力"一卡通"门禁入口

立了供应链协同管理平台，依托一力 B2B 交易平台、云仓平台、"钢速达"网络货运平台等子平台，与供应商销售系统、生产企业 ERP 系统、第三方物流平台、铁路、银行等外平台对接，实现产业链上中下游信息的互联互通、提高业务运行效率。

2019 年，为主动适应行业发展趋势，一力明确数字化升级战略目标，并明确了基础设施云化、业务数字化、数据智能化、产业链高效协同四个建设阶段，旨在通过建设精细化供应链管理系统，创造价值、分享价值，以此协同产业链参与各方共同推动钢铁流通产业链降本增效，最终以高质量的物流服务支撑制造业高质量发展。

一力数字化转型场景如图 3 所示。

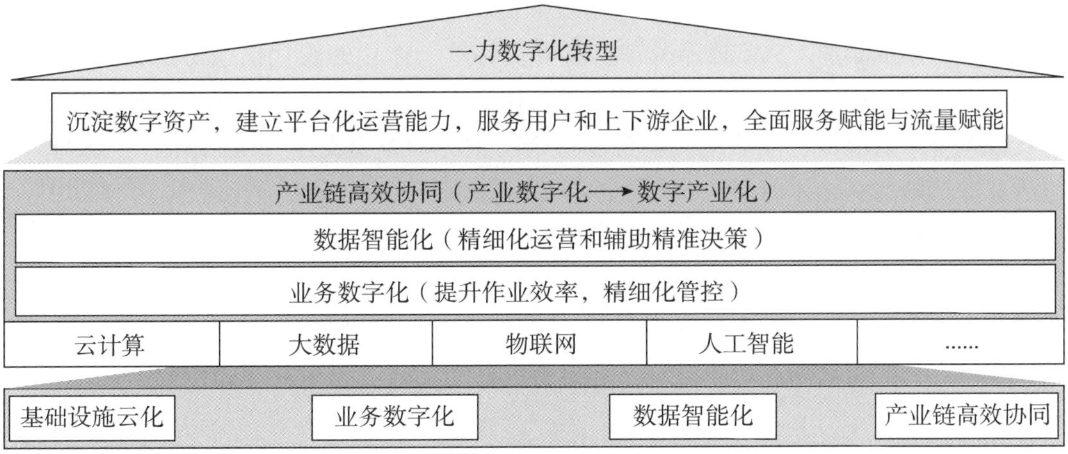

一力数字化转型

沉淀数字资产，建立平台化运营能力，服务用户和上下游企业，全面服务赋能与流量赋能

产业链高效协同（产业数字化⟶数字产业化）

数据智能化（精细化运营和辅助精准决策）

业务数字化（提升作业效率，精细化管控）

云计算	大数据	物联网	人工智能	......

基础设施云化　业务数字化　数据智能化　产业链高效协同

图 3　一力数字化转型场景

三、未来展望与发展方向

物流业自2006年首次被列入国家“十一五”规划后，2009年国务院发布《物流业调整和振兴规划》，行业开始步入快速发展轨道。短短15年的时间，在中央以及各级政府的关注下，现代物流业在中国经济发展的版图上从接近于零到举足轻重，将社会物流总费用占GDP的比重从18.3%下降到14.7%，物流效率得到了大幅提高。以往因物流不畅，“将萝卜卖成肉价格”这种情况再难出现，社会生产与人民生活都因行业发展而“获得感”倍增。

生产性物流服务业作为现代物流服务业的两大分支之一，是支撑工业企业发展的基础产业，服务于工程机械、汽车、家电、装配式建筑等制造型企业。高质量发展生产性物流服务业，与湖南省“三高四新”发展战略高度契合，一力仍将坚守和深耕这个细分行业，致力于协同产业链各参与方，共同推进行业降本增效，成为小微企业的同行者，成为终端制造企业的合伙人。

依托现有存量资源，一力正在积极打造长株潭生产服务型物流枢纽，着力打造“两平台、两中心”，即面向世界智能制造产业集群的物流平台、全国供应链集成及多业联动示范平台、中南地区生产资料供应及分销中心、物流供应链创新与应用示范中心。枢纽具备装备制造物流集成服务、供应链物流服务、区域分拨及配送组织、对接干线物流组织、多式联运转运组织、国际物流服务、公共信息平台等基本功能，多元化拓展商贸流通与展示交易、应急物流、供应链金融等延伸功能，为工程机械、汽车制造、军工、轨道交通等装备制造产业集群上、中、下游企业提供原材料供应、中间产品储运、半成品加工、产成品分销、金融支持等一体化的现代供应链服务。长株潭生产服务型物流枢纽核心功能就是服务于长株潭国家装备制造产业集群，这是后疫情时代稳定全球供应链、推动中国装备制造走向世界的重要支撑，是湖南“三高四新”发展战略落地的具体体现。

长株潭生产服务型物流枢纽业务全景如图4所示。

立足“十四五”发展新阶段，一力将以全新发展理念，定位高质量发展目标，为创建全国一流、特色鲜明、服务于世界一流装备制造业的现代物流产业集群而持续努力。这是一力人与世界互动的接口，是一力人作为物流人为世界变得更美好做出的一点努力。

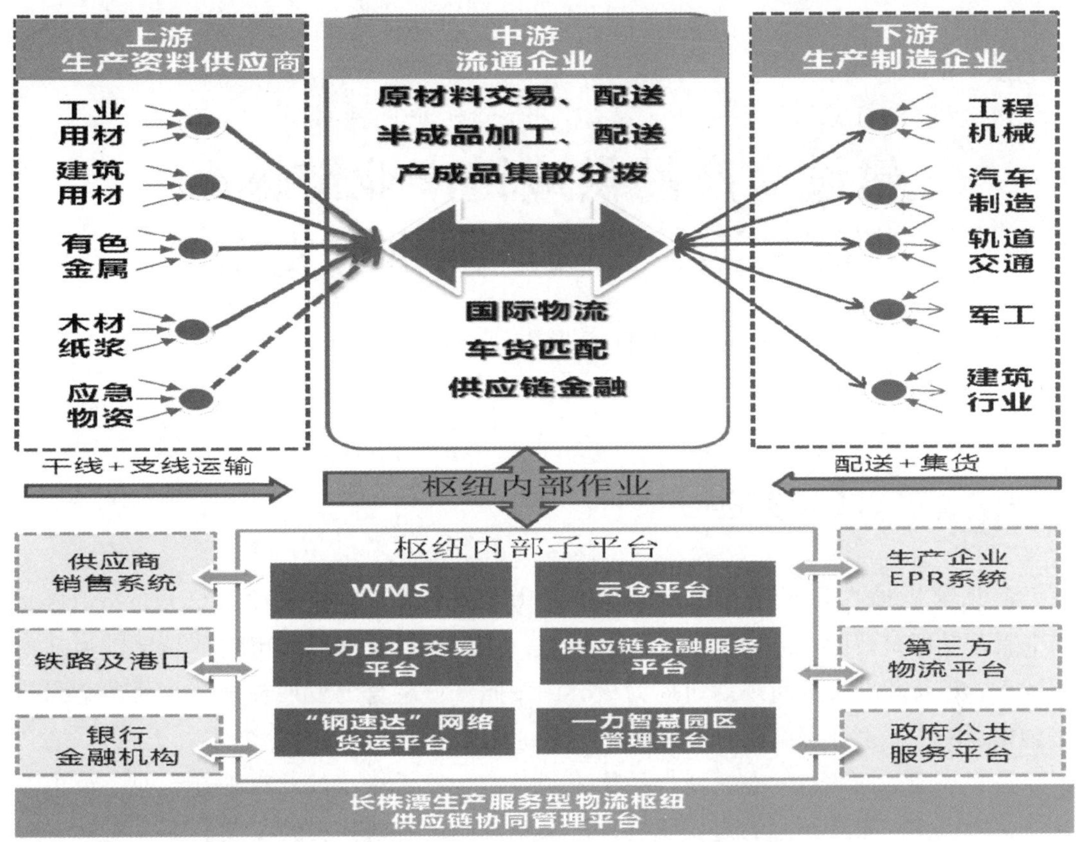

图4　长株潭生产服务型物流枢纽业务全景

（作者：李红霞　湖南一力股份有限公司总裁
刘艳辉　湖南一力股份有限公司运营管理中心总监
何　拥　湖南一力股份有限公司总裁助理）

建设农产品供应链产业链体系 保障京津冀农产品供应安全

——河北新发地农副产品物流园

一、园区基本情况

河北新发地农副产品有限公司成立于2010年6月，注册资本18.8亿元，是承接北京非首都功能疏解的示范标杆企业。多年来，公司始终秉承以城市农产品保供为基本出发点，以优化城市空间规划布局为核心，按照产城融合的发展理念，致力在全国范围内构建一二三产业深度融合的现代农产品商贸流通生态体系。

公司承建的河北新发地农副产品物流园是首个投入运营的北京外迁产业，承担着服务保障京津和雄安新区的重要职责，是京津冀地区名副其实的“菜篮子”工程。园区于2015年10月29日正式投产运营，累计投资54亿元。目前，园区入驻商户7300余户，经营品类330余种，园区冷链仓储能力达42万吨，辐射范围涵盖河北、北京、天津、山东、海南等13个省市。2020年，已实现年交易量1100万吨，交易额760亿元，直接带动就业1.3万个，间接带动就业2.7万个，在当地形成一二三产业深度融合发展的新格局。同时，依托“新发地太行山农业创新驿站”，有效地带动了河北种植基地130多万亩，带动贫困种植户约17万人。

园区先后列入了“环京津1小时鲜活农产品物流圈”、河北省“十四五”商贸物流专项规划和京津冀产业转移承接重点平台，荣获国家级示范物流园区、全国公益性示范市场、国家供应链创新与应用示范企业、农业农村部定点市场、农业产业化国家重点龙头企业等称号。

二、主要做法与特色经验

河北新发地农副产品有限公司坚持贯彻落实党中央重大决策部署，为京津冀乃至“三北”地区提供绿色农产品安全供应保障，为雄安新区建设和发展提供有效支撑。

（一）打造特色农产品供应链，构建农产品产业生态

经过多年的运营，河北新发地农副产品物流园已完成“冻品、果品、花卉、物流”四个细分领域的供应链特色经验的创新探索，通过物流活动，延伸供应链链条，以多供应链交织形成产业链，构建产业生态。

果品供应链：通过整合上游国内外主产区、生产企业、合作社、货源市场，中间一级农产品批发市场，以及下游二、三级农产品批发市场、商超、电商平台、企业团购、终端消费等供应链节点，逐步扩大货源优势、渠道优势，在供应链各个节点衍生创新信息流、资金流、货物流等服务功能，实现果品供应链前后端联动、上下游互补、利益链密切的果品供应链新模式。

冻品供应链：通过筛选一级进口代理商，进行参股或控股合作，建立与国外生产商、经销商业务渠道，形成代理和自营冻品进口业务，挖掘全球的冻品源头资源，将河北新发地农副产品物流园建设成为衔接中国北方国际冷链物流基地的重要物流集散节点。高效配置京津冀地区冻品资源，形成线上线下相融合的冷链物流体系。

花卉供应链：结合国内花卉企业供应链现状及保定市场区位和优势，以 $N+1+N+2$ 模式（$N+1+N+2$ 模式：“N”即“N 个花卉上游企业、基地”；“1”即“新发地花卉博览园”；“N”即“下游市场 N 个采购商”；“2”即“种植基地和电商基地”）为核心，由花卉批发市场主导，整合产地资源，以物流为抓手，形成北方地区的花卉集散分拨中心。继而延伸至产业种植、电商基地等关联产业，最终形成花卉产业集群。

物流链：以输出物流为切入点，先打通区域配送脉络，完成物流园区始发至周边200 公里范围，设立固定的合作收货点，形成每日固定时间的往返卡车班次运输，从单纯的单向，到中途揽货，再到最终形成双向的对开班次，循序渐进完成自京津地区到全国各地的发运服务。同时，结合电子商务拓展，扩大区域覆盖线路，使从产地到销地的物流组织平稳运行，进而间接推动农产品交易，助力实体经济的落地与发展。

（二）依托园区产业基础，发展多种物流经营模式

园区依托农产品流通产业，在物流运营上采用了“物流整包服务”和“物流服务整合 + 信息系统”两种经营模式。在这两种经营模式下，园区已经能够实现“买全国、卖全国”的阶段性目标。

1. 物流整包服务模式

2019 年，成立了极速物流有限公司，承接园区客户物流需求，为其提供一体化物流服务，业务范围包括物流运输、装卸短驳、仓库管理等。公司通过整合园区内物流资源，并对产品物流实行严格监控，提高了物流服务质量。

2. “物流服务整合+信息系统”模式

“物流服务整合+信息系统”模式类似于滴滴打车App，将园区内交易商户、物流企业以及装卸、短驳等劳务信息全部上线至App，园区交易商户可在App上发布物流、装卸、短驳等劳务需求，在App后台生成需求订单，由物流企业以及装卸、短驳、劳务企业抢单，抢单成功后再进行线下电话确认。所产生的服务费用全部通过App信用付款（费用预交）。同时，该App上线GPS定位服务，对物流车辆、短驳车辆等可进行实时定位，以方便客户随时掌握信息。通过“物流服务整合+信息系统”模式，以服务选取、费用缴纳、信息调度等方式，转变当前传统作业模式，简化操作流程，避免人为失误及干涉，提高精度及园区整体服务水平。

（三）深入对接全国范围内种植基地，推动产销衔接

一是通过产销对接活动，拓展渠道，解决河北特色农产品“卖难”问题，进一步提升河北农产品在京津市场的占有份额，提升知名度和美誉度。河北新发地农副产品有限公司积极与高碑店市人民政府、河北农业大学合作实现三方合作，共同打造农业创新驿站，以信息化技术为抓手，构建与种植基地、农户的利益联结机制，带动河北农民增收。二是通过强化农商互联，完善农产品供应链、产业链体系建设，提高农产品流通效率，满足农产品消费升级需求。同时，促进农产品流通企业与新型农业经营主体进行全面、深入、精准对接，重点加强农产品产后商品化处理等流通设施建设，不断提高订单农业、产销一体、股权合作等长期稳定农产品流通模式在农产品流通中的比重，实现“联产品、联设施、联标准、联数据、联市场，打造上联生产、下联消费，利益紧密联结、产销密切衔接”长期稳定的新型合作关系，构建符合新时代农产品流通需求的农产品现代供应链体系，提升农产品供给质量和效率。

在河北范围内，探索“市场+商户+合作社+种植基地+产地农户”的发展模式，带动河北农业高质量发展。通过与河北供销合作总社合作，不断吸引合作社入驻园区。充分发挥市场的引领和带动作用，鼓励商户在全省范围内发展种植“冀菜进京”基地，拉动河北农业的快速发展。

在全国范围内，积极与各省商务厅、农业厅对接，整合全国范围内优质农产品资源，建设“全国特色农产品专销平台”，构建“买全国、卖全国”的供应网络，打造衔接紧密的农产品供应链。全面推行订单担保模式，建立园区担保、商户和农民签订订单生产合同的模式，加快促进订单农业的发展。

多年来，从京津冀农产品供应安全角度出发，河北新发地农副产品有限公司一直将上游产业链的整合作为农产品供应链创新的工作重点，不断深入链接前端基地资源，逐步拓展了多条高质、高效上游供货渠道。在河北范围内，公司与河北供销合作总社合作，目前入驻园区的合作社和龙头企业580多家，战略合作基地60多万亩，包括平

泉食用菌、鸡泽辣椒等在内合作特色农产品主产区已达23个。在全国范围内，通过与各省商务厅、农业厅对接，合作种植基地已达150万亩，包括新疆的库尔勒香梨、阿克苏苹果，海南的杧果、香蕉等在内合作特色农产品主产区已达76个。

（四）加快海外种植基地建立，推进农产品全球供应链发展

河北新发地农副产品有限公司积极探索全球供应链，深入对接东南亚、北美、南美、西欧、非洲等优质进口水果生产地，搭建国际双向农产品流通渠道，引进当地优质特色农产品，建立起进口水果直发高碑店的供应链。积极与专业的国际贸易公司合作，建设国际食品保税物流园，充分利用新发地自身资源优势和渠道优势，构建华北区域具有影响力的国际食品贸易平台。

河北新发地农副产品有限公司依托河北新发地农副产品物流园已初步搭建起全球供应链，通过深入对接34个国家和地区，目前，已与海外100万亩种植基地建立合作关系。2020年，场内进口水果供应量超过98万吨，主要品种包括：东南亚山竹、榴莲、香蕉、韩国提子、智力车厘子、比利时啤梨、南非柯莱蒙蜜橘等。同时，蒙古国、埃塞俄比亚等国通过农业农村部也与河北新发地农副产品物流园进行对接，共同搭建国际双向农产品流通渠道。

公司先后与加拿大贝瑞塔集团、波兰沃斯集团签订战略合作协议，建设国际食品保税物流园。同时通过开展国际业务，包括泰国榴莲、智利山竹、乌拉圭牛肉、埃塞俄比亚咖啡等在内的合作特色农产品主产区已达45个。

（五）拓展延伸产业链，推动一二三产业深度融合发展

河北新发地农副产品物流园作为北京非首都功能疏解项目，为河北带来稳定市场的同时，也盘活了当地的零散资源，形成了一二三产业深度融合发展的产业形态。

第一产业方面，协助当地政府大力发展现代农业，建立太行山农业创新驿站，通过技术帮扶、资金帮扶，直接带动河北果蔬种植基地130万亩实现了改造提升。

第二产业方面，在商贸流通产业基础上，探索构建农产品精深加工产业链。一方面针对果蔬产品的分拣、包装，以及香蕉、杧果等产品的催熟，配备现代化的仓储设施，配置分拣、包装一体的流水线，进一步提高农产品流通效率。另一方面，规划建设了食品加工产业园项目，以河北新发地农副产品物流园资源集聚优势为依托，以保障北京、雄安新区及周边地区食品安全为己任，面向大型商超、机关食堂、餐饮企业等，构建“产地初加工、园区精加工、净菜进厨房、全程可追溯”的食品产业协同发展新模式，带动京津冀食品全产业链融合发展。

第三产业方面，在农产品大流通的基础上，河北新发地农副产品有限公司围绕“美食”概念，集中打造集“美食体验、科普教育、健康研究、旅游观光”于一体的

“食品”文化创意产业。2017 首届保定市旅游产业发展大会中，河北新发地农副产品有限公司以“食品”为主题打造了世界特产小镇，迎来了近 10 万名的中外游客，成为世界特色优质农产品集中展示的一个窗口。通过一二三产业深度融合，逐步推动农产品供应链生态体系的日益完善，满足不同层次终端消费者多元化的消费需求。

三、未来展望与发展方向

未来，河北新发地农副产品有限公司继续发挥示范引领作用，全面承接北京优质产业资源疏解转移，依托全球优品自由贸易、增值供应链、智慧冷链三条服务主线，延伸产业金融、大数据、总部经济等多元产业。最终，在高碑店打造“面向世界、辐射全国、服务保障京津和雄安”的千亿级现代食品商贸物流基地。

“十四五”期间，河北新发地农副产品有限公司将全面启动园区二期建设，培育激发当地新型产业，打造新的经济增长极，持续巩固河北省“全国现代商贸物流重要基地”的核心定位。园区二期将以城市农产品保供为基本出发点，以产城融合为发展理念，以优化大城市空间规划布局、腾退空间为核心战略，以供应链创新为内生驱动，致力在全国范围内搭建一二三产业深度融合的现代农产品商贸流通生态体系，构建一个集“现代食品商贸物流、食品产业加工、进出口跨境贸易、生鲜电商孵化、国际专业会展、食品文化创意”六位功能于一体，以“产业创新升级、国际商贸 + 互联网”为内核，全业态、全产业链的现代商贸物流基地。

（作者：孟　灿　河北新发地农副产品有限公司总监
刘永欣　河北新发地农副产品有限公司总监
赵宇晗　河北新发地农副产品有限公司经理）

绿色化发展　数字化运营　全链条服务
推进物流业与制造业共联共生共赢

——衢州工业新城物流园区

一、园区基本情况

衢州工业新城物流园区由浙江巨化物流有限公司投资运营。浙江巨化物流有限公司为浙江省大型国有化工企业巨化集团有限公司全资子公司，中物联4A级综合型物流企业。2011年，为加强对衢州智造新城及周边的安全环保治理，解决区域内由于化工企业蓬勃发展而引发的危化品车辆停车、清洗、维修、检测等难题，在政府领导下，衢州市政府与浙江巨化物流有限公司以“政府推动、企业主动、产业联动”的合作机制，推进衢州工业新城物流园区建设。园区总规划面积近3111亩，以“绿色化发展、数字化运营、全链条服务”为理念，统筹推进一基地（制冷剂分装基地）、两中心（车辆服务中心和物流商务中心）、三大仓储区（液体危化品罐储区、大宗散货储配区、普通货物仓储区）的智慧化运营管理，构建起与制造业共联、共生、共赢的新发展格局，促进了浙江巨化物流有限公司及周边企业和区域经济高质量发展。2020年，智造新城年物流总量2500多万吨，其中，氟制冷剂、甲烷氯化物、PVDC 3大类8个产品市场占有率全球第一。物流园区2018年入选国家级示范物流园区，并连续5年入选中国物流与采购联合会“优秀物流园区”。

二、主要做法

（一）绿色化发展

1. 环保高标

衢州工业新城物流园区属于《衢州国家公路运输枢纽总体规划》中四个公路货运枢纽之一，是省交通重点扶持物流基地。园区建有2个车辆综合服务中心，合计可容纳900多辆车停放。车辆服务中心实行危化品车与普通货车分区停放，车辆维修产生的废弃物实行统一收集、无害化处理；车辆槽罐按专业化要求进行清洗；四套污水处理池实行集中处理和循环使用的方法，确保园区绿色环保。针对现代物流运输低能耗、低污染的发展要求，园区深入贯彻国家大宗散货公转铁战略，开通巨化站至宁波舟山港集装箱直达班列，联合浙江巨化物流有限公司内外多家单位、开展海铁联运煤炭等散货入箱运输新方式；利用仓储屋面资源，开发建设光伏发电面积48892平方米。

2. 运转高速

园区围绕存量物流资源整合和增量物流资源拓展，推进基础物流、第三方物流、综合物流平台、供应链管理和物流增值服务在内的五大业务，与制造业联动，实现高效运营。内部转运：公司铁路专用线与浙赣复线衢州站接轨，拥有13条危险化学品（简称危化品）专用铁路卸车线，20个危险化学品装卸车单元，拥有桥面吊、正面吊、轨道过磅等设备，集装箱堆场设施齐全，可以快速实现公铁转运、装卸、配送等物流服务的对接。外部互联：围绕"公铁水"多式联运，与宁波港铁公司、金温铁路等深入对接，建立起四站（巨化、元立、衢州、衢州东）联动机制，构建了以公路、水路、专用铁路等物流为主体的，线上、线下同步推进的多式联运运作体系，从而满足客户订单申请、计划批准、接收入站、发送作业、在途运输、到站交付、配送到门等一体化物流需求。

3. 安全高效

危化品运输是物流园区一大特色，主要产品"三酸一碱"的运输量约占60%，外地牌照危化品运输车辆约占50%。之前，由于相关配套物流、车辆服务设施滞后，周边区域非法停车、洗车场因需而生，导致危化品车辆违规停放、违规修理、违规清洗、违规排放等乱象突出，安全生产形势较为严峻。在政府主导下，一方面公安、交通、综合执法等部门联动，引导车辆入园集中管理；另一方面园区优化服务，通过降低服务车辆停车管理和清洗费用、缩短业务办理时间等方式，让企业切实得到实惠，吸引更多危化品运输企业车辆入驻园区，进行集中管理，以此确保整个区域的危化品物流安全可控。同时，园区引进危化品车辆驾驶模拟系统，组建了高效的应急救援团队，有计划地对危化品驾押人员开展培训，筑牢安全防线。园区也列入了衢州市"两客一危"驾驶员培训基地名单。

（二）数字化运营

1. 数据互联

浙江巨化物流有限公司自有业务系统（中国化工云商网）和SAP ERP系统，涵盖了整个集团以及下属制造企业原材料采购、生产、销售、发货、开票全流程管理。园区"56168"配载平台与中国化工云商网、SAP ERP系统数据接口对接，进行业务流程同步。制造企业在系统上进行原材料统一采购，并发布销售计划等信息。配载平台接收到业务订单信息以后，转化成物流信息发布到系统，进行车辆配载、打印配载单、装货、过磅、发货、签收、开票，最后数据回传到SAP ERP系统。系统与配载平台的无缝衔接，进一步提升了车、货的匹配度和信息化管理水平，降低了物流服务成本，提高了车辆实载率。同时，配载平台又通过对物流各项数据进行抓取分析，为制造企业提供决策依据。2020年，园区配载量有700多万吨。

2. “六可”监管

针对监管部门在危化品运输过程中难以管控货车的货物信息、车辆速度、运输轨迹等信息的情况，园区借鉴先进经验，开发建设危化品道路运输综合监管系统，交通、安监、公安等职能部门可与危化品充装企业、运输企业通过该综合监管系统实现危化品运输“流程可视、业务可控、痕迹可追溯、行为可预警、数据可共享、模式可复制”的“六可”监管模式。在实际应用中，政府相关部门可实时在地图上查看入网车辆运行状态、货物信息、驾驶员信息、押运员信息等，为企业和行业管理部门日常监管及第一时间处理异常突发状况提供依据；园区还可以通过系统检查运输车辆罐体是否合格，并在充装后将实际充装品名、数量推送给运输企业和政府相关部门，为后续管理和应急处置提供数据；在运输途中，该系统通过智能设定禁行线路，加强车辆运行管理，对违反规定的车辆自动报警，一旦危化品运输企业车辆、从业人员资质等数据存在超期等异常情况，便可以在第一时间要求运输企业进行整改。

3. “数智”中转

物流园区与制造企业对接，部分企业将从生产线下来的产品直接运往园区智能仓库、中转平台等。园区智能仓库以仓储管理信息系统为基础，利用微机操纵轨道式堆垛机、输送机进行托盘堆码作业，仓库货位和收发货物均由电子标签录入信息系统，收发货指令均通过信息系统下达，收发货作业实现自动化、机械化，所有账务均由信息系统完成。同时，仓库管理信息系统和中国化工云商网、SAP ERP系统实现无缝对接，并通过条码识别系统，实现对物料类别、储位、库存量、出入库等重要信息的管理，使物流指令的执行更加快速、准确。近年来，园区充分发挥巨化铁路货场作为浙西工业品多式联运中心作用，中转平台完成铁路集装箱货场建设面积11万平方米，年集装箱发送能力可达10万标准箱。依托便利的交通环境以及专业的物流管理，目前，巨化铁路货场已成为浙西地区纸浆、树脂、氯化钙、光伏组件、萤石矿等主要工业品的储运基地，年中转货物超过300万吨。

（三）全链条服务

1. 服务定制

针对制造企业对生产、库存的管理需求，园区运营单位——浙江巨化物流有限公司提供10余辆牵引车，专门在厂区内短驳使用，运输罐式集装箱给工厂预充装，然后停放在厂区堆场等产品销售以后，再运送到园区危化品停车场，由其他车辆运输至客户。甩挂运输通过采用物流园区区域一线两点甩挂的运输模式，使车辆高效周转，减少车辆等卸货时间。专线运输主要针对部分制造企业生产产能负荷要求，定制运输专线，实行专人专车、点对点不间断运输，以实现全链条快速高效循环。

2. **服务集聚**

园区一方面为制造企业定制专属服务，另一方面又为物流企业做好后勤保障服务，实现停车、维修、槽罐清洗、车辆安全检测、槽罐特检、过磅、加油等全流程的服务聚集。其中，园区车辆服务中心内有车辆维修企业十余家，东风天龙、重庆庆铃、柳汽、江淮动力等车辆生产厂家在此设立特约维修点。过磅服务：园区在多条主干道路建有地磅，并实现联网称重，数据共享。槽罐特检服务：园区引进了浙江省特种设备检验研究院、衢州市检测中心和巨化检测中心，合作开展移动式压力容器、常压罐以及化学成分的检验。同时，园区内还开设了保险服务窗口、车辆违章处理窗口等，开展检测、年审、保险一站式服务，努力降低区域运输企业的运营成本。

3. **服务优质**

为进一步加强危化品物流安全管控，规范运输秩序，园区创新化工物流组织方式，依据国家标准，参照发达国家物流企业运作模式并结合自身的质量管理体系，从服务、技术、作业规程等方面对传统物流作业不规范、不完善、不科学的地方进行了梳理优化，制定了《物流园区服务标准》。其中，《商品融资质押监管服务规范》现已成为衢州市地方标准，并纳入省级标准化体系试点。《外配承运商安全服务考核细则》细化了30个小项为入园的运输企业进行打分，月末或季末根据最后得分评出服务质量等级，作为各承运商承运配额与承运资格重新审定的依据，等级高的可以优先选择配送，等级低的少配直至取消配送资格，以此鼓励各运输企业重视安全管理、提高服务质量。

三、经验体会

（一）政企联动

衢州工业新城物流园区自2012年开始建设，2017年入选浙江省示范物流园区，2018年入选全国示范物流园区，这其中，与当地政府支持密不可分。就园区建设，省市两级政府多次组织专家进行论证调研，市发展改革委、财政局、交通局、安监局等15个职能部门联合成立园区建设领导小组，统筹制定园区扶持政策、明确服务主体、协调解决园区建设和运行中遇到的重大问题，为园区的建设保驾护航。

（二）标准要高

对于危化品物流园区来说，没有比安全更重要的了。在建设中，园区紧紧围绕高水平全面建成小康社会要求，以“安全、绿色、便捷、高效”为发展理念，把园区的安全环保、生态发展作为第一要素，决不以污染环境、牺牲安全为代价去换发展。园区的建设全部参照当前国内外标准要求，有的甚至更高，才得以这么多年来始终走在发展的前沿。

（三）创新发展

现在的物流产业发展非常之快，新的设备、新的标准不断涌现，网络化、数字化、智慧化撞击着物流业态中的每个“音节”，在物流发展的赛道上，没有“休止符”。浙江巨化物流有限公司也是经历了从传统的基础物流向数字物流、从线下到线上同步发展的过程。

四、展望未来

（一）高质量发展

平台化、规模化是物流发展的一大趋势。接下来，浙江巨化物流有限公司将围绕化学品交易、物流商务、车辆综合服务、铁路集装箱以及大宗散货物流等业务，完善园区服务功能，实现物流降本增效。浙江巨化物流有限公司去年中标了淮北煤化工合成材料基地危化品物流园项目，这是园区管理模式的再输出，公司将聚焦该项目运营，打造新的物流生态圈。

（二）数字化发展

数字化的核心功能是对细分领域多、场景碎片化和需求分散化的各方数据进行抓取分析，以达到效率最大化。园区将以一屏掌控、一码通行、一键查询、一览无余为总体目标，通过平台数字化智控、管理数字化集成等推进物流全链路数字化运营，实现数字经济和实体经济深度融合。

（三）项目化发展

园区“十四五”期间规划建设的项目主要有：危化品仓储基地一期项目、高新园区车辆服务中心项目、大宗散货仓储项目以及清洁煤炭仓储中心项目。园区运营单位将按照建成一项，运营一项，一体推进的原则，做大物流产业，为区域经济发展赋能。

（作者：倪卫东　浙江巨化物流有限公司总经理
张　文　浙江巨化物流有限公司总经理助理
高利荣　浙江巨化物流有限公司办公室副主任）

聚焦园区高质量发展　推动物流业与制造业融合

——德清临杭物流园区

一、园区简介

德清临杭物流园区（简称“园区”）地处杭湖锡线沿岸，紧邻京杭大运河、申嘉湖杭高速、304省道，水路、公路等集疏运条件便捷。园区以内河航运的独特优势为依托，满足德清临杭产业带对货物运输需求的同时承接杭州外迁大宗生产物资运输业务。

园区由浙江临杭物流发展有限公司运营管理，规划总占地面积约3750亩，Ⅰ区435亩，Ⅱ区1888亩，Ⅲ区1427亩。

德清临杭物流园区鸟瞰图如下图所示。

德清临杭物流园区鸟瞰图

园区于2008年启动规划建设，10余年来，园区立足杭州都市经济圈区位优势，深耕公水联运服务模式，基于两业融合物流信息链，提升钢材金属材料全环节物流服务价值，努力打造两业融合新标杆。

2020年，园区全年实现营业收入312亿元，同比增长17%；实现纳税1.6亿元，同比增长12%。园区已开发建成金属材料仓储及加工库房45万平方米，配备10～36

吨桥式起重机300余台；建成办公交易及信息中心用房2.2万平方米，宿舍、食堂等服务用房1.45万平方米；停车场2万平方米，并配套有银行、商务办公厅、交易厅、信息大厅、会议厅、食堂、超市等服务设施。

园区的发展对区域经济发展形成了较大的牵引力，园区年纳税额连创新高；园区物流业务规模快速壮大，内河水运和黄金水道的经济价值进一步体现，服务杭州都市经济圈的能力不断提升；公水联运服务模式和物流智慧化应用提升了园区综合服务能力，园区货物周转效率提升10%以上，为入园企业每年节省20%左右的物流成本。园区获得第三批国家级示范物流园区，中国物流与采购联合会“优秀物流园区”、浙江省重点示范物流园区、浙江省交通重点扶持物流基地、浙江省首批现代服务业集聚示范区、浙江省五星级美丽码头和全国5A级物流企业、浙江省物流园区提质增效试点等称号。

二、主要做法与特色经验

（一）绘制一张蓝图奠定园区发展扎实基础

园区高度重视顶层设计、项目谋划工作，在经济社会发展的宏观框架内考虑园区的未来发展走向，准确把握园区的发展方向和业务重点，以产业基地型物流服务为主导，做到“一张蓝图绘到底”，打造集钢材物流、内河集装箱、通用仓储、区域分拨加工等功能于一体的区域性综合物流园区。园区借助国内知名的规划研究、工程咨询服务单位提供智力服务。通过超前谋划、着眼长远的规划设计，将园区的未来发展走向摆在更加宏观的战略框架内考虑，将园区的业务发展定位于更加宽广的服务范围，由此，确保了对园区的发展方向和业务重点的精准把握。

例如，园区Ⅱ区规划“一心三轴九区”，截至2020年12月，已基本形成“一心五区”功能格局，开发建设面积1888亩，总建筑面积50万平方米。其中，“一心”即物流商务核心区。“五区”即件杂货运输物流功能区、钢材物流功能区、通用仓储物流功能区、区域分拨中心物流功能区、物流加工功能区。

（二）“三化”突破引领园区高质量发展

通过“融合化、绿色化、智慧化”路径突破为园区保驾护航。融合化重在突出园区物流业与产业发展、客户需求深度融合，服务国家战略和政府治理需要，充分彰显物流业是基础性支撑产业的战略地位。绿色化重在突出区位和公水联运优势，降低物流综合成本；将环保理念融入园区建设，库区作业电能全部自给自足，到港船舶清洁能源应用全面普及。智慧化重在突出信息平台的大数据实操应用，以PDA数字仓储平台、ERP流程管理平台、App物流调度平台为基础，实现园区的高效流转。

1. **融合化**

针对钢材大宗物资运输周期长、成本高、钢材产销对接错配等问题，园区推动制造业环节前移，将物流服务深度融入制造企业业务流程。具体做法：深度介入上游钢厂和下游经销商业务体系，由经营品种不同的公司牵头市场商户成立钢贸协会及分会，充分发挥钢贸协会的沟通桥梁作用，协调商户间的同质竞争等问题。由钢贸协会牵头组织与大型钢厂洽谈业务需求，降低钢贸商交易成本，进一步提升市场竞争力。

针对客户库存周转率不高、库存策略失效等问题，园区基于物流专业服务提供一揽子解决方案。具体做法：重新构建 WMS 系统并大量使用智能化设备，确保信息及时、准确、安全地在各相关方之间交互协同，实施安全库存与循环补货等存货管理方案。

2. **绿色化**

针对当前公路物流运输、仓储、加工等环节的机械能耗偏高问题，园区从业务组织和装备更新等方面投入人力、物力。

一是提升运输装备技术水平。在码头作业区推广集装技术和单元化装载技术应用，加强货运车辆与托盘、装卸平台等物流设施装备的衔接与匹配，提高公水联运装卸和运输效率，提升物流装备现代化水平。

二是拓展多式联运服务网络。加强与港口和船公司的深入合作，积极与嘉兴港、上海港、宁波—舟山港等建立战略合作关系，开展“门到门”“散改集”等个性化延伸服务，提高园区货运组织效率。

三是针对物流园区形象差、能耗偏高问题，大力实施园区绿色化改造。具体做法：将园区库区 45 万平方米顶部安装光伏太阳能板。现已建成 23 兆瓦太阳能光伏发电工程，实现库区作业电能自给自足。截至目前累计发电总量已达 9000 多万千瓦时。在码头安装船用岸电装置，为到港船舶用电提供便利，减少污染物排放。二期工程 20 万平方米库房继续建设光伏发电工程，除自身使用外，大量的太阳能电力并入国家电网，服务社会。

3. **智慧化**

针对制造企业碎片化订单多，物流企业协同处理能力不足，区域内物流加工资源分散、设备使用率偏低等问题，构建三大平台支撑不同颗粒度的管理需求，提升物流服务的供应链掌控能力。

一是搭建 PDA 数字仓储平台。园区内全面普及 PDA 设备应用，将码头入库数据、仓储数据和货车出库数据通过 5G 网络实时传送到数据云中心，信息实时更新。

二是搭建 ERP 流程管理平台。全面启用 ERP 流程管理平台，整合园区经营户的“货物交割”和“费用结算”业务流程，实现信息实时同步更新。

三是搭建 App 物流调度平台。提货司机端通过手机 App 实现自助提货、实时拼货、查看排队、预约车辆和人员等服务。

（三）“四向”发力打造钢铁供应链平台

园区瞄准“两业融合精准推进、物流信息全程智控、公共仓储精细管理、物流公共服务延伸拓展”方向，形成典型经验。

1. 两业融合精准推进

围绕园区周边装备制造业钢材物流市场需求，精准谋划，在钢材物流领域走出两业融合发展新路径。一是抓住杭州都市经济圈制造企业钢材配件物流需求强劲机遇，促进装备制造企业钢材配件前移。以德清临杭工业区、德清经济开发区、杭州钱江经济开发区、杭州大江东产业集聚区等产业集群为重点，引导制造企业剥离企业内部仓储服务并向园区内转移。二是主动搭建钢材物流加工集聚平台，促进制造业加工服务外包。引导制造企业分离原材料采购、运输、加工、整理、配送等物流服务业务，完善园区的钢材热轧、冷轧、挤压、锻压、冷拔、剪切等加工服务功能，推动物流企业从传统贸易运输服务向采购贸易、物料加工、分拨配送等全功能服务转型。三是以周边电梯、钢构和汽车产业集群为突破口，促进碎片化定制服务整合。鼓励中小物流企业联盟、联合、兼并等，推进物流业业务流程再造，将汽车、电梯等钢构材料加工服务的碎片化需求整合成批量定制需求，将生产资料的碎片余料进行统筹综合利用，并探索应用3D打印技术，开发个性化定制服务功能，提高物流加工的集约化和专业化发展水平。园区通过串联钢材生产、加工、贸易、流通等全链条环节，促进生产制造企业仓储、流通加工等外包、前移，推进物流业和制造业跨界融合发展，提升钢材全产业链物流价值。

2. 物流信息全程智控

以信息链为核心、以生产用户需求为导向，建立面向上下游客户的个性化生产制造信息服务，降低物流成本，为企业带来巨大效益。一是建立协同化物流信息平台。在采购、运输、生产、销售等环节加强信息协作，推进制造企业与物流企业生产信息、物流信息和管理信息的融合交换，借助协同化物流信息平台统筹协调园区的运输能力、流通加工能力、仓储能力，提高设备使用率，促进物流加工服务流程再造，形成批量订单协同处理优势。二是构建智慧化生产服务体系。园区为制造企业提供智慧化生产方案设计，在原材料采购、仓储管理、销售配送等环节导入物流服务信息链，对物流各环节进行实时跟踪、有效控制和全程管理，助力缩减制造企业综合生产成本。三是形成网络化物流服务环境。推动物流企业提升采购、营销能力，提高商务协同水平，带动产业链上下游企业协同发展，集成制造业生产大数据，推动行业变革。

3. 公共仓储精细管理

通过仓位空间布局合理规划、设备机械化和自动化管理等手段，在公共仓储精细管理方面成为同业示范。一是合理规划仓位空间布局。合理确定货位面积、料位设定、物料堆砌方式和物料标示，制定便捷的作业路线，尽量减少作业路线占用仓库面积，提高仓储空间利用率。二是提高仓储设备机械化程度。应用出入库输送设备、分拣设备、提升机等机械化设备，提高货物的出入库作业效率。三是提高仓储自动化管理水平。应用光学字符识别技术、无线射频识别技术、自动称重技术和计数技术等，提高仓储设备的自动化程度，加快仓库周转和减少库存。

4. 物流公共服务延伸拓展

积极完善公共服务功能建设，为入驻园区的物流服务供应商和物流服务需求商提供一站式服务。一是车、船、货物流信息交互。为入驻客户提供统一高效的沟通界面，全面整合需求信息和物流需求源，满足车、船、货物流信息匹配的需求。二是“一站式”物流公共服务。公共服务中心统一设立电子政务办理界面，整合政务信息公开、政策信息发布、业务申请审核批准等服务，为园区内部企业提供“一站式”公共服务。三是全方位综合配套服务。引进银行、保险、税务等社会服务机构，提供零担配载、商贸仓储、工业公共仓储、公共停车等服务，让经营企业可以“足不出园”，即可满足日常经营及生活需要。

三、未来展望与发展方向

“十四五”期间，园区将继续充分发挥内河港口航运的独特优势，完善服务两业融合的一体化信息链，依托多式联运为杭州都市经济圈产业基地提供强力物流服务支撑，努力打造线上线下相结合，集交易、展示、信息管理功能于一体的长三角金属材料流通平台，成为全国知名的物流业制造业深度融合创新发展物流园区、生产性服务型创新示范园区。预计到2025年，园区货物运输量超过1500万吨，运营总收入突破500亿元，税收总额3亿元以上，就业人数超过1500人，实现园区综合物流成本比“十三五”末期下降5个百分点以上。

（作者：王铭明　德清临杭物流园区负责人
王信培　德清临杭物流园区董事长
沈秋萍　德清临杭物流园区办事员）

创新发展理念　建设商贸物流新标杆

——宝湾（合肥）国际物流中心

一、园区基本概述

中国南山集团以深圳赤湾为总部，旗下拥有上市平台南山控股（证券代码：002314），业务涉及综合物流、产城综合开发、金融服务、资产管理等领域，覆盖长三角、珠三角、环渤海、中部及成渝地区等30多个热点城市，积极参与“一带一路”沿线国家的特色园区建设，客户遍布全球。中国南山集团的综合物流产业以“宝湾物流”和“赤湾东方”两个强势品牌为抓手，点线结合，旨在打造“中国领先的仓储与公路运输领域综合运营商”。合肥宝湾国际物流中心有限公司是中国南山开发（集团）股份有限公司（简称“中国南山集团”）在合肥投资设立的全资子公司，成立于2012年4月，主要从事现代物流园区及商贸园区的开发与运营，致力于实现产业与城市发展的有机融合，打造国内领先、国际先进的商贸物流产业园区，宝湾（合肥）国际物流中心是公司打造的示范样板。

宝湾（合肥）国际物流中心位于合肥北部枢纽物流产业集聚区，为主城区与北部新城交会地带，紧邻上海铁路局合肥货运中心（合肥铁路国际内陆港），距合肥综合保税区、新站高新技术产业开发区约3公里，地理位置优越。园区规划用地面积约1140亩，总建筑面积约110万平方米（其中仓储面积近30万平方米），整体规划分为三大板块，即仓储物流区、建材家居和汽车配件交易区，以及综合配套区，集展示交易、仓储配送、电子商务、供应链服务等功能于一体，打造模式先进、物流与商贸联动的综合型园区。园区在2021年被国家发展改革委、自然资源部评为国家级“示范物流园区”，多次获得中国物流与采购联合会“优秀物流园区”称号。

二、主要做法和特色经验

（一）以先进的开发运作模式打造商贸物流示范标杆

在规划环节，宝湾（合肥）国际物流中心按照“市场分析→战略定位→功能设计→布局设计→商业计划”的园区规划方法论“五部曲”，聘请专业机构对合肥市乃至安徽省的经济结构及产业结构、消费习惯及消费能力、商贸物流产业园区现状进行了调研分析，同时结合合肥市的城市规划要求，定位于打造区别于传统商贸园区以及传统物流园区的高端商贸物流综合体，避免同质化、低水平竞争。宝湾（合肥）国际物流中心从综合集约、独立专业、共享共用入手，设置有七大功能区，打造一个专业性的物流中心。宝湾（合肥）国际物流中心规划布局如图 1 所示。

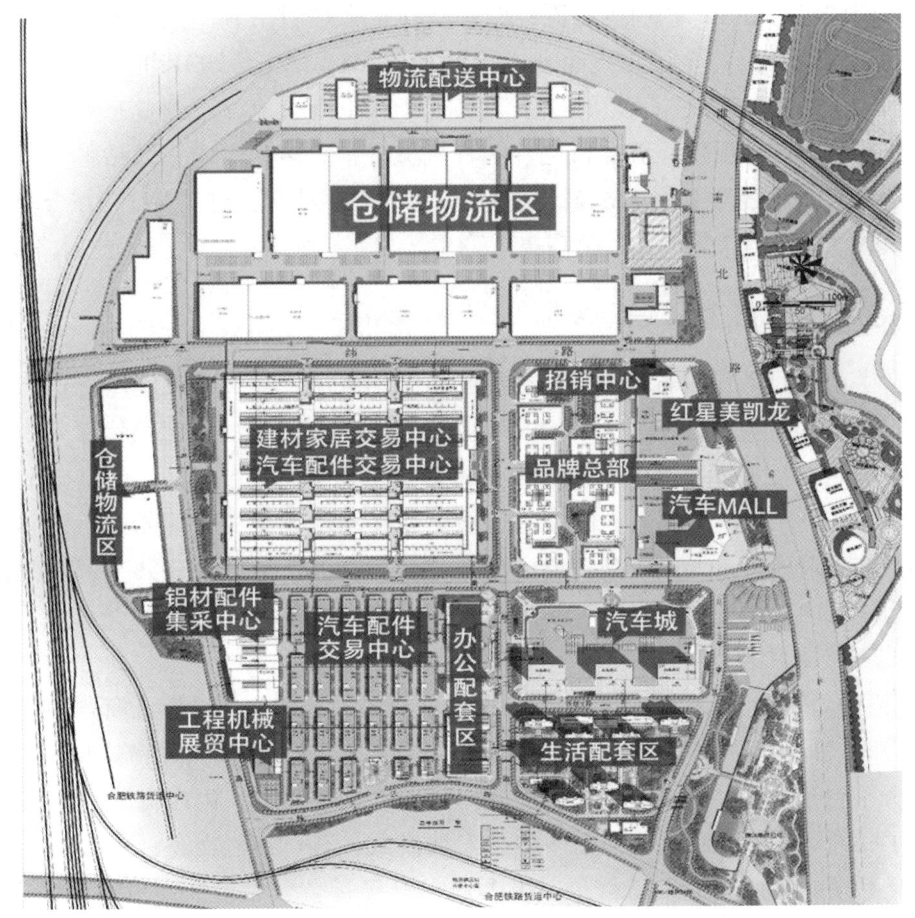

图 1　宝湾（合肥）国际物流中心规划布局

在建设环节，宝湾（合肥）国际物流中心本着守正出新的观念，在传统物流向商贸物流城发展的基础上再做创新，以实际需求为引领，不断完善园区建设方案，按物流带动商流、仓储商贸综合发展的规划实施，在商贸物流城的基础上注重配套。建设分为四期：一期建设仓储物流中心；二期建设由仓储向商业过度；三期建设扩大商业规模、入手配套设施；四期建设完成仓配、商贸及配套整体规划（在建），形成一套“专业物流园＋商贸专业市场＋住宅＋配套”的商贸物流综合体打法。这种建设模式，有利于实现产城融合，杜绝传统的商贸物流城中商贸与物流脱节的现象。

在运营环节，宝湾（合肥）国际物流中心以产业导入和产业集聚为核心，以政府、园区、企业的诉求为运营目标，按照“物流驱动商贸，展储运居一体”的发展思想，建立了一套完善的招商标准。一是利用园区品牌、对接政府招商资源，做好地方优质企业储备和点对点招商；二是进行产业链招商，结合各地产业资源优势，打通产业链上下游进行招商；三是进行生态圈招商，依托重大项目和主导产业，结合生态投资，整合外部资源，打造园区招商生态圈；四是依托重大项目引领，主动策划、对接和储备一批处于产业链上的全国重点企业，推动进驻园区。截至 2021 年第三季度，宝湾（合肥）国际物流中心入驻商贸、物流类企业共计 2000 余家，经营业态涉及家居、建材、装修辅材、汽车配件、五金机电、工程机械等，大多为国内一线品牌。其中，物流与供应链类企业近 30 家（5A 级物流企业 1 家，4A 级物流企业 3 家），在合肥北部形成了规模较大的专业市场商圈，呈现出“商贾云集、买卖全国”大商贸流通格局。

（二）推动线上线下联动发展

社会生产力的提升，电商经济的崛起，仓储物流流量加大，致使传统仓储物流作业能力难以满足井喷式的需求，“不改革，就落后，终倒闭”的观念悄然深入物流行业中。宝湾（合肥）国际物流中心视危机为机遇，在集团投资近 2 亿元的基础上，追加投资超过 500 万元，积极创新，倾力打造线上线下联动发展的智慧园区，凭借线下丰富的园区基础设施体系，积极搭建电子商务平台、物流信息服务公共平台、智慧园区平台，为园区内企业提供商务、信息、咨询、交流等一系列综合服务。

1. 电子商务平台

“宝湾商城”设立，旨在开启商贸园区线上交易服务功能，以保证商贸的线上线下联动，为商户提供多种方式的销售渠道服务，也为客户打造 O2O 购物体验。“宝湾商城”服务平台建立后，众多商贸园区经营户目前已入驻平台，同时商城与物流信息平台实现了联通，建立起商流、物流一体化发展模式，客户销售交易订单直接流转至物流信息化系统，生成物流发运订单，极大地提升了运营效率，为商贸园区的经营户、物流园区承运商搭建了高效的业务对接平台，也为客户打造了商流、物流可视化购物体验。（见图 2）

图 2 “宝湾商城”服务平台示意

2. 物流信息平台

通过 SAP Hybris 平台系统和 SAP – WMS 仓储管理系统、SAP – TMS 运输管理系统，为入驻园区物流企业提供车货匹配、交易撮合、仓储配送等综合性服务。同时，通过与“宝湾商城”（www. baowanmall. com）的信息互联，整合物流供应链相关节点的物流活动，打通节点间的信息流转，形成商流、物流、资金流与终端客户信息互通，实现“四流合一”。通过对客户的交易数据进行分析，提供畅销产品、呆滞品、季节性波动产品数据，为商户的进销存提供数据支持；通过数据汇总与分析掌握货源地的产品供应时效及运输价格波动情况，提供最佳采购时间，保障仓库以最小面积达到最大使用效率。此外，还结合物流信息平台对大数据的采集、汇总、分析、归纳等，还能为物流供应链各节点用户提供数据支撑，为产业链各节点提供动态信息，逐步实现智慧物流的发展目标。

3. 智慧园区管理平台

通过搭建智慧园区管理平台，实现了三大服务：“管理智慧化”服务园区管理人员；“办公智慧化”服务园区入驻企业；“生活智慧化”服务园区每一个人。借助智慧园区管理平台，既提升了园区管理方的工作效率，也提升了对入驻园区企业的服务质量。目前已建立的智慧园区管理平台，服务包括租赁管理、智能抄表、智能交费、智慧停车、在线报修、在线客服、智能监控、智能安防等。

园区的线上、线下联动发展模式，对促进区域内物流业务资源整合、促进城市配送、甩挂运输等起到了积极的作用；同时，也降低了物流成本，促进区域物流产业效益提升和集约化发展，完善城市快运服务系统，加速传统物流融入信息化发展，从线上化运营管理、车货信息匹配、运输资源整合、线上交易等多方面促进物流的新发展。

（三）创新物流金融服务

客户在经营中会有资金需求，宝湾（合肥）国际物流中心通过对入驻商户的需求进行汇总，支持客户的中短期资金及扩大规模资金需求，采取与集团金融公司、银行合作，以支持客户的经营为目的，给客户提供定制的金融信贷服务。目前宝湾（合肥）国际物流中心主要是根据企业的贸易数据、物流数据、纳税数据、支付凭证等，与外部金融机构进行合作，为园区企业提供信用贷款或抵押、担保贷款，以及以库存货品作为质押进行融资等金融服务。

（四）建设节能环保绿色园区

当今社会的发展，节能环保一直是全行业热点话题。宝湾（合肥）国际物流中心积极响应“双碳”政策，正视物流造成的环境问题，将自身作为减碳经济的试验场、实践场，在发挥物流服务性、链接型带动区域经济发展的同时，追求节约资源和环境保护的目标，在实现经济效益的同时注重社会属性。

园区坚持绿色发展，在注重自身工作细节的同时，沟通园区入驻企业，在多次协商的基础上，提出生态物流园区建设方案。一是淘汰尾气排放超标的车辆；二是长途运输推广使用厢式半挂车，减少使用中小型货车，减少出车数量；三是对新购进的新能源配送车辆实行优惠政策等；四是把高耗电的停车场大灯、办公照明换成节能灯，在建1.4万平方米的太阳能屋顶光伏发电；五是在仓储方面，通过托盘的重复利用和一些机械化物流设备的使用，提高了效率，节省了大量木材的使用，充分降低碳排放量。通过生态物流园区建设方案的实施，绿色发展观念深入人心，当前取得显著成效。

三、未来展望与发展方向

（1）升级仓储物流设施立体化、智能化管理水平，建立统仓管理及共同配送服务模式，提升仓储使用效率、物流运输效率，进一步提高园区智能化运营管理水平，同时延伸物流供应链增值服务，在为入驻园区企业降低仓储物流运作成本的同时，提供如集采、金融等业务服务，扶持企业稳健发展、做大做强。

（2）升级商贸流通产业链、物流供应链服务模式，为入驻园区企业提供辅助销售、电子商务、金融等创新服务，同时通过研发与铁路系统对接的多式联运物流信息平台，整合大宗物资物流逐步实现公铁联运，延伸、拉长物流供应链服务环节，提供全过程可视化、数据化、智能化、智慧化的服务。同时，不断升级物流信息平台，增强园区的电商物流服务功能，保证商贸活动的线上线下联动，为商户提供多种方式的电商物流服务，也为客户打造O2O购物体验。

（3）积极融入区域以及国家物流枢纽。宝湾（合肥）国际物流中心积极响应“一带一路”和“长江经济带”相关政策，合肥以“政府引导、企业主导”模式，由合肥国际内陆港发展有限公司作为建设运营主体牵头单位，联合多家企业共同申报合肥陆港型国家物流枢纽并已通过评审。目前宝湾（合肥）国际物流中心已纳入合肥陆港型国家物流枢纽申报核心区，同时中国南山集团旗下的合肥岗集综合交通物流港（规划占地面积4500亩，拟打造成科技型国家级综合物流示范基地、全国多式联运和甩挂运输基地）一期738亩也被纳入合肥陆港型国家物流枢纽的增量发展空间，并于2019年11月已经开始动工建设。下一步，宝湾（合肥）国际物流中心将充分利用合肥陆港型国家物流枢纽规模集聚效应，积极参与到国家物流枢纽和合肥市其他物流基础设施的对接，盘活物流资源，促进合肥市整体物流功能的集聚和扩大发展。

（作者：龚　平　宝湾（合肥）国际物流中心运营总监
颜龙世　宝湾（合肥）国际物流中心总经理
贾　杰　宝湾（合肥）国际物流中心商管公司总经理）

推动物流业制造业融合发展
打造综合性智慧物流园区

——黄河三角洲滨南物流园

一、企业发展概况

山东京博物流股份有限公司是一家集危化品汽运、危化品仓储、铁路运输装卸综合服务、普货运输、汽车后市场服务以及公铁联运、公水联运等综合方案于一体的多元化、服务型第三方物流企业。公司在职员工 1200 余人，自有危化品车辆 450 余辆，可调动社会危化品车辆 3000 余辆；拥有自主产权的铁路专用线 8 条，罐区储运能力 130 万立方米，其中沥青罐储能力 11.7 万立方米。公司荣获全国 5A 级物流企业、全国先进物流企业、中国物流学会产学研基地、中国物流示范基地、山东省现代服务业集聚示范区等荣誉称号，由公司承建的黄河三角洲滨南物流园是国家级示范物流园区，也是山东省政府重点建设项目。

公司始终以安全、风控为基础，以创新为驱动，以流程再造为手段，以人才培养为根本，以“专精特新”为方向，紧紧围绕高质量发展要求，争做物流安全、技术装备创新、物流数字化、物流综合方案等领域的标杆企业，打造中国危化品物流综合服务第一品牌。

黄河三角洲滨南物流园位于滨州市博兴县，是由山东京博物流股份有限公司投资建设的集公铁联运、仓储、配送、海上运输、管道、物流信息等多种服务于一体的综合型物流园区。园区建设有仓储与配送中心功能区、交易区、汽车维修区、管理服务区并配套建设公共服务设施。园区以专线、港口、集散地为重点，业务涉及钢铁、煤炭、粮油、化工、建材等行业，主要服务于滨州市和周边地区。

二、创新做法与特色经验

（一）创新多式联运新模式，积极推进物流一站式服务

园区积极发展多式联运，充分利用现有的基础设施资源，整合社会运力，在龙口港、寿光港搭建进出海通道，利用铁路专用线的优势，开通国际班列，发展多式联运，提高物流运输效率，降低客户成本；同时由运营部主体京博物流建设管道输送项目，对于减轻地方交通压力、节能降耗起到积极的作用。园区目前涵盖海上运输、铁路货运、公路汽运、管道运输、港口储运等运输方式，目前已实现仓储—汽运、铁路—汽运、海铁联运三种多式联运一站式服务模式。围绕以铁路为主的多式联运，公司先后推动“滨新欧”“滨海欧”班列开通运行，其中“滨新欧”班列于2015年10月开通，是黄河三角洲地区首列国际货运班列，使滨州市成为山东省第二家开通国际货运班列的城市，是滨州市融入国家“一带一路”倡议的重要组成部分。该班列以发送卷钢为主，运行线路由博兴站运输至中亚五国和俄罗斯。截至2021年10月，“滨新欧”班列累计发送卷钢10732车，累计运量64.4万吨。“滨海欧”班列是黄河三角洲地区第一条海铁联运国际货运班列线路，也是继“滨新欧—滨州号”后的第二条国际货运班列线路。“滨海欧”海铁联运班列全部双向开行，运行线路由博兴站铁路运输至黄岛港（青岛港），再由黄岛港（青岛港）装船出口至英国、美国、日本、韩国、俄罗斯、菲律宾等国家，主要出口货物包括钢材、工艺品、糖浆、液氮等。截至2021年10月，“滨海欧”班列累计发送卷钢15491车，累计运量92.954万吨，累计班列补贴金额1639.52万元。

（二）通过信息化手段，实现业务环节精细化管理

目前园区在建及建设完成的信息化平台共18个，其中管理类平台10个，业务类平台5个，电商平台3个。

其中，智慧物流供应链一体化平台是以安全、风控为基础，以一站式服务和联融思维为核心，借助“物联网+大数据+现代信息化”手段，依托核心物流服务向供应链上下游扩展，建立国内领先的一站式“供应链一体化智慧平台”，实现对供应链信息流、物流、资金流、商流的整合，建设开放性的京博物流智慧物流生态体系，主要包括智能调度系统、GPS车辆监控调度系统、主动预防系统、捷油宝物流可视化系统、“捷运互联”网络货运平台等，实现了车辆运力统筹、运输路线优化、成本计算模型、全程可视化、共享仓储、资讯服务、大数据可视化、车货匹配、在线支付、线上投保等关键功能的建设及完善。

通过平台实现对社会车源货源的统一整合、车辆合规性的在途监管、电子运单的

实时跟踪、园区装卸的预约排队、危险源的定位与跟踪等功能，从而真正降低物流成本及加强安全监管力度。

（三）积极创新业务模式，打造新型化工园区

1. 园区积极推进甩挂业务

运营主体山东京博物流股份有限公司是国家首批认定的26个甩挂试点项目参与单位，试点项目为黄河三角洲滨南物流园。与传统运输方式相比，甩挂运输优势明显：一是减少装卸等待时间，加强牵引车周转速度，提高运输效率和劳动生产率，采用甩挂运输可提高运输效率30%～50%；二是减少车辆空驶和无效运输，降低能耗和废气排放，可降低油耗20%～30%；三是节省货物仓储设施，降低物流成本，四是便于组织水路滚装运输、铁路驮背运输等多式联运，促进综合物流的发展。

2. 开辟外贸业务新模式

（1）依托滨州（博兴）内陆港，建设海关监管作用场所。京博物流和博兴县财金集团合资成立山东千乘国际陆港综合服务有限公司，负责在园区承建与运营博兴县海关监管作业场所，主要建设海关功能闸口、海关信息系统、查验平台、集装箱作业场所、保税仓储等，具有码头功能、场站功能、海关监管及商检查验功能。2020年9月，博兴县内陆港海关监管作业场所正式获得济南海关批准，该场所是全市目前唯一的海关监管作业场所，真正实现“一次申报、一次查验、一次放行”，企业通关时间由1～2天缩短为1～2小时，每个集装箱可节省通关成本约170元。

（2）搭建跨境电商平台。京博物流和博兴县商务局一起与国内知名的外贸综合服务企业秦工国际集团多次对接磋商，经市场调研后，开始跨境电商平台建设工作。2021年1—4月京博云商跨境电商平台出口量7.706万吨，出口额5950万美元，进口额39.26万美元，合计进出口额5989.26万美元。跨境电商平台二期项目自建设以来，已吸引50家企业上线，平台二期建设完成后，可为入驻用户带来平台境外年曝光流量不低于50万次，访问流量不低于30万次，月有效询盘不低于500封，全年6000封以上，为企业的自主品牌建设和出口市场赋能。

（四）推动行业标准化建设，强化园区安全管理

园区运营主体山东京博物流股份有限公司共计主导、参与9项标准制定，其中主导、参与国家标准2项，地方标准1项，团体标准6项。公司与相关专家对接，拟制定11项行业标准，包括危险化学品物流安全标准化建设标准、危险化学品物流运输交付标准、危险化学品物流服务认证标准、危险化学品运输罐车蒸洗罐操作规范、电子运单一单制标准、危化品车辆风险等级与管控效果快速评价标准、危化品车辆应急处置VR培训模拟与考评标准、网络平台道路货物运输电子运单管理规范、危险化学品运输企业应急能力

评估规范、大宗货物公铁水联运技术规范、危险货物物流服务质量和信誉信用评价体系，并组织拟制定标准项目建议书的提报工作。

三、园区发展展望

“十四五”期间，园区运营方面将以安全、风控为基础，以创新管理、模式、装备为驱动，以大数据、信息化、平台化为助力，以多式联运、高效率运作、精细化管理为手段，推进管家式物流服务，做国内最优秀的危化品物流方案解决商。通过整合产业链资源、社会资源响应平台客户需求，发展一体化实体物流。以博兴化工园区为原型，打造“化工园区 + 智慧物流”平台，开创“区域 + 产业智慧物流”管理新模式。

软件方面，依托核心物流服务向供应链上下游扩展，借助现代信息手段、大数据算法，实现配送数据的趋势分析、路径优化、车货匹配等物流全流程的数字化管理，打造数据透明、生态联融共生的体系。

硬件方面，建设汽车装车设施区、智能调度中心、第三方化验分析室、专业化停车场及配套危废收集、安全、消防、监控设施设备等，进一步强化运输车辆路面行驶管控，规范运输车辆临时停放、清洗和维修，减少物流安全隐患，完善司机之家功能，从社会层面解决危化物流从业人员的后顾之忧。

（作者：孟令荀　山东京博物流股份有限公司总经理办公室主任）

陆海通联 东西互济
建设“一带一路”开放平台

——华东国际联运港

一、园区基本情况

金华（义乌）地处浙江省中部，位于“沪昆走廊”与“义甬舟开放大通道”交会处，是东西互济、南北沟通、海陆联动的重要节点，是“一带一路”支点城市、长三角区域一体化重要城市、国际性综合交通枢纽港站、中欧班列内陆主要货源地节点、两类（商贸服务型与生产服务型）国家物流枢纽承载城市。

浙中多式联运枢纽港位于浙江省金华市金东区铁路南货场旁，是第三批国家示范物流园区，金华生产服务型国家物流枢纽建设主阵地，以及“义新欧”班列金东平台所在地。金华市委、市政府以建设沪昆铁路货运外绕线为契机，推动浙中多式联运枢纽港扩容升级，建设华东国际联运港，搭建陆海双向联动平台，形成以铁路为核心的特色多式联运枢纽，通过“义新欧”班列、“义甬舟开放大通道”有效连接“一带一路”。

（一）物流需求

物流需求主要来自制造业原材料、产成品的外贸进出口和国内物流分拨。金华是市场大市、外贸出口大市，2020 年实现外贸进出口总值 4866.6 亿元，同比增长 15.3%。

（二）发展定位

立足浙江、服务全国、辐射全球，高质量建设成为生产服务型国家物流枢纽、“一带一路”中欧班列华东区域集结中心、长三角国际大宗物资集散、交易（交割）中心、国内国际双循环枢纽经济示范区。

（三）项目区位与布局

华东国际联运港项目区位条件优越：铁路通道方面，西邻金温铁路及金华铁路南站，北临浙赣铁路，南侧在建甬金铁路直通宁波舟山港；公路通道方面，北临杭金衢高速公路，东接金丽温高速公路，紧靠金义快速路，G235 国道连接城区，距离最近的金丽温高速公路出入口的距离小于 3 公里；机场方面，距离义乌机场约 50 公里，距离规划中的金义国际机场约 40 公里；港口方面，距离兰溪港约 40 公里，距离浙江省主要港口——宁波舟山港、温州港、台州港直线距离在 180～220 公里，是沿海港口后方的集散地。

规划空间结构为"一体两翼"，核心区占地面积约 8.8 平方公里。港区内规划两个重要的交通集散枢纽：金华东站为综合型场站，主要承担集装箱、商品车、冷链等货物装卸运输功能；金华南站为专业型场站，向高铁物流、铁路快运及延伸服务功能转型。华东国际联运港空间布局如图 1 所示。

图 1　华东国际联运港空间布局

（四）建设模式与运营主体

枢纽港区采取"政府引导，企业主导"的开发建设模式，政府给予适当投资补助和优惠政策，企业根据市场需求进行具体开发建设，发挥双重优势。由金华市政府直属独资公司金华市交通投资集团牵头并成立全资子公司金华市浙中公铁联运港有限公司负责枢纽的建设开发，统一规划、分期建设。

通过功能联合、平台对接、资源共享等方式，与上海铁路局、顺丰集团、普洛斯等投资者合作，构建产业战略联盟伙伴关系，形成统一组织、服务开放、动态调整的运营架构。

二、主要做法与特色经验

2014 年 11 月 18 日，首趟“义新欧”班列从义乌出发，运载 82 个标准箱的小商品远赴西班牙马德里。经过 7 年的探索发展，该班列不断成长壮大，已开通运营线路 18 条，辐射欧亚大陆 50 个国家和地区，到达境外站点 101 个。

2020 年“义新欧”班列共开行 1399 列，同比增长 165%，开行数量跃居全国第 4 位，中欧班列高质量发展指标不断提升。其中，金东平台发运 425 列，同比增长率达 312.6%，回程率达 41.4%，是全国增长率、回程率最高的中欧班列。

“义新欧”班列金东平台历年开行数量如图 2 所示。

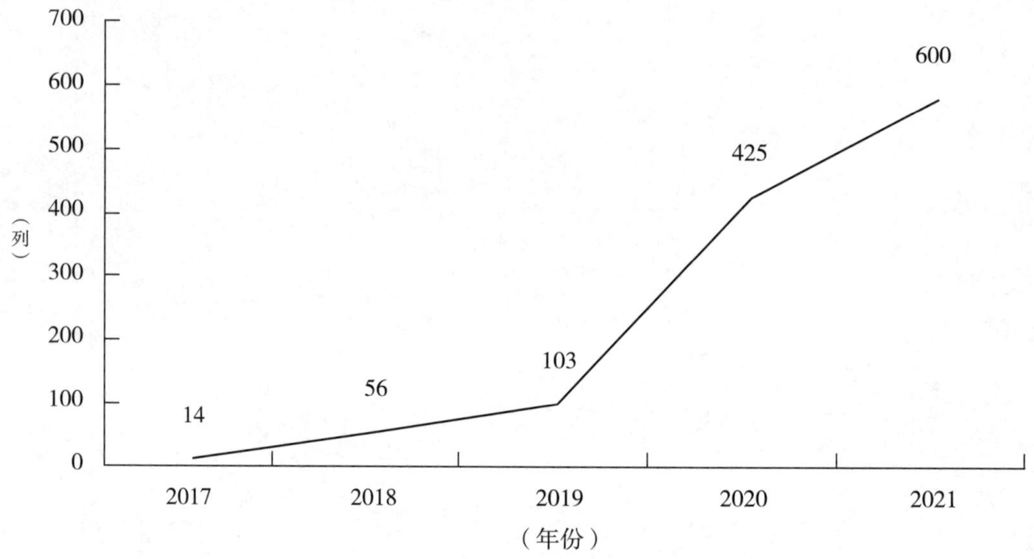

图 2　“义新欧”班列金东平台历年开行数量

金华—宁波海铁联运最早开始于 2012 年，原以零星发送为主，自铁路金华南货场投运之后运量逐步上涨，形成稳定开行的“定点（装车地点）、定线（运行线）、定车次、定时、定价”五定班列。2017 年平均每周开行 6 列，2018 年稳定“天天班”，2019 年高峰期一周开行 10 列，2020 年受疫情影响同比下降 2.4%。截至 2021 年 11 月 28 日，铁路金华南货场海铁联运全年共开行 408 列，平均每周开行 8 列以上，列数同比增长 15%。港区海铁联运历年重箱发运量如图 3 所示。

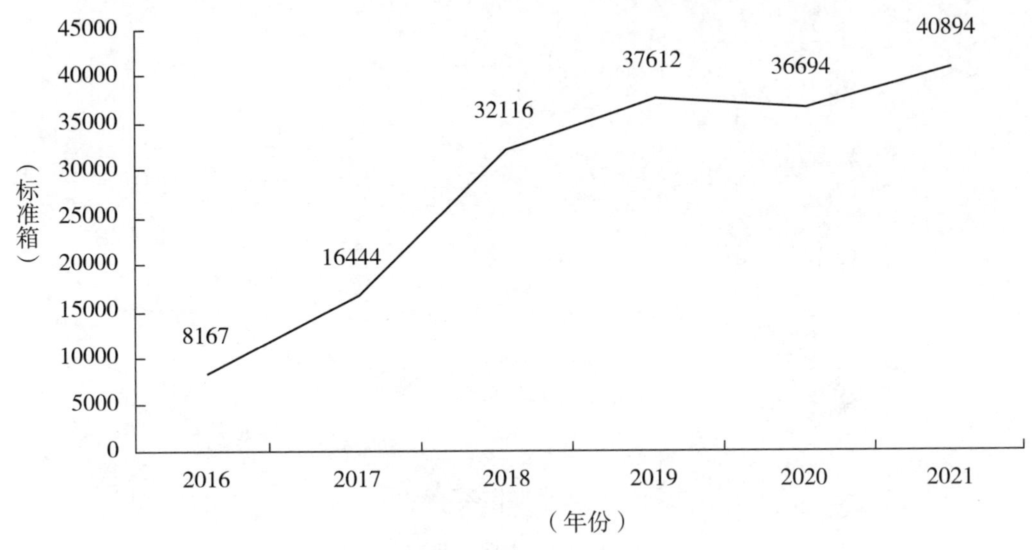

图3　港区海铁联运历年重箱发运量

华东国际联运港积极建设“一带一路”对外开放平台，发挥区位优势，以两大班列为抓手，带动港区锐意进取，勇毅前行，截至目前实现集装箱吞吐量23万标准箱，物流业务收入达到8.5亿元。

以上成绩的取得，主要来自以下几个方面工作的推进。

（一）强化基础设施能力

华东国际联运港着力于解决金华市区周边物流基础设施较为零散、物流业态较为低端等问题，推动港区基础设施完善升级，补齐功能短板，夯实基础设施及配套功能平台硬件支撑。先后建设海关监管区，负责海关查验、检验检疫等功能；建设快递分拣区，引入顺丰、中通、申通等快递企业，实现快递集中分拨；建设公路港项目，聚焦一批专线物流企业；建设高标准物流仓库，供物流企业使用；班列作业线旁建设2万平方米集装箱堆场，提升作业效率。以上项目均已投运，助力实现“物流出城”。配套服务区、信息服务区等重点项目正在加紧建设。未来还将建设货线扩容工程、配备H986等先进查验设备，进一步提升作业效率。加快推进新金华东站基础设施建设，引入特瑞（有棵树）跨境电商产业园、普洛斯国际物流园等项目实现园区业态进一步丰富。铁路金华南货场如图4所示。

（二）提高班列组织效率

2019年是“义新欧”班列开行的第五个年头，但班列发展不尽如人意。彼时，浙江省各地市陷入了中欧班列开行的恶性竞争，通过补贴争抢货源。2020年5月，根据

图4　铁路金华南货场

浙江省委、省政府战略部署，“义新欧”班列按照一个品牌、两个平台、全省统筹、错位发展的总体思路，形成金东、义乌两大运营平台，共同承担全省中欧班列的发送任务，成效显著。港区内的金东平台开行特色线路外，着力开行回程班列，针对欧洲特色食品、机械零部件等，以及中亚等地的矿产、粮食、木材等优势产业，拓展回程货源，为金华制造企业运回板材、棉纱、纸浆、电解铜等生产原材料。目前，“义新欧”班列线路已经成为全国运营方向最多、载重率最高、跨越国家最多、运输线路最长的中欧班列运营线，全方位推动了班列与区域产业的融合互促发展，形成了“班列通道 + 区域产业 + 枢纽经济”良性互动发展局面。

（三）拓展国际通道网络

作为“一带一路”对外开放平台，港区亟须丰富自身的通道网络，提升物流通道能级。自2020年5月，“义新欧”以双平台运行以来，金东平台不断尝试拓展运输网络，打通国际通道。出口方面：西向，开通至法国杜尔日、匈牙利布达佩斯、乌克兰基辅、阿塞拜疆巴库（铁水联运）、中吉哈公铁联运等线路，丰富中欧线路班列产品，推进“法国站”等国外集结点的建设，增强辐射中欧、中亚国家能力；北向，加密“金满俄”等市场化基础较好的线路，实现班列的高密度开行，点对点快速直达；南向，谋划“金昆东”国际班列，依托中老铁路的开通，于近日开行金华—老挝班列，打造中国—东盟合作、中巴经济交流的运贸载体；东向，开行中亚—金华—宁波舟山港—日韩过境班列，有效结合“义新欧”“义甬舟”两大通道，实现高效的物流组织功能。进口方面：拓展境外枢纽建设，依托现有境外资源和运营网络，以轻资产加盟

图 5 中俄公共班列

或重资产投建等方式，在马德里、布拉格、列日、莫斯科、明斯克等班列主要节点城市布局海外物流分拨中心，提升班列境外货物集散能力，有效增加回程班列货物货源组织，扩大商品进口额度。中俄公共班列如图 5 所示。

（四）提升综合服务水平

随着班列的数量、线条的丰富程度不断增加，如何在长三角范围内的中欧班列平台脱颖而出，或者从海运方式吸引部分货源，成为金东平台的下一个发展课题。因此，在高质量发展方向指引下，一是通过开展“注重时效、量大从优”的客户评分制度、“服务企业、服务地方”的市场细分制度以及制定舱位分配方案等系列举措，改善运输组织、拓展货源品类、降低物流费用、延伸服务链条、提升运输效率、提高附加值。近一年来，去程班列重箱率达到 100%，班列计划开行率达到 100%。二是为了缓解中欧班列和海铁联运集装箱的堆放压力，提升铁路金华南货场的运输能力，提高客户体验和满意度，开展集装箱堆场、仓储、短驳、拼箱等配套服务。推动班列服务从“站到站”向“门到门”转变，平台公司在港区内租用仓库，开展拼箱和仓储业务。三是根据不同客户群体的需求，先后开通海铁地中海航运金华专列、“达飞号”金华—宁波舟山港海铁联运专列、“中吉哈”公铁联运班列、“皇冠号”电动工具专列、“永康号”五金专列、“武义号”农副产品专列、中俄公共班列、“杭叉号”专列（见图 6）等。为企业进一步拓展亚欧市场搭建更加绿色、便捷、安全的贸易桥梁。四是利用自贸试验区政策优势，推动班列运输与进口市场培育协同发展，与金义综合保税区（综保区）实现港区联动，大力拓展“保税＋进口”“保税＋转口”贸易模式，由中欧班列运回的生产资料通过短驳进入综保区，根据生产实际分批次进行清关，为制造企业节省成本。五是开展金融和供应链服务。开展国际贸易“单一窗口”铁路运输项目改革试点，签发 CIFA 全程提单，并与银行对接，以此运单进行融资，为企业缓解了资金压力。

图6　“杭叉号”专列首发

（五）搭建数字化服务平台

依托浙江电子口岸平台，建设“义新欧”班列数字服务平台，实现班列运营主体和关联主体高效协同发展。提升班列信息化水平，打造从前端客户订舱、询价，到中端集装箱入库、仓储、装卸，再到后端客户可视化跟踪系统的全流程信息链。结合铁路金华南货场及港区现场操作数据，开发包含运价维护、商务对接、财务结算、国际国内运综、计划管理、订舱配舱、单证管理、场站管理为一体的班列信息化系统，并与省级信息化平台——“四港”联盟云平台衔接。例如，为了解决集卡车进场与货场管理方面存在的冲突，开发“浙中国际·智慧公铁港”进箱小程序，集装箱进站业务推出在线提前审核、进门自动识别、磅单自动生成等功能，实现集装箱进站管理信息化、数字化、智能化，减少平台与监管部门的工作环节，大大提高了集装箱进站效率。

三、未来展望与发展方向

未来建设将重点围绕功能定位，建设三大核心功能：国家物流枢纽，长三角国际大宗物资集散、交易、交割中心，“一带一路”中欧班列华东区域集结中心。

（一）国家物流枢纽

依托发达的综合交通条件资源与物流优势，围绕建设金华（义乌）商贸服务型国家物流枢纽、国家骨干冷链物流基地、铁路口岸、中欧班列（金华）集结中心等国家级重大战略项目，整合优势资源，联动金华（义乌）商贸服务型国家物流枢纽互促发展，高起点建设国际陆港，实现“陆港 + 生产 + 商贸”三轮驱动，助力华东国际联运港打造长三角城市群核心国家物流枢纽。

（二）长三角国际大宗物资集散、交易、交割中心

整合金华市及周边区域对煤炭、粮食、水泥、铜、木材等大宗商品的集中采购、储存、中转、商贸流通等需求。推进金义综保区利用中欧、中亚回程班列，进出口大宗商品原材料，优化布局和完善大宗物资物流节点设施，加快开发建设国际大宗商品集散中心、交易中心和交割中心，构建集在线交易、实物交割、仓储、干线运输、区域分拨、流通加工、信息服务、金融服务等于一体的大宗商品采购交易服务体系，创新供应链融资、贸易融资、仓单质押等服务功能，打造成为“一带一路”大宗商品贸易承载中心。

（三）“一带一路”中欧班列华东区域集结中心

重点打造集装箱中心站功能，作业能力达到 100 万标准箱/年。建成金义铁路口岸——金华口岸，围绕铁路口岸、国家骨干冷链物流基地，提升“义新欧”班列金东平台服务功能与水平，打造“一带一路”中欧班列华东区域集结中心。

构筑互利共赢的国际产业链合作体系，提升我国对全球小商品及大宗商品贸易供应链控制力，促进我国商贸流通产业迈向全球商贸价值链中高端，形成基础设施互联互通、陆海内外深度联动的战略流通支点，全面融入和服务以国内大循环为主体、国内国际双循环相互促进的新发展格局。总体上实现制造业物流服务体系持续完善，功能不断健全；物流数字化、专业化、社会化水平显著增强；物流对制造业高质量发展支撑作用明显提升；提升供应链服务水平，带动长三角一体化发展，助推民生改善，满足人民群众对美好生活的向往。

（作者：金海贝　金华市浙中公铁联运港有限公司）

政 策 篇

国务院办公厅转发国家发展改革委交通运输部关于进一步降低物流成本实施意见的通知

国办发〔2020〕10号

各省、自治区、直辖市人民政府，国务院各部委、各直属机构：

国家发展改革委、交通运输部《关于进一步降低物流成本的实施意见》已经国务院同意，现转发给你们，请认真贯彻执行。

国务院办公厅

2020年5月20日

（此件公开发布）

关于进一步降低物流成本的实施意见

国家发展改革委　交通运输部

物流是畅通国民经济循环的重要环节。近年来，物流降本增效积极推进，社会物流成本水平保持稳步下降，但部分领域物流成本高、效率低等问题仍然突出，特别是受新冠肺炎疫情影响，社会物流成本出现阶段性上升，难以适应建设现代化经济体系、推动高质量发展的要求。为贯彻落实党中央、国务院关于统筹疫情防控和经济社会发展的决策部署，进一步降低物流成本、提升物流效率，加快恢复生产生活秩序，现提出以下意见。

一、深化关键环节改革，降低物流制度成本

（一）完善证照和许可办理程序。加快运输领域资质证照电子化，推动线上办理签注。优化大件运输跨省并联许可服务，进一步提高审批效率。（交通运输部负责）

（二）科学推进治理车辆超限超载。深入推进治超联合执法常态化、制度化，细化执法流程，严格执行全国统一的治超执法标准。分车型、分阶段有序开展治理货运车辆非法改装工作，逐步淘汰各种不合规车型。组织开展常压液体危险货物罐车专项治

理行动。（交通运输部、公安部、工业和信息化部、市场监管总局按职责分工负责）

（三）维护道路货运市场正常秩序。建立严厉打击高速公路、国省道车匪路霸的常态化工作机制，畅通投诉举报渠道，重点规范车辆通行、停车服务、道路救援等领域市场秩序。（公安部、交通运输部、国家发展改革委、市场监管总局、省级人民政府按职责分工负责）

（四）优化城市配送车辆通行停靠管理。持续推进城市绿色货运配送示范工程。完善以综合物流中心、公共配送中心、末端配送网点为支撑的三级配送网络，合理设置城市配送车辆停靠装卸相关设施。鼓励发展共同配送、统一配送、集中配送、分时配送等集约化配送。改进城市配送车辆通行管理工作，明确城市配送车辆的概念范围，放宽标准化轻微型配送车辆通行限制，对新能源城市配送车辆给予更多通行便利。（交通运输部、商务部、公安部按职责分工负责）研究将城市配送车辆停靠接卸场地建设纳入城市建设和建筑设计规范。（住房城乡建设部负责）

（五）推进通关便利化。推动港口、口岸等场所作业单证无纸化，压缩单证流转时间，提升货物进出港效率。依托国际贸易“单一窗口”，开展监管、查验指令信息与港口信息双向交互试点，提高进出口货物提离速度。持续推进进出口“提前申报”，优化“两步申报”通关模式。梳理海运、通关环节审批管理事项和监管证件，对不合理或不能适应监管需要的，按规定予以取消或退出口岸验核。（交通运输部、商务部、海关总署按职责分工负责）

（六）深化铁路市场化改革。选取铁路路网密集、货运需求量大、运输供求矛盾较突出的地区和部分重要铁路货运线路（含疏运体系）开展铁路市场化改革综合试点，通过引入市场竞争机制，开展投融资、规划建设、运营管理、绩效管理、运输组织等改革。持续完善铁路货物运输价格灵活调整机制，及时灵敏反映市场供求关系。进一步放宽市场准入，吸引社会资本参与铁路货运场站、仓储等物流设施建设和运营。（国家发展改革委、交通运输部、财政部、国家铁路局、中国国家铁路集团有限公司负责）

二、加强土地和资金保障，降低物流要素成本

（七）保障物流用地需求。对国家及有关部门、省（自治区、直辖市）确定的国家物流枢纽、铁路专用线、冷链物流设施等重大物流基础设施项目，在建设用地指标方面给予重点保障。支持利用铁路划拨用地等存量土地建设物流设施。指导地方按照有关规定利用集体经营性建设用地建设物流基础设施。（自然资源部、中国国家铁路集团有限公司、省级人民政府负责）

（八）完善物流用地考核。指导地方政府合理设置物流用地绩效考核指标。在符合规划、不改变用途的前提下，对提高自有工业用地或仓储用地利用率、容积率并用于仓储、分拨转运等物流设施建设的，不再增收土地价款。（自然资源部、省级人民政府负责）

（九）拓宽融资渠道。加大中央预算内投资、地方政府专项债券对国家物流枢纽、国家骨干冷链物流基地等重大物流基础设施建设的支持力度。引导银行业金融机构加强对物流企业融资支持，鼓励规范发展供应链金融，依托核心企业加强对上下游小微企业的金融服务。充分发挥全国中小企业融资综合信用服务平台作用，推广“信易贷”模式。落实授信尽职免责和差异化考核激励政策，明确尽职认定标准和免责条件。鼓励社会资本设立物流产业发展基金。（国家发展改革委、财政部、中国人民银行、中国银保监会、国家开发银行按职责分工负责）

（十）完善风险补偿分担机制。鼓励保险公司为物流企业获取信贷融资提供保证保险增信支持，加大政策性担保对物流企业的信贷担保支持力度。发挥商业保险优势，支持保险公司开发物流企业综合保险产品和物流新兴业态从业人员的意外、医疗保险产品。（中国银保监会负责）

三、深入落实减税降费措施，降低物流税费成本

（十一）落实物流领域税费优惠政策。落实好大宗商品仓储用地城镇土地使用税减半征收等物流减税降费政策。（财政部、税务总局负责）

（十二）降低公路通行成本。结合深化收费公路制度改革，全面推广高速公路差异化收费，引导拥堵路段、时段车辆科学分流，进一步提高通行效率。深化高速公路电子不停车快捷收费改革。加强取消高速公路省界收费站后的路网运行保障，确保不增加货车通行费总体负担。鼓励有条件的地方回购经营性普通收费公路收费权，对车辆实行免费通行。严格落实鲜活农产品运输“绿色通道”政策，切实降低冷鲜猪肉等鲜活农产品运输成本。（交通运输部、财政部、国家发展改革委、省级人民政府按职责分工负责）

（十三）降低铁路航空货运收费。精简铁路货运杂费项目，降低运杂费迟交金收费标准，严格落实取消货物运输变更手续费。（中国国家铁路集团有限公司负责）大力推行大宗货物“一口价”运输。严格落实铁路专用线领域收费目录清单和公示制度，对目录清单外的收费项目以及地方政府附加收费、专用线产权单位或经营单位收费等进行清理规范。制定铁路专用线服务价格行为规则，规范铁路专用线、自备车维修服务收费行为，进一步降低收费标准，严禁通过提高或变相提高其他收费的方式冲抵降费效果。（市场监管总局、国家铁路局、中国国家铁路集团有限公司按职责分工负责）推动中欧班列高质量发展，优化班列运输组织，加强资源整合，推进“中转集散”，规范不良竞争行为，进一步降低班列开行成本。（国家发展改革委、中国国家铁路集团有限公司、财政部按职责分工负责）将机场货站运抵费归并纳入货物处理费。（中国民航局、省级人民政府负责）

（十四）规范海运口岸收费。降低港口、检验检疫等收费。对海运口岸收费进行专项清理整顿，进一步精简合并收费项目，完善海运口岸收费目录清单并实行动态管理，确保清单外无收费项目。研究将港口设施保安费等并入港口作业包干费，降低部分政府定价的港口收费标准。依法规范港口企业和船公司收费行为。降低集装箱进出口常规收费水平。（国家发展改革委、财政部、交通运输部、海关总署、市场监管总局按职责分工负责）

（十五）加强物流领域收费行为监管。对实行政府定价或政府指导价的收费项目，及时降低偏高收费标准；对实行市场调节价的收费项目，研究建立收费行为规则和指南。严格执行收费项目和标准公示制度，对不按公示价格标准收费或随意增加收费项目等行为，加大查处力度。依法查处强制收费、只收费不服务、超标准收费等违规违法行为。（国家发展改革委、市场监管总局、交通运输部、海关总署、省级人民政府按职责分工负责）

四、加强信息开放共享，降低物流信息成本

（十六）推动物流信息开放共享。在确保信息安全前提下，交通运输、公安交管、铁路、港口、航空等单位要向社会开放与物流相关的公共信息。按照安全共享和对等互利的原则，推动铁路企业与港口、物流等企业信息系统对接，完善信息接口等标准，加强列车到发时刻等信息开放。研究建立全国多式联运公共信息系统，推行标准化数据接口和协议，更大程度实现数据信息共享。（交通运输部、公安部、工业和信息化部、国家铁路局、中国民航局、中国国家铁路集团有限公司按职责分工负责）

（十七）降低货车定位信息成本。对出厂前已安装卫星定位装置的货运车辆，任何单位不得要求重复加装卫星定位装置。规范货运车辆定位信息服务商收费行为，减轻货运车辆定位信息成本负担。（工业和信息化部、市场监管总局、交通运输部按职责分工负责）

五、推动物流设施高效衔接，降低物流联运成本

（十八）破除多式联运“中梗阻”。中央和地方财政加大对铁路专用线、多式联运场站等物流设施建设的资金支持力度，研究制定铁路专用线进港口设计规范，促进铁路专用线进港口、进大型工矿企业、进物流枢纽。持续推进长江航道整治工程和三峡翻坝综合转运体系建设，进一步提升长江等内河航运能力。加快推动大宗货物中长距离运输“公转铁”、“公转水”。（财政部、国家发展改革委、交通运输部、工业和信息化部、国家铁路局、中国国家铁路集团有限公司按职责分工负责）以多式联运示范工程为重点，推广应用多式联运运单，加快发展“一单制”联运服务。（交通运输部、国家发展改革委、国家铁路局、中国国家铁路集团有限公司负责）

（十九）完善物流标准规范体系。推广应用符合国家标准的货运车辆、内河船舶船型、标准化托盘和包装基础模数，带动上下游物流装载器具标准化。（工业和信息化部、商务部、交通运输部、市场监管总局按职责分工负责）加强与国际标准接轨，适应多式联运发展需求，推广应用内陆集装箱（系列2），加强特定货类安全装载标准研究，减少重复掏箱装箱。（交通运输部、国家铁路局、工业和信息化部、公安部、中国国家铁路集团有限公司负责）

六、推动物流业提质增效，降低物流综合成本

（二十）推进物流基础设施网络建设。研究制定2021—2025年国家物流枢纽网络建设实施方案，整合优化存量物流基础设施资源，构建“通道＋枢纽＋网络”的物流运作体系，系统性降低全程运输、仓储等物流成本。（国家发展改革委、交通运输部负责）继续实施示范物流园区工程，示范带动骨干物流园区互联成网。（国家发展改革委、自然资源部负责）布局建设一批国家骨干冷链物流基地，有针对性补齐城乡冷链物流设施短板，整合冷链物流以及农产品生产、流通资源，提高冷链物流规模化、集约化、组织化、网络化水平，降低冷链物流成本。（国家发展改革委负责）加强县乡村共同配送基础设施建设，推广应用移动冷库等新型冷链物流设施设备。（商务部、国家发展改革委负责）加强应急物流体系建设，完善应急物流基础设施网络，整合储备、运输、配送等各类存量基础设施资源，加快补齐特定区域、特定领域应急物流基础设施短板，提高紧急情况下应急物流保障能力。（国家发展改革委、交通运输部、省级人民政府按职责分工负责）

（二十一）培育骨干物流企业。鼓励大型物流企业市场化兼并重组，提高综合服务能力和国际竞争力。培育具有较强实力的国际海运企业，推动构建与我国对外贸易规模相适应的国际航运网络。（国务院国资委、交通运输部按职责分工负责）严格落实网络货运平台运营相关法规和标准，促进公路货运新业态规范发展。鼓励物流企业向多式联运经营人、物流全链条服务商转型。（交通运输部、国家发展改革委按职责分工负责）

（二十二）提高现代供应链发展水平。深入推进供应链创新与应用试点，总结推广试点成功经验和模式，提高资金、存货周转效率，促进现代供应链与农业、工业、商贸流通业等融合创新。研究制定现代供应链发展战略，加快发展数字化、智能化、全球化的现代供应链。（国家发展改革委、商务部按职责分工负责）

（二十三）加快发展智慧物流。积极推进新一代国家交通控制网建设，加快货物管理、运输服务、场站设施等数字化升级。（交通运输部负责）推进新兴技术和智能化设备应用，提高仓储、运输、分拨配送等物流环节的自动化、智慧化水平。（国家发展改革委负责）

（二十四）积极发展绿色物流。深入推动货物包装和物流器具绿色化、减量化，鼓励企业研发使用可循环的绿色包装和可降解的绿色包材。加快推动建立托盘等标准化装载器具循环共用体系，减少企业重复投入。（商务部、交通运输部、市场监管总局、工业和信息化部、国家邮政局按职责分工负责）

各地区各部门要按照党中央、国务院决策部署，加强政策统筹协调，切实落实工作责任，结合本地区本部门实际认真组织实施。国家发展改革委要会同有关部门发挥全国现代物流工作部际联席会议作用，加强工作指导，及时总结推广降低物流成本典型经验做法，协调解决政策实施中存在的问题，确保各项政策措施落地见效。

国家发展改革委 交通运输部关于印发《国家物流枢纽布局和建设规划》的通知

发改经贸〔2018〕1886 号

各省、自治区、直辖市人民政府，国务院各部委、各直属机构：

为贯彻落实党中央、国务院关于加强物流等基础设施网络建设的决策部署，科学推进国家物流枢纽布局和建设，发展改革委、交通运输部会同相关部门研究制定了《国家物流枢纽布局和建设规划》，经国务院同意，现印发你们，请认真贯彻执行。

国家发展改革委
交通运输部
2018 年 12 月 21 日

国家物流枢纽布局和建设规划

物流枢纽是集中实现货物集散、存储、分拨、转运等多种功能的物流设施群和物流活动组织中心。国家物流枢纽是物流体系的核心基础设施，是辐射区域更广、集聚效应更强、服务功能更优、运行效率更高的综合性物流枢纽，在全国物流网络中发挥关键节点、重要平台和骨干枢纽的作用。为贯彻落实党中央、国务院关于加强物流等基础设施网络建设的决策部署，科学推进国家物流枢纽布局和建设，经国务院同意，制定本规划。

一、规划背景

党的十八大以来，我国物流业实现较快发展，在国民经济中的基础性、战略性、先导性作用显著增强。物流专业设施和交通基础设施网络不断完善，特别是一些地区自发建设形成一批物流枢纽，在促进物流资源集聚、提高物流运行效率、支撑区域产业转型升级等方面发挥了重要作用，为建设国家物流枢纽网络奠定良好基础。

基础设施条件不断完善。截至 2017 年底，我国铁路、公路营运总里程分别达到 12. 7 万公里和 477. 3 万公里，万吨级以上港口泊位 2366 个，民用运输机场 226 个，铁路专用线总里程约 1. 8 万公里。全国营业性通用仓库面积超过 10 亿平方米，冷库库容约 1. 2 亿立方米，运营、在建和规划的各类物流园区超过 1600 个。

运行组织效率持续提高。互联网、物联网、大数据、云计算等现代信息技术与物流业发展深度融合，无人机、无人仓、物流机器人、新能源汽车等智能化、绿色化设施设备在物流领域加快推广应用，物流枢纽运行效率显著提高，有力引导和支撑物流业规模化集约化发展，为加快物流转型升级和创新发展注入新的活力。

综合服务能力大幅提升。货物集散转运、仓储配送、装卸搬运、加工集拼等基础服务能力不断增强，与制造、商贸等产业融合发展趋势日益明显，物流要素加速向枢纽聚集，以平台整合、供应链融合为特征的新业态新模式加快发展，交易撮合、金融结算等增值服务功能不断拓展，物流枢纽的价值创造能力进一步增强。

经济支撑带动作用明显。国际陆港、中欧班列枢纽节点等快速发展，跨境电商、同城配送等物流新需求持续增长，物流枢纽的资源聚集效应和产业辐射效应不断显现，对经济增长的带动作用日益增强，有效支撑我国世界第二大经济体和第一大货物贸易国的地位。

但也要看到，与发达国家相比，我国物流枢纽发展还存在一定差距。一是系统规划不足，现有物流枢纽设施大多分散规划、自发建设，骨干组织作用发挥不足，物流枢纽间协同效应不明显，没有形成顺畅便捷的全国性网络。二是空间布局不完善，物流枢纽分布不均衡，西部地区明显滞后，部分地区还存在空白；一些物流枢纽与铁路、港口等交通基础设施以及产业集聚区距离较远，集疏运成本较高。三是资源整合不充分，部分物流枢纽存在同质化竞争、低水平重复建设问题，内部缺乏有效分工，集聚和配置资源要素的作用没有充分发挥。四是发展方式较为粗放，一些已建成物流枢纽经营方式落后、功能单一，无法开展多式联运；有的枢纽盲目扩大占地面积，物流基础设施投入不足，服务质量有待提高。

当前，我国经济已由高速增长阶段转向高质量发展阶段。加快国家物流枢纽网络布局和建设，有利于整合存量物流基础设施资源，更好发挥物流枢纽的规模经济效应，推动物流组织方式变革，提高物流整体运行效率和现代化水平；有利于补齐物流基础设施短板，扩大优质物流服务供给，打造低成本、高效率的全国性物流服务网络，提升实体经济活力和竞争力；有利于更好发挥干线物流通道效能，加快推进要素集聚、资源整合和城乡空间格局与产业布局重塑，促进区域协调发展，培育新的经济增长极；有利于深化国内国际物流体系联动协同，促进生产制造、国际贸易和国际物流深度融合，提高国际供应链整体竞争力，培育国际竞争新优势，加快推动我国产业向全球价值链中高端迈进。

二、总体要求

（一）指导思想。

以习近平新时代中国特色社会主义思想为指导，全面贯彻党的十九大和十九届二中、三中全会精神，牢固树立和贯彻落实新发展理念，按照高质量发展的要求，统筹推进“五位一体”总体布局和协调推进“四个全面”战略布局，坚持以供给侧结构性改革为主线，认真落实党中央、国务院决策部署，推动物流组织模式和行业管理体制机制创新，加快现代信息技术和先进设施设备应用，构建科学合理、功能完备、开放共享、智慧高效、绿色安全的国家物流枢纽网络，打造“通道＋枢纽＋网络”的物流运行体系，实现物流资源优化配置和物流活动系统化组织，进一步提升物流服务质量，降低全社会物流和交易成本，为优化国家经济空间布局和构建现代化经济体系提供有力支撑。

（二）基本原则。

市场主导、规划引领。遵循市场经济规律和现代物流发展规律，使市场在资源配置中起决定性作用和更好发挥政府作用，通过规划引领和指导，推动物流资源向有市场需求的枢纽进一步集聚，支持和引导具备条件的物流枢纽做大做强，在物流运行体系中发挥骨干作用。

集约整合、融合创新。坚持以存量设施整合提升为主、以增量设施补短板为辅，重点提高现有物流枢纽资源集约利用水平。依托国家物流枢纽加强物流与交通、制造、商贸等产业联动融合，培育行业发展新动能，探索枢纽经济新范式。

统筹兼顾、系统成网。统筹城市经济发展基础和增长潜力，兼顾东中西部地区协调发展，围绕产业发展、区域协调、公共服务、内联外通等需要，科学选址、合理布局、加强联动，加快构建国家物流枢纽网络。

协调衔接、开放共享。加强物流与交通基础设施衔接，提高不同运输方式间货物换装效率，推动信息互联互通、设施协调匹配、设备共享共用，增强国家物流枢纽多式联运功能，提高运行效率和一体化组织水平。

智慧高效、绿色发展。顺应现代物流业发展新趋势，加强现代信息技术和智能化、绿色化装备应用，推进货物运输结构调整，提高资源配置效率，降低能耗和排放水平，打造绿色智慧型国家物流枢纽。

（三）发展目标。

到2020年，通过优化整合、功能提升，布局建设30个左右辐射带动能力较强、现代化运作水平较高、互联衔接紧密的国家物流枢纽，促进区域内和跨区域物流活动组织化、规模化运行，培育形成一批资源整合能力强、运营模式先进的枢纽运营企业，初步建立符合我国国情的枢纽建设运行模式，形成国家物流枢纽网络基本框架。

到2025年，布局建设150个左右国家物流枢纽，枢纽间的分工协作和对接机制更加完善，社会物流运行效率大幅提高，基本形成以国家物流枢纽为核心的现代化物流运行体系，同时随着国家产业结构和空间布局的进一步优化，以及物流降本增效综合措施的持续发力，推动全社会物流总费用与 GDP 的比率下降至 12% 左右。

——高效物流运行网络基本形成。以“干线运输 + 区域分拨”为主要特征的现代化多式联运网络基本建立，全国铁路货运周转量比重提升到 30% 左右，500 公里以上长距离公路运量大幅减少，铁路集装箱运输比重和集装箱铁水联运比重大幅提高，航空货运周转量比重明显提升。

——物流枢纽组织效率大幅提升。多式联运、甩挂运输等先进运输组织方式广泛应用，各种运输方式衔接更加紧密，联运换装转运效率显著提高，集疏运体系更加完善，国家物流枢纽单元化、集装化运输比重超过 40%。

——物流综合服务能力显著增强。完善互联互通的枢纽信息网络，国家物流枢纽一体化运作、网络化经营、专业化服务能力进一步提高，与供应链、产业链、价值链深度融合，对实体经济的支撑和促进作用明显增强，枢纽经济效应充分显现。

到 2035 年，基本形成与现代化经济体系相适应的国家物流枢纽网络，实现与综合交通运输体系顺畅衔接、协同发展，物流规模化、组织化、网络化、智能化水平全面提升，铁路、水运等干线通道能力充分释放，运输结构更加合理。全社会物流总费用与 GDP 的比率继续显著下降，物流运行效率和效益达到国际先进水平。依托国家物流枢纽，形成一批具有国际影响的枢纽经济增长极，将国家物流枢纽打造成为产业转型升级、区域经济协调发展和国民经济竞争力提升的重要推动力量。

三、合理布局国家物流枢纽，优化基础设施供给结构

（一）国家物流枢纽的类型和功能定位。

国家物流枢纽分为陆港型、港口型、空港型、生产服务型、商贸服务型、陆上边境口岸型等 6 种类型。

陆港型。依托铁路、公路等陆路交通运输大通道和场站（物流基地）等，衔接内陆地区干支线运输，主要为保障区域生产生活、优化产业布局、提升区域经济竞争力，提供畅通国内、联通国际的物流组织和区域分拨服务。

港口型。依托沿海、内河港口，对接国内国际航线和港口集疏运网络，实现水陆联运、水水中转有机衔接，主要为港口腹地及其辐射区域提供货物集散、国际中转、转口贸易、保税监管等物流服务和其他增值服务。

空港型。依托航空枢纽机场，主要为空港及其辐射区域提供快捷高效的国内国际航空直运、中转、集散等物流服务和铁空、公空等联运服务。

生产服务型。依托大型厂矿、制造业基地、产业集聚区、农业主产区等，主要为工业、农业生产提供原材料供应、中间产品和产成品储运、分销等一体化的现代供应链服务。

商贸服务型。依托商贸集聚区、大型专业市场、大城市消费市场等，主要为国际国内和区域性商贸活动、城市大规模消费需求提供商品仓储、干支联运、分拨配送等物流服务，以及金融、结算、供应链管理等增值服务。

陆上边境口岸型。依托沿边陆路口岸，对接国内国际物流通道，主要为国际贸易活动提供一体化通关、便捷化过境运输、保税等综合性物流服务，为口岸区域产业、跨境电商等发展提供有力支撑。

（二）国家物流枢纽布局和规划建设要求。

国家物流枢纽基本布局。加强宏观层面的系统布局，依据区域经济总量、产业空间布局、基础设施联通度和人口分布等，统筹考虑国家重大战略实施、区域经济发展、产业结构优化升级等需要，结合“十纵十横”交通运输通道和国内物流大通道基本格局，选择127个具备一定基础条件的城市作为国家物流枢纽承载城市，规划建设212个国家物流枢纽，包括41个陆港型、30个港口型、23个空港型、47个生产服务型、55个商贸服务型和16个陆上边境口岸型国家物流枢纽。

专栏1　国家物流枢纽布局承载城市

1. 陆港型国家物流枢纽承载城市。包括石家庄、保定、太原、大同、临汾、呼和浩特、乌兰察布、沈阳、长春、哈尔滨、佳木斯、南京、徐州、杭州、合肥、南昌、鹰潭、济南、潍坊、郑州、安阳、武汉、长沙、衡阳、南宁、柳州、重庆、成都、遂宁、贵阳、遵义、昆明、拉萨、西安、延安、兰州、酒泉、格尔木、乌鲁木齐、哈密、库尔勒。

2. 港口型国家物流枢纽承载城市。包括天津、唐山、秦皇岛、沧州、大连、营口、上海、南京、苏州、南通、连云港、宁波—舟山、芜湖、安庆、福州、厦门、九江、青岛、日照、烟台、武汉、宜昌、岳阳、广州、深圳、湛江、钦州—北海—防城港、洋浦、重庆、泸州。

3. 空港型国家物流枢纽承载城市。包括北京、天津、哈尔滨、上海、南京、杭州、宁波、厦门、青岛、郑州、长沙、武汉—鄂州、广州、深圳、三亚、重庆、成都、贵阳、昆明、拉萨、西安、银川、乌鲁木齐。

4. 生产服务型国家物流枢纽承载城市。包括天津、石家庄、唐山、邯郸、太原、鄂尔多斯、包头、沈阳、大连、长春、哈尔滨、大庆、上海、南京、无锡、苏州、杭州、宁波、嘉兴、金华、合肥、蚌埠、福州、三明、南昌、青岛、郑州、洛阳、武汉、十堰、襄阳、长沙、郴州、广州、深圳、珠海、佛山、东莞、南宁、柳州、重庆、成都、攀枝花、贵阳、西安、宝鸡、石河子。

5. 商贸服务型国家物流枢纽承载城市。包括天津、石家庄、保定、太原、呼和浩特、赤峰、沈阳、大连、长春、吉林、哈尔滨、牡丹江、上海、南京、南通、杭州、温州、金华（义乌）、合肥、阜阳、福州、平潭、厦门、泉州、南昌、赣州、济南、青岛、临沂、郑州、洛阳、商丘、南阳、信阳、武汉、长沙、怀化、广州、深圳、汕头、南宁、桂林、海口、重庆、成都、达州、贵阳、昆明、大理、西安、兰州、西宁、银川、乌鲁木齐、喀什。

6. 陆上边境口岸型国家物流枢纽承载城市。包括呼伦贝尔（满洲里）、锡林郭勒（二连浩特）、丹东、延边（珲春）、黑河、牡丹江（绥芬河—东宁）、防城港（东兴）、崇左（凭祥）、德宏（瑞丽）、红河（河口）、西双版纳（磨憨）、日喀则（吉隆）、伊犁（霍尔果斯）、博尔塔拉（阿拉山口）、克孜勒苏（吐尔尕特）、喀什（红其拉甫）。

国家物流枢纽规划建设要求。一是区位条件良好。毗邻港口、机场、铁路场站等重要交通基础设施和产业聚集区，与城市中心的距离位于经济合理的物流半径内，并与城市群分工相匹配。二是空间布局集约。以连片集中布局为主，集中设置物流设施，集约利用土地资源。同一国家物流枢纽分散布局的互补功能设施原则上不超过 2 个。三是存量设施优先。以完善提升已建成物流设施的枢纽功能为主，必要情况下可结合区域经济发展需要适当整合、迁移或新建枢纽设施。四是开放性公共性强。具备提供公共物流服务、引导分散资源有序聚集、推动区域物流集约发展等功能，并在满足区域生产生活物流需求中发挥骨干作用。五是服务功能完善。具备干线运输、区域分拨等功能，以及多式联运转运设施设备和系统集成、互联兼容的公共信息平台等，可根据需要提供通关、保税等国际物流相关服务。六是统筹运营管理。由一家企业或多家企业联合主导国家物流枢纽建设、运营和管理，统筹调配物流服务资源，整合对接物流业务，实行统一的安全作业规范。七是区域协同联动。鼓励同一承载城市内不同类型的国家物流枢纽加强协同或合并建设，增强综合服务功能；支持京津冀、长三角、珠三角等地区的承载城市在城市群内部开展国家物流枢纽合作共建，实现优势互补。

国家物流枢纽培育发展要求。各承载城市要遵循市场规律，尊重市场选择，以市场自发形成的物流枢纽设施和运行体系为基础，对照上述要求，选择基础条件成熟、市场需求旺盛、发展潜力较大的物流枢纽进行重点培育，并可根据市场和产业布局变化情况以及交通基础设施发展情况等进行必要的调整。同时，通过规划引导和政策支持，加强公共服务产品供给，补齐设施短板，规范市场秩序，促进公平竞争。要加强国家物流枢纽与其他物流枢纽的分工协作和有效衔接，两者不排斥、不替代，通过国家物流枢纽的发展带动其他物流枢纽做大做强，打造以国家物流枢纽为骨干，以其他物流枢纽为补充，多层次、立体化、广覆盖的物流枢纽设施体系。

四、整合优化物流枢纽资源，提高物流组织效率

（一）培育协同高效的运营主体。

鼓励和支持具备条件的企业通过战略联盟、资本合作、设施联通、功能联合、平台对接、资源共享等市场化方式打造优势互补、业务协同、利益一致的合作共同体，推进国家物流枢纽设施建设和统筹运营管理，有序推动干线运输、区域分拨、多式联运、仓储服务、跨境物流、城市配送等物流服务资源集聚，引导物流服务企业集群发展，提升物流一体化组织效率。

（二）推动物流设施集约整合。

整合优化存量物流设施。优先利用现有物流园区特别是国家示范物流园区，以及货运场站、铁路物流基地等设施规划建设国家物流枢纽。鼓励通过统筹规划迁建等方式整合铁路专用线、专业化仓储、多式联运转运、区域分拨配送等物流设施及通关、保税等配套设施，推动物流枢纽资源空间集中；对迁建难度较大的分散区块设施，支持通过协同运作和功能匹配实现统一的枢纽功能。支持国家物流枢纽集中承接第三方物流、电子商务、邮政、快递等物流服务的区域分拨和仓储功能，减少物流设施无效低效供给，促进土地等资源集约利用，提升设施综合利用效率。

统筹补齐物流枢纽设施短板。加强物流枢纽设施薄弱地区特别是中西部地区物流软硬件设施建设，支持物流枢纽设施短板突出地区结合产业发展和城市功能定位等，按照适度超前原则高起点规划新建物流枢纽设施，推动国家物流枢纽网络空间结构进一步完善，带动区域经济发展。

（三）增强国家物流枢纽平台支撑能力。

加强综合信息服务平台建设。鼓励和支持国家物流枢纽依托现有资源建设综合信息服务平台，打破物流信息壁垒，推动枢纽内企业、供应链上下游企业信息共享，实现车辆、货物位置及状态等信息实时查询；加强交通、公安、海关、市场监管、气象、邮政等部门公共数据开放共享，为便利企业生产经营和完善物流信用环境提供支撑；加强物流服务安全监管和物流活动的跟踪监测，推动相关企业落实实名登记和信息留存等安全管理制度，实现货物来源可追溯、责任可倒查。依托国家交通运输物流公共信息平台等建立国家物流枢纽间综合信息互联互通机制，促进物流订单、储运业务、货物追踪、支付结算等信息集成共享、高效流动，提高物流供需匹配效率，加强干线运输、支线运输、城市配送的一体化衔接。完善数据交换、数据传输等标准，进一步提升不同枢纽信息系统的兼容性和开放性。

推动物流资源交易平台建设。依托具备条件的国家物流枢纽综合信息服务平台，建设物流资源要素交易平台，开展挂车等运输工具、集装箱、托盘等标准化器具及叉车、正面吊等装卸搬运设备的租赁交易，在制度设计和交易服务等方面加强探索创新，允许交易平台开展水运、航空货运、陆运等运力资源和仓储资源交易，提高各类物流资源的市场化配置效率和循环共用水平。

专栏2　国家物流枢纽资源整合工程

1. 国家物流枢纽建设运营主体培育工程。借鉴国外成熟经验，遵循市场化原则，创新物流枢纽经营管理模式，探索建立国家物流枢纽建设运营参与企业的利益协同机制，培育协同高效的运营主体，提高枢纽组织效率。

目标及完成时限：2020年底前，争取培育10家左右国家物流枢纽建设运营标杆企业，形成可推广、可复制的枢纽建设运营经验。

2. 国家物流枢纽联盟工程。发挥行业协会等作用，支持和推动枢纽建设运营企业成立国家物流枢纽联盟。发挥骨干企业网络化经营优势，推动国家物流枢纽之间加强业务对接，积极推进要素流动、信息互联、标准协同等合作机制建设，加快推动形成国家物流枢纽网络。

目标及完成时限：2020年底前，依托已投入运行的国家物流枢纽，成立国家物流枢纽联盟，在信息互联互通、标准规范对接等方面取得突破。2025年底前，基本形成稳定完善的国家物流枢纽合作机制，力争将已建成的国家物流枢纽纳入联盟，形成顺畅衔接、高效运作的国家物流枢纽网络。

五、构建国家物流枢纽网络体系，提升物流运行质量

（一）建设国家物流枢纽干线网络体系。

构建国内物流干线通道网络。鼓励国家物流枢纽间协同开展规模化物流业务，建设高质量的干线物流通道网络。重点加快发展枢纽间的铁路干线运输，优化运输组织，构建便捷高效的铁路货运网络。鼓励陆港型、生产服务型枢纽推行大宗货物铁路中长期协议运输，面向腹地企业提供铁路货运班列、点到点货运列车、大宗货物直达列车等多样化铁路运输服务；支持陆港型、港口型、商贸服务型枢纽间开行“钟摆式”铁路货运专线、快运班列，促进货物列车客车化开行，提高铁路运输的稳定性和准时性，优先鼓励依托全国性和区域性铁路物流中心培育发展陆港型枢纽；加密港口型枢纽间的沿海沿江班轮航线网络，提升长江中上游港口码头基础配套水平和货物集散能力；拓展空港型枢纽货运航线网络，扩大全货机服务覆盖范围。完善进出枢纽的配套道路设施建设，提高联运疏解效率。

提升国际物流网络化服务水平。提高国家物流枢纽通关和保税监管能力，支持枢纽结合自身货物流向拓展海运、空运、铁路国际运输线路，密切与全球重要物流枢纽、能源与原材料产地、制造业基地、贸易中心等的合作，为构建“全球采购、全球生产、全球销售”的国际物流服务网络提供支撑。促进国家物流枢纽与中欧班列融合发展，指导枢纽运营主体集中对接中欧班列干线运力资源，加强分散货源组织，提高枢纽国

际货运规模化组织水平。充分发挥中欧班列国际铁路合作机制作用，强化国家物流枢纽与国外物流节点的战略合作和业务联系，加强中欧班列回程货源组织，进一步提高运行质量。发挥陆上边境口岸型枢纽的辐射作用，加强与“一带一路”沿线国家口岸相关设施的功能衔接、信息互联，加强单证规则、检验检疫、认证认可、通关报关、安全与应急等方面的国际合作，畅通陆路双向贸易大通道。

（二）依托国家物流枢纽加快多式联运发展。

加强干支衔接和组织协同。充分发挥国家物流枢纽的资源集聚和区域辐射作用，依托枢纽网络开发常态化、稳定化、品牌化的“一站式”多式联运服务产品。推动港口型枢纽统筹对接船期、港口装卸作业、堆存仓储安排和干线铁路运输计划。鼓励空港型枢纽开展陆空联运、铁空联运、空空中转，发展“卡车航班”，构建高价值商品的快捷物流服务网络。支持具备条件的国家物流枢纽建立“公共挂车池”，发展甩挂运输，试点开展滚装运输；支持建设多式联运场站和吊装、滚装、平移等快速换装转运设施，加快发展国内国际集装箱公铁联运和海铁联运。

创新标准形成和应用衔接机制。支持和引导国家物流枢纽采用已发布的快递、仓储、冷链、口岸查验等推荐性国家标准和行业标准，严格执行有关规划建设和安全作业标准。研究国家物流枢纽间多式联运转运、装卸场站等物流设施标准，完善货物装载要求、危险品界定等作业规范，加强物流票证单据、服务标准协调对接。充分发挥物流骨干企业作用，通过高频次、规模化、市场化的物流活动，推动多式联运服务、设施设备等标准进一步衔接，重点在水铁、公铁联运以及物流信息共享等领域，探索形成适应枢纽间多式联运发展的市场标准，为制定国家和行业有关标准提供依据。

推广多式联运“一单制”。研究在国家物流枢纽间推行集装箱多式联运电子化统一单证，加强单证信息交换共享，实现“一单制”物流全程可监测、可追溯。加强不同运输方式在货物交接、合同运单、信息共享、责任划分、保险理赔等方面的制度与规范衔接。鼓励企业围绕“一单制”物流创新业务模式，拓展统一单证的金融、贸易、信用等功能，扩大单证应用范围，强化与国际多式联运规则对接，推动“一单制”物流加快发展。

（三）打造高效专业的物流服务网络。

现代供应链。促进国家物流枢纽与区域内相关产业协同联动和深度融合发展，打造以国家物流枢纽为核心的现代供应链。鼓励和引导制造、商贸、物流、金融等企业，依托国家物流枢纽实现上下游各环节资源优化整合和高效组织协同，发展供应链库存管理、生产线物流等新模式，满足敏捷制造、准时生产等精益化生产需要；探索发展以个性化定制、柔性化生产、资源高度共享为特征的虚拟生产、云制造等现代供应链模式，提升全物流链条价值创造能力，实现综合竞争力跃升。

邮政快递物流。推动邮政和快递物流设施与新建国家物流枢纽同步规划、同步建设，完善提升已有物流枢纽的邮件快件分拨处理功能。推动快递专业类物流园区改扩建，积极承接国家物流枢纽功能。提升邮件快件分拨处理智能化、信息化、绿色化水平。鼓励发展航空快递、高铁快递、冷链快递、电商快递、跨境寄递，推动快递物流与供应链、产业链融合发展。支持建设国际邮件互换局（交换站）和国际快件监管中心。

电子商务物流。鼓励和支持国家物流枢纽增强电子商务物流服务功能，发挥干线与区域分拨网络作用，为电商提供覆盖更广、效率更高的专业物流服务，促进农村电子商务物流体系建设，推动农产品“上行”和工业品“下行”双向高效流通，提高电子商务物流服务的时效性、准确性。鼓励国家物流枢纽综合信息服务平台与电子商务物流信息平台对接，推动国家物流枢纽网络与电子商务网络信息互联互通，实现“双网”融合。增强国家物流枢纽在跨境电商通关、保税、结算等方面的功能，提高枢纽支撑电子商务物流一体化服务的能力。

冷链物流。引导冷链物流设施向国家物流枢纽集聚，促进冷链物流规模化发展。鼓励国家物流枢纽高起点建设冷链物流设施，重点发展流通型冷库、立体库等，提高冷链设施供给质量。鼓励企业依托国家物流枢纽建设面向城市消费的低温加工处理中心，开展冷链共同配送、“生鲜电商＋冷链宅配”等新模式；大力发展铁路冷藏运输、冷藏集装箱多式联运。依托国家物流枢纽综合信息服务平台，加强全程温度记录和信息追溯，促进消费升级，保障食品质量安全。

大宗商品物流。鼓励粮食、棉花等大宗商品物流嵌入国家物流枢纽服务系统，通过供应链信息协同、集中存储、精细化生产组织等方式，加快资源产地、工业聚集区、贸易口岸的物流组织变革，推动大宗商品物流从以生产企业安排为主的传统模式向以枢纽为载体的集约模式转型，促进枢纽与相关生产企业仓储资源合理配置，进一步降低库存和存货资金占用。发展铁路散粮运输、棉花集装箱运输和能源、矿产品重载运输，推动运输结构调整。

驮背运输。依托国家物流枢纽在具备条件的地区选择适合线路发展驮背运输，充分发挥驮背运输安全可靠、节能环保、运输灵活等优势。加强国家物流枢纽网络的驮背运输组织体系建设，完善与既有铁路、公路运输体系的高效衔接，进一步推动公铁联运发展，促进货物运输“公转铁”。

航空物流。促进国家物流枢纽与机场等航空货运基础设施协同融合发展，加强设施联通和流程对接。依托国家物流枢纽创新航空货运产品体系和业务模式，为集成电路等高端制造业以及生鲜冷链等高附加值产业发展提供高效便捷的物流服务支撑，优化提升航空物流产业链，增强服务实体经济能力。

应急物流。发挥国家物流枢纽网络功能和干线转运能力优势，构建应对突发情况能力强、保障效率和可靠性高的应急物流服务网络。优化存量应急物资储备设施布局，完善枢纽综合信息平台应急功能，提升统一调度、信息共享和运行协调能力。研究制定枢纽应急物流预案，建立制度化的响应机制和协同机制，确保应急物流运行迅速、精准、顺畅。

（四）促进国家物流枢纽网络军民融合发展。

按照军民融合发展战略和国防建设有关要求，明确有关枢纽设施服务军事物流的建设内容和标准，支持军队后勤保障社会化。根据军事物流活动保密性、时效性、优先性等要求，拓宽军队使用地方运力、仓储设施、交通网络等物流资源的工作渠道，打通军地物流信息系统数据安全交换通道，建设物流信息资源军地共享平台，建立枢纽服务军事物流需求的运行机制，利用国家物流枢纽的干线调配能力和快速分拨网络服务军事物流需要。

专栏3　国家物流枢纽服务能力提升工程

1. 内陆集装箱体系建设工程。结合我国国情和物流业发展实际，研究推广尺寸和类型适宜的内陆集装箱，完善相关技术标准体系。加强载运工具、转运设施等与内陆集装箱标准间的衔接，在国家物流枢纽网络内积极开展内陆集装箱多式联运，形成可复制的模式后逐步推广。

目标及完成时限：2020 年底前，在部分国家物流枢纽间试点建立“钟摆式”内陆集装箱联运体系。

2. 枢纽多式联运建设工程。加快国家物流枢纽集疏运铁路、公路和多式联运转运设施建设，建立规模化、专业化的集疏运分拨配送体系。研究制定满足多式联运要求的快速中转作业流程和服务规范。依托统一单证探索开展“一单制”物流。

目标及完成时限：2020 年底前，在已投入运行的国家物流枢纽间初步建立多式联运体系，标准化联运设施设备得到推广应用，多式联运相关的服务规范和运行规则建设取得积极进展。

2025 年底前，多式联运体系基本建成，先进的标准化联运设施设备得到大规模应用，多式联运相关的服务规范和运行规则基本形成，“一单制”物流加快发展。

3. 枢纽铁路专用线工程。支持国家物流枢纽新建或改扩建铁路专用线，简化铁路专用线建设审批程序，建立专用线共建共用机制，提高国家物流枢纽内铁路专用线密度，加强装卸场站等联运换装配套设施建设。重点推进港口型枢纽建设连接码头堆场、铁路干线的专用线，鼓励有需要、有条件的铁路专用线向码头前沿延伸。鼓励具备条件的空港型枢纽加强铁路专用线建设。

目标及完成时限：结合国家物流枢纽建设持续推进。除空港型、部分陆上边境口岸型外，已投入运行的国家物流枢纽均具备铁路专用线，实现与铁路运输干线以及港口等交通基础设施有效联接。

4. 枢纽国际物流功能提升工程。支持基础条件好的国家物流枢纽扩大国际物流业务，建设全球转运中心、分拨中心，拓展全球交易中心、结算中心功能，积极推进中国标准“走出去”并与国际标准对接，提高在世界物流和贸易网络中的影响力。

目标及完成时限：2020 年底前，建设 5 — 10 个具有较强国际竞争力的国家物流枢纽，健全通达全球主要经济体的国际物流服务网络，辐射带动更多枢纽提升国际物流功能。

5. 标准化装载器具推广应用工程。重点加强集装箱、集装袋、周转箱等载运工具和托盘（1200mm × 1000mm）、包装基础模数（600mm × 400mm）在国家物流枢纽推广应用，促进不同物流环节、不同枢纽间的设施设备标准衔接，提高标准化装载器具循环共用水平。

目标及完成时限：到 2020 年，已投入运行的国家物流枢纽中标准托盘、集装箱、集装袋、周转箱等标准化装载器具得到广泛应用，基本建立标准化装载器具循环共用体系。

六、推动国家物流枢纽全面创新，培育物流发展新动能

（一）加强新技术、新装备创新应用。

促进现代信息技术与国家物流枢纽运营管理深度融合，提高在线调度、全流程监测和货物追溯能力。鼓励有条件的国家物流枢纽建设全自动化码头、“无人场站”、智能化仓储等现代物流设施。推广电子化单证，加强自动化控制、决策支持等管理技术以及场内无人驾驶智能卡车、自动导引车、智能穿梭车、智能机器人、无人机等装备在国家物流枢纽内的应用，提升运输、仓储、装卸搬运、分拣、配送等作业效率和管理水平。鼓励发展智能化的多式联运场站、短驳及转运设施，提高铁路和其他运输方式换装效率。加强物流包装物在枢纽间的循环共用和回收利用，推广使用可循环、可折叠、可降解的新型物流设备和材料，鼓励使用新能源汽车等绿色载运工具和装卸机械，配套建设集中式充电站或充电桩，支持节能环保型仓储设施建设，降低能耗和排放水平。

（二）发展物流新业态新模式。

高效响应物流市场新需求。适应产业转型、内需扩大、消费升级带来的物流需求变化，加强国家物流枢纽与腹地生产、流通、贸易等大型企业的无缝对接，提高市场感知能力和响应力。发展集中仓储、共同配送、仓配一体等消费物流新模式，构建以国家物流枢纽为重要支撑的快速送达生活物流圈，满足城乡居民小批量、多批次、个性化、高品质生活物流需求。引导国家物流枢纽系统对接国际物流网络和全球供应链体系，支持中欧班列、跨境电商发展。鼓励大型物流企业依托国家物流枢纽开展工程设备、大宗原材料的国际工程物流服务。

鼓励物流枢纽服务创新。建立国家物流枢纽共享业务模式，通过设施共建、产权共有、利益协同等方式，引导企业根据物流需求变化合理配置仓储、运力等资源。加强基础性、公共性、联运型物流设施建设，强化物流枢纽社会化服务功能，提高设施设备共享共用水平。发展枢纽平台业务模式，将枢纽内分散的物流业务资源向枢纽平台整合，以平台为窗口加强业务资源协作，统一对接上游产业物流需求和下游物流服务供给。拓展枢纽供应链业务模式，发挥国家物流枢纽在区域物流活动中的核心作用，创新枢纽的产业服务功能，依托国家物流枢纽深化产业上下游、区域经济活动的专业化分工合作，推动枢纽向供应链组织中心转变。

（三）打造特色鲜明的枢纽经济。

引导地方统筹城市空间布局和产业发展，充分发挥国家物流枢纽辐射广、成本低、效率高的优势，带动区域农业、制造、商贸等产业集聚发展，打造形成各种要素大聚集、大流通、大交易的枢纽经济，不断提升枢纽的综合竞争优势和规模经济效应。依托陆港型枢纽，加快推进与周边地区要素禀赋相适应的产业规模化发展。依托港口型枢纽，优先推进临港工业、国际贸易、大宗商品交易等产业联动发展。依托空港型枢纽，积极推进高端国际贸易、制造、快递等产业提质升级。依托生产服务型枢纽，着力推进传统制造业供应链组织优化升级，培育现代制造业体系。依托商贸服务型枢纽，重点推进传统商贸向平台化、网络化转型，带动关联产业集群发展壮大。依托陆上边境口岸型枢纽，推进跨境电商、进出口加工等产业聚集发展，打造口岸产业集群。

专栏4　国家物流枢纽创新驱动工程

1. 枢纽经济培育工程。发挥国家物流枢纽要素聚集和辐射带动优势，推进东部地区加快要素有机融合与创新发展，提高经济发展效益和产业竞争力，培育一批支撑产业升级和高质量发展的枢纽经济增长极；推进中西部地区加快经济要素聚集，促进产业规模化发展，培育一批带动区域经济增长的枢纽经济区。

目标及完成时限：2025 年底前，依托国家物流枢纽及相关产业要素资源，推动 20 个左右承载城市发展各具特色的枢纽经济，探索形成不同区域、不同类型国家物流枢纽支撑和带动经济发展的成熟经验。

2. 枢纽业务模式创新培育工程。支持和引导国家物流枢纽开展物流线上线下融合、共同配送、云仓储、众包物流等共享业务。在平台开展物流对接业务的基础上，进一步拓展交易担保、融资租赁、质押监管、信息咨询、金融保险、信用评价等增值服务，搭建物流业务综合平台。结合枢纽供应链组织中心建设，提高枢纽协同制造、精益物流、产品追溯等服务水平，有序发展供应链金融，鼓励开展市场预测、价格分析、风险预警等信息服务。

目标及完成时限：2025 年底前，建设 30 个左右体现共享型、平台型、供应链组织型特色的国家物流枢纽。

3. 智能快递公共枢纽建设工程。依托国家物流枢纽，建设一批信息化、标准化、智能化、绿色化特征显著，设施配套、运行高效、开放共享的国际和国内快递公共枢纽，推进快递与上下游行业信息联通、货物畅通、资金融通，促进快递运转效率进一步提升。

目标及完成时限：2025 年底前，基于国家物流枢纽的快递高效服务网络基本建立，联结并辐射国际重要节点城市，实现物品安全便捷寄递。

七、加强政策支持保障，营造良好发展环境

（一）建立完善枢纽建设协调推进和动态调整机制。

充分发挥全国现代物流工作部际联席会议作用，建立国家物流枢纽培育和发展工作协调机制，统筹推进全国物流枢纽布局和规划建设工作。在符合国土空间规划的基础上加强与综合交通运输规划等的衔接。研究制定国家物流枢纽网络建设实施方案，有序推动国家物流枢纽建设。建立国家物流枢纽定期评估和动态调整机制，在规划实施过程中，对由市场自发建设形成且对完善国家和区域物流网络具有重要意义的枢纽和所在城市及时调整纳入规划范围，享受相关政策；对枢纽长期达不到建设要求或无法有效推进枢纽实施的承载城市要及时调出。有关地方要加强部门间的协调，扎实推进相关工作，形成工作合力和政策协同。

（二）优化枢纽培育和发展环境。

持续深化物流领域“放管服”改革，打破阻碍货畅其流的制度藩篱，支持国家物流枢纽的运营企业通过技术创新、模式创新、管理创新等方式提升运营水平，为入驻企业提供优质服务。规范枢纽内物流服务企业的经营行为，严格执行明码标价有关规定，坚决消除乱收费、乱设卡等推高物流费用的“痼疾”。适当下浮枢纽间铁路干线运输收费，适当提高中西部地区铁路运输收费下浮比例。研究内陆地区国家物流枢纽实施陆港启运港退税的可行性。鼓励地方政府在国家物流枢纽统筹设立办事服务机构，支持交通、公安、市场监管、税务、邮政等部门进驻枢纽并开展联合办公。在全国信用信息共享平台和国家企业信用信息公示系统中，完善枢纽物流服务企业信用信息，增强企业信用信息记录和查询服务功能，落实企业失信联合惩戒制度，为国家物流枢纽发展提供良好信用环境。

（三）完善规划和用地支持政策。

对国家物流枢纽范围内的物流仓储、铁路站场、铁路专用线和集疏运铁路、公路等新增建设用地项目，经国务院及有关部门审批、核准、备案的，允许使用预留国家计划；地方相关部门审批、核准、备案的，由各省（区、市）计划重点保障。鼓励通过“先租后让”、“租让结合”等多种方式供应土地。对因建设国家物流枢纽需调整有关规划的，要积极予以支持。利用国家物流枢纽中的铁路划拨用地用于物流相关设施建设，从事长期租赁等物流经营活动的，可在五年内实行继续按原用途和土地权利类型使用土地的过渡期政策，期满及涉及转让需办理相关用地手续的，可按新用途、新权利类型和市场价格以协议方式办理。加强国家物流枢纽空间布局与城市功能提升的衔接，确保枢纽用地规模、土地性质和空间位置长期稳定。研究制定合理的枢纽容积率下限，提高土地资源利用效率。

（四）加大投资和金融支持力度。

中央和地方财政资金利用现有渠道积极支持枢纽相关设施建设。研究设立国家物流枢纽中央预算内投资专项，重点支持国家物流枢纽铁路专用线、多式联运转运设施、公共信息平台以及内部道路等公益性较强的基础设施建设，适当提高中西部地区枢纽资金支持比例。中央财政投资支持的国家物流枢纽项目需签订承诺书，如改变项目土地的物流用途等，须连本带息退还中央财政资金。引导商业金融机构在风险可控、商业可持续条件下，积极支持国家物流枢纽设施建设。支持符合条件的国家物流枢纽运营主体通过发行公司债券、非金融企业债务融资工具、企业债券和上市等多种方式拓宽融资渠道。按照市场化运作原则，支持大型物流企业或金融机构等设立物流产业发展投资基金，鼓励包括民企、外企在内的各类社会资本共同参与国家物流枢纽规划建设和运营。

（五）加强规划组织实施。

各地区、各部门要按照职责分工，完善细化相关配套政策措施，认真落实规划各项工作任务。各省级发展改革部门要会同交通运输等部门，根据本规划和相关工作方案要求，指导承载城市结合城市总体规划和本地区实际编制具体方案，并对照有关要求和重点任务，积极推进枢纽规划建设。已编制物流业发展规划的城市，应结合国家物流枢纽布局，对原有规划进行调整修编；尚未编制物流业发展规划的城市，按照本规划要求结合实际尽快统筹编制相关规划。国家物流枢纽运营主体要完善统计制度，加强数据收集和分析，定期报送相关运营情况。国家发展改革委、交通运输部要会同有关部门加强统筹协调和工作指导，及时协调解决规划实施中存在的问题，重大问题及时向国务院报告。

关于推动物流高质量发展促进形成强大国内市场的意见

发改经贸〔2019〕352号

各省、自治区、直辖市及计划单列市发展改革、网信、工业和信息化、公安、财政、自然资源、生态环境、住房城乡建设、交通运输、农业农村、商务、应急管理部门，中国人民银行上海总部，各分行、营业管理部，各省会（首府）城市中心支行，各副省级城市中心支行，海关总署广东分署、各直属海关，市场监管、统计、气象、银保监、证监、能源部门，各地区铁路监督管理局，民航各地区管理局，邮政管理局，各铁路局集团公司：

物流业是支撑国民经济发展的基础性、战略性、先导性产业。物流高质量发展是经济高质量发展的重要组成部分，也是推动经济高质量发展不可或缺的重要力量。为巩固物流降本增效成果，增强物流企业活力，提升行业效率效益水平，畅通物流全链条运行，按照党中央、国务院关于推动高质量发展的要求和中央经济工作会议精神，现提出以下意见。

一、深刻认识物流高质量发展的重要意义

物流是实体经济的有机组成部分，加快解决物流发展不平衡不充分问题，推动物流高质量发展是推进物流业发展方式转变、结构优化和动力转换，实现物流业自身转型升级的必由之路；是降低实体经济特别是制造企业物流成本水平，增强实体经济活力的必然选择；是深化供给侧结构性改革，增强经济发展内生动力，提升社会经济运行效率的迫切需要；是促进形成强大国内市场，构建现代化经济体系，实现国民经济高质量发展的内在要求。物流业发展的贡献不仅在于行业企业本身创造的税收、就业等，更在于支撑和促进区域内各相关产业产生更多的税收和就业，有力推动区域经济较快增长。要把推动物流高质量发展作为当前和今后一段时期改善产业发展和投资环境的重要抓手，培育经济发展新动能的关键一招，以物流高质量发展为突破口，加快推动提升区域经济和国民经济综合竞争力。

二、构建高质量物流基础设施网络体系

（一）推动国家物流枢纽网络建设。围绕“一带一路”建设、京津冀协同发展、长江经济带发展、粤港澳大湾区建设、长三角一体化发展等重大战略实施，依据国土空间规划，在国家物流骨干网络的关键节点，选择部分基础条件成熟的承载城市，启动第一批15个左右国家物流枢纽布局建设，培育形成一批资源整合能力强、运营模式先进的枢纽运营企业，促进区域内和跨区域物流活动组织化、规模化、网络化运行。（发展改革委、交通运输部负责，列第一位的为牵头部门，下同）

（二）加强联运转运衔接设施短板建设。发挥政府投资的示范带动作用，引导各类社会资本加大对公铁、铁水、空陆等不同运输方式的转运场站和“不落地”装卸设施等的投入力度，提高一体化转运衔接能力和货物快速换装便捷性，破解制约物流整体运作效率提升的瓶颈。推动具备条件的物流园区引入铁路专用线。加强入港铁路专用线等基础设施短板建设，支持铁路专用线进码头，打通公铁水联运衔接“最后一公里”，实现铁路货运场站与港口码头、前方堆场等的无缝衔接。（发展改革委、交通运输部、财政部、自然资源部、铁路局、民航局、铁路总公司按职责分工负责）

（三）完善城乡消费物流体系。实施城乡高效配送专项行动，完善城乡配送网络，鼓励企业在城乡和具备条件的村建立物流配送网点，加强公用型城市配送节点和社区配送设施建设，将末端配送设施纳入社区统一管理，推进设施共享共用，支持试点城市和企业加快构建城乡双向畅通的物流配送网络。实施“邮政在乡”工程，完善县乡村三级邮政农村物流配送体系建设。升级“快递下乡”工程，加快农村物流快递公共取送点建设，提升乡镇快递网点覆盖率。深入开展电子商务进农村综合示范，提升农村物流服务质量和效率，2019年力争对具备条件的国家级贫困县全覆盖。通过合资合作等方式发展面向乡镇（村）的农村物流服务体系。（商务部、交通运输部、住房城乡建设部、财政部、农业农村部、邮政局按职责分工负责）

（四）建立资源共享的物流公共信息平台。推进国家交通运输物流公共信息平台完善工作，鼓励和引导城市共同配送公共信息平台加强与国家交通运输物流公共信息平台有效衔接，促进相关部门、大型市场主体的物流公共数据互联互通和开放共享。在保障信息安全的情况下，扩大物流相关信息公开范围和内容，为物流企业和制造业企业查询提供便利。依托骨干物流信息平台试点单位，探索市场化机制下物流信息资源整合利用的新模式，推动建立国家骨干物流信息网络，畅通物流信息链，加强社会物流活动全程监测预警、实时跟踪查询。依托行业协会实施全国百家骨干物流园区“互联互通”工程，促进信息匹配、交易撮合、资源协同。（交通运输部、公安部、发展改革委、商务部、中央网信办、住房城乡建设部、自然资源部、铁路局、民航局、气象局、铁路总公司、中国物流与采购联合会按职责分工负责）

三、提升高质量物流服务实体经济能力

（五）促进现代物流业与制造业深度融合。加强生产服务型国家物流枢纽建设，利用枢纽聚集的大量物流资源，为制造企业提供高效快捷的物流服务，降低制造企业物流成本，提升区域制造企业竞争力，支撑制造业高质量集群化发展。以深化实施“互联网+”高效物流和物流降本增效专项行动为突破口，促进物流业与制造业深度融合创新发展。研究出台促进物流业与制造业深度融合发展的政策措施，鼓励物流企业为制造企业量身定做供应链管理库存、“线边物流”、供应链一体化服务等物流解决方案。实施服务型制造示范遴选，支持物流企业开展服务化转型。增加开行面向大型厂矿、制造业基地等的“点对点”直达货运列车，提高协议制运输比重，扩大大宗物资运量运能互保协议范围，2019 年力争达到 25 亿吨左右。加快发展面向集成电路、生物制药、高端电子消费产品等高附加值制造业的航空货运服务，加大“卡车航班”开行力度，构建高价值商品的快捷物流服务网络。（发展改革委、交通运输部、工业和信息化部、民航局、铁路总公司负责）

（六）积极推动物流装备制造业发展。加大重大智能物流技术研发力度，加强物流核心装备设施研发攻关，推动关键技术装备产业化。开展物流智能装备首台（套）示范应用，推动物流装备向高端化、智能化、自主化、安全化方向发展。研究推广尺寸和类型适宜的内陆集装箱，提高集装箱装载和运送能力。在适宜线路开展铁路双层集装箱运输，推广铁路重载运输技术装备，提升铁路运能。（工业和信息化部、交通运输部、铁路总公司按职责分工负责）

（七）提升制造业供应链智慧化水平。鼓励物流和供应链企业在依法合规的前提下开发面向加工制造企业的物流大数据、云计算产品，提高数据服务能力，协助制造企业及时感知市场变化，增强制造企业对市场需求的捕捉能力、响应能力和敏捷调整能力。鼓励发展以个性化定制、柔性化生产、资源高度共享为特征的虚拟生产、云制造等现代供应链模式，提升全物流链条的价值创造水平。（发展改革委、工业和信息化部、商务部、人民银行按职责分工负责）

（八）发挥物流对农业的支撑带动作用。加强农产品物流骨干网络和冷链物流体系建设。聚焦农产品流通“最先一公里”，加强农产品产地冷链物流体系建设，鼓励企业利用产地现有常温仓储设施改造或就近新建产后预冷、贮藏保鲜、分级包装等冷链物流基础设施，开展分拣、包装等流通加工业务。鼓励企业创新冷链物流基础设施经营模式，开展多品种经营和“产销双向合作”，提高淡季期间设施利用率。加强邮政、快递物流与特色农产品产地合作，畅通农产品“上行”通道。发展第三方冷链物流全程监控平台，加强全程温度、湿度监控，减少“断链”隐患，保障生鲜农产品品质和消费安全。鼓励和引导大型农产品流通企业拓展社区服务网点，减少中间环节，降低农产品物流成本。发展“生鲜电商+冷链宅配”“中央厨房+食材冷链配送”等冷链物流新模式，改善消费者体验。推动地方全面落实冷链物流企业用水、用电、用气与工业同价政策。（商务部、农业农村部、发展改革委、邮政局按职责分工负责）

四、增强物流高质量发展的内生动力

（九）发展物流新服务模式。健全完善相关法规制度和标准规范，推动以网络为依托的货运新业态规范有序发展。大幅提高铁路企业开行班列化货物列车数量。优化铁路班列运行组织方案，推动铁路“门到门”运输全程可追踪，提供信息查询服务。探索开行国内冷链货运班列和“点对点”铁路冷链运输。发展铁路危化品运输。发展“端到端”的物流模式。鼓励和支持云仓等共享物流模式、共同配送、集中配送、夜间配送、分时配送等先进物流组织方式发展，在具备条件的地区探索发展无人机配送等创新模式。（交通运输部、铁路总公司、商务部、公安部、民航局、发展改革委按职责分工负责）

（十）实施物流智能化改造行动。大力发展数字物流，加强数字物流基础设施建设，推进货、车（船、飞机）、场等物流要素数字化。加强信息化管理系统和云计算、人工智能等信息技术应用，提高物流软件智慧化水平。支持物流园区和大型仓储设施等应用物联网技术，鼓励货运车辆加装智能设备，加快数字化终端设备的普及应用，实现物流信息采集标准化、处理电子化、交互自动化。发展机械化、智能化立体仓库，加快普及“信息系统 + 货架、托盘、叉车”的仓库基本技术配置，推动平层仓储设施向立体化网格结构升级。鼓励和引导有条件的乡村建设智慧物流配送中心。鼓励各地为布局建设和推广应用智能快（邮）件箱提供场地等方面的便利。（发展改革委、工业和信息化部、商务部、中央网信办、交通运输部、农业农村部、民航局、邮政局按职责分工负责）

（十一）推进多式联运发展。总结多式联运示范工程工作经验，研究制定统一的多式联运服务规则，完善多式联运转运、装卸场站等物流设施标准，力争在货物交接、合同运单、信息共享、责任划分、货损理赔等方面实现突破。加快建设多式联运公共信息平台，促进货源与公铁水空等运力资源有效匹配，降低车船等载运工具空驶率。依托国家物流枢纽网络开发“一站式”多式联运服务产品，加快实现集装箱多式联运“一单制”。研究在适宜线路开展驮背运输。发展海铁联运班列。在保障安全的前提下，积极推动 LNG 罐箱多式联运。（交通运输部、发展改革委、能源局、铁路局、民航局、铁路总公司负责）

（十二）促进物流供应链创新发展。充分发挥物流供应链系统化组织、专业化分工、协同化合作和敏捷化调整的优势，发展符合中国特色的供应链企业，提高生产、流通资源的配置效率，提升企业综合运行效率效益。支持具备条件的物流企业做大做强，发展基于核心企业的“链主型”供应链，将上下游小微企业整合嵌入生产经营过程，强化资源系统整合与优化能力；发展基于现代信息技术的“平台型”供应链，重点解决信息不对称问题，提高资源整体配置效率；发展依托专业化分工的“互补型”供应链，实现资源和渠道的优势互补，提高企业协同发展水平；发展基于区域内分工协作的“区块型”供应链，促进区域内企业高效协同和集聚化发展，提升区域整体竞争优势；发展基于存货控制的“共享型”供应链，打通与整合生产、分销等各环节的库存管理，促进供应商与零售商之间的统仓共配。（发展改革委、商务部、工业和信息

化部按职责分工负责）

（十三）加快国际物流发展。深入推进通关一体化改革，建立现场查验联动机制，推进跨部门协同共管，鼓励应用智能化查验设施设备，推动口岸物流信息电子化，压缩整体通关时间，提高口岸物流服务效率，提升通道国际物流便利化水平。加强陆上边境口岸型物流枢纽建设，完善境外沿线物流节点、渠道网络布局。积极推动中欧班列枢纽节点建设，打造一批具有多式联运功能的大型综合物流基地，促进大型集结中心建设。加大中欧班列组织协调和品牌宣传力度，利用进口博览会等平台引导班列运营公司加强与中亚、欧洲沿线各国的大型生产制造企业的对接，针对大型企业打造"量身定做"的班列物流服务产品，促进中欧班列双向均衡运行，提升中欧班列国际物流服务能力与质量。（海关总署、发展改革委、商务部、铁路总公司按职责分工负责）

（十四）加快绿色物流发展。持续推进柴油货车污染治理力度。研究推广清洁能源（LNG）、无轨双源电动货车、新能源（纯电动）车辆和船舶，加快岸电设施建设，推进靠港船舶使用岸电。加快车用LNG加气站、内河船舶LNG加注站、充电桩布局，在批发市场、快递转运中心、物流园区等建设充电基础设施。鼓励企业使用符合标准的低碳环保配送车型。落实新能源货车差别化通行管理政策，提供通行便利，扩大通行范围，对纯电动轻型货车少限行甚至不限行。发展绿色仓储，鼓励和支持在物流园区、大型仓储设施应用绿色建筑材料、节能技术与装备以及能源合同管理等节能管理模式。以绿色物流为突破口，带动上下游企业发展绿色供应链，使用绿色包材，推广循环包装，减少过度包装和二次包装，推行实施货物包装和物流器具绿色化、减量化。（生态环境部、交通运输部、住房城乡建设部、发展改革委、能源局、工业和信息化部、公安部、邮政局、商务部按职责分工负责）

（十五）促进标准化单元化物流设施设备应用。精简货运车型规格数量，严查严处货车非法改装企业。研究制定常压液体危险货物罐车专项治理工作方案，稳步开展超长平板半挂车、超长集装箱半挂车等非标货运车辆治理工作。合理设置过渡期，通过既有政策措施加快淘汰存量非标货运车辆和鼓励应用中置轴厢式货车等标准厢式货运车辆，推动货运车辆市场平稳过渡和转型升级。推动城市配送车辆结构升级，逐步建立以新能源配送车辆为主体、小型末端配送车辆为补充的配送车辆体系。支持集装箱、托盘、笼车、周转箱等单元化装载器具循环共用以及托盘服务运营体系建设，推动二手集装箱交易流转。鼓励和支持公共"挂车池""运力池""托盘池"等共享模式和甩挂运输等新型运输发展。鼓励企业使用智能化托盘等集装单元化技术，研发使用适应生鲜农产品网络销售的可重复使用的冷藏箱或保冷袋，提升配送效率。鼓励企业使用1200mm×1000mm的标准托盘。加快物流信息、物流设施、物流装备等标准对接。（交通运输部、工业和信息化部、财政部、公安部、商务部、市场监管总局、铁路局、民航局、铁路总公司按职责分工负责）

五、完善促进物流高质量发展的营商环境

（十六）深化物流领域“放管服”改革。按照“只进一扇门”“最多跑一次”原则，简化物流企业开展业务的行政审批手续，最大程度减少对物流企业业务创新的制约。规范、简化铁路专用线接轨审查手续、压缩审查时间。在简化住所（经营场所）登记手续的基础上，支持地方在物流领域开展“一照多址”改革。精简快递分支机构办理手续，2019 年内将快递业务经营许可审批时间缩短至法定时限一半以内，全面实施快递末端网点备案管理。加快推动道路货运车辆异地审验工作，2019 年 12 月底前全面实现普通货运车辆全国跨省异地审验。深入推进治理车辆超限超载联合执法常态化制度化工作，严格执行全国统一的公路货运车辆超限超载认定标准。（交通运输部、公安部、市场监管总局、海关总署、邮政局、铁路总公司等按职责分工负责）

（十七）推进铁路货运服务提质增效。清理规范铁路运输企业开展专用线、专用铁路、自备货车、自备机车等铁路运输设备代维护、维修及运用环节相关服务收费。进一步开放专用线代运营代维护、自备车检修、铁路运输两端短驳等市场，允许工程施工、装备制造、社会物流企业等参与并提供相关服务，促进降低铁路物流成本水平。支持铁路运输企业开展载运工具共管共用试点，降低企业自备载运工具运用成本。完善铁路运价灵活调整机制，进一步清理规范铁路货运经营服务性收费，推动货物运输由公路向铁路转移。研究推动 160 公里时速的新型货运列车投入使用，完善相关技术标准和运行图。实施铁路货运增量行动，2019 年国家铁路货物发送量达到 33. 68 亿吨。（铁路局、铁路总公司、市场监管总局、交通运输部、发展改革委按职责分工负责）

（十八）降低车辆通行和港口物流成本。深化收费公路制度改革，加快修订出台《收费公路管理条例》。全面推广高速公路差异化收费，完善货车使用 ETC 非现金支付等优惠政策。深入推动取消高速公路省界收费站试点工作，总结经验，逐步扩大取消高速公路省界收费站的范围。降低水路运输过闸费。进一步清理港口收费，合理降低收费标准，规范收费行为，严格执行收费目录清单和公示制度，严禁违规收费。（交通运输部、发展改革委、市场监管总局按职责分工负责）

（十九）提升城市物流管理水平。科学制定城市物流政策，指导城市提高配送车辆通行管理的精细化水平，合理规划城市货运通道，避免“一刀切”限行。实行分车型、分时段、分路段通行管控，有效释放货运通行路权，保障城市生产生活的必要需求。鼓励地方政府在城市中心区建设一批公共物流配送中心，通过租赁等方式为服务居民生活的物流企业提供必要经营场所。完善城市物流配送装卸、停靠作业设施。指导企业按照新近发布的《物流建筑设计规范》等标准要求，建设大型物流仓储设施，应用大型分拣作业流水线，便利企业经营。在符合相关法规标准要求并保障安全生产的基础上，允许在物流仓储设施内从事再包装等流通加工业务。在货物来源可追溯、流向可追踪的情况下，研究出台允许动检证变更目的地的操作规范，为冷链物流跨区域分

拨提供便利。（交通运输部、公安部、商务部、应急部、住房城乡建设部、农业农村部按职责分工负责）

六、建立物流高质量发展的配套支撑体系

（二十）完善现代物流业统计制度。加快研究建立物流行业统计分类标准。研究完善反映物流重点领域、重点环节高质量发展的监测指标体系。加大对物流统计体系建设的支持力度，推动落实社会物流统计制度，加快企业样本库扩容提质，加强对物流重点企业运营成本、效率的监测。利用骨干物流平台开展公路物流监测。（发展改革委、统计局、中国物流与采购联合会负责）

（二十一）健全物流标准规范体系。完善物流标准体系，对不适应国民经济运行和行业发展需要的标准进行修订、转化或废止。深入推进物流标准化试点示范和供应链体系建设试点等工作，加强已发布物流标准在物流领域相关试点示范中的应用，提升物流标准化水平。支持具备条件的物流企业标准上升为行业标准、国家标准。（市场监管总局、发展改革委、交通运输部、商务部、财政部、农业农村部负责）

（二十二）构建物流高质量发展评价体系。研究编制并适时发布“中国物流发展指数”，从物流发展质量、效率、动力、贡献等方面，对我国物流发展质量水平进行客观、全面、可量化的综合性评价，为有针对性地研究制定政策措施提供可量化的参考依据。（发展改革委、中国物流与采购联合会负责）

（二十三）健全完善物流行业信用体系。研究出台运输物流行业失信联合惩戒对象“黑名单”管理办法，明确严重失信企业标准，构建政府层面失信惩戒机制。充分发挥行业组织和社会信用机构作用，组织建立物流企业信用联盟，鼓励开发针对物流行业的信用产品，推动信用信息市场化应用，强化守信激励和失信惩戒效果。（发展改革委负责）

七、健全物流高质量发展的政策保障体系

（二十四）创新用地支持政策。加强城市物流发展规划与国土空间规划的协同衔接。指导地方加大土地政策支持力度，鼓励地方政府利用有效载体和多种渠道整合盘活存量闲置土地资源，用于物流用途。探索政府负责土地平整并建设道路、管网等基础设施，企业负责建设经营性物流基础设施，约定土地物流用途并长期租赁的新型物流用地供应保障模式。研究利用工业企业旧厂房、仓库和存量土地资源建设物流设施或提供物流服务的支持政策。铁路划拨用地用于物流相关设施建设，从事长期租赁等物流经营活动的，可在五年内实行继续按原用途和土地权利类型使用土地的过渡期政策，期满及涉及转让需办理相关用地手续的，按新的用途、权利类型和市场价格以协议方式办理。对企业利用原有土地进行物流基础设施建设的，在办理规划条件、规划许可等方面予以支持。（自然资源部、铁路总公司负责）

（二十五）加强投融资支持方式创新。按照“扶优做强”原则，研究设立国家物流枢纽中央预算内投资专项，支持国家物流枢纽的物流基础设施建设。鼓励符合条件的金融机构或大型物流企业集团等发起物流产业发展投资基金，按照市场化原则运作，加强重要节点物流设施建设。支持符合条件的物流企业发行各类债务融资工具，拓展市场化主动融资渠道，稳定企业融资链条。鼓励持牌金融机构在相应的金融业务资质范围内开发基于供应链的金融产品，引导和支持资金流向实体企业，加大对小微企业融资支持力度。（发展改革委、财政部、人民银行、银保监会、证监会负责）

各地区有关部门要认真贯彻落实党中央、国务院决策部署，结合本地区实际，加强组织领导，明确任务分工，强化协调配合，加大政策创新和支持力度，扎实推进物流高质量发展各项工作。国家发展改革委将会同有关部门加强工作指导和督促检查，及时协调解决政策实施中存在的问题，推动各项政策措施落地实施。

附件：2019 年推动物流高质量发展 10 项重点工作（略）

国家发展改革委
中央网信办
工业和信息化部
公安部
财政部
自然资源部
生态环境部
住房城乡建设部
交通运输部
农业农村部
商务部
应急部
人民银行
海关总署
市场监管总局
统计局
气象局
银保监会
证监会
能源局
铁路局
民航局
邮政局
铁路总公司
2019 年 2 月 26 日

国家发展改革委 交通运输部联合发布 2019 年国家物流枢纽建设名单

近日，国家发展改革委、交通运输部联合印发《关于做好 2019 年国家物流枢纽建设工作的通知》（发改经贸〔2019〕1475 号），共有 23 个物流枢纽入选 2019 年国家物流枢纽建设名单（附后），其中东部地区 10 个（天津、上海、南京、金华（义乌）、临沂、广州、宁波—舟山、厦门、青岛、深圳）、中部地区 5 个（太原、赣州、郑州、宜昌、长沙）、西部地区 7 个（乌兰察布—二连浩特、南宁、重庆、成都、西安、兰州、乌鲁木齐）、东北地区 1 个（营口），涵盖陆港型、空港型、港口型、生产服务型、商贸服务型、陆上边境口岸型等 6 种类型，区域、类型分布相对均衡，有利于支撑“一带一路”建设、京津冀协同发展、长江经济带发展、粤港澳大湾区建设、长三角区域一体化发展、西部陆海新通道等重大战略实施和促进形成强大国内市场。

下一步，国家发展改革委将会同有关部门通过召开现场会、推动建立国家物流枢纽联盟等方式，加强国家物流枢纽间的业务对接、标准协调和信息互联，加快构建联通内外、交织成网、高效便捷的“通道 + 枢纽 + 网络”物流运作体系，推动形成国家物流枢纽网络框架和基础支撑，促进区域均衡协调发展和全国统一市场建设，为经济高质量发展奠定坚实基础。同时，抓紧统筹做好 2020 年国家物流枢纽建设工作。

2019 年国家物流枢纽建设名单（排名不分先后）

所在地	国家物流枢纽名称
天津市	天津港口型国家物流枢纽
山西省	太原陆港型（生产服务型）国家物流枢纽
内蒙古自治区	乌兰察布—二连浩特陆港型（陆上边境口岸型）国家物流枢纽
辽宁省	营口港口型国家物流枢纽
上海市	上海商贸服务型国家物流枢纽
江苏省	南京港口型（生产服务型）国家物流枢纽
浙江省	金华（义乌）商贸服务型国家物流枢纽
江西省	赣州商贸服务型国家物流枢纽

续 表

所在地	国家物流枢纽名称
山东省	临沂商贸服务型国家物流枢纽
河南省	郑州空港型国家物流枢纽
湖北省	宜昌港口型国家物流枢纽
湖南省	长沙陆港型国家物流枢纽
广东省	广州港口型国家物流枢纽
广西壮族自治区	南宁陆港型国家物流枢纽
重庆市	重庆港口型国家物流枢纽
四川省	成都陆港型国家物流枢纽
陕西省	西安陆港型国家物流枢纽
甘肃省	兰州陆港型国家物流枢纽
新疆维吾尔自治区	乌鲁木齐陆港型国家物流枢纽
宁波市、舟山市	宁波—舟山港口型国家物流枢纽
厦门市	厦门港口型国家物流枢纽
青岛市	青岛生产服务型（港口型）国家物流枢纽
深圳市	深圳商贸服务型国家物流枢纽

（来源：国家发展改革委网站2019年9月11日）

国家发展改革委 交通运输部联合发布 2020 年国家物流枢纽建设名单

近日，国家发展改革委、交通运输部联合印发《关于做好 2020 年国家物流枢纽建设工作的通知》（发改经贸〔2020〕1607 号，简称《通知》），共有 22 个物流枢纽入选 2020 年国家物流枢纽建设名单（附后）。相关国家物流枢纽设施区位优势突出，空间布局、建设运行等基础条件较好，国家物流枢纽建设方案及推进国家物流枢纽落地的总体思路相对成熟；区域分布相对均衡，其中，东部地区 7 个、中部地区 4 个、西部地区 9 个、东北地区 2 个，覆盖了《国家物流枢纽布局和建设规划》确定的 6 种国家物流枢纽类型。2019—2020 年，国家发展改革委、交通运输部共布局建设了 45 个国家物流枢纽，覆盖全国 27 个省（区、市），为加快构建“通道 + 枢纽 + 网络”的现代物流运作体系，促进形成以国内大循环为主体、国内国际双循环相互促进的新发展格局提供了有力支撑。

《通知》强调，相关国家物流枢纽要围绕推动形成新发展格局，支撑“一带一路”建设和京津冀协同发展、长江经济带发展、粤港澳大湾区建设、长三角区域一体化发展、西部陆海新通道等重大战略实施，对内系统整合区域内分散的物流资源，提高区域内、跨区域物流活动规模化组织能力和效率，支撑带动上下游产业集聚发展，推动形成国内统一大市场；对外衔接主要国际物流通道和干线运力，加强与全球重要物流枢纽、能源与原材料产地、制造业基地、贸易中心等的密切联系，为推动构建现代流通体系，保持产业链供应链稳定，促进经济高质量发展提供战略支撑。重点抓好落实强化枢纽功能、完善服务网络、加强互联互通、发展枢纽经济等四方面任务。《通知》要求，相关省级发展改革、交通运输部门要推动强化部门间的工作合力和政策协同，加强工作指导，加快推进国家物流枢纽建设各项工作，为国家物流枢纽建设运营创造良好环境；枢纽建设运营企业要扎实做好国家物流枢纽建设方案落实工作，积极参与国家物流枢纽联盟建设，建立市场化、常态化的互利合作机制，促进国家物流枢纽互联成网。国家发展改革委、交通运输部将通过国家物流枢纽联盟等加强对国家物流枢纽运行的动态监测，并进行评估考核。

2020 年国家物流枢纽建设名单（排名不分先后）

所在地	国家物流枢纽名称
北京市	北京空港型国家物流枢纽
河北省	唐山港口型（生产服务型）国家物流枢纽
内蒙古自治区	满洲里陆上边境口岸型国家物流枢纽
吉林省	长春生产服务型国家物流枢纽
江苏省	苏州港口型国家物流枢纽
安徽省	芜湖港口型国家物流枢纽
山东省	济南商贸服务型国家物流枢纽
河南省	洛阳生产服务型国家物流枢纽
湖北省	武汉港口型国家物流枢纽
湖南省	岳阳港口型国家物流枢纽
广东省	佛山生产服务型国家物流枢纽
广西壮族自治区	钦州—北海—防城港港口型国家物流枢纽
重庆市	重庆陆港型国家物流枢纽
四川省	遂宁陆港型国家物流枢纽
贵州省	贵阳陆港型国家物流枢纽
云南省	昆明商贸服务型国家物流枢纽
陕西省	延安陆港型国家物流枢纽
青海省	格尔木陆港型国家物流枢纽
新疆维吾尔自治区	阿拉山口陆上边境口岸型国家物流枢纽
大连市	大连港口型国家物流枢纽
青岛市	青岛商贸服务型国家物流枢纽
深圳市	深圳空港型国家物流枢纽

（来源：国家发展改革委网站 2020 年 10 月 28 日）

国家发展改革委发布“十四五”首批国家物流枢纽建设名单

为贯彻落实“十四五”规划《纲要》关于“推进120个左右国家物流枢纽建设”的工作部署，近日国家发展改革委印发《关于做好“十四五”首批国家物流枢纽建设工作的通知》（发改经贸〔2021〕1697号，简称《通知》），将25个枢纽纳入“十四五”首批国家物流枢纽建设名单（附后）。其中，东部地区8个，中部地区6个，西部地区8个，东北地区3个。目前，国家发展改革委已牵头布局建设了70个国家物流枢纽，枢纽网络覆盖全国29个省（区、市）和新疆生产建设兵团，为加快建设“通道+枢纽+网络”的现代物流运行体系，支撑构建新发展格局奠定了坚实基础。

《通知》强调，相关省级发展改革委要积极会同相关部门加强工作谋划和枢纽建设运营日常工作指导，高质量推进国家物流枢纽建设。重点整合优化存量物流设施，统筹补齐枢纽设施短板，加强冷链物流设施建设，强化与国家骨干冷链物流基地等的互通合作和联动发展。促进枢纽互联成网，推动完善以枢纽为支撑的“轴辐式”物流服务体系。通过市场化手段促进枢纽间业务协同、政策协调、运行协作。发挥枢纽优势促进大宗商品中长距离运输“公转铁”“公转水”，在更大范围、更深层次促进物流提质增效降本。加强工业园区、产业集群与枢纽布局衔接、联动发展，打造具有区域集聚辐射能力的产业集群，培育发展枢纽经济。发挥枢纽作用，优化物流大通道沿线产业布局与分工合作体系，打造经济和产业发展走廊。

下一步，国家发展改革委将建立完善枢纽日常运行监测体系，对已纳入年度建设名单的枢纽运行情况进行动态监测。相关省级发展改革委要指导和督促相关枢纽建设运营主体建立健全运行统计制度，加强数据收集和分析，定期报送有关情况；牵头研究建立枢纽建设协调机制，强化跨部门工作合力和政策协同，鼓励引导相关承载城市人民政府研究出台促进枢纽发展的政策举措；建立健全枢纽重大项目储备库，重点加强基础性、公共性、准公益性项目储备并保持动态调整更新。国家发展改革委将通过中央预算内投资、地方政府专项债券等政策渠道或推荐给相关金融机构，对符合条件的项目予以适当支持。

“十四五”首批国家物流枢纽建设名单（25 个）（排名不分先后）

所在地	国家物流枢纽名称
天津市	天津空港型国家物流枢纽
河北省	石家庄陆港型国家物流枢纽
内蒙古自治区	呼和浩特商贸服务型国家物流枢纽
辽宁省	沈阳生产服务型国家物流枢纽
吉林省	珲春陆上边境口岸型国家物流枢纽
黑龙江省	黑河陆上边境口岸型国家物流枢纽
江苏省	连云港港口型国家物流枢纽
浙江省	温州商贸服务型国家物流枢纽
	金华生产服务型国家物流枢纽
安徽省	合肥陆港型国家物流枢纽
福建省	福州商贸服务型国家物流枢纽
江西省	南昌陆港型国家物流枢纽
山东省	日照港口型国家物流枢纽
河南省	安阳陆港型国家物流枢纽
	商丘商贸服务型国家物流枢纽
湖北省	武汉陆港型国家物流枢纽
湖南省	衡阳陆港型国家物流枢纽
广西壮族自治区	柳州生产服务型国家物流枢纽
重庆市	重庆空港型国家物流枢纽
四川省	达州商贸服务型国家物流枢纽
西藏自治区	拉萨陆港型国家物流枢纽
陕西省	西安空港型国家物流枢纽
新疆维吾尔自治区	霍尔果斯陆上边境口岸型国家物流枢纽
新疆生产建设兵团	石河子生产服务型国家物流枢纽
深圳市	深圳港口型国家物流枢纽

（来源：国家发展改革委 2021 年 11 月 29 日）

关于加快推进铁路专用线建设的指导意见

发改基础〔2019〕1445 号

各省、自治区、直辖市及计划单列市、新疆生产建设兵团发展改革委、自然资源厅（局）、交通运输厅（委），各铁路监督管理局，各铁路局集团公司，国家能源集团，国家开发投资集团有限公司：

为优化调整运输结构、打赢蓝天保卫战，更好发挥铁路在综合交通运输体系中的骨干作用和绿色低碳优势，推进铁路进港口、大型工矿企业和物流园区，解决好铁路运输“最后一公里”问题，促进多式联运，降低物流成本，现就加快推进铁路专用线建设提出以下意见。

一、重要意义

专用线是解决铁路运输“最后一公里”问题的重要设施，对于减少短驳、发挥综合交通效率、提升经济社会效益具有重要作用。近年来，有关部门、地方和企业坚持以供给侧结构性改革为主线，按照高质量发展要求，着力提升综合交通运输服务水平和效益，积极推动以铁路为骨干的多式联运发展，大力发展铁路专用线，实施长江干线港口铁水联运设施联通行动计划，打通铁路“最后一公里”，畅通“微循环”，“公转铁”、铁水联运等结构调整效果初步显现。为更好落实《国务院办公厅关于印发推进运输结构调整三年行动计划（2018—2020 年）的通知》（国办发〔2018〕91 号）有关要求，进一步增加铁路货运量，迫切需要加快铁路专用线建设进度，实现铁路干线运输与重要港口、大型工矿企业、物流园区等的高效联通和无缝衔接。

二、总体要求

（一）指导思想。

以习近平新时代中国特色社会主义思想为指导，全面贯彻党的十九大和十九届二中、三中全会精神，按照党中央、国务院关于调整运输结构、打赢蓝天保卫战的重大决策部署，坚持以供给侧结构性改革为主线，坚持目标导向和问题导向，以推进大宗货物运输“公转铁”为主攻方向，坚持市场主体、企业实施、政府推动，充分利用既有铁路设施，加快铁路专用线建设，构建支撑多式联运更高效、运输结构更优化、降本增效更明显的铁路集疏运体系，打通铁路运输“最后一公里”，提高共建共享利用效率，提升服务水平，增加铁路货运量，降低物流成本，减少碳排放，提升运输绿色发展水平。

（二）发展目标。

到 2020 年，一批铁路专用线开工建设，沿海主要港口、大宗货物年运量 150 万吨以上的大型工矿企业、新建物流园区铁路专用线接入比例均达到 80%，长江干线主要港口基本引入铁路专用线。到 2025 年，沿海主要港口、大宗货物年运量 150 万吨以上的大型工矿企业、新建物流园区铁路专用线力争接入比例均达到 85%，长江干线主要港口全部实现铁路进港。

三、重点任务

（三）深入对接需求。

各省级发展改革委、自然资源厅（局）、交通运输厅（委）、地区铁路监督管理局和铁路企业牵头建立对接工作机制，按照运量前景可观、基础条件成熟、“公转铁”效果明显的原则，对接调查辖域内港口、企业、物流园区铁路专用线建设需求，梳理大宗货物年货运量 150 万吨以上的大型工矿企业和新建物流园区名单，研究确定铁路专用线建设总体目标，明确铁路专用线重点建设项目清单，细化明确项目推进时间节点、实施主体、资金筹措方案等。

（四）同步规划建设。

规划新建客货共线、货运专线铁路时，要充分考虑沿线铁路专用线接入需求，同步做好专用线线路走向和衔接条件的论证，鼓励铁路专用线与之同步规划设计、同期建成开通。具备同步实施条件的，新建铁路要提供有利的接轨条件，按照专用线能力需要配套建设接轨站。暂不具备同步建设条件的，新建铁路应做好接轨条件预留。结合新线铁路建设和既有线扩能改造，鼓励根据需要对既有专用线实施相关改造，尽可能盘活既有专用线资源和运能，提高利用效率。主要港口新建集装箱、大宗散货作业区原则上同步规划建设进港铁路。

（五）合理确定标准。

在保障运输安全顺畅的前提下，合理确定新建及改扩建铁路专用线建设等级和技术标准，经济适用配置站后设施设备。铁路专用线优先采用再用轨、再用枕，牵引供电可采用单路外部电源或单台牵引变压器等。办理煤炭等易产生扬尘污染的专用线，应配套建设绿色环保设施。不得随意采用设计上限标准和配置不相关的设施设备，从源头上降低专用线造价，切实减轻企业负担。专用线选址要符合国土空间规划，合理避让永久基本农田和生态保护红线，节约集约用地。

（六）简化接轨条件。

有关企业提出铁路专用线接轨需求时，接轨站所属铁路企业应无条件受理，严禁设置门槛或拒绝受理。接轨站应按照顺畅衔接的原则进行适应性改造，原则上以接轨点为界，由铁路企业根据需要改造接轨站及相关设施设备并承担其投资。铁路专用线与繁忙干线、设计时速200公里客货共线铁路车站接轨时，应综合运输安全、咽喉通过能力、工程代价等因素，充分论证设置疏解线的必要性和建设时机；与其他线路车站接轨时，原则上不设置疏解线。

（七）压缩办理时限。

进一步深化“放管服”改革，按照“最多跑一趟”的目标，精简手续、提高效率。铁路企业在受理专用线接轨申请后，原则上应在20个工作日内出具同意接轨意见，因技术原因不能接轨的需作出书面答复并提出有关建议。地方有关部门受理专用线核准申请后，应按照规定时限完成核准手续，确保专用线建设符合国家相关产业政策。省级投资主管部门负责专用线核准，并征求相关方面意见，初步设计、施工图设计等审查由企业自行决定。合理压缩铁路专用线项目前期工作周期，简化设计程序，提高审批效率，除工程地质复杂、技术难度大的项目外，原则上在可行性研究后可直接开展施工图设计。

（八）创新运维模式。

专用线产权单位自主决策、按市场化原则开展运营维护，可采取自营、委托运营等方式。进一步开放专用线代运营代维护市场，允许工程施工、装备制造、社会物流企业等参与并提供相关服务，鼓励建立区域性、专业化铁路专用线运营维护机制和企业。专用线委托铁路企业运营维护的，铁路企业应积极采用车、工、电、供一体化生产组织模式，集中集约设置生产生活设施，统筹检修工装设备运用，尽可能降低运营支出，同时参照自身运营相关作业的内部成本控制定额，在平等协商基础上，合理确定收费标准。专用线由产权单位自己运营维护的，铁路企业要加强指导，确保满足国家相关标准和规定，保障运输安全。

（九）优化运输服务。

铁路企业要加快转变理念，主动上门对接和服务企业，优化服务流程和运输组织，减少中间短驳，简化作业环节，规范收费行为，提高运输服务效率和品质，加强与港口、航运等企业合作，促进港口通过铁路进行大宗货物和集装箱集疏运。结合受委托专用线需求特点，制定针对性运输计划，鼓励企业签订长期协议，优先满足专用线运输需求。鼓励铁路企业与专用线产权单位、第三方客户加强合作，协商制定全程物流方案，为广大客户提供更直接、更方便、更高效的服务，推动铁路货运向现代物流转变。加快完善以铁水联运为重点的多式联运公共信息交换共享，实现铁路现车、装卸车、货物在途、到达预确报以及港口装卸、货物堆存、船舶进出港等铁水联运信息互联共享。

（十）提升综合效益。

鼓励铁路企业、有关企业和地方政府加强合作，按照市场化原则推进铁路专用线共建共享共用，规范线路使用、运输服务收费项目和标准，明确清算规则，规范专用线价格行为，建立适应市场变化的运价灵活动态调整机制，增强铁路专用线运输市场竞争能力，制定铁路专用线代运营代维护收费计费办法，向社会公开。加强产运销协同，开发多层次运输服务产品，提高专用线利用效率和综合效益，更好地发挥铁路运输安全、节能、环保优势，推动运输结构调整优化。

四、措施要求

（十一）强化协同推动。

省级发展改革委、自然资源厅（局）、交通运输厅（委）、地区铁路监督管理局和铁路企业要建立常态化协调机制，加强与地方及有关企业沟通协调，共同推进专用线建设，着力解决重点难点问题，每半年将有关工作推进情况报送国家发展改革委、自然资源部、交通运输部、国家铁路局和中国国家铁路集团有限公司。充分发挥铁路企业运营管理优势和企业市场主体作用，坚持市场导向，合理确定其在专用线建设的资金筹措、建设实施、资产管理、运营维护等责任。

（十二）加大支持力度。

铁路企业要强化市场和服务意识，在接轨手续办理、方案审查、工程建设、运维管理、运输组织、安全保障等方面优化服务，有关情况及时向社会主动公开。地方有关部门要简化审批程序，在要件办理、项目核准、建设施工许可、用地指标保障等方面积极支持。自然资源部将加大铁路专用线用地、用海支持力度，对重点支持项目纳入占用永久基本农田用地预审受理范围，并对符合海域管理法律法规及围填海管理政策的项目保障用海需求。国家铁路局将会同有关部门和单位加快制定完善铁路专用线标准规范，加强行业质量安全监督管理，促进铁路专用线安全优质建设。

（十三）拓宽筹资渠道。

全面开放铁路专用线投资建设、运营维护市场，支持各市场主体按照市场化原则，以股权合作方式共同建设铁路专用线。中国国家铁路集团有限公司将与有关企业加强平等协商和互利合作，积极参与铁路专用线建设。鼓励金融机构加大对铁路和多式联运企业金融服务的支持力度，积极引导社会资本以多种形式参与投资建设铁路专用线，研究进一步加大中央和地方财政性资金的支持力度。

（十四）加强督促指导。

根据发展需求和经济社会效益情况，梳理提出了2019—2020年推动先行实施的一批铁路专用线重点项目。国家发展改革委、自然资源部、交通运输部、国家铁路局、中国国家铁路集团有限公司将加强跟踪指导，及时总结和协调解决铁路专用线项目建设过程中的问题和困难，对进展滞后的项目督促有关方面重点帮助协调推进。同时，完善相关政策措施，推动有关方面加快推进项目前期工作和工程建设，尽快打通铁路运输“最后一公里”。

附件：铁路专用线重点项目（2019—2020 年）（略）

国家发展改革委
自然资源部
交通运输部
国家铁路局
中国国家铁路集团有限公司
2019 年 9 月 1 日

国家发展改革委 民航局
关于促进航空货运设施发展的意见

发改基础〔2020〕1319 号

各省、自治区、直辖市及计划单列市、新疆生产建设兵团发展改革委，民航各地区管理局：

为深入贯彻落实国务院常务会议精神，稳定产业链和供应链，针对新冠肺炎疫情防控中暴露出我国航空货运体系存在的问题，加快补齐航空货运短板和弱项，促进我国航空货运设施发展，现提出以下意见：

一、总体要求

（一）重要意义。

航空货运是国家重要的战略性资源，具有承运货物附加值高、快捷高效等特点，在应急处突、抢险救灾、军事保障等方面具有重要作用。随着我国经济由高速增长阶段转向高质量发展阶段，电子商务和快递物流业持续快速增长，航空快件比例上升，企业经营模式由货物运输为主向全产业链延伸，传统航空货运企业逐步向提供全流程服务的航空物流企业转变，新兴的航空物流企业不断涌现，迅速成长。航空货运的专业化、物流化发展趋势，对航空货运设施的布局、运行环境和效率提出了更高要求。促进航空货运设施发展，对集聚和优化航空要素资源配置、提升航空货运企业国际竞争力、促进民航业和物流业持续健康发展具有重要意义，是深化航空业供给侧结构性改革的必然选择，是航空业转型升级实现高质量发展的重要途径。各有关方面要充分认识促进航空货运设施发展的重要意义，适应发展形势，加强研究论证，促进我国航空货运和物流业有序健康发展。

（二）指导思想。

以习近平新时代中国特色社会主义思想为指导，全面贯彻党的十九大和十九届二中、三中、四中全会精神，坚持以人民为中心，坚持新发展理念。以深化供给侧结构性改革为主线，以货运市场需求为导向，聚焦航空货运设施发展短板和弱项，提高国际航空货运能力，畅通供应链、稳定产业链。坚持统筹兼顾、多措并举，优化资源配置，强化要素保障，充分利用既有机场的货运设施能力，科学有序推进专业性货运枢组机场布局建设。统筹民航与铁路、公路、水运等多种交通运输方式的有效衔接和一体化协同发展，着力提升航空货运设施专业化运营能力和服务质量，逐步构建功能完善、布局合理、衔接顺畅的航空货运设施布局和通达全球的航空货运网络体系。大力培育航空货运企业，支持航空公司扩大货运机队规模，更好服务我国经济社会发展和人民美好生活对现代化航空物流的需要。

（三）基本原则。

市场主导、政府引导。始终坚持市场导向，充分发挥市场配置资源的决定性作用和更好发挥政府作用，坚持市场主导、企业主体、政府支持的理念，有力有序促进航空货运设施发展。

融合发展、积极创新。充分整合各种资源，加强航空与物流新业态、新模式的深度融合，提升航空货运供给质量，适应我国物流供应链发展需求，逐步形成航空货运网络系统，培育航空运输的新增长点，形成新动能。

客货并举、协同发展。转变“重客轻货”观念，培育专业化航空物流企业，提升货物运输专业化水平，推进机场客货并举、协同发展，打造具有国际竞争力的航空货运枢纽。

盘活存量、优化增量。对已具备航空货运优势的机场，进一步优化完善货运设施布局和运行环境，提升效率、效益和竞争力。鼓励有条件的既有支线机场强化和提升货运功能，稳妥有序推进专业性货运枢纽机场建设。

（四）主要目标。

近期 2025 年，建成湖北鄂州专业性货运枢纽机场，优化完善北京、上海、广州、深圳等综合性枢纽机场货运设施，充分挖掘既有综合性机场的货运设施能力，结合空港型国家物流枢纽建设，研究提出由综合性枢纽机场和专业性货运枢纽机场共同组成的航空货运枢纽规划布局。

展望 2035 年，在全国范围内建成 1—2 个专业性货运枢纽机场，并结合《全国民用运输机场布局规划》修订，进一步完善国际航空货运枢纽布局，综合性枢纽机场和专业性货运枢纽机场布局相辅相成、更加成熟。培育若干具备国际竞争力的大型航空物流企业，覆盖全球的航空货运网络骨架初步形成，航空货运发展核心要素资源配置进一步优化，设施布局进一步完善，效益显著提高，综合保障能力大幅提升，成为服务国家重大战略、促进经济结构转型升级、深度参与国际合作、推动我国经济高质量发展的有力支撑。

二、完善提升综合性机场货运设施能力和服务品质

（一）提高综合性机场现有货运设施能力和利用率。统筹机场客货运区域的规划、建设、运营和管理。既有机场应合理布局货运设施，充分利用既有货运资源，可通过货运设施改扩建、扩大货运区域进深尺度、合理区分全货机和客机腹舱带货区、顺畅货运车辆进出通道等措施，提升机场内货物运输的便捷性以及快速运输的高效性。新建机场应集中布局货机站坪、货运库等货运设施，优化机坪与货运设施距离和货运流线，确保场内货运组织便捷通畅。

（二）优化机场货物运输组织。加强货运枢纽机场之间的货运航线联系，鼓励结合实际需求开展空空中转等业务，充分利用客机腹舱、卡车航班、货运班列等资源，编织多层次的航空货物运输网络。建设便捷高效的机场集疏运系统，建立综合运输管理协调机制，优化运输组织实施方案，搭建综合交通信息共享及发布平台，实现货物便捷中转和快速集散。

（三）提升机场货运服务品质。完善前端收运核查，积极推动运单电子化，强化地面服务科技集成和信息化应用，优化简化货运安检流程，完善机场口岸联检设施，加强专用设备配套，不断提高通关效率。积极引入国内外航空货运处理专业力量，按照快捷高效、准时可控的要求简化货运流程，打造机场高质量货运服务体系。

（四）强化机场内外设施的协同联动。鼓励在航空业务规模较大或具备条件的机场周边规划设立临空经济区，集聚发展临空产业，符合要求的推动建设临空经济示范区、综合保税区，缩短货运设施与临空经济区和综合保税区的间距，推进机场与临空经济区、综合保税区规划建设和设施运行的高水平联动，实现区港一体化运营，提高通关效率，降低物流成本，充分发挥航空物流业引擎作用，加快形成航空物流与临空经济区之间相互促进、相互提升的共同发展态势。

三、稳妥有序推进专业性货运枢纽机场建设

（一）充分遵循航空货运发展规律。借鉴国际航空货运枢纽发展成功经验，结合我国航空货运发展基础和实际，多方面深化发展认知，先试点，再总结，后推广，不盲目铺摊子，不贪大求全。总结鄂州货运枢纽建设和运营经验，“十四五”期间研究提出专业性货运枢纽机场规划布局，结合市场需求稳妥有序推进建设。

（二）符合民用运输机场布局规划。支持将有条件的既有支线机场打造为专业性货运枢纽机场。新建专业性货运枢纽机场，应从《全国民用运输机场布局规划》中选取，并按照国家和民航行业关于民用运输机场建设的相关规定，履行民用运输机场基本建设程序。

（三）引入专业化航空运输企业。专业性货运枢纽机场可引入拥有全货机机队的专业化航空物流企业，由其出资建设机场专业化货运设施，并作为主基地航空公司运营。航空物流企业可与地方政府或机场签订合资合作文件，共同制定中长期运营发展规划。驻场运行全货机数量原则上大于20架。

（四）具备良好的发展条件。专业性货运枢纽机场周边空域条件良好，土地发展空间充足，满足长远发展需要。机场所在地区位优势突出，有利于构建中枢辐射式航线网络体系，且产业基础良好。综合交通运输体系较为完善，便于组织多式联运，实现货物快速集散。

四、全面提升航空货运设施使用效能

（一）完善飞机引进政策。优化机队结构，适应航空货运企业的发展需求，采取更加灵活的全货机引进政策，鼓励通过融资租赁、购买以及湿租等方式增加货机，支持货运航空公司壮大机队规模，发展全货机运输。

（二）持续改善空域条件。推进国家空域管理体制改革，扩大空域资源供给，推进空域灵活高效使用，依据区域特色优势和资源禀赋，结合机场功能定位，持续优化航空货运航线和时刻资源配置，加大航权开放力度，简化货运航班审批程序，为航空货运发展释放更大空间。

（三）培育航空货运企业。鼓励航空货运企业与快递物流企业打破所有制限制，加快培育具有国际竞争力的大型快递物流企业，以大型快递物流企业为主体，以其组建的货运航空公司为主基地航空公司，参与主导专业性货运枢纽机场规划、建设和运营。研究优化整合国内航空公司全货机机队资源和市场资源，培育航空货运超级承运人，提升国际航空货运市场竞争力。

（四）提升机场管理水平。建设航空物流公共信息平台，支持加快开展航空电子货运试点，研究构建“单一窗口”空港通关系统，提升航空货运信息化、标准化水平，加快民航与铁路、公路等物流标准对接，推动航空物流操作标准、信息标准、运行标准和设备标准的建设工作。加强大数据、云计算、人工智能、区块链等新技术在机场货运中的综合运用，鼓励科技创新、业务创新、管理创新，努力实现资源优化配置和精细化、智能化管控，共同打造专业化、现代化的航空物流体系。

五、保障措施

（一）加强主体责任落实。发展改革部门要加强对设施布局、综合交通方式的统筹协调，做好规划政策整合。民航行业管理部门要加强对航空货运设施建设发展的行业管理和指导，统筹把握发展进程和行业标准制定，减少无序竞争和重复建设。积极发挥民航行业协会和社会团体的管理、服务和协调作用，有力支持航空货运设施持续健康发展。切实强化航空运输企业和机场公司在航空货运发展方面的协作合作，实现共商共建共享共赢。

（二）做好资源要素保障。坚持机场的公共基础设施属性，鼓励地方政府加大对机场货运及其重要配套设施的规划选址、土地使用、建设运营等要素支持，严格规划用地预留和控制，统筹综合交通基础设施布局，落实《国家发展改革委关于促进枢纽机场联通轨道交通的意见》，同步规划临空物流园区等配套设施建设。

（三）创新设施融资模式。鼓励借鉴国际经验，由地方政府、机场公司、航空物流企业以及社会资本多方合作，采取 BOT、BOO、BOOT 等多种模式开发建设和管理货运设施，由航空物流企业出资建设适合自身运营发展需要的转运中心、航空货站、仓储设施等，实施专业化运营。

（四）强化专业人才培养。加大民航管理技术人才、航空物流专业人才培养以及科技研发投入支持力度，鼓励科研机构建立航空物流研究方向和航空物流领域行业智库，充分发挥专业智库在航空货运发展中的政策咨询和技术支持作用，提升航空物流企业和机场货运设施运营管理能力和水平。

国家发展改革委

民航局

2020 年 8 月 24 日

国家发展改革委 自然资源部联合发布第三批示范物流园区名单

近日，为贯彻落实党中央、国务院有关决策部署，加快构建布局合理、规模适度、功能齐全、绿色高效的全国物流园区网络体系，以点带面推动提升物流园区整体发展水平，推动物流提质增效降本，国家发展改革委、自然资源部联合印发《关于做好第三批示范物流园区工作的通知》，确定第三批 24 家示范物流园区名单（附后），取消 2 家示范物流园区称号，并要求有关省（区、市）政府部门进一步完善示范物流园区工作协调机制，抓好国家和地方已出台的各项政策措施落实，将示范物流园区新增物流仓储用地，优先列入本地区建设用地供应计划并给予重点保障。同时，积极推动解决园区发展面临的困难和问题，支持示范物流园区符合条件的重大物流基础设施建设。

自示范工作开展以来，国家发展改革委会同自然资源部等有关部门共分三批确定 78 家示范物流园区，已覆盖全国 28 个省（区、市）。相关园区在强化基础服务、完善设施布局、创新发展模式、突出特色化经营等方面取得积极成效，为降低实体企业物流成本，带动区域物流业聚集提升和高质量发展，促进形成强大国内市场，发挥了重要作用。

下一步，国家发展改革委将会同有关部门加强对已入选物流园区的工作指导，及时总结园区发展的成功经验和成熟模式，把物流园区示范工作与促进物流提质增效降本和高质量发展结合起来，进一步加强园区互联互通、联动发展，推动物流业与相关产业深度融合，为构建以国内大循环为主体、国内国际双循环相互促进的新发展格局提供有力支撑。

附件

第三批示范物流园区名单

（共 24 个）

北京市	平谷区马坊物流基地
天津市	天津东疆保税港区
河北省	河北新发地农副产品物流园

	唐山海港物流产业聚集区
内蒙古自治区	通辽经济开发区综合物流园区
辽宁省	东北快递（电商）物流产业园
黑龙江省	哈尔滨龙运物流园区
江苏省	苏州工业园区现代物流园
	南京空港江宁快递产业园
浙江省	浙江德清临杭物流园
	浙中多式联运枢纽港
安徽省	宝特芜湖现代物流产业园
	宝湾（合肥）国际物流中心
江西省	上饶市新华龙现代物流园
山东省	金乡县鲁西南商贸物流园
	黄河三角洲滨南物流园
河南省	鹤壁现代煤炭物流园区
	驻马店恒兴仓储物流及电子商务产业园
湖北省	黄石新港（物流）工业园
湖南省	湖南一力物流园
广西壮族自治区	柳州市鹧鸪江钢铁深加工及物流产业园
四川省	成都国际铁路港
贵州省	贵州快递物流集聚区
新疆维吾尔自治区	中疆物流昌吉物流货运周转基地

（来源：国家发展改革委网站 2021 年 9 月 23 日）

国家发展改革委关于印发《城乡冷链和国家物流枢纽建设中央预算内投资专项管理办法》的通知

发改经贸规〔2021〕817号

各省、自治区、直辖市及计划单列市、新疆生产建设兵团发展改革委：

为贯彻落实党中央、国务院关于加强物流基础设施建设的决策部署，规范城乡冷链和国家物流枢纽建设中央预算内投资专项管理，发挥中央预算内投资引导带动作用，根据《政府投资条例》和中央预算内投资管理相关规定，我们研究制定了《城乡冷链和国家物流枢纽建设中央预算内投资专项管理办法》，现印发给你们，请按照执行。

国家发展改革委

2021年6月7日

附件：城乡冷链和国家物流枢纽建设中央预算内投资专项管理办法

第一章　总　则

第一条　为规范城乡冷链和国家物流枢纽建设中央预算内投资（简称本专项）项目管理，提高投资效率效益，根据《政府投资条例》（国务院令第712号）、《中央预算内投资补助和贴息项目管理办法》（国家发展改革委令2016年第45号）、《关于规范中央预算内投资资金安排方式及项目管理的通知》（发改投资规〔2020〕518号）等有关规定，制定本办法。

第二条　本专项由国家发展改革委组织实施。各省、自治区、直辖市及计划单列市、新疆生产建设兵团发展改革委（简称省级发展改革委）、中央管理企业等为项目汇总申报单位，按照国家发展改革委有关要求，负责本地区、本系统的项目储备、申报和管理等工作。

第二章　支持方向和标准

第三条　本专项主要用于以下方向项目建设：

（一）物流基础设施补短板项目。重点支持已纳入年度建设名单的国家物流枢纽、国家骨干冷链物流基地内的公共性、基础性设施补短板项目，包括多式联运转运设施项目，高标准公共仓储设施新建、改扩建及智能化改造项目，保税仓储设施项目，公共物流信息平台和信息化提升项目等。

（二）冷链物流设施项目。重点支持服务于肉类屠宰加工及流通的冷链物流设施项目（不含屠宰加工线等生产设施），公共冷库新建、改扩建、智能化改造及相关配套设施项目。

（三）按照党中央、国务院决策部署，需要支持的其他物流基础设施项目。

第四条　拟申报项目应按照相关规定通过全国投资项目在线审批监管平台完成审批、核准或备案程序（地方政府投资项目应完成项目可行性研究报告或者初步设计审批），取得土地、规划、环评等前期手续。申报时项目实际完成投资比例原则上不超过70%。

项目存在以下情况之一的不予支持：

（一）未依法获得审批（核准、备案）和相关前期手续；

（二）已获得其他中央财政性资金支持；

（三）项目单位被依法列入严重失信主体名单。

第五条　单个项目支持标准原则上不超过项目按本办法第九条核定投资的30%，最高不超过5000万元。中央预算内投资均为一次性安排，其他专项已安排中央预算内投资的项目，本专项不再重复安排。

第三章　申报程序和计划下达

第六条　汇总申报单位根据国家发展改革委印发的年度项目申报通知要求，按照集中力量办大事、急事、难事，“少而精”的原则，负责筛选符合本专项支持方向、各方面建设条件成熟的项目，组织做好项目申报工作。

第七条　省级发展改革委应结合地方财政承受能力、政府投资能力和本地区建设需求合理申报投资计划。脱离当地实际、其他建设资金不落实、无法如期完工的不得申报。

第八条　拟申报的中央管理企业项目需编制项目资金申请报告。拟申报的地方项目，省级发展改革委指导项目单位编写单行材料。

第九条　项目汇总申报单位对拟申报项目进行严格审查，并对审查结果和申报材料的真实性、合规性负责。重点包括：

（一）申报项目是否符合支持范围；

（二）是否获得其他中央财政性资金；

（三）项目单位是否被依法列入严重失信主体名单；

（四）申报投资是否符合安排标准；

（五）项目是否完成审批（核准、备案）和相关前期手续；

（六）项目是否落实除拟申请本专项之外的其他资金；

（七）项目单位和监管单位“两个责任”填报是否规范等；

（八）对计划新开工项目，要重点审核前期工作条件是否成熟，确保如期开工建设；对在建项目，要重点审核各项建设手续是否完备；

（九）组织专家对每个项目进行评审，核定符合本专项支持范围的投资规模。

第十条　汇总申报单位应在本专项当年投资计划申报时限内及时向国家发展改革委报送项目申报材料。其中，中央管理企业需报送项目申报请示文件和每个项目的资金申请报告，地方项目需报送项目申报请示文件和每个项目的单行材料。

第十一条　国家发展改革委组织专家对汇总申报单位报送的材料进行评审，研究形成符合支持方向的项目清单。同时，综合考虑本专项资金总规模、符合支持方向的项目情况、区域分布等，研究确定单个项目支持金额核算标准。

第十二条　汇总申报单位对符合支持方向的项目清单中项目的建设条件、前期手续等进行复核，并在规定时限内向国家发展改革委报送申请下达中央预算内投资计划和绩效目标的请示文件。

第十三条　国家发展改革委结合汇总申报单位复核意见以及上年度项目管理、监督检查、审计等情况，统筹平衡后研究形成年度中央预算内投资计划和绩效目标，按程序报批后下达。中央管理企业项目按项目下达年度中央预算内投资计划。地方项目以切块方式下达年度中央预算内投资计划。

第十四条　收到年度中央预算内投资计划和绩效目标后，相关中央管理企业按照规定时限转发下达并报国家发展改革委备案；省级发展改革委在符合支持方向的项目清单范围内，将投资计划和绩效目标安排到具体项目并下达投资分解计划，按照规定时限报国家发展改革委备案。转发下达或分解下达时，要充分发挥中央预算内投资的投资引导和补足作用，支持社会投资积极性不强的公共性、基础性项目建设。同一类项目支持标准应统一。

第十五条　中央管理企业项目的中央预算内投资资金安排方式为投资补助。相关省级发展改革委在下达投资分解计划时，应按照《政府投资条例》《关于规范中央预算内投资资金安排方式及项目管理的通知》等要求明确具体安排方式，可采取直接投资、资本金注入或投资补助。

第十六条　相关中央管理企业在申请下达投资计划和绩效目标的请示文件中、省级发展改革委在下达投资分解计划时，应明确每个项目的项目单位（法人）和项目责任人、日常监管直接责任单位和监管责任人，并通过全国投资项目在线审批监管平台（国家重大建设项目库）进行报备。其中，日常监管直接责任单位原则上是项目直接管理单位（对项目单位财务或人事管理行使管理职责的上一级单位），没有直接管理单位的则为当地行业主管部门。监管责任人由日常监管直接责任单位派出，是日常监管的直接责任人。日常监管直接责任单位及监管责任人对项目申报、建设管理、信息报送等履行日常监管职责。

第四章　项目管理和监督检查

第十七条　中央预算内投资支持项目的财务管理按照财政部门有关管理规定执行。除中央预算内投资支持之外的项目建设所需其他资金，应及时足额到位。相关中央管理企业、省级发展改革委要配合有关部门做好资金拨付工作，确保中央预算内投资和其他资金按期拨付。严禁转移、侵占或者挪用中央预算内投资。

第十八条　国家发展改革委根据加强中央预算内投资项目事中事后监管有关规定，组织有关部门和项目单位通过日常在线调度或实地查看等方式，加大对项目落地实施、建设资金落实、项目开工建设等关键环节及绩效目标执行情况的监督管理力度，相关结果将作为下一年度投资计划安排的重要参考依据。

第十九条　相关中央管理企业、省级发展改革委应组织有关部门和项目单位，通过自查、现场督察、在线监管等多种方式，加大对前期工作程序、转发计划、项目落地实施、地方建设投资落实、计划执行进度等关键环节及绩效目标执行情况的监督检查力度。协调解决项目建设中存在的问题，加快项目建设进度，确保项目建设质量。要切实履行信息填报、管理督导责任，督促项目单位及时填报项目实施进展情况，加强数据审核，确保数据准确，依托全国投资项目在线审批监管平台（国家重大建设项目库）进行按月调度，每月 10 日前填报已支持项目开工情况、投资完成情况、工程形象进度等数据。

第二十条　项目单位需严格执行国家有关政策要求，落实项目法人责任制、招标采购制度、工程监理制度、竣工验收制度，不得擅自改变主要建设内容、降低建设标准。项目完成后，项目单位应及时按照《建设工程质量管理条例》等有关规定做好竣工验收工作，按程序及时将验收结果报相关中央管理企业或省级发展改革委备案。

第二十一条　相关中央管理企业、省级发展改革委要加大监督检查、评估督导等工作力度，督促日常监管直接责任单位和监管责任人切实履行日常监管职责。对当年投资计划项目，应至少开展一次现场检查。对监督检查、评估督导等发现的问题要逐项督促整改，其中重大问题要及时报告国家发展改革委。

第二十二条　项目单位应当自觉接受审计、监察、财政等部门依据职能分工进行的监督检查，如实提供与项目有关的文件资料和情况，不得销毁、隐匿、转移、篡改、伪造或者无故拖延、拒绝提供有关文件资料。

第二十三条　本专项已下达的年度投资计划原则上不得调整。如因建设主体、建设内容、建设规模、总投资等发生重大变更或因某些原因导致项目无法实施继而确需调整投资计划的，中央管理企业项目由国家发展改革委调整；地方项目由相关省级发展改革委按程序调整，并报国家发展改革委备案。对涉及投资计划调整的项目，要及时在全国投资项目在线审批监管平台（国家重大建设项目库）中进行调整并开展调度。

第二十四条　国家发展改革委将不定期抽查项目建设情况，并积极配合相关部门开展评估督导、审计、检查、第三方评估等工作。

（一）对评估督导、审计、检查中发现存在资金不落实、投资计划执行和建设进度慢等问题较多的，区分不同情况采取约谈、现场督办等给予严肃处理；

（二）对存在用已完工项目申报、虚报投资规模、建设内容与申报内容不符、挪用中央预算内投资等问题，将及时调整投资计划，并根据有关项目管理规定进一步采取扣减、收回、暂停安排中央预算内投资等措施予以警示和惩戒，相关信息依法依规纳入全国信用信息共享平台。同时，可视情节轻重提请或移交有关机关依法追究有关责任人的行政或者法律责任。

第五章　附　则

第二十五条　本办法由国家发展改革委负责解释。

第二十六条　本办法自发布之日起施行，有效期五年，并将根据党中央、国务院有关工作要求及时进行修订。

财政部 税务总局关于继续实施物流企业大宗商品仓储设施用地城镇土地使用税优惠政策的公告

财政部 税务总局公告2020年第16号

为进一步促进物流业健康发展，现就物流企业大宗商品仓储设施用地城镇土地使用税政策公告如下：

一、自2020年1月1日起至2022年12月31日止，对物流企业自有（包括自用和出租）或承租的大宗商品仓储设施用地，减按所属土地等级适用税额标准的50%计征城镇土地使用税。

二、本公告所称物流企业，是指至少从事仓储或运输一种经营业务，为工农业生产、流通、进出口和居民生活提供仓储、配送等第三方物流服务，实行独立核算、独立承担民事责任，并在工商部门注册登记为物流、仓储或运输的专业物流企业。

本公告所称大宗商品仓储设施，是指同一仓储设施占地面积在6000平方米及以上，且主要储存粮食、棉花、油料、糖料、蔬菜、水果、肉类、水产品、化肥、农药、种子、饲料等农产品和农业生产资料，煤炭、焦炭、矿砂、非金属矿产品、原油、成品油、化工原料、木材、橡胶、纸浆及纸制品、钢材、水泥、有色金属、建材、塑料、纺织原料等矿产品和工业原材料的仓储设施。

本公告所称仓储设施用地，包括仓库库区内的各类仓房（含配送中心）、油罐（池）、货场、晒场（堆场）、罩棚等储存设施和铁路专用线、码头、道路、装卸搬运区域等物流作业配套设施的用地。

三、物流企业的办公、生活区用地及其他非直接用于大宗商品仓储的土地，不属于本公告规定的减税范围，应按规定征收城镇土地使用税。

四、本公告印发之日前已缴纳的应予减征的税款，在纳税人以后应缴税款中抵减或者予以退还。

五、纳税人享受本公告规定的减税政策，应按规定进行减免税申报，并将不动产权属证明、土地用途证明、租赁协议等资料留存备查。

财政部　税务总局

2020年3月13日

山西省人民政府关于印发山西省“十四五”现代物流发展规划的通知（节选）

晋政发〔2021〕38号

山西省“十四五”现代物流发展规划

一、主动把握现代物流发展的新机遇和新要求（略）

二、精准聚焦现代物流高质量发展的新目标（略）

三、优化空间结构，加快融入双循环发展格局

适应现代产业体系构建、扩大内需战略和流通体系重构要求，积极构建内外联通、高效协同的“通道+枢纽+网络”现代物流运行体系，推动现代物流向以服务国内大循环为主体、国内国际双循环相互促进的海陆空统筹布局方向转变。

（一）优化物流空间布局

聚焦双循环战略需求，实现省内物流通道与国家物流通道有效衔接，精准布局物流枢纽，以信息化为抓手，构建“1359”物流新格局。“1”是建设太原国际化智慧物流枢纽，“3”是建设大同、临汾、长治三大区域物流枢纽，“5”是布局制造业、农产品、快递、医药、大宗商品五类专业物流基地，“9”是畅通九条物流大通道。

1. 打造太原国际化智慧物流枢纽。

突出数字经济引领，鼓励“互联网+”物流创新，建设全省物流公共信息管理平台，构建覆盖全省的智慧物流中枢。加快物流枢纽设施群建设，实施太原机场三期改扩建、新建国际监管场所、国际邮件互换局扩容升级等重大项目。依托太原市、晋中市新兴产业集群优势和区位优势，特别是山西综改示范区“2+9”千百亿产业集群，以及陆港、空港、口岸、保税、跨境电商等资源和集聚优势，增强物流服务新兴产业能力。运用大数据提升物流中转集疏、分拨配送能力，形成快速响应的城市配送物流枢纽。

2. 建设三大区域物流枢纽。

加快建设大同国家物流枢纽。发挥大同全国性综合交通枢纽优势，统筹朔州物流发展，强化陆港、空港、口岸、铁路、高速公路、管道等物流设施联网协同，加快构建高效的铁路集疏运体系，强化货物集散分拨功能，做强煤炭、煤机制造、轨道交通、陶瓷等大宗商品物流供应链，重点对接山西至二连浩特、呼和浩特、满洲里、京津冀等四条国内骨干大通道，打造中欧国际物流山西北部综合枢纽。发挥大同跨境电商综合试验区优势，大力发展牛羊肉、奶制品、特色药材等冷链物流和跨境物流，补齐冷链物流设施短板，加快建设海关监管区域，打造全国重要的肉类冷链服务基地。

加快建设临汾国家物流枢纽。发挥临汾国家物流枢纽承载城市战略作用，构建临汾运城物流协同区，推动重点物流园区提质扩容、转型升级，补齐铁路专用线短板，开行与二连浩特干线集装箱循环班列，发展集装箱铁水联运大列和五定班列，建设煤炭、焦炭、钢材、矿粉等大宗商品物流供应链平台。依托铁路专用线，开展“公+铁+海”多式联运班列；加强与日照港等港口业务合作，大力发展“无水港”模式。支持临汾市、运城市加强粮食、果蔬等物流设施和信息平台建设，扩大跨境贸易、保税物流规模。

加紧培育长治国家物流枢纽。强化长治、晋城毗邻郑州的区位优势，加强与中原城市群的联系与协作，整合铁路、公路、保税中心等物流资源，拓展干线运输、区域分拨、多式联运等物流服务，加强多式联运货源基地和枢纽功能建设。支持长治市大力发展航空货运，布局建设货运基地和全货机航线，为半导体、信创等高新技术产业发展提供物流支撑。支持晋城市承接郑州异地快递物流功能，建设区域性仓储分拨配送中心，成为全国重要的区域快递枢纽。

3. 建设五类专业物流基地。

结合各地区位特点、产业需求和物流基础，统筹布局建设制造业、农产品、快递、医药、大宗商品等五类专业物流基地，打造成为促发展保民生的有效载体。

制造业物流基地。按照各地市十四大战略性新兴产业基地布局，聚焦成套设备、汽车、大型工程机械、电子元件等制造业物流需求，推动物流业深度嵌入制造业供应链，向服务型制造转型。重点在太原、大同、临汾、运城、长治、晋城等制造业基地，培育发展一批集物流资源调度、物流信息发布、市场交易、金融服务于一体的制造业供应链服务基地、物流贸易基地。

农产品物流基地。依托农产品精深加工十大产业集群，聚焦“南果中粮北肉东药材西干果”特优农产品，延伸物流仓储功能，满足冷链物流需求、加快推进农产品物流信息化、标准化、集约化，打造农产品供应链枢纽节点。推动大同、晋中、运城、临汾、长治、吕梁等地区加快建设一批冷链设施先进、检验检疫功能齐全、公铁空联运设施完善的农产品物流基地。加快构建现代粮食物流体系，布局大同—忻州—朔州、太原—晋中—吕梁、长治—晋城、临汾—运城等4个粮食物流枢纽节点，形成集仓储、中转、加工、配送于一体的粮食安全保障物流园区。

快递物流基地。建设以太原为中心，北有大同、朔州、忻州，南有侯马、运城，东南有长治、晋城，东有阳泉，西有吕梁的“大”字型快递网络架构。完善快递服务体系，聚焦寄递便利化和服务精细化，打造多元化快递末端派送网络，解决快递进校区、进社区、进商区、进农村等难题。鼓励发展航空快递、高铁快递、冷链快递、跨境寄递等新业态新模式，推动快递物流与供应链、产业链融合发展。构建一批涵盖集散、中转、分拨等多种功能的全国区域快递物流基地。

医药物流基地。依托分布于太原、大同、长治、晋中、忻州的大中型医药物流园，加强规划引导，提升应急保障能力，满足原料药制造企业、中医药制造企业的医药物流需要，布局发展一批集交易、储存、保管养护、转运、包装、商品配送于一体的多功能医药物流基地。

大宗商品物流基地。围绕煤炭、焦炭、铁矿石、粗钢等生产资料型大宗商品，依托现有物流资源，新建或改扩建智慧物流园区，加强集疏运设施建设和信息平台改造升级，培育发展一批集储存、保管养护、中转、分拨配送等多种功能协同发展的大宗商品物流基地。

4. 畅通九条物流大通道。

四条国内物流大通道：山西至京津冀物流通道，西起太原、忻州、朔州、大同，东至京津冀地区，强化山西中北部资源和能源外运。山西至长三角物流通道，西起太原，东至长三角地区，强化山西中部及长治、晋城东南部地区与中原城市群、长三角发达地区间的制造业合作与贸易往来。山西至粤港澳大湾区物流通道，北起太原，南至粤港澳大湾区，强化我省与粤港澳大湾区制造业产品、农产品互通。山西至青银、青兰物流通道，西起银川、兰州，贯穿太原、吕梁，东至青岛、日照，强化山西货运中转功能。

四条国际物流大通道。山西至霍尔果斯（阿拉山口）物流通道，东起太原，西至霍尔果斯（阿拉山口），强化与中亚、欧洲地区货运联系。山西至二连浩特物流通道，南起太原，北至二连浩特，强化与蒙古、欧洲地区商贸往来和经济合作。山西至满洲里物流通道，南起太原，北至满洲里，强化与欧洲间的商贸往来和经济合作。山西至凭祥口岸物流通道，北起太原，南至凭祥口岸，依托二连浩特至北部湾物流大通道，连接沟通南亚、东南亚地区。

“一点多线”航空物流通道：以太原为中心，统筹运城、大同、五台山、长治、临汾、吕梁等支线机场，构建与京津冀蒙互通、全球直达的华北机场群。加快太原机场三期改扩建，建设国际航空货运基地，拓展全货机航线，强化太原与全球主要国家城市的航空货运联系。

充分发挥公铁港航等综合交通优势和战略性新兴产业集聚优势，以大宗商品集装箱运输、大宗物资中转集散为重点，加强铁路集疏运设施建设，提升公铁海空多式联运枢纽和设施水平，提升跨境物流和国际供应链服务能力，加强与国内外重点地区、主要物流设施之间的互联互通，建成公铁海空联运、干线成网、省际互联、面向国际的物流通道体系。

（二）完善城乡物流体系

优化城市物流集散和配送网络。优化重要节点物流基础设施布局，完善城市三级配送网络建设。依托重要交通枢纽、物流集散地规划建设集运输、仓储、配送、信息交易为一体的综合物流服务基地，加强干线运输与城市配送的有效衔接。推动传统公路配货站向现代配送中心转型，推广高速服务区综合仓配模式，实现大中小型配送车辆无缝衔接。推进城市配送车辆接卸平台建设，推广箱式运输、带盘运输。推进快递营业场所标准化建设，鼓励在居民小区、地铁站周边、商务中心等进行智能快件箱的布局。提高大型商圈和商业连锁企业的集中配送比例。积极应对人口老龄化，鼓励物流企业、社区物业、社区商业网点等针对老年人的生活、医药等需求，提供专业、便利的老年人物流服务和帮助。研究城市内物流园区外迁方案，在环城高速公路外围新建布设组织高效、功能完备、要素聚集、绿色智慧、服务多元、优惠扶持的货运枢纽项目。

加强农村物流体系建设。加强城乡互动的双向物流体系建设，畅通农产品进城和工业品下乡渠道。推动物流服务向农村延伸覆盖，推广邮快结合、交快结合、快快合作等农村物流模式，统筹建设县域仓储配送中心、乡村电商服务站等物流设施，因地制宜打造县乡村三级物流体系，服务农村电商发展新格局。整合提升邮政、交通、供销、商务等农村物流资源，推动基础设施建设和协同共享，加快形成网络规模效应。加快农村物流信息化建设，提升乡镇村末端配送网点的信息化管理水平，提升农村物流服务质量。

规划建设重点物流园区和专业物流基地。以园区建设市场化、规模适度化、功能精细化、运营高效化为导向，促进物流园区健康科学有序发展。按照集中与分散相结合的原则，围绕铁路、公路场站等交通枢纽和空港布局，围绕产业集聚区、开发区和专业市场等物流需求集聚地，围绕中心城市等，规划建设一批重点物流园区和专业物流基地，着力提升物流设施水平。进一步完善示范物流园区分级培育和认定机制，形成国家、省、市分级培育、层层推荐、示范发展、全面进步的良好氛围。开展智慧物流园区试点，率先在国家物流枢纽、国家骨干冷链物流基地、省级示范物流园区以及重点物流园区，推动“六新”运用，发挥示范引领作用。

（三）建立物流区域协同机制

加强物流区域协同。推进物流业跨区域合作与资源共享，统筹区域物流基础设施规划建设，推动物流信息、人才、平台等资源共享，实现物流服务融合发展。完善京津冀晋鲁豫地区物流集疏运和多式联运服务体系，加强与天津、郑州、青岛、大连、济南等重要物流枢纽和优势产业协同发展，建立通畅高效、服务融合、协同运作的跨区域物流联动机制。务实推进晋陕豫黄河金三角物流协同合作。推动太原、大同、临汾、长治一体化衔接国家物流枢纽，与上海、大连、青岛、秦皇岛、宁波、苏州等港口、口岸、自贸区深化合作，实现异地“一次申报、一次查验、一次放行”，提升货物集结能力。

建立现代陆港体系。依托大型物流企业，围绕太原、大同、临汾三个国家物流枢纽承载城市，与全国物流枢纽、国际陆港组建现代陆港发展联盟，开行“一带一路”干线集装箱循环班列，全面提升陆港集聚辐射作用。积极参与全球产业链分工协作和国际商品交易集散，打造“一带一路”建设的重要支撑点和陆上桥头堡，打造在全球具有一席之地的现代化国际化陆港枢纽；深入对接黄河流域生态保护和高质量发展、国家资源型经济转型综改试验区等国家战略，主动服务城镇体系布局，努力打造山西对外开放的前沿阵地和示范窗口。

（四）提升参与全球物流资源配置能力

构建国际物流节点网络。加强与“一带一路”沿线国家和地区的合作，加强优势产能、装备、技术合作。鼓励有条件的物流企业通过收购兼并、合作共营等方式开展国际化经营，推进海外仓、边境仓、港口仓建设，拓展国际物流服务网络，提升跨境物流全球配送能力。打造全省统一的中欧班列品牌，推动组建物流联盟，加强进出口货源组织，积极开展国际快件运输和国际中转运输，构建高效畅通的国际铁路联运通道网络。加强保税物流基础设施建设，实行国际贸易单一窗口制度，提高通关效率。推动建设国际大宗商品期货交割和实货交易中心、跨境电子商务服务中心、国际进口商品交易展示分销中心、国际采购与配送中心和区域通关一体化改革中心。

加快自由贸易试验区申报建设。全力支持中国（山西）自由贸易试验区申报建设，着重建设山西综改示范区潇河片区为全球“材料革命”策源地、新材料产业创新发展基地和促进传统产业转型升级的示范区；山西综改示范区阳曲片区重点发展合成生物全产业链，建设以生物质新材料为主导的合成生物产业生态体系，打造以合成生物产业为核心的大宗商品贸易、保税物流、仓储、加工制造全产业链。太谷片区重点依托山西农业大学（省农科院）等科研院所农业科技创新成果，发展有机旱作农业，打造农产品精深加工产业集群，建设山西现代农业的创新高地、产业高地、人才高地、开放高地和农村改革先行区。

加快开放平台建设。依托物流枢纽、保税区、陆港，加快推进国际中转、区域分拨、保税物流等功能建设，推动港口共用、园区共建，打造一批国际物流联动基地，进一步提高通关效率。推动武宿综保区、中鼎物流园拓展对外开放平台功能，积极申请整车、平行车、冰鲜水果、肉类等海关指定查验场地。

（五）壮大物流市场主体

打造本土物流旗舰企业。鼓励物流企业通过资本运作、兼并重组、联盟合作等多种方式进行规模扩张和资源优化整合，与全球重要制造、商贸、物流企业进行战略合作，主动参与国内国际产业链和供应链体系重构，全力打造在全国有较大影响力和竞争力的一流国际陆港综合运营服务商、国内现代物流产业旗舰劲旅。积极培育机械装备、纺织化工、汽车整车、大件运输、农副产品、快消品等细分市场的领军物流企业。聚焦新能源物流车辆、智能化仓储、搬运装备，做大做强物流装备制造业，培育若干能够参与国内外市场竞争的物流装备骨干企业。引导中小微物流企业发掘细分市场需求，做精做专创新服务，增强专业化市场竞争力，提高规范化运作水平。引进一批国内外知名物流企业在山西设立地区总部、采购中心和配送中心，努力使山西成为国内外品牌物流企业的总部集聚地。

培育本土物流领域驰名商标著名商标。推动品牌物流企业做大做强做优，提升品牌价值，扩大品牌效应。鼓励国家物流枢纽、国家骨干冷链物流基地和示范物流园区运营管理创新，对外进行模式复制和管理输出，推动品牌园区的网络化发展。加快推进物流咨询、规划、设计、物流金融、境外服务等服务品牌的建设，扶持一批物流品牌培育和运营专业服务机构，开展品牌管理咨询、市场推广等服务。

山西省现代物流空间布局规划图（略）

山西省现代物流通道规划图（略）

山西省内机场通航线路图（略）

四、强化“六新”赋能，全面提升物流价值创造（略）

五、降低综合成本，全力打造物流降本增效升级版（略）

六、立足标准绿色安全，增强物流可持续发展能力（略）

七、坚持项目支撑，深入实施物流七大提升工程

（一）物流枢纽工程

依托太原、大同、临汾等国家物流枢纽承载城市，创建一批国家物流枢纽，主动融入全国物流战略布局。培育一批辐射带动能力强、技术水平先进、集散能力突出、公共服务完善的省级示范物流园区，发挥龙头引领作用。推动物流枢纽和示范园区在多业融合、多式联运、共同配送、智慧物流、公共平台等领域开展试点示范，形成物流产业发展的创新试验区。

（二）多式联运工程（略）

（三）供应链管理工程（略）

（四）智慧平台工程（略）

（五）冷链物流工程（略）

（六）电商物流协同工程（略）

（七）旗舰企业培育工程（略）

八、健全完善现代物流高质量发展保障体系（略）

内蒙古自治区发展和改革委员会 内蒙古自治区交通运输厅关于印发《内蒙古自治区物流枢纽布局和建设规划》的通知（节选）

内发改经贸字〔2021〕227号

内蒙古自治区物流枢纽布局和建设规划

一、规划背景（略）

二、总体要求（略）

三、空间布局

（一）自治区级物流枢纽类型和功能定位

自治区级物流枢纽分为陆港型、空港型、生产服务型、商贸服务型、陆上边境口岸型5种类型。

陆港型自治区级物流枢纽。依托铁路、公路等陆路交通运输大通道和场站（内陆港、物流园区）等，承担内联外通的干支线运输组织。提供衔接区域、畅通国内、辐射国际的多式联运组织、区域分拨和国际物流服务，保障区域生产生活、优化产业布局、提升区域经济竞争力，打造便捷高效的北向开放要素资源配置网络。

空港型自治区级物流枢纽。依托重要航空机场，主要服务于空港及其辐射区域高端国际贸易、高端制造业、快递业等产业发展，提供快捷高效的国内国际航空直运、中转、集散等物流服务和铁空、公空等联运服务，构建高价值商品的快捷物流服务网络。

生产服务型自治区级物流枢纽。依托大型厂矿、制造业基地、产业集聚区、优势特色农牧业产业集群等，为工业、农牧业生产提供原材料供应、中间产品和产成品储运、分销等一体化的现代供应链服务，实现物流业与制造业深度融合创新发展，推进传统制造业产业链延伸，支撑先进制造业高效运行。

商贸服务型自治区级物流枢纽。依托特色商贸集聚区、大型专业市场、人口密集地区消费市场等，为国际国内和区域性商贸活动、城市大规模消费需求提供商品仓储、干支联运、分拨配送、冷链运作等物流服务，以及金融结算、供应链管理等增值服务。推动传统商贸向平台化、网络化转型，带动关联产业集群发展壮大，激发区域内需潜力和市场活力。

陆上边境口岸型自治区级物流枢纽。依托沿边陆路口岸，对接国内国外物流通道，为国际贸易活动提供一体化通关、便捷化过境运输、保税等综合物流服务。推进跨境电商、进出口加工、国际贸易等产业聚集发展，打造口岸产业集群，培育国际合作和竞争新优势。

（二）自治区物流枢纽总体布局

1. 自治区级物流枢纽承载区域

立足将内蒙古自治区建成衔接中蒙俄、辐射东北亚、立足北向开放，以服务国内大循环为主体、助力国内国际双循环的综合物流门户枢纽。统筹考虑国家重大发展战略、产业结构优化升级等需要和综合运输大通道、国内物流大通道等基本格局，结合内蒙古自治区区域经济总量、产业规模及特色、基础设施水平等发展条件，选择38个自治区级物流枢纽承载旗县区，规划建设45个自治区级物流枢纽，包括9个陆港型、4个空港型、12个生产服务型、12个商贸服务型和8个陆上边境口岸型自治区级物流枢纽。

专栏2　自治区级物流枢纽布局承载区域

1. 陆港型自治区级物流枢纽承载区域。包括赛罕区、土默特左旗、集宁区、昆都仑区、松山区、科尔沁区、乌兰浩特市、牙克石市、扎兰屯市。

2. 空港型自治区级物流枢纽承载区域。包括和林格尔县、东河区、伊金霍洛旗、海拉尔区。

3. 生产服务型自治区级物流枢纽承载区域。包括东河区、九原区、伊金霍洛旗、新城区、准格尔旗、鄂托克旗、乌审旗、海南区、丰镇市、锡林浩特市、元宝山区、霍林郭勒市。

4. 商贸服务型自治区级物流枢纽承载区域。包括赛罕区、玉泉区、回民区、红山区、松山区、青山区、东胜区、临河区、集宁区、宁城县、科尔沁区、扎兰屯市。

5. 陆上边境口岸型自治区级物流枢纽承载区域。包括二连浩特市（二连浩特）、满洲里市（满洲里）、达尔罕茂明安联合旗（满都拉）、阿拉善左旗（乌力吉）、额济纳旗（策克）、乌拉特中旗（甘其毛都）、东乌珠穆沁旗（珠恩嘎达布其）、新巴尔虎右旗（阿日哈沙特）。

2. “一核一带两翼”的物流枢纽空间布局

在承接《国家物流枢纽布局和建设规划》的基础上，构建以45个自治区级物流枢纽为骨干的“一核一带两翼”物流枢纽空间布局体系，形成“内需 + 开放 + 区域协调”的内蒙古特色物流枢纽特色发展格局。

“一核”：呼包鄂乌物流产业核心区

以呼和浩特陆港型、商贸服务型国家物流枢纽，包头市、鄂尔多斯市生产服务型国家物流枢纽，乌兰察布市陆港型国家物流枢纽为核心，辐射带动呼包鄂乌地区物流枢纽发展。通过赛罕区、土默特左旗、集宁区、昆都仑区陆港型物流枢纽，东河区、九原区、伊金霍洛旗、新城区、准格尔旗、乌审旗、丰镇市生产服务型物流枢纽，赛罕区、玉泉区、回民区、东胜区、青山区、集宁区商贸服务型物流枢纽，和林格尔县、东河区、伊金霍洛旗空港型自治区级物流枢纽建设，构筑规模集聚、功能齐全、内外畅通、辐射广泛的自治区物流产业核心区。加强核心区与二连浩特口岸、满都拉口岸设施联通、业务联动，推动空港型枢纽加快融入国际航空物流网络，提升区域开放效率与水平。

“一带”：北向开放物流产业发展带

以满洲里陆上边境口岸型、乌兰察布—二连浩特陆港型（陆上边境口岸型）国家物流枢纽和甘其毛都陆上边境口岸型自治区级物流枢纽为引领，带动满都拉、策克、乌力吉、珠恩嘎达布其、阿日哈沙特陆上边境口岸型自治区级物流枢纽发展，协同联动阿尔山口岸、黑山头口岸、室韦口岸、额布都格口岸，强化口岸与中欧班列联动发展，打造我国对接俄蒙、北向开放的前沿与核心纽带。

“两翼”：东向物流发展翼、西部物流发展翼

东向物流发展翼：以赤峰市商贸服务型国家物流枢纽为中心，带动锡林郭勒盟、赤峰市、通辽市、兴安盟、呼伦贝尔市物流枢纽发展，包括松山区、科尔沁区、乌兰浩特市、牙克石市、扎兰屯市陆港型自治区级物流枢纽；海拉尔区空港型自治区级物流枢纽；锡林浩特市、元宝山区、霍林郭勒市生产服务型自治区级物流枢纽；红山区、松山区、科尔沁区、宁城县、扎兰屯市商贸服务型自治区级物流枢纽。通过物流枢纽建设，向东构建海铁联运网络、融入东北亚开发格局，加强内蒙古东部地区与环渤海地区经济社会交流，推动区域跨越发展。

西部物流发展翼：以海南区生产服务型、鄂托克旗生产服务型，临河区商贸服务型自治区级物流枢纽为中心，带动阿拉善盟、乌海市、巴彦淖尔市、鄂尔多斯市西部区域物流业集聚发展。依托物流枢纽凝聚区域发展合力，提高区域基础设施联通性，向西连接“一带”和“一路”，推进西部大开发形成新格局。

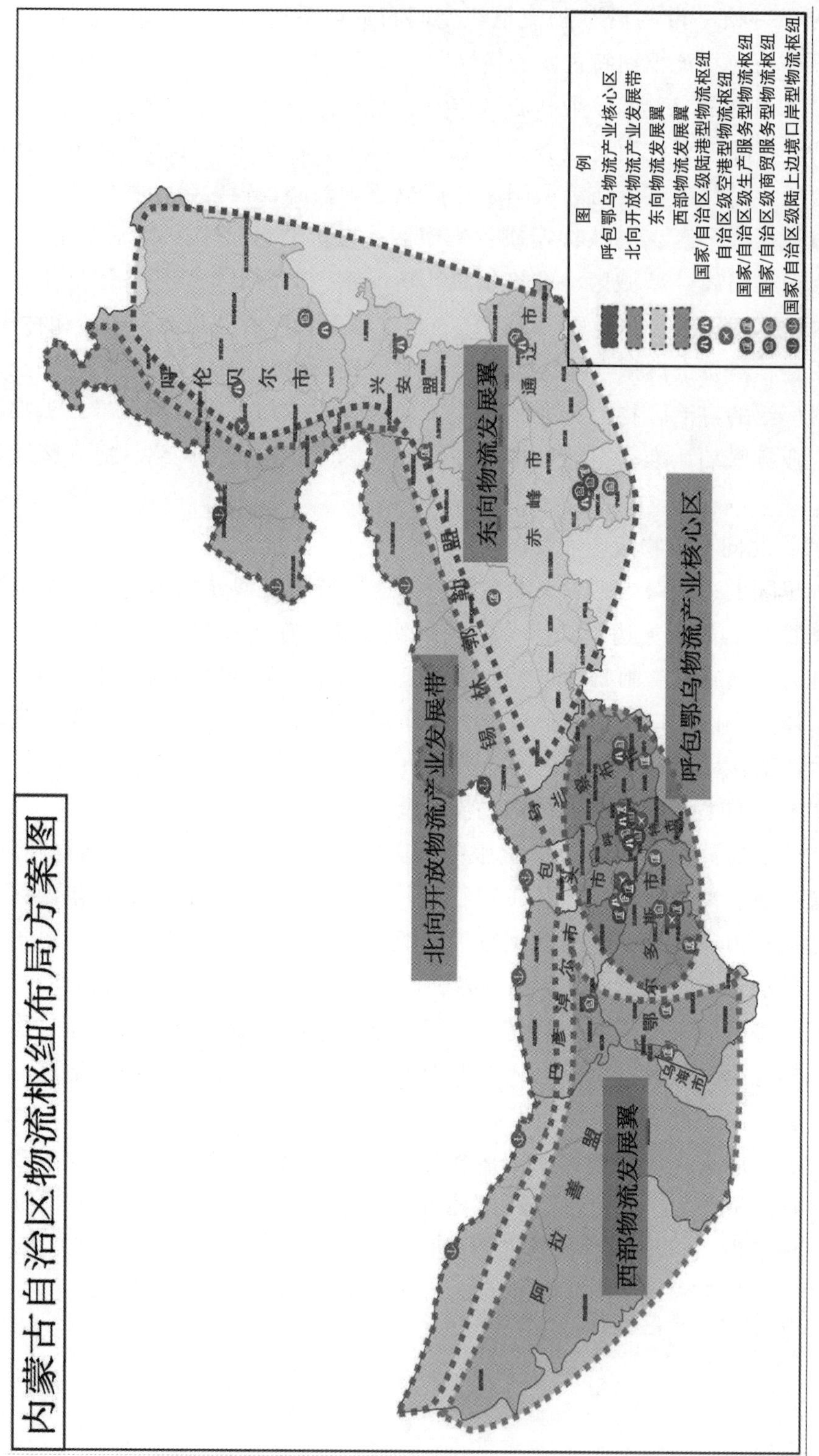

图1 内蒙古自治区物流枢纽布局方案图

（三）自治区级物流枢纽规划建设要求

区位条件良好。毗邻铁路场站、机场、口岸、高速公路出入口等重要交通基础设施和厂矿、工业园区、专业市场等产业集聚区，与城市中心的距离在经济合理的物流半径内，并与区域分工相匹配。

存量设施优先。以整合优化区域内现有物流园区、物流中心、货运场站等物流设施为主，完善提升已建成物流设施的枢纽功能，重点支持市场需求旺盛、具有一定升级潜力的存量设施。必要情况下可结合区域经济发展需要适当整合、迁移或新建枢纽设施。

服务功能完善。具有干支运输衔接、区域分拨配送等功能，配备多式联运转运设施设备和系统集成、互联兼容的公共信息平台，具有应急物流相关设施和服务功能等，可根据需要提供通关、保税等国际物流服务。

空间布局集约。以连片集中布局为主，同一自治区级物流枢纽分散布局的互补功能设施原则上不超过2个，且各片区应建立紧密的空间、业务联系，引导区域分散物流资源有序聚集。

组织化程度较高。由一家或多家企业联合主导自治区级物流枢纽建设、运营和管理，统筹调配物流服务资源，合理规划枢纽功能、用地布局。确保枢纽物流运营占地面积不低于60%，提供高效、专业物流服务，并在满足区域生产生活物流需求中发挥骨干作用。

联动优势特色产业。结合自治区产业发展需要，鼓励、引导物流枢纽与优势特色产业深度融合发展，以满足产业原材料、产成品物流需求为主，通过空间集聚、业务对接和资源共享等方式加强物流业与区域产业联动发展，探索内蒙古特色枢纽经济发展新路径。

支持区域协同发展。鼓励同一承载区域内不同类型的自治区级物流枢纽加强协同或合并建设，增强枢纽综合服务功能；支持呼包鄂乌物流产业核心区、北向开放物流产业发展带、东向物流发展翼、西部物流发展翼内部的承载区域开展自治区级物流枢纽合作共建，实现优势互补。

支撑国家重要发展战略。统筹考虑国家重大战略和产业布局规划，科学布局物流枢纽，对内承接“6 轴、7 廊、8 通道”国家综合立体交通骨干网和国内物流大通道，对外联通“一带一路”、“中蒙俄”经济走廊和西部陆海新通道，为推动形成以国内大循环为主体、国内国际双循环相互促进的新发展格局提供有力支撑。

（四）自治区物流通道总体布局

把握满足国内消费需要和进一步降低物流成本的要求，精准对接区域发展战略，发挥我区毗邻八省、跨越三北、靠近京津、北接俄蒙的区位优势，对接“一带一路”、中蒙俄经济走廊、西部陆海新通道等，构建连通南北、衔接东西的“三横六纵”物流骨干通道网络。

专栏3　自治区“三横六纵”物流通道

通道形态	通道名称	衔接方向	战略重点
横一	内蒙古西翼主通道	西北、京津冀地区	参与西部大开发、加强呼包鄂城市群等与京津冀协同发展
横二	内蒙古东翼主通道	东北、京津冀地区	参与振兴东北老工业基地战略、促进自治区北向开发、加强赤峰、通辽等盟市与京津冀协同发展
横三	鄂尔多斯—长春主通道	东北	参与振兴东北老工业基地战略，保障工业原材料供应
纵一	满洲里—绥芬河通道	欧洲、蒙俄、东北	融入中蒙俄经济走廊发展、参与东北工业振兴
纵二	珠恩嘎达布其—营口通道	21世纪海上丝绸之路	构建铁海联运通道，融入21世纪海上丝绸之路通道建设
纵三	二连浩特—粤港澳大湾区通道	欧洲、蒙俄、华中	融入中蒙俄经济走廊发展、加强与长江中游城市群以及北部湾城市群联系、促进与粤港澳大湾区贸易往来
纵四	满都拉—西部通道	西部、东南亚	参与西部大开发、连接成渝城市群、融入西部陆海新通道、加强与东南亚国家联系
纵五	甘其毛都—西部通道		
纵六	策克—西部通道		

至漠河
内蒙古东翼主通道
至东北地区
图例
自治区横向物流通道
自治区纵向物流通道
满洲里—绥芬河通道
珠恩嘎达布其—营口通道
鄂尔多斯—长春主通道
京津冀城市群
连接21世纪海上丝绸之路
二连浩特—粤港澳大湾区通道
至粤港澳大湾区、北部湾
满都拉—西部通道
至西安
甘其毛都—西部通道
融入中蒙俄经济走廊
至银川、北部湾
连接西部陆海新通道
策克—西部通道
至乌鲁木齐
内蒙古西翼主通道
至酒泉、北部湾

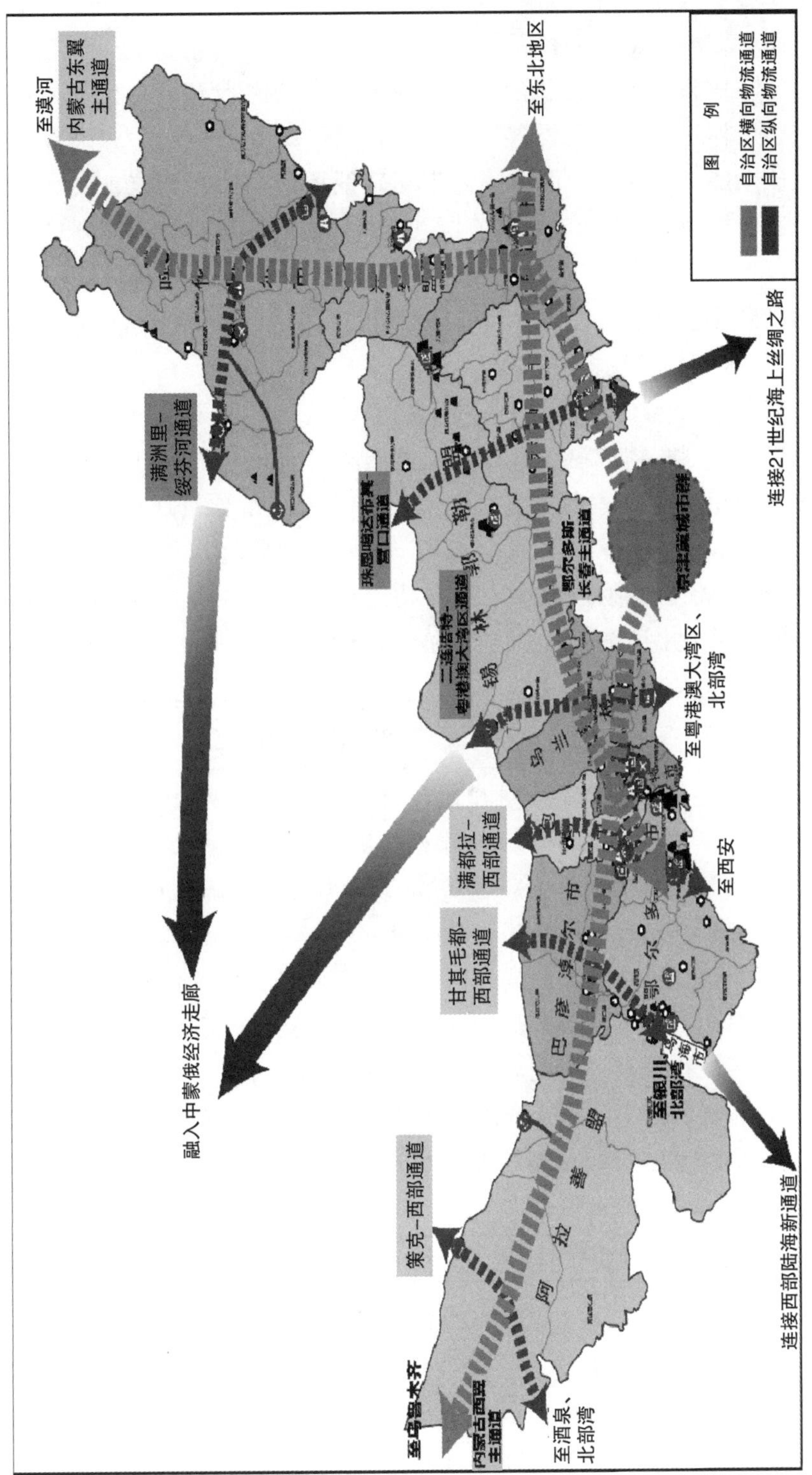

图2　自治区物流通道图

四、重点工程

（一）自治区级物流枢纽培育工程

各盟市每年从承载区域中遴选存量条件较好、市场需求充足、发展潜力较大的物流节点，按照物流枢纽规划建设要求申报建设自治区级物流枢纽，加快培育自治区级物流枢纽的集聚动能。建立自治区级物流枢纽定期评估和动态调整机制，面向申报成功的自治区级物流枢纽和各盟市推荐的“预备队”物流枢纽进行监测评价。通过以监测促建设、以评价促提升，将符合条件的枢纽和所在旗县区及时调整纳入规划范围，对枢纽长期达不到建设要求或无法有效推进枢纽实施的承载区域要及时调出。

（二）国家物流枢纽系统推进工程

深化乌兰察布—二连浩特陆港型（陆上边境口岸型）国家物流枢纽建设，推进满洲里陆上边境口岸型国家物流枢纽建设，发挥国家物流枢纽的标杆和示范作用。启动鄂尔多斯、呼和浩特、包头、赤峰国家物流枢纽承载城市项目遴选和申报建设工作，指导承载城市结合本地区实际编制建设方案，对照有关要求和重点任务，积极推进枢纽规划建设。培育自治区级物流枢纽向国家物流枢纽升级的潜力，推动若干条件成熟的枢纽和所在城市努力申请纳入《国家物流枢纽布局和建设规划》范围。

专栏4　国家物流枢纽建设推进工程
1. 乌兰察布—二连浩特陆港型（陆上边境口岸型）国家物流枢纽。依托集宁区和二连浩特市物流枢纽，实现口岸与内陆枢纽联动发展。乌兰察布枢纽聚焦集散和加工，二连浩特枢纽专注口岸服务。重点加强口岸通关、保税物流、冷藏仓库、集疏运铁路等设施建设。通过两地协同，做大落地加工和跨境贸易，支撑关联性产业聚集发展，打造中蒙俄经济走廊物流组织中心和区域经济新增长极。 2. 满洲里陆上边境口岸型国家物流枢纽。依托满洲里国际物流园区，以国际国内一体化公路铁路联运组织、海关特殊监管服务、国际物流服务、进出口货物加工为核心，提供外贸公共服务、货运代理、供应链服务、集装箱运营管理等延伸服务，打造欧亚陆路大通道重要的国际物流枢纽、中蒙俄经济走廊建设的前沿枢纽、东北部地区枢纽经济创新发展的新引擎。

专栏5　国家物流枢纽孵化工程
1. 呼和浩特陆港型国家物流枢纽。依托自治区物流主通道，串联国际、国内物流大通道，通过铁海联运辐射长三角、粤港澳等地区，重点衔接东北亚、泛太平洋等地区；依托内蒙古西翼物流主通道，向东辐射京津冀地区，向西加强与新疆、甘肃等西部地区物流联系，重点衔接中亚、欧洲地区。建设成为以多式联运转运、供

应链增值服务为核心的内循环陆港型国家物流枢纽。

2. 呼和浩特商贸服务型国家物流枢纽。以区域商贸物流分拨中心、公铁空多式联运、跨境电商物流组织、国际供应链服务为核心功能，提供区域城乡配送、信息综合服务、物流资源交易、专业物流服务等延伸服务。主要服务中西部商贸产业，建设成为向北开放中通道商贸服务和集疏运组织中心、中西部区域商贸物流组织中心和呼包鄂乌区域服务业枢纽经济动力引擎。

3. 包头生产服务型国家物流枢纽。以大宗商品专业物流服务、供应链物流服务、中欧班列集结及发运、多式联运转运为核心功能，同时提供物流金融服务、信息综合服务等延伸服务功能。主要服务西北地区冶金加工、装备制造产业，打造成为国家生产服务型物流枢纽发展先行区、向西向北开放的国际物流节点城市、西部枢纽经济创新发展示范区。

4. 赤峰商贸服务型国家物流枢纽。以生活物资仓储、干支配一体化物流、医药物流为核心功能，提供智能云仓储、物流金融、物流信息平台等延伸服务。主要服务赤峰及周边消费市场，打造面向东北华北重要物流节点城市、蒙冀辽区域性商贸物流枢纽。

5. 鄂尔多斯生产服务型国家物流枢纽。以制造业物流集成服务、供应链物流服务、干线物流组织、多式联运转运为核心功能，提供区域分拨及配送、国际物流服务等延伸服务。主要服务全国能源化工产业和国际制造业，打造国家能源化工物流中心、国际制造业物流节点城市、西北区域性商贸物流中心和呼包鄂榆区域新增长极。

（三）干支衔接物流网络畅联工程

1. 完善干线基础设施建设，优化运输组织。推进铁路网络建设。以自治区现有京包线、集包线、集通线、集二线、滨洲线等铁路干线为基础，推进自治区铁路网络完善升级。重视干线铁路与支线和联络线的连接，形成自治区内分工合理、便捷畅通的铁路运输网络。自治区级物流枢纽按需推进集装箱场站及专用线建设，使大能力铁路网络充分发挥作用。完善公路网络构建。加快既有高速公路、国省干线拥堵路段的扩能改造与待贯通路段的建设。自治区级物流枢纽整合辐射范围内公路物流节点资源，完善公路节点装卸搬运、仓储堆存等配套设施建设，增强区域公路货流集散的保障能力。优化通道运输组织。加强货物运输组织，加大货运班列开行力度，鼓励签订大宗货物中长期运输协议，引导货源向内蒙古物流主通道聚集，进一步保障重点区域发展需要。加强煤炭运输组织工作，充分利用鄂尔多斯—长春主通道，做好“三西”地区与东北地区煤炭的连接桥梁。通过满洲里—绥芬河通道组织满洲里口岸站工业原材料向东北地区运输，促进东北地区工业发展。充分利用各纵向物流通道，对接中欧铁路通道，建设中欧班列集结中心，吸引其他地区货源向自治区聚集。加强与西部陆海新通道沿线各省份的合作，协同组织班列开行，提高自治区与东南亚地区间的物流效率。通过珠恩嘎达布其—营口物流通道，组织海铁联运班列，促进自治区与日韩等国的贸易往来，进一步对接海上丝绸之路。

2. 促进多方互联互通，提升枢纽间衔接效率。提升自治区物流枢纽衔接效率，推动各枢纽间协同发展。延伸自治区“三横六纵”物流通道，促进省际互联互通。提高口岸站综合服务能力，加强自治区与周边国家和地区跨境物流体系建设，加快物流基础设施互联互通，增强进出口货物的物流效率。优化中欧班列中转集结组织，吸引分散货源向物流枢纽聚集，提高枢纽国际物流规模化组织水平。推进铁路口岸调车组织优化，加快集装箱场站装卸设施设备能力匹配，提升国际物流衔接效率。

3. 加强多式联运建设，创新联运组织模式。充分利用既有专用线设施，鼓励专用线共享共用，适当新建专用线。鼓励枢纽内建设专业化、标准化多式联运场站，设置吊装、滚装、平移等快速换装转运设施，提高中转换装效率。优化城市配送通道，便利合规车辆运输车通行。依托自治区物流枢纽网络开发常态化、稳定化、品牌化的多式联运产品，提升多式联运组织能力。探索空港型自治区级物流枢纽引入铁路专用线，开展空铁联运。加强公路干线通道和机场衔接，为高附加值货物提供“卡车航班”服务。强化陆港型自治区级物流枢纽公铁设施衔接、业务合作，实现货物“门到门”运输。对于生产服务型和商贸服务型自治区级物流枢纽，结合产业生产采购以及销售物流需求，定制多式联运方案，充分发挥铁路干线大运量长运距、航空高效快捷、公路灵活便利的优势，降低产业采购、销售成本，提高产业竞争力。

（四）骨干枢纽运营主体壮大工程

1. 培育各类龙头骨干企业。鼓励公路货运企业通过改制、上市、兼并、重组等多种方式做大做强，加强现代信息技术和先进设施设备应用，拓展冷链物流、多式联运、生产供应链等现代物流业务，实现由传统货运企业向现代综合物流服务供应商转型发展。依托自治区一类航空口岸，引进大型航空货运企业入驻，强化国际航线开发及运营，提供安全高效的快件空运服务与定制化的航空物流解决方案，提升跨境空运服务品质、补齐国际航空货运短板。鼓励快递企业与民航、铁路、公路等联动发展，构建覆盖城乡、辐射全国的快递物流服务体系。依托自治区海关特殊监管区域、沿边口岸和内陆港的开放优势，引进大型货代企业。培育一批运输方式多元、服务内容多样，国际竞争力强的国际物流企业。

2. 全面提升物流市场主体综合竞争力。积极营造公平竞争的良好市场环境，明确物流市场主体发展的引导方向，支持物流企业通过技术创新、模式创新、管理创新等方式提升运营水平。培育先进运营管理理念，提高企业经营信息化、数字化、标准化和智慧化水平，推动跨界融合。培育形成一批规模大、实力强、辐射广、具有区域影响力的枢纽建设运营标杆企业，夯实现代物流业提质增效发展的基础。

3. 积极推进各级主体间开展联盟合作。发挥枢纽骨干物流企业示范带动、创新引领作用，有序高效推进物流枢纽建设、运营和管理。推进枢纽内各企业间通过设施共用、业务协同、标准衔接、信息互联等常态化合作机制，建立互利共赢的长期战略合作关系，形成优势互补、风险共担、收益共享的合作共同体。加强与国家物流枢纽联盟的衔接，推动各类物流资源的市场化配置和循环共用，加强信息互联互通，推动区内物流枢纽做大做强。深化国内国际物流体系联动协同，开启在更高水平、更深层次和更广领域的跨区域合作。

（五）高效绿色服务功能提升工程

1. 整合优化存量物流设施。加强对物流节点业务规模、物流强度、物流运营面积等指标的监测，对布局散乱、业务量低的节点设施通过兼并、迁建等方式进行整合。支持自治区物流枢纽集中承接第三方物流、电子商务、邮政快递等区域分拨和仓储功能，通过迁建、改造整合现有自建自用型物流设施设备，优先在已有公路专线和铁路专用线建设公共分拨配送中心。整合公路物流节点资源，完善公路节点装卸搬运、仓储堆存等配套设施建设，增强区域公路货流集散的保障能力。鼓励物流枢纽仓储设施由存储型向快速周转型升级，打造铁路货场、公路货站、航空场站等“多站合一”的综合物流枢纽。推动粮油、肉类、马铃薯、冷凉蔬菜、辣椒等农副产品物流仓储设施通过迁建等方式向物流枢纽集聚。推进粮食储备基地等传统物流设施通过向枢纽迁建或改造等方式提升服务水平。建设综合性农畜产品物流设施，提高其对各类产品的适应性和服务效率。

2. 补齐基础设施建设短板。发展一体化大宗商品物流中心，加快建设服务于本地及进口煤炭、矿石、玉米、大豆等大宗商品的现代化大型公共物流设施，打造交易、综合运输、仓储、加工配送、分拨、信息处理、物流金融、保税物流等功能集成的大宗商品物流中心。以物流枢纽为抓手统筹推进现代流通体系硬件和软件建设，推进数字化、智能化改造，打造集交易、仓储、运输、分拨、配送、信息功能于一体的综合流通物流中心，强化枢纽的集聚辐射功能。发展公用型仓储设施，推动枢纽配送功能对外开放、共享共用，引导企业从分散独立配送向片区集中配送转变。协同推进农村牧区旗县（市、区）、乡镇（苏木）、行政村（嘎查）三级物流基础设施建设，提升农村牧区物流网络末端配送能力。统筹利用邮政、快递、供销、电商、物流企业等资源，发挥邮政基础性主渠道作用，建设综合性公共服务体系，实现村村直接通邮，降低边境旗（市、区）物流成本。通过机场货运设施合理布局及改扩建等方式，提升机场货物运输效率。

3. 加强新技术新装备创新应用。强化枢纽信息基础设施配置，结合5G商用部署，推进5G网络、工业互联网、大数据中心等新型基础设施建设和物联网、大数据、云计算等信息技术应用。加强枢纽间运输工具、物流设备等标准衔接，提高设施设备利用效率和物流服务运作效率。推广单元化物流，推动枢纽间周转箱（筐）、货运车辆、集装箱等标准相衔接。推广自动化、智慧化分拣装卸设备在物流枢纽的应用，提高枢纽智能化水平。鼓励有条件的物流枢纽高起点建设智能冷库、车联网等，鼓励开展仓储库存数字化管理、安全生产智能预警、车辆货物自动匹配、装备智能调度等技术应用。

4. 推动物流枢纽绿色化发展。引导绿色技术创新，推广使用绿色物流设施设备。鼓励物流枢纽推进能源清洁低碳安全高效利用，使用新能源物流车、仓储设施设备节能技术。促进铁路专用线进大型工矿企业、进物流枢纽，持续推动大宗货物及中长距离运输“公转铁”。规范公铁联运转运设施建设，发展“外集内配，绿色联运”现代绿色物流体系。发展集装箱多式联运，推广“散改集”等清洁运输方式，落实防风尘网、喷淋设施等建设和货物全覆盖等煤炭物流环保措施。推动减量包装、可循环包装、标准化包装等各种绿色包装技术应用。支持逆向物流组织实施，鼓励企业依托物流枢纽构建逆向物流服务平台和回收网络，促进资源循环利用以及逆向物流、再制造发展。鼓励生产、商贸等企业与物流企业开展供应链绿色流程再造。

5. 加强物流枢纽安全服务保障。加快提升物流枢纽在服务农业农村、公共安全、生态环保、公共卫生、物资储备、防灾减灾、民生保障等领域的能力建设。保障粮食、能源、战略性矿产资源安全，支撑产业链、供应链安全稳定运行。依托自治区物流枢纽进行集中管理、统一调拨、统一配送，按照平时服务、灾时应急、采储结合进行应急物流服务组织，加快构建“拿得出、调得快、用得上”的应急物流服务体系。

（六）深度融合业务模式创新工程

1. 发展现代供应链。围绕煤及煤化工、农畜产品、木材、矿产、蒙中医药等特色产业，促进自治区物流枢纽与区域内相关产业协同联动和深度融合发展，打造供应链上下游集成平台，构建以物流枢纽为核心的现代供应链体系。建设农商互联农产品供应链，加强产后商品化处理设施建设，同时提升供应链末端惠民服务能力，发展“供销合作、农超对接”等新模式。依托口岸优势，延伸进口木材、煤炭、铁矿石、粮食等落地加工产业链。支持物流枢纽提供运贸一体化服务、探索发展以个性化定制、柔性化生产、资源高度共享为特征的现代供应链模式。

2. 发展大宗商品物流。推动大宗商品物流从以生产企业安排为主的传统模式向以枢纽为载体的集约模式转型，促进枢纽与相关生产企业仓储资源、运输资源合理配置。发展铁路散粮运输，能源、矿产品重载运输，鼓励铁路运输企业与大宗商品客户签订量价互保协议，推动大宗商品运输结构调整。提高煤炭、矿石、木材、粮食等大宗商品中长期运输合同和“散改集”比例，扩大物流枢纽向口岸和工业园区、贸易市场等的“点对点”直达货运列车开行范围。

3. 发展冷链物流。加强产地农畜产品冷链设施建设，依托奶源、生鲜、牛羊肉等农畜产品主产区和生产加工基地，建设集预冷、分选、加工、冷藏、配送、追溯等功能于一体的农畜产品集配中心。依托自治区物流枢纽积极申报建设国家骨干冷链物流基地。增强物流枢纽对冷链产品的质量监控、监管检测，尤其是对口岸进出口产品的检验检疫。推广构建“产区—枢纽”、“厂房—枢纽”层层传递的全链条冷链物流体系，达到农畜产品“从田地到销地”、乳制品“从牧场到销地”、医药品“从药厂到销地”全链条多环节冷链物流保障。面向城市消费者发展冷链共同配送、“生鲜电商＋冷链宅配”等新模式，支持邮政快递企业打造高效可靠的奶源、生鲜、牛羊肉等内蒙古特色冷链物流服务体系。大力发展适应中长距离的铁路冷藏运输，支持物流枢纽开展冷藏集装箱多式联运。

4. 发展邮政快递物流。鼓励发展航空快递、高铁快递、冷链快递、电商快递、跨境寄递，推进航空邮路、铁路邮路、公路邮路联动发展。推动建成城市公共寄递网络和县乡村三级公共寄递网络，促进区域间、城乡间邮政快递服务协调发展，全面提升邮件快件处理能力和末端收寄服务水平。推动邮政和快递物流与供应链、产业链融合发展，针对新消费全渠道、多平台、线上线下融合等特点引导快递物流服务升级。依托物流枢纽发展集约配送、共用网点、统仓统配等新模式，推广库存前置、智能分仓、仓配一体化等服务，鼓励发展无人车、无人机配送，构建“当日达”、“次日达”等快速送达生活物流圈。

5. 发展电子商务物流。加强农村牧区电子商务物流体系建设，支持电商、快递企业延伸乡村物流网络，鼓励综合利用交通、商贸、供销、邮政、粮食、医药资源，建设集电商、快递、邮政、客货运于一体的农村牧区物流服务站，推动农产品“上行”和工业品“下行”双向高效流通。加强物流枢纽与口岸联动发展，打造一站式智能化跨境电商新模式，提高物流枢纽跨境电商一体化服务能力。围绕食品、日用品等商品的进口网购和本地羊绒、医药、电子等产品的便利出口，探索“跨国班列＋跨境电商”模式，推动中欧国际集装箱班列双向常态化开行，打通与俄罗斯、欧洲、东北亚、东南亚间的贸易新通道。推动电子商务和邮政快递业融合发展，提升国际邮件快件仓储、分拨、运输、配送效率和服务质量。

6. 发展航空物流。促进空港型物流枢纽与航空货运基础设施协同发展，加强设施联通和流程对接。依托内蒙古通用机场优势，推进无人机布局运用，发展无人机物流，形成“干线运输机—支线运输机—末端无人机”的航空货运体系，实现村村通、县县通。强化航空物流货源开发，支持航空物流服务于本地装备制造、集成电路等高端制造业以及冷链生鲜、羊绒皮革及其他高附加值产业。

（七）开放共享枢纽平台支撑工程

1. 互联互通综合信息平台。对接交通、邮政、市场监管、公安、气象等国家政务部门公共信息平台，提升信息的公共性和开放性。与行业公共信息平台进行数据交换，对接国家交通运输物流公共信息平台、铁路95306、海关与检验检疫、境外口岸物流信息和国际贸易单一窗口系统等平台，提供公共信息查询、货物发运申请提交以及通关、保税等物流相关服务。加强物流服务安全监管和物流活动的跟踪监测，实现车辆、货物位置及状态等信息实时查询。利用区块链等新技术，推进平台建设，拓展交易担保、融资租赁、质押监管、信息咨询、金融保险、信用评价等增值服务，为便利农牧民、小微企业生产经营和完善物流信用环境提供支撑。建立物流枢纽共享业务平台，实现业务资源协调共用。引导企业通过设施共建、产权共有、利益协同等方式，根据物流需求变化合理配置与共享仓储、运力等资源。

2. 多元化国际开发开放平台。支持具备条件的物流枢纽提供更加完善的保税物流、保税加工、保税贸易等保税服务功能。鼓励邮政快递企业在口岸建设边境仓、分拨处理中心，提升国际邮件快件处理能力，促进跨境邮政快递服务发展。围绕粮食、肉类、饲草、平行进口汽车、冷鲜水产品等指定口岸完善对外开放平台功能，打造外向型产业集群。依托满洲里、二连浩特国家开发开放试验区，额济纳、甘其毛都、珠恩嘎达布其自治区级重点开发开放试验区，二连浩特—扎门乌德中蒙跨境经济合作区，建成功能齐全、产业配套、服务完善的综合性经济区域。推动平台与口岸通关监管模式对接，提升国际班列通关能力，充分发挥满洲里、呼和浩特、包头、鄂尔多斯、赤峰等综合保税区、保税物流中心、内陆港，边民互市贸易区的对外贸易载体平台作用，拓展对外开放新空间，充分发挥平台效应增强国际市场开拓能力。

（八）特色鲜明枢纽经济引领工程

以自治区物流枢纽为依托，充分发挥物流枢纽的集散效应、要素整合和共享功能，吸引政策、人才、资金、信息等创新要素集聚。大力培育不同区域、不同类型物流枢纽特色产业，促进新技术、新模式、新业态向枢纽汇集，促进物流业与相关产业深度融合，打造新型产业聚集区，实现物流枢纽向经济枢纽的转型。依托陆港型枢纽，吸引煤炭、冶金、建材、粮食等对运输需求较大的产业向枢纽集聚，搭建资源整合平台、实现产业规模化发展。依托空港型枢纽，重点集聚临空现代服务业、高精尖制造业等与空港关联度较高的产业，打造以蒙医药、生物科技等产业为主的内蒙古特色产业集群，增强产业衍生价值。依托生产服务型枢纽，打造高效便捷、成本较低的物流服务网络，提升产业链、供应链现代化水平，助力入驻企业降本增效。依托商贸型枢纽，围绕内蒙古商贸流通业中心，推进传统商贸转型升级，培育形成以商贸业为主导的枢纽经济体系。依托陆上边境口岸型枢纽，推动进出口资源加工业等外向型经济，由“通道经济”向“落地经济”转变。

专栏6　物流枢纽引领枢纽经济发展

陆港型枢纽经济体系。构建枢纽产业服务体系，为枢纽周边产业提供公共服务。深化与蒙古国、俄罗斯以及其他欧洲国家合作，构建产业供应链服务平台，推动相关产业延伸产业链、提升价值链，进一步发展环保材料、新能源等绿色产业以及金融、信息等配套服务产业，搭建陆港型枢纽经济创新平台。

空港型枢纽经济体系。发挥综合保税区、口岸等对外开放平台优势，重点发展国际贸易、保税加工、国际金融等业务，促进空港型物流枢纽进一步融入国际航空物流体系。以空港型物流枢纽建设为契机，发展临空现代服务业，打造高效便捷的航空服务品牌。

生产型枢纽经济体系。围绕能源、化工、农畜产品加工、有色金属加工、新材料、蒙中药等特色优势产业，大力发展生产服务型物流枢纽经济。发挥煤炭洗选、交易、配送以及金融服务等产业集成优势，缩短资源供给地—资源需求地—产品消费地空间距离。顺应“煤电冶加”、“探采选冶加”一体化循环发展趋势，发挥物流枢纽的组织中心作用，培育形成循环产业链和产业集群。利用通辽黄玉米、科尔沁牛、乌兰察布马铃薯、五原向日葵等内蒙特色农畜产品优势，培育集精加工、商贸、互联网营销于一体的枢纽经济。强化物流枢纽专业化、精细化服务能力，支撑新兴产业高端化、绿色化发展。

商贸型枢纽经济体系。聚焦提升传统消费，培育新型消费，创新商贸流通新模式。鼓励发展直播带货、农村电商等新业态，依托物流枢纽构建完善的供应链、产业链、服务链，打造建材、农畜产品、蒙医药等具有内蒙特色的产业集群，引导物流、商流、信息流、资金流高效协同，快速形成以物流、客流和产业集聚带动的流量经济发展模式。

陆上边境口岸型枢纽经济体系。充分利用口岸优势，鼓励支持跨境电商、外贸企业发展，构建高效便捷的通关运行体系，打通境外商品集货、入境以及后续仓储和配送等环节。依托陆上边境口岸型物流枢纽，布局我国与周边国家供求互补的产业。推动边境贸易创新发展，加快边民互市贸易区建设，形成“以贸促工、以工兴贸、贸工互动”的良性循环，带动边民增收。

五、保障措施（略）

关于印发《吉林省现代物流业发展“十四五”规划》的通知（节选）

吉林省现代物流业发展“十四五”规划

一、规划背景（略）

二、总体要求（略）

三、空间布局

充分发挥地理区位优势、产业基础和潜力、资源要素禀赋和基础设施联通度等条件，围绕构建新发展格局，融入国内大循环、国内国际双循环，对接“一带一路”建设、京津冀协同发展、长江经济带发展、粤港澳大湾区建设、长三角一体化发展等国家重大战略，落实“一主六双”高质量发展战略，着力构建一核心、双通道、N枢纽，简称“1+2+N”物流网络空间布局。

（一）建设物流“一核心”

“一核心”：即推动长春现代都市圈建设，围绕打造东北亚地区物流枢纽，结合长春经济圈规划，利用“环长春四辽吉松工业走廊”，提升长春中心城市的辐射带动作用。依托汽车、装备制造、农产品加工、战略性新兴产业等优势产业，以推动生产服务型、商贸服务型和陆港型国家物流枢纽建设为载体，完善物流基础设施，促进物流降本增效，加快物流基地、物流中心、物流园区建设。大力发展智慧物流、冷链物流、绿色物流、国际物流。改革创新体制机制，鼓励发展物流新业态新模式，推动区域、城乡物流一体化，培育壮大一批物流领军企业，逐步将长春建成国际制造业供应链组织中心，面向东北亚、联通亚欧的国际综合联运枢纽和东北地区枢纽经济发展先导区。

（二）畅通物流“双通道”

“双通道”：一是以长春经济圈为核心，通过长吉珲大通道实现“东进”，实施“借港出海”战略，对接“滨海2号”国际交通走廊，畅通环日本海国际物流大通道。以珲春为枢纽，通过俄朝港口，向北开通北冰洋航线；向南畅通内贸外运航线，更好融入国内国际双循环。二是巩固完善京哈通道，打通白松长通至辽宁（丹东港、营口港、大连港）大通道，与长吉珲大通道形成“人字形”双通道布局。南下连通辽宁港口群，对接环渤海、京津冀经济圈，更好融入国内大循环；北上利用中蒙俄物流大通道，借助中欧班列，实现与欧洲腹地物流融通。

（三）构建物流“N 枢纽”

“N 枢纽”：即充分发挥综合交通、基础设施、产业基础、要素集聚能力等综合因素，考虑枢纽承载城市辐射的影响区域，按照《国家物流枢纽布局和建设规划》，着力布局建设长春、吉林、珲春 3 个国家物流枢纽承载城市，建设生产服务型、商贸服务型、陆港型和陆上边境口岸型 5 个国家物流枢纽。布局建设四平、辽源、梅河口、通化、白山、松原、白城、敦化、延吉、集安、长春空港等一批省级区域物流枢纽。以物流枢纽为战略支撑，加快构建若干物流基地、物流中心、物流园区和城乡物流配送末端网点，形成“通道 + 枢纽 + 网络”的现代物流运行体系。

图 3.1 吉林省对外辐射物流通道示意图（略）

四、主要任务

（一）畅通物流循环体系，构建通道 + 枢纽 + 网络物流空间“新布局”

1. 着力加强物流通道建设。重点建设“长吉珲大通道”，内联省域东西、外通国境口岸，构成东北亚陆上通道重要组段。建设“白松长通至辽宁大通道”，实现“通边达海”和“向南开放”，连接环渤海、京津冀经济圈。通过补齐铁路、公路、机场、港口等基础设施短板，加强枢纽集疏运设施建设，发展公铁联运、陆海联运、铁水联运等多式联运，为物流通道畅通提供能力保障；通过政策松绑、费税优惠，为通道畅通提供“润滑剂”；通过破除“堵点”，打破约束环节，为通道畅通清除障碍。推动物流通道与物流枢纽、干线物流通道与支线物流通道无缝衔接、高效中转。以物流通道衔接物流枢纽，联通省内主要产业区域，发展物流通道经济，打造经济和产业的发展走廊。

2. 着力推动物流枢纽建设。围绕融入新发展格局，打造国内大循环物流支点、国内国际双循环战略枢纽，以长春生产服务型国家物流枢纽建设工程为先导，支持连续申报创建 3 类 4 个国家物流枢纽：依托长春建设陆港型及商贸服务型国家物流枢纽，依托吉林建设商贸服务型国家物流枢纽，依托延边（珲春）建设陆上边境口岸型国家物流枢纽。到 2025 年，力争 5 个国家物流枢纽全部通过国家审批，实现枢纽互联成网，提升枢纽经济运行质量。选择区位优势明显、产业基础扎实、物流基础良好、区域物流支点作用突出的区域中心城市，开展省级区域性物流枢纽创建工作，优先建成服务枢纽经济能力强、具备区域产业链组织中心功能、对主要通道衔接和“泵血”作用突出的物流枢纽，促进区域物流一体化发展，加强国家物流枢纽一体化衔接。

3. 着力完善物流网络体系建设。优化普速铁路网布局，加快建设吉林枢纽西环线。推进普通国省干线公路提质改造，着力升级“沿边路”，打通“断头路”、疏通“瓶颈路”。完善以高速公路为骨架、国省干线公路为辅助、农村公路为补充的公路网络建设。推动港口、机场货运设施改造升级，探索新建支线机场货运基础设施建设形式和支线航空货运模式创新。推进“四好农村路”建设，实施交通基础设施进村入屯工程，提高农村公路通达深度。完善城乡物流网络节点，补充县、乡（镇）、村物流基础设施网络，扩充农村物流“毛细血管”，提升全省物流枢纽网络的末端承载能力，畅通省内物流微循环。

4. 着力推动国际物流体系建设。立足“一带一路”我国向北开放重要窗口定位，打造东北亚地区物流枢纽，重点推进长春国际陆港、长春综合保税区、长春空港经济区、中韩（长春）国际合作区、珲春综保区、延吉空港经济区等物流枢纽设施建设，补齐基础设施短板，完善物流综合服务功能。支持物流枢纽拓展海运、空运、铁路国际运输线路，创新发展陆海、铁海、公铁等跨境多式联运运输方式，强化与国际物流节点的合作、对接。稳步扩大“长满欧”中欧班列货运量能，推进“长珲欧”货运班列常态化运营。落实“借港出海”战略，力推“滨海2号”国际运输走廊建设，加快珲春至扎鲁比诺港标准轨铁路建设、现有铁路改造及公路建设。提升长春兴隆铁路集装箱场站、长春新区铁路场站、珲春铁路口岸集装箱场站等物流枢纽集疏运功能，增强辐射带动作用。建设长春、吉林、珲春等跨境电商综合试验区，创新国际邮件运输模式，鼓励快递企业开通货运包机航线，构建国际寄递物流供应链体系。

（二）提升产业链供应链现代化水平，夯实物流服务实体经济“新能力”（略）

（三）着力补短板强弱项，持续巩固物流降本增效“新成效”（略）

（四）实施创新驱动战略，培育物流高质量发展“新动能”（略）

（五）聚焦重点领域物流发展，打造物流产业“新高地”（略）

（六）构筑便民惠民物流服务体系，提升城乡居民生活“新品质”（略）

五、十大重点工程

聚焦物流基础网络、重点领域建设，强调物流与工农业融合发展，注重培育主体企业，优化产业结构。实施“十百千”计划：十大重点工程，百个重大项目，千亿级投资规模。

（一）物流通道建设工程

加强建设与主要物流通道关联的公路、铁路等基础设施，重点建设路桥及辅助设施、现代化货运场站、货运信息平台等。进一步完善联运转运衔接设施，计划集中投资200亿元，依托联运枢纽城市，建成8～10个具备现代化联运转运衔接能力的物流园区（中心）项目。计划投资100亿元，建成一批现代化国际物流节点设施，强调快速通关、国际货物便捷转运、保税物流加工及包装、跨境电商物流服务保障等功能建设。针对主要物流通道的“堵点”和“瓶颈”，开展“清障”计划，重点完成断头路修通、港站使用权获取、通道与枢纽无缝对接等项目落实。

（二）物流枢纽网络体系建设工程

依托一汽智慧物流园和长客物流基地，建设长春生产服务型国家物流枢纽，优先建成仓储类物流设施、铁路干线运输组织体系、联运转运衔接设施等功能分区，完成东山铁路站场扩能、铁路疏运线增建、核心区周边路网扩建、园区智慧化升级改造等规划项目。对重点物流园区（中心）、货运场站等整体运行情况进行系统摸排，引导具备条件的物流园区（中心）通过整合存量资源，升级改造，联建、扩建等，提升经营规模、经营质量，达到国家级、省级物流枢纽的申创要求，为各级物流枢纽的创建提供项目储备。结合国家物流枢纽经济示范项目申报，开展省级物流枢纽建设及运营试点示范，省级物流枢纽经济示范等项目。

（三）智慧物流建设工程（略）

（四）冷链物流建设工程（略）

（五）快递物流建设工程（略）

（六）制造业供应链物流体系建设工程（略）

（七）农产品供应链物流体系建设工程（略）

（八）农村物流体系建设工程（略）

（九）应急物流体系建设工程（略）

（十）物流企业重点培育工程（略）

六、保障措施（略）

省政府办公厅关于印发江苏省“十四五”现代物流业发展规划的通知（节选）

（苏政办发〔2021〕37号）

江苏省“十四五”现代物流业发展规划

一、发展基础与面临形势（略）

二、总体要求（略）

三、空间布局与城市定位

围绕构建新发展格局以及陆海内外联动、东西双向互济的开放格局，推进形成“三横三纵”物流通道布局和“一极两翼多节点”的物流枢纽布局，明确城市物流功能定位。

（一）物流通道布局。

1. “三横”物流通道。

新亚欧陆海联运通道。依托陇海铁路、连霍高速等，发挥陆海统筹、联动亚欧的区位优势，增强西向开放辐射和东向出海能力，提升中欧班列运行规模与质量水平，完善海铁、海河与公铁联运网络，强化国际集装箱运输、大宗物资集散、国际供应链基地建设，支持连云港和徐州联合建设“一带一路”新亚欧陆海联运通道标杆示范，建设丝绸之路经济带东西双向跨境物流大通道。

长江联运转运通道。依托长江黄金水道，发挥江海河统筹、承东启西优势，增强港口一体化发展合力，加强集疏运体系建设，完善多式联运网络，强化江海联运、远洋中转、近洋直达等功能，构建起服务长江经济带、联通海上丝绸之路的战略通道。

沪宁综合立体通道。依托京沪铁路、沪宁铁路、沪蓉高速公路等干线网络及世界级机场群建设，发挥综合交通优势和先进制造业集群优势，强化高端要素集聚能力和物流产业创新能力，提升国际航空货运、海铁联运、全球供应链管理能力，构建起立体化、强辐射的陆海空协同物流大通道。

2. “三纵”物流通道。

沿海物流开放通道。依托沿海铁路、沿海高速公路，发挥连南接北、通江达海优势，强化集装箱出海能力建设，加强港口间物流协同，增强江海河、铁公水等多式联运服务能级，整体提升江苏沿海港口的出海功能，构建起面向东亚、接驳内陆的国际物流海上通道。

京杭绿色航运通道。依托京杭大运河，发挥高等级航道网水运优势和产业集聚优势，推进与沿江沿海港口的深度合作，强化内河集装箱运输、大宗物资中转集散、公铁水多式联运等功能，提升内河智慧、绿色航运水平，构建起智能高效、绿色安全的现代生态航运物流通道。

中轴南北互联通道。依托京沪高速、锡泰、常泰过江通道等，发挥跨江融合、南北联动优势，推进高能级物流枢纽建设，强化陆路中转集散和公铁水多式联运功能，提升锡常泰创新要素南北传导辐射能力，构建起东融上海、西接南京都市圈的中轴物流通道。

（二）物流枢纽布局。

以打造南京都市圈多类型国家物流枢纽叠加优势为物流枢纽增长极，以苏锡常通和徐连淮物流枢纽组团为两翼，以省级物流枢纽为支撑，形成“一极两翼多节点”的物流枢纽布局。

1. 打造南京物流枢纽增长极。

发挥南京都市圈作为长三角带动中西部发展传导区域的独特优势，加快推进多类型的国家物流枢纽建设，全面增强海港、空港、陆港、商贸服务、生产服务等国家物流枢纽集聚辐射能力，提升南京区域性航运物流中心、长三角世界级机场群核心货运枢纽的服务能级，加快数字物流创新应用，加强全球供应链组织能力，建成服务长三角、带动中西部、链接国际的物流枢纽增长极。

2. 打造苏锡常通与徐连淮“两翼”物流枢纽组团。

苏锡常通环沪物流枢纽组团。发挥苏州（太仓）港集装箱干线港、苏州国际铁路物流中心、无锡区域性航空枢纽、常州综合港务区、南通通州湾长江集装箱运输新出海口等枢纽组合叠加优势，推进苏州、无锡、南通国家物流枢纽建设，强化江海联动、枢纽协同、全球供应链组织功能，推进国际高端要素集聚平台与融合创新高地建设，建成服务长三角世界级产业集群、引领区域开放协同发展的物流枢纽门户。

徐连淮物流“金三角”枢纽组团。发挥徐州淮海国际陆港、连云港国际枢纽海港、淮安航空货运枢纽的多式联运优势，布局建设徐州—连云港—淮安综合性物流枢纽，推进物流枢纽一体化规划，强化协调合作、设施联通、功能协同，推动枢纽经济发展，全面提升服务国家战略的能力，建成加速苏北崛起、联动苏鲁豫皖、辐射中西部的物流枢纽引擎。

3. 打造五类物流枢纽。

港口型物流枢纽。依托南京、苏州、南通、连云港等城市，推进港口型国家物流枢纽建设。依据港口基础设施能级、多式联运水平、产业条件、中转集散能力等因素，重点推进镇江、泰州、江阴、张家港、盐城、扬州、淮安、常州、徐州等城市建设港口型省级物流枢纽。

空港型物流枢纽。依托南京等城市，推进空港型国家物流枢纽建设。依据区域发展战略、机场能级、航空货运规模、产业条件、中转集散能力等因素，重点推进无锡、南通、淮安等城市建设空港型省级物流枢纽。

陆港型物流枢纽。依托南京、徐州等城市，推进陆港型国家物流枢纽建设。依据公路和铁路货运规模、高等级公路和铁路设施网络、多式联运水平、产业条件等因素，重点推进苏州、无锡、常州、淮安等城市建设陆港型省级物流枢纽。

生产服务型物流枢纽。依托南京、苏州、无锡等城市，推进生产服务型国家物流枢纽建设。依据工业生产总值、优势制造业、生产性服务业总体水平等因素，重点推进徐州、扬州、镇江、泰州、连云港、宿迁等城市建设生产服务型省级物流枢纽。

商贸服务型物流枢纽。依托南京、南通等城市，推进商贸服务型国家物流枢纽建设。依据专业市场、城乡消费、电子商务、贸易规模等因素，重点推进无锡、常州、常熟、盐城、扬州、海门等城市建设商贸服务型省级物流枢纽。

（三）城市物流功能定位。

综合考虑国家战略与全省物流空间布局，发挥各城市比较优势，结合现有基础和未来发展趋势，明确城市物流的功能定位。

1. 南京。强化江海联运、集散分拨、供应链管理、应急物流等功能，推进国际货邮枢纽、航运物流枢纽建设，建成国际性综合交通枢纽城市、区域性航运物流中心、全国智慧物流发展高地。

2. 苏州。强化集装箱多式联运、供应链管理等功能，进一步推进国际铁路枢纽场站、集装箱近洋集散和国际供应链服务体系建设，完善跨境物流服务平台，建成全球制造业供应链组织中心、全国有影响力的港口枢纽经济先行区。

3. 无锡。强化航空物流、国际快递、供应链物流等功能，推进多式联运、陆港物流等业态高质量发展，加快枢纽经济体系建设，建成区域性航空物流枢纽、江苏枢纽经济创新发展示范区。

4. 常州。强化铁公水空多式联运、区域分拨、分销配送功能，推进常州综合港务区建设，促进物流业制造业深度融合创新，建成长江中下游多式联运物流中心、江苏中轴核心物流枢纽、长三角现代物流中心城市。

5. 南通。强化江海联运、大宗物资集散、航空物流功能，加强与苏南物流融合，推进南通通州湾、南通新机场建设，加快形成江海河、铁公水多式联运集疏运体系，建成长江集装箱运输新出海口和江海联运新枢纽。

6. 徐州。强化国际铁路集装箱中转集散、区域分拨、公铁水联运功能，推进徐州淮海国际陆港建设，做大做强枢纽经济，建成“一带一路”重要的物流节点城市、陆港型国家物流枢纽城市、淮海经济区物流中心城市。

7. 连云港。强化多式联运、大宗散货物流、石油化工品物流等功能，推进中哈（连云港）物流合作基地、上合组织出海基地建设，强化跨境物流大通道服务能力，建成面向“一带一路”物流强支点、国际物流枢纽、国际大宗商品供应链基地。

8. 淮安。强化航空货运、内河集装箱物流、铁公水联运功能，加强机场货运与高铁快运高效衔接，推进航空快递、区域分销分拨等物流功能建设，建成淮河生态经济带航空货运枢纽、苏北高铁快运物流基地。

9. 盐城。强化与长三角区域物流协同，加强与日韩航空货运功能对接，推进多式联运、电商物流、农产品冷链物流、制造业供应链建设，打造长三角北翼区域性物流枢纽、淮河生态经济带出海新门户、江苏沿海重要大宗商品物流基地。

10. 扬州。强化公铁水多式联运物流体系建设，增强与南京都市圈区域物流协同，推进港口物流、汽车物流、冷链物流建设，建成连接苏南、服务苏中、辐射苏北的区域性物流中心。

11. 镇江。强化公铁水联运、公路集散、大宗物流功能，加强与南京、扬州物流协同，推进特色产业物流、能源物流建设，建成长江下游重要的大宗商品物流基地、清洁能源储存转运物流基地。

12. 泰州。强化多式联运、分拨集散、专业物流等功能，加强与无锡、常州跨江物流协同，推进大宗商品物流、冷链物流、区域分拨功能建设，建成长江下游重要的大宗商品供应链物流基地、江苏中轴重要物流支点。

13. 宿迁。强化内河航运、集散分拨、专业物流等功能，加强与物流“金三角”的物流协同，推进智能家电供应链、电商物流、农产品冷链物流建设，建成淮海经济区重要的供应链物流基地、内河联运物流枢纽节点。

四、主要任务

（一）聚焦能级提升，推进枢纽经济跨越发展。

1. 提升枢纽集聚辐射能力。推进要素资源向国家和省级物流枢纽集聚，补齐铁路专用线、多式联运转运设施、应急物流设施等基础设施短板，提高干线运输规模和支线运输密度，整合专业化仓储、区域分拨配送、通关保税等设施。推进物流枢纽综合信息服务平台建设，推动枢纽内企业、供应链上下游企业信息共享。打通多式联运“中梗阻”，加强干支衔接、标准对接和组织协同，切实解决跨运输方式、跨作业环节“卡脖子”问题。推进既有货运铁路连线成网，加快苏州（太仓）港、连云港徐圩港、南通通州湾港、常州综合港务区、盐城大丰港和滨海港等港区铁路专

（支）线建设，打通铁路货运干线通道与重点港区的“最后一公里”。提高海河联运内河航道等级，提升多式联运网络化运作水平。提升枢纽一体化组织运营能力。通过战略联盟、资本合作、功能联合、平台对接、资源共享等市场化方式，培育形成优势互补、业务协同、开放高效的物流枢纽运营主体，进一步提升组织运营、资本运作和资源配置能力。

2. 打造多元协同的枢纽体系。推进建立协同高效的物流枢纽联盟机制，加强枢纽间功能协同和业务对接，形成多层次、立体化、广覆盖的物流枢纽网络体系。强化水水中转、水陆联运有机衔接，进一步发展壮大淮安港、徐州港、宿迁港、苏州港、无锡港等内河集装箱港，推进江海河一体化的港口型物流枢纽网络建设。强化干支运输、区域分拨、中转集散等功能，推进干支配一体化的陆港型物流枢纽网络建设。强化全货机航线直达、跨境物流和联运服务，推进内外联通、快捷高效的空港型物流枢纽网络建设。强化供应链管理、干支联运、分拨配送等物流功能，推进与重点制造业和商贸集聚区深度融合的生产服务型和商贸服务型物流枢纽网络建设。以国家物流枢纽为核心载体，串接不同地区、不同城市、不同类型的物流枢纽，有效联结物流园区、货运场站、配送中心、仓储基地等物流设施，加快推进物流枢纽间开行“钟摆式”“点对点”直达货运专线、班列班轮、卡车航班。

3. 培育发展枢纽经济。统筹枢纽与城市、产业协同发展，强化枢纽综合竞争和规模经济优势，打造要素集聚全、流通效率高、业态模式新、聚合能力强的枢纽经济增长极。强化“枢纽＋企业”“枢纽＋平台”，提升枢纽组织能力，放大集聚发展辐射效应。重点吸引企业总部和研发、销售、物流、结算、营运中心等功能性机构落户，培育引进一批全球领先的平台型供应链企业，做大做强区域分销分拨、大宗物资交易、跨境贸易、保税通关、产业金融、创新协同等平台服务功能，形成枢纽发展与企业成长的共赢格局。强化“枢纽＋产业”“枢纽＋城市”，构建枢纽经济产业体系，推动港产城互动融合发展。发挥物流枢纽产业链供应链的组织功能，推动现代物流和先进制造、现代商贸等产业深度融合，发展枢纽紧密型、偏好型、关联型产业，促进资本、技术、管理、人才等各类资源和生产要素集聚，推动发展航空经济、临港经济、高铁经济等，提高城市经济发展能级和产业竞争力。

（二）强化供应链创新，推进物流与产业深度融合。（略）

（三）加快数字转型，积极推动物流改革创新。（略）

（四）强化协同联动，加快区域物流一体化发展。（略）

（五）加强统筹推进，提升城乡配送循环效能。（略）

（六）培育竞争优势，提升国际物流服务能力。（略）

（七）坚持低碳环保，推动物流全链路绿色发展。（略）

（八）突出重点领域，提升物流专业化服务能力。（略）

五、重点工程

（一）物流枢纽经济示范工程。

依托国家和省级物流枢纽，创新“枢纽 +”发展模式，突出产业集群、企业集聚、平台集成、产城融合，强化物流枢纽要素组织和集聚辐射能力，提升经济发展效益和产业竞争力，打造一批支撑产业升级和高质量发展的枢纽经济示范区。

加强临港产业整合提升，推进连云港港、南京港、苏州港、南通港等强化国际贸易、大宗商品交易、航运服务等功能建设，做优港口型枢纽经济；大力发展临空经济，推进南京禄口国际机场、苏南硕放国际机场等强化高端国际贸易、高端制造、航空快递等特色产业集聚发展，做强空港型枢纽经济；加强铁路与公路物流资源整合和布局优化，推进徐州淮海国际陆港、无锡陆港、常州陆港等强化智慧物流、电商快递、区域分销、现代供应链等功能建设，做精陆港型枢纽经济。

发挥枢纽引领带动效应，推进与重点制造业集聚区、商贸集聚区深度融合发展，提升枢纽经济发展层级，到 2025 年，打造一批要素汇聚能力强、开放联动水平高、产业集聚优势明显、引领区域经济高质量发展的物流枢纽经济示范区。

（二）物流园区织网工程。

打破物流园区孤岛格局，突出科技赋能、互联互通、线上线下融合，全面推动国家物流枢纽、省级物流枢纽、示范物流园区之间加强业务合作、功能协同、要素流动、标准对接，加快构建线下互通、线上互联的物流园区网络。

全面推进省级示范物流园区提质增效，加强园区的数字化转型、智慧化改造、专业化运营、现代化管理，推动全省物流园区规模化、组织化、网络化、平台化发展。补齐县域物流园区短板，在产业基础较好、交通区位优势明显的县（市），布局建设一批具有示范带动作用的县域物流园区。提升重点物流基地资源集聚、运营管理能力，将符合条件的重点物流基地升级为省级示范物流园区。建立有进有退动态调整机制，开展全省物流园区竞争力评价，打造一批物流园区品牌。打造协同高效的物流园区联盟，推进全省物流园区公共服务云平台建设，拓展平台资源共享、安全管理、业务融合、数据挖掘等功能，开展全省物流园区上云行动。

大力推进物流园区线上线下融合创新，全面提升江苏物流园区整体竞争力，到 2025 年，全省示范物流园区互联成网，形成干支衔接紧、覆盖范围广、运作效率高、服务能力强的物流园区网络。

（三）两业融合创新工程。（略）

（四）物流企业上云工程。（略）

（五）智力引擎升级工程。（略）

（六）县域物流提升工程。（略）

（七）物流领军企业培育工程。（略）

（八）绿色快递示范工程。（略）

（九）骨干冷链物流基地工程。（略）

六、实施保障（略）

省发展改革委关于印发《浙江省现代物流业发展“十四五”规划》的通知（节选）

浙发改规划〔2021〕82号

浙江省现代物流业发展“十四五”规划

一、发展基础与形势（略）

二、总体要求（略）

三、主要任务

（一）围绕服务新发展格局，优化“一湾一轴三圈四港”现代物流总体布局

1. 打造大湾区物流创新示范高地。推进航运物流、航空货运、新场景应用等物流创新示范，形成大湾区物流创新标志性成果，支撑打造世界一流湾区。聚焦航运物流创新，构建以宁波舟山港为核心的港口全球供应链，大力发展航运金融保险、国际海事、贸易交易等航运高端服务，集聚世界著名航运企业区域总部，打造航运科技创新高地和高能级航运服务平台。聚焦航空货运创新，加快发展万亿规模临空经济，加强机场与地方政府在空港物流、跨境电商等领域的合作，建设低空飞行服务保障体系，推广杭州机场“一次办理、随到随检、快速通关”模式，有序推进宁波、温州和义乌机场全天候无障碍预约通关。聚焦新场景应用创新，推动智慧化、共享化物流新技术新模式在大湾区前瞻布局，推动无人配送、地下管道物流、无人化物流园区、柔性智能供应链等前沿技术率先落地应用。加强物流园区、平台设施与大湾区产业平台协同联动，建成一批智能制造服务型和智慧商贸流通型物流节点。

2. 构建义甬舟双向开放物流主轴线。优化空间格局，构筑“两核一带两辐射”和“东向依港出海、西向依陆出境”总体布局，构建连通全球主要港口、亚欧大陆的义甬舟双向开放物流通道。深化西向辐射，推进义甬舟开放大通道西延工程，着力强化大通道西向辐射带动作用，推进与长江经济带、东盟陆海新通道等内陆地区联动融合，畅通国内国际双循环。发挥枢纽作用，协同整合宁波舟山港、义乌陆港、浙中公铁联运港物流枢纽辐射能力，加快建设多式联运物流平台，聚合提升金华—义乌桥头堡西向辐射带动作用，加快衢州四省边际中心城市建设，打造服务“一带一路”建设、长

江经济带和长三角一体化发展国家战略的重要引擎。

3. 构筑国内国际三大物流循环圈。围绕长三角一体化、西向带动辐射、“一带一路”与长江经济带联动发展三大重点方向，构筑国内国际三大物流循环圈，支撑融入新发展格局。围绕打造一体化的长三角物流循环圈，协同推进长三角世界级港口群、世界级机场群建设，打造“轨道上的长三角”，重点建设沪杭甬现代湾区主通道，推动长三角产业链和供应链协同，构建高效循环、一体联动的物流循环体系。围绕打造陆海联动的国内物流循环圈，重点畅通国家沿海大通道，形成联通杭州湾、粤港澳两大湾区的开放走廊；实施义甬舟开放大通道西延工程，强化“大通道”西延四省边际重要战略支点建设，促进陆海双向开放，增强西向辐射能力；打通合温山海联动大通道，提升金华—义乌“双循环”支点功能，拓展内贸集装箱箱源，促进“一带一路”与长江经济带紧密融合。围绕打造全球布局的国际物流循环圈，强化自贸试验区及扩区建设物流保障，支撑打造国际供应链创新中心，推进全球一流跨境电商示范中心和内陆国际物流枢纽港建设，推动海上丝绸之路指数成为全球航运物流风向标，编制发布快递物流指数。统筹中欧班列、海运、航空等发展，推动国际物流枢纽、跨境电商海外仓布局，深化港口投资布局和运营模式输出，培育具有国际竞争力的物流企业，组建国际快递物流出海网络联盟，提升国际集装箱中转集拼服务，加快融入国际物流供应链体系。

4. 打造“四港”联动开放平台。以海港为龙头、空港为特色、陆港为基础、信息港为纽带、多式联运为重点，加快构筑体制顺通、标准互通、设施联通、信息汇通、物流畅通的“四港”联动新格局。强化一流强港辐射带动，以宁波舟山港世界一流强港建设为统领，统筹嘉兴港、温州港、台州港等港口资源，打造世界级港口群，建设舟山江海联运服务中心，大力拓展陆向腹地，深耕内外贸箱源市场，形成进口—分拨—配送的现代港航物流体系。打造国际陆港开放枢纽，着力扩大铁路口岸开放，提升中欧班列运输能力，优化完善义乌至欧洲、中亚等地区运输网络，促进中欧班列高效常态化运行。打造辐射全球空港枢纽，杭州机场形成以邮快跨为主的全国航空物流中心和全球邮快跨集散中心，宁波机场重点打造区域性国际航空货运基地和海空联运全国示范，温州机场加快提升国际航空货运能级，义乌机场重点建设义乌跨境航空集散中心，嘉兴机场打造成为专业性航空货运枢纽和长三角多式联运中心。升级“四港”智慧物流云平台，加大数据整合力度，推动标准、规则、费率统一规范，开发物流管家、物流商城等模块，拓展运价跟踪、舱位预订预警、报关等服务。

（二）围绕服务高效畅通，构建全域协同物流设施网络

1. 统筹全省物流枢纽布局。紧密融入新发展格局，聚焦打造国内大循环的战略支点、国内国际双循环的战略枢纽，重点提升宁波—舟山、金华（义乌）国家物流枢纽服务功能，加快建设杭州、嘉兴、温州等国家物流枢纽，强化对区域物流的引领支撑。

依托交通区位和产业需求，引导优化国家物流枢纽、省级物流创新示范园区、区域性物流枢纽节点等设施布局，加强物流设施衔接、信息互联和功能互补，构筑分层分级物流网络节点体系。引导推动交通、商务、邮政（快递）、农业（粮食、农资、土产）、供销等部门既有节点资源衔接共享，打造一批产业配套型、商贸流通型物流平台。

专栏1　物流枢纽建设重点

1. 国家物流枢纽城市。杭州重点争创陆港型、空港型、生产服务型、商贸服务型四大类型功能协同的国家物流枢纽。宁波、舟山以世界一流强港建设为引领，夯实港口型国家物流枢纽功能，拓展生产服务型物流枢纽功能建设。温州加快完善物流园区建设布局，积极争创商贸服务型国家物流枢纽。嘉兴重点依托圆通全球性航空物流枢纽、嘉兴海河联运枢纽港等，积极争创生产服务型国家物流枢纽。

2. 省级物流创新示范园区。积极推动省级物流创新试点园区创建工作，进一步扶持建设一批运营模式先进、区域带动作用强、提质增效成效显著的全省示范性物流园区。

3. 区域性物流枢纽节点。加快海铁联运、海河联运、江海联运等多式联运枢纽建设，重点推进湖州铁公水综合物流园多式联运枢纽、衢州四省边际多式联运枢纽、台州湾区公铁水多式联运中心、兰溪港铁公水多式联运枢纽等项目，打造一批全省多式联运示范枢纽。加快建设快递、冷链等专业化物流园区建设，重点推进杭州国际航空快递园区、宁波北仑跨境电商分拨中心等项目建设。

2. 完善重大物流通道设施网络。全面深化“大通道”建设工程，加快推进三个“1 小时交通圈”补短板重大项目。建设“四纵四横多联”货运铁路网，加密大湾区货运网，加快推进金甬铁路、通苏嘉甬铁路、沪乍杭铁路等项目建设。强化港口航运物流网络，加强港口和航道锚地建设，重点建成梅山千万级集装箱港区，加快高等级内河航道提升改造，推进京杭运河杭州二通道、浙北内河集装箱运输主通道、钱塘江三级航道整治等项目，加快开展浙沪合作小洋山北支线码头项目前期。完善现代公路网络，建成智慧高速 1000 公里，加快建成宁波舟山港主通道、钱江通道北接线等，推动繁忙通道扩容改造。完善原油、成品油及化工输送管道网络，服务支撑浙江自贸试验区舟山绿色石化基地和国际油品储备基地建设。

3. 提升多式联运设施衔接水平。加强进港铁路支线建设补短板，重点推进头门港铁路支线二期、梅山铁路支线和北仑支线复线、衢州四省边际多式联运枢纽港铁路专用线等一批进港铁路支线项目，着力提升大型工矿企业和新建物流园区的铁路专用线接入比例。优化海公联运设施衔接，重点完善以海港和陆港为核心的公路集疏运体系。

优化江海联运衔接体系，进一步完善宁波舟山港核心港区江海联运配套航道及码头开发，强化船型标准与长江航道、沿江港口泊位的配套衔接。完善海河联运，打通内河航运主通道，全面提升海河联运揽货能力。强化陆空联运，完善空陆侧交通通道和机场内多货站中转通道，重点推进杭州临空经济区保税大道南延等项目建设，全面提升全货机间、国际与国内、各异地货站间中转衔接效率。全面建成舟山新奥 LNG 接收站外输管道、上三线（新昌—三门段）、萧山—义乌线、杭甬复线等天然气省网干线项目，加快推进宁波、舟山绿色石化基地管道集疏运项目建设。

4. 补强城乡末端设施短板。完善城市干支线衔接型货运枢纽、城市配送网络节点和配送车辆停靠装卸配套设施，建设全省快递专用电动三轮车管理平台，搭建同城即时配送新能源供电网络，建立即时配送服务规范。依托未来社区建设，推动智能化、集成化社区末端物流平台全覆盖，规划建设与无人配送相适应的社区道路网络。加强农村物流建设，完善县乡村三级物流网络节点体系。引导物流、快递企业加强资源共享整合，推动收货站点、智能快递柜、社区信包箱、智能充换电站等智慧共享，构建城乡“最后一公里”末端网点共享设施网络。

（三）围绕服务现代产业链，提升全程供应链物流能力（略）

（四）围绕服务高品质民生需求，提升便捷高效物流服务（略）

（五）围绕服务新动能培育，加快发展物流新业态新模式（略）

（六）围绕服务应急保障，筑牢全省物流安全防线（略）

四、实施“四个重大”

（一）推进重大改革（略）

（二）完善重大政策（略）

（三）实施重大项目

按照“推进一批、实施一批、储备一批”的原则，做好重大项目库储备，“十四五”期间，推动建设一批标志性项目，实施物流通道设施类、园区平台类、总部创新类和应急储备类 4 大类超百个重大项目，涉及总投资超 6400 亿元。

专栏 4　全省现代物流业“十四五”发展标志性项目

1. 杭州萧山国际机场国内国际货站及配套设施项目。总投资 33.6 亿元，工程包括三层国际货运站、海关查验中心、综合业务楼、道口管理用房等，共新建国内货站及配套设施 16.9 万平方米，新建国际货运站 15.7 万平方米，扩建机坪 17.4 万平方米，新建配套排水等附属工程。

2. 宁波梅山国际物流枢纽项目。总投资 140.8 亿元，其中“十四五”期间投资 83.6 亿元，包括梅山港区集装箱码头、滚装及杂货码头、冷链物流基地、国际供应链创新服务平台等子项目，打造国内国际双循环重要物流节点。

3. 温州瓯江智慧供应链物流园建设项目。总投资104亿元，建设车联网运营服务中心、全球采购与交易中心、综合配套服务中心、供应链创新与应用中心、云仓与大数据中心、流通加工中心六大功能区。

4. 湖州铁公水多式联运枢纽及综合物流园项目。总投资181亿元，将打造集多式联运枢纽、口岸综合服务、冷链物流、应急储备等功能为一体的智慧数字园区。

5. 嘉兴圆通全球性航空物流枢纽项目。总投资122亿元，将打造集航空、物流、商贸、IT研发、信息服务及园区营运配套等功能为一体的综合性物流枢纽，并以枢纽项目建设为依托，谋划嘉兴（国际）快递综合产业园和嘉兴跨境邮件快件监管中心建设。

6. 绍兴轻纺数字物流港项目。总投资48亿元，建设涵盖联托运、智能仓储、城市异地货站、跨境电商、市场采购贸易、海关报关点、监管场、保税仓、电商总部、市场交易、商业办公、住宿餐饮等生产生活配套功能设施。

7. 金华华东联运新城项目。总投资130亿元，通过建设一级物流铁路基地—金华东货场，并引进国际铁路班列、跨境电商、保税、新零售、冷链等高端物流业态，联动宁波、上海港等重大枢纽，打造金华市的国际陆港枢纽经济区。

8. 义乌国际枢纽港项目。总投资约70亿元，分两期实施：一期建设集装箱办理站，包括铁路作业区与口岸区，总投资约23亿元。二期建设配套功能区，包括仓储区与商务办公区、空箱堆场区，总投资约47亿元。

9. 永康五金产业物流港项目。总投资250亿元，在台金铁路货运东站周边建立仓储物流中心、产业园区、商住服务业新区等，规划范围约为9.6平方公里，实际建设用地面积约6000余亩，打造华东地区最大的五金物流产业园。

10. 衢州四省边际多式联运枢纽港项目。总投资200亿元，集合多式联运、城市配送、信息服务、国际物流、物流增值、产业联动、商务交易、生活配套等八大功能，打造四省边际多式联运枢纽港。

11. 舟山小洋山北侧集装箱江海联运码头区。总投资110亿元，建设防波堤工程，布局6个2—5万吨支线码头泊位，推进B区块围海造地工程。

12. 台州湾区公铁水多式联运示范项目。总投资38.8亿元，统筹公路、铁路、水路等运输方式，重点借助铁路建设头门港、临海东站物流仓储中心，打造集铁路、公路、水路等交通方式为一体的物流中心。

13. 丽水浙西南粮食物资仓储物流园区。总投资50亿元，建设仓储、物流、精深加工及市场功能，提升粮食物资安全保障能力。

（四）建设重大平台（略）

五、保障措施（略）

山东省发展和改革委员会关于印发《山东省“十四五”现代物流发展规划》的通知（节选）

鲁发改经贸〔2021〕542号

山东省“十四五”现代物流发展规划

一、发展基础和环境（略）

二、总体要求（略）

三、发展布局

充分发挥山东半岛城市群区位优势，依托“一群两心三圈”区域发展战略，结合生产力布局和产业特色，统筹陆海联动、内外联动、城乡联动，全力释放物流服务经济社会发展的综合效应，着力打造区域物流协同一体、运输方式高效衔接、重点领域特色发展的“通道+枢纽+网络”运行体系。

（一）空间总体布局

1. “三核”引领带动。以济南、青岛、临沂国家物流枢纽承载城市为核心，强化区域物流中心地位，充分发挥物流在资源要素高效配置中的作用，促进产业集约集聚发展，打造枢纽经济发展高地，有力辐射带动区域产业集群协同高效发展。

济南充分发挥黄河流域中心城市作用，加快构建“公、铁、空、水”立体化多式联运体系，培育发展冷链物流、国际物流、快递物流和大宗物资物流等四大产业集群，建设省会城市群干线运输集散中心、商贸物流集聚中心和全省中欧班列集结中心、供应链物流总部经济中心。加强与沿海港口群协调联动，高标准打造国际内陆港；加强与鲁南经济圈物流网融合互通，加快建设融入京津冀协同发展的商贸服务型物流枢纽，全力打造黄河流域绿色物流发展示范区和国家智慧物流创新先行区。

青岛充分发挥国际港口城市作用，立足生产制造、贸易优势，培育壮大航运物流业，加快现代物流业与先进制造、商贸流通等产业融合，大力发展生产物流、商贸物流、冷链物流、跨境电商物流。统筹陆海联动，深化“公铁海空管”协调发展，引领胶东经济圈构建“衔接一体、内外畅达”的区域物流体系，带动黄河流域形成集约高效、智能绿色的物流大通道，着力打造创新开放畅通的综合型国家物流枢纽城市，构建东接日韩、西连上合欧洲、南通东盟南亚、北达蒙俄的国际物流服务网络。

临沂充分发挥商贸服务型国家物流枢纽承载城市作用，依托商贸业态集聚发展优势，培育“物流+”新业态、新模式，深入推进仓配一体化，加快发展线下市场+线上经济，着力打造与物流紧密关联的大宗商品交易中心和区域结算中心，构建以商流为先导、以物流为核心、生产性服务业提质升级、制造业产业集群协同发展的物流经济体系。加强与济宁、菏泽、枣庄联动，形成鲁南城市圈商贸物流网；强化与省会经济圈、胶东经济圈物流网分工协作，形成“东联”“西拓”物流通道；努力打造融入长三角、辐射全国、联通国际的集散型商贸物流中心和枢纽城市。

2. “三网”协同联动。按照全省区域协调发展战略布局，以济南、青岛、临沂三大物流枢纽为引领，以产业链上下游协同为纽带，以物流基础设施一体化为支撑，全力推进省会经济圈物流网、胶东经济圈物流网、鲁南经济圈物流网建设，形成全省内统外联、协调融合发展的物流网络体系。

（1）省会经济圈物流网。坚持“核心拓展、网络延伸”，布局建设以济南为核心枢纽，以淄博、泰安、聊城、德州、滨州、东营为支撑联动的省会经济圈物流网。完善省会城市群“一环六射”城际综合交通运输通道网，搭建区域物流节点，推进核心枢纽功能网络化延伸，促进与省会周边地区要素禀赋相适应的产业规模化发展。依托内陆港、铁路场站、重点物流园区和大型商贸市场，高效衔接陆路干支线运输，形成全省陆路货物分拨基地和多式联运中心，打造我省融入京津冀、联通黄河流域、对接长三角的物流核心区和“一带一路”西进物流通道重要战略支点。

淄博依托石化、智能装备等优势产业集群，集聚整合陆港资源，打造鲁中国际陆港“一港多区”和大宗物资多式联运区域中心。推动物流业与工业深度融合，创新发展智慧物流装备产业，打造区域性产业供应链组织中心和生产服务型骨干物流枢纽。依托国家级数字农业农村中心城市建设，打造区域性绿色智慧冷链物流基地。

泰安发挥京沪大通道重要节点优势，加快推进济泰一体化进程，建设济南商贸物流核心枢纽的南部协同拓展基地。整合周边制造业物流资源，依托泰安内河运输港和泰山内陆港，深度对接京杭大运河复航和沿海港口群，大力发展大宗生产资料内河水运和公铁水多式联运，打造服务于鲁中钢铁、矿山机械、新材料等产业集群的生产服务型物流基地。

聊城加强与省会经济圈融合协同，强化集散西输和冀豫入鲁分拨功能，建设京津冀鲁豫区域性物流枢纽城市。加快发展铝、铜、煤炭等大宗商品物流，构建以公铁联运为主的物流网络。依托莘县农产品资源优势，积极对接京津冀、长三角、粤港澳大湾区，打造具有特色竞争力的绿色农产品物流基地。

德州积极承接我省物流北输功能，畅通山东北部物流门户，大力发展农产品物流、冷链物流、商贸物流、保税物流，着力打造济德协同的区域物流副中心和京津冀农产品供应基地，加快形成立足鲁西北、辐射冀东南、对接省会圈、服务京津冀的区域型物流枢纽。

滨州依托高端铝业、精细化工、家纺纺织、食品加工、畜牧水产等优势产业集群，积极发展工业物流、特色农产品物流以及煤炭、粮食等大宗商品供应链物流，推动物流业与制造业深度融合，打造产业供应链一体化运营基地和大宗商品供应链服务平台，建设形成融入省会经济圈、辐射环渤海的鲁北综合物流中心和国家“北粮南运”骨干枢纽。

东营以发展石油化工、橡胶轮胎、大宗物资等优势产业供应链物流为重点方向，构建以智慧物流总部基地为统领，以重点物流园区为骨干，港口特色物流中心为重要补充的物流节点载体网络体系，努力打造我省生产服务型区域物流枢纽和沿黄沿海物流节点城市。

（2）胶东经济圈物流网。充分发挥沿海港口优势，整合优化物流资源，布局建设以青岛为核心，烟台、日照、潍坊、威海为辐射支撑的胶东经济圈物流网。加强港口与内陆港衔接，积极推进公铁水联运、国际集装箱多式联运，加快建设疏港铁路，提高港口集疏运能力，重点发展港口物流、国际物流，促进临港产业、国际贸易、大宗商品交易等联动发展，努力打造国际航运物流中转枢纽和跨海直通物流“黄金大通道”桥头堡，形成陆海统筹、内外协同的重要引擎。

烟台围绕汽车制造、现代化工、特色农产品等优势产业，加快产业链物流、冷链物流、航空物流、电商快递发展，以临港特色产业园区建设为重点，延伸港口枢纽功能和辐射范围，积极推进多式联运、甩挂运输，着力打造环渤海国际物流枢纽中心。

日照围绕钢铁、木材、汽车整车及零部件、能源、粮油食品加工等临港产业，加快发展港口物流、大宗商品物流、保税物流，建设北方能源枢纽和港口型物流枢纽，全力创建国家级通用航空产业发展示范区，打造以国际重要能源和原材料中转基地为核心的“一带一路”沿线重要综合枢纽港。

潍坊依托特色农产品、先进制造业、石油化工等产业集群优势，加快冷链物流、工业供应链物流、智慧物流、快递物流发展，大力推动公铁、海铁联运，积极推进国家级农产品冷链物流基地、国家原油战略储备基地、快递企业总部基地群建设，着力打造服务环渤海、连接东三省的国家陆港型物流枢纽和先进制造业供应链高地。

威海充分发挥毗邻日韩的区位优势，加快推进与韩国仁川“四港联动”建设，重点发展以海洋渔业全产业链为核心的农产品冷链物流和以跨境电商为龙头的国际物流，着力构建消费品内外贸协同的特色物流产业体系，努力打造国家海洋渔业冷链物流示范基地、日韩过境贸易物流集散枢纽和多边贸易快消品中心仓基地，形成我省直通日韩、融入 RCEP 的重要门户。

（3）鲁南经济圈物流网。突出国家物流枢纽带动作用，布局建设以临沂为核心，以济宁、菏泽、枣庄为重要支撑的鲁南经济圈物流网。加强内河水运和公铁联运衔接，扩大内河与铁路物流辐射范围，延伸发展以煤炭、矿石、石膏等大宗物资为主的转运型物流，形成以商贸物流为核心、生产服务物流协同发展的物流载体网络，打造我省对接长三角一体化发展的桥头堡。

济宁充分挖掘运河水运潜力，整合公路、铁路运输基础设施资源，大力发展以煤炭、粮食为主的运河物流和特色农产品冷链物流，积极推进“水运＋”多式联运、兖州国际陆港和产业链物流基地建设，打造区域性物流枢纽节点城市和中国北方内河航运中心。

菏泽充分借助鲁苏豫皖四省交界的区位优势，积极发展内陆港物流、医药康养物流、农村电商物流、特色农产品冷链物流，加快构建服务中原地区、东西双向互济、内外贸一体化融合发展的商贸物流集聚区，着力打造黄河中下游区域性物流中心和特色电商物流集聚中心。

枣庄发挥山东南部门户、京沪线重要节点优势，围绕煤化工、特色农产品、干杂海货、生物医药，大力发展大宗商品物流、工业物流、冷链物流，提升运河航运能级，构建公铁空水多式联运体系，着力打造京沪线特色商品集散枢纽和鲁南苏北生产服务型物流基地。

（二）国内国际物流通道

1. 融入国内物流大通道。

横向：充分发挥沿黄达海龙头作用，强化济南、青岛核心物流枢纽功能，以潍坊、淄博、聊城、威海、烟台、东营、滨州、德州为重要节点，以济青通道为主线，协同北部沿海通道，高效对接冀中南、山西中部等沿黄重要战略支点，积极融入国家黄河（青银）物流大通道。强化日照新亚欧大陆桥东方桥头堡作用，以临沂、枣庄、济宁、菏泽为重要节点，以鲁南通道为主线，高效对接中原、关中平原等重要战略支点，积极融入国家陆桥物流大通道。推进胶东经济圈物流网与长江流域重要战略支点城市海河联运，加强省会经济圈物流网、鲁南经济圈物流网与成渝、黔中、滇中城市群等重要战略支点城市公铁联运，积极对接国家长江、沪昆物流大通道。

纵向：强化济南、临沂核心物流枢纽功能，以德州、泰安、枣庄、东营、淄博、滨州、潍坊为重要节点，以京沪通道为主线，协同滨临通道、京沪二通道，高效对接京津冀、长三角，积极融入国家京沪物流大通道。以德州、聊城、济宁、菏泽为重要节点，以京九通道为主线，对外连接雄安新区和粤港澳大湾区，积极融入京哈—京港澳（台）物流大通道。依托黄河（青银）、陆桥物流大通道，连通二连浩特至北部湾、西部陆海物流大通道。

2. 打通国际物流大通道。

海向：充分发挥我省沿海港口群整体规模优势，以青岛港为龙头、以日照港和烟台港为两翼、以渤海湾港为延展、以内陆港为协同，打造我省海向辐射型物流战略支点。响应“一带一路”倡议，抢抓 RCEP 机遇，强化与韩国仁川、日本大阪、印尼雅加达、莫桑比克贝拉、荷兰鹿特丹、美国洛杉矶、澳大利亚悉尼、墨西哥曼萨尼约等世界港口“港港协作”，不断拓展加密航线，形成我省联通东北亚—北冰洋、东南亚—印度洋—非洲—欧洲、太平洋的国际海运物流通道。

陆向：充分发挥山东半岛城市群区位优势，以济南、青岛、临沂为核心枢纽，依托国内物流大通道向外延伸，打造我省陆向辐射型物流战略支点。对接新疆乌鲁木齐、霍尔果斯、喀什等沿边支点，融入新亚欧大陆桥、中国—中亚—西亚、中巴国际物流通道；对接内蒙古二连浩特、黑龙江黑河等沿边支点，融入中蒙俄国际物流通道；对接云南、广西等省的边疆城市，融入中国－中南半岛、孟中印缅国际物流通道，推动我省与丝绸之路经济带沿线国家和上合组织成员国深化经贸合作。

（三）综合交通物流网络

1. 港口物流群。积极推进港口物流资源整合提升，优化港口功能布局，发挥协同效应，促进融合错位发展，形成优质高效的海运港口物流体系。青岛港重点建设以集装箱运输、能源和大宗原材料运输为主，件杂货为支撑的国际综合性物流枢纽港，着力打造东北亚国际航运枢纽中心。日照港重点建设以能源和大宗原材料运输为主，集装箱和其他货物运输为支撑的国际物流枢纽港，着力打造全国最大的大宗散货集散、混配基地和重要的液体散货接卸中转中心。烟台港重点建设以能源、原材料物资运输为主、集装箱和其他货物运输为支撑的国际物流枢纽港，着力打造全球最大的铝土矿中转基地、中国北方主要的 LNG 分拨中心和全国最大的化肥集散中心。渤海湾港重点打造以服务区域运输、发展特色港产融合业务链、支撑完善山东港口转运体系为主的区域性基本港，建设海河联运枢纽。

2. 陆路物流网。整合高速公路沿线物流资源，以济南、青岛、临沂、济宁、淄博、潍坊、德州为枢纽，以全省高速公路为重要通道，在省内布局 10 个综合物流产业园区、161 个物流节点，打造辐射全省、连通全国的高速公路骨干运输网络。充分发挥铁路综合优势，依托“四纵四横”铁路网，布局建设 2 个一级、18 个二级物流基地，加快建设以即墨、齐河等铁路物流基地为中心的普速铁路货运枢纽，探索建设以济南、青岛、临沂高铁快运办理站为中心的高铁快运枢纽，打造多功能铁路运输网络。统筹发展中欧班列，打造济南、青岛、临沂 3 个一级网点（班列集结中心），烟台、潍坊、淄博 3 个二级网点（辅助发运基地），形成干支结合、枢纽集散、水铁联运、集拼集运的国际班列网络体系。

3. 航空物流枢纽。优化省内机场布局，完善空港物流中心节点网络，整合陆路运输供给资源，加强航空干支衔接、陆空联运协同，发展国际通程中转联运航线，努力打造以济南、青岛、烟台、临沂为重点，其他地区为补充的航空物流格局。济南瞄准京津冀和长三角区域中间地带，全力打造以国内中转为主的国际航空货运枢纽。青岛对标首尔、大阪，加大国际货运航线网络构建，打造国际间航空货运中转枢纽。烟台突出日韩航空货运桥头堡作用，打造国内通往日韩的门户型区域枢纽。临沂突出鲁南、苏北中心城市区位优势，重点打造区域性国内快递航空运输中心。

4. 内河航运“黄金水道”。发挥内河水运的纽带和辐射带动作用，构建以京杭运河、小清河、新万福河航道“一纵两横”为主骨架，以济宁港为核心，枣庄港、菏泽港、泰安港为辅助，其他一般港口为补充的航运体系，打造形成贯穿南北、通江达海的“黄金水道”。

5. 管道运输网络。坚持“供输一体、输配协调”，结合国家油气资源布局、主干管道路由和站场分布，原油管道依托沿海港口至内陆炼化集聚区输送通道，重点推进董家口—东营、烟台西港区—裕龙岛石化等原油管道建设；成品油管道以鲁皖等主干管道为枢纽，重点推进菏泽—浚县及滨州、淄博、东营等市炼厂成品油外输管道建设；天然气管道持续完善输气干支线网络建设，重点推进中俄东线、山东管网干线、烟台西港区 LNG 外输管道等天然气管道建设，形成原油（燃料油）生产供应、成品油外运、天然气运输管网系统。

6. 多式联运枢纽网络。加快建立多式联运服务体系，打造以济南、青岛为核心的“2 + 8 + N”多式联运枢纽。加快提升济南、青岛国际物流服务能力，打造国际多式联运中心；充分发挥烟台、威海、日照、临沂、潍坊、泰安、聊城、菏泽区位优势，提升完善服务功能，打造 8 个具有重要影响力的区域性多式联运中心，加快构建一批多式联运节点，形成区域联动的发展格局。

（四）重点领域物流网络

1. 鲜活农产品物流网络。加快建设济南、青岛国家骨干冷链物流基地，打造一批区域性农产品物流集散中心，完善田头小型仓储保鲜设施，基本建成产销畅通的农产品物流体系。布局建设以青岛、济南、威海为重点的水产品冷链物流网络，以潍坊、聊城、临沂、烟台为重点的果蔬冷链物流网络，以临沂、潍坊、烟台、济南为重点的禽肉产品冷链物流网络。

2. 重点工业领域物流网络。（1）石油化工。服务于鲁北高端石化产业基地建设，布局以烟台、潍坊、东营、滨州为重要功能区的产业集聚区物流节点，以青岛、日照为重点的黄海临港石化原料集散区，打造全国重要的石化产业链物流枢纽网络。（2）金属冶金。布局建设以日照、济南、泰安为重点的钢铁物流网络，日照、临沂建设日—临沿海先进钢铁制造产业物流基地，济南钢城、泰安肥城等建设精品钢生产贸易物流基地。布局建设以日照、滨州、烟台、聊城、东营为重点的铝铜产业物流网络，日照加快发展铝铜及制品内外贸双向物流，滨州邹平、烟台龙口、聊城茌平和东营，规划建设铝铜产业链物流基地。（3）装备制造。布局建设以烟台、济南、济宁、青岛为重点的汽车和零部件产业物流网络，烟台、青岛重点建设汽车及零部件生产服务型物流基地和保税物流中心，济南重点建设交通装备（重型汽车）生产服务型物流基地及汽车后市场零部件商贸服务型物流基地，济宁梁山重点建设专用汽车、汽车改装业物流基地。布局建设以临沂、泰安、东营、潍坊为重点的工程机械产业链物流网络，临沂、济宁建设工程机械生产服务型物流基地，泰安、东营、潍坊建设矿山机械、石油装备、动力装备生产服务型物流基地。（4）煤炭能源。强化日照港、梁山港、泰安岳华三大煤炭储备基地枢纽作用，加快建设兖州、济宁、新汶、枣滕、巨野等矿区物流节点，形成清洁能源供应链物流网络体系。（5）橡胶轮胎。布局建设以青岛、东营、威海、烟台为重点的轮胎产业链物流网络，青岛发展橡胶供应港口物流，东营发展产业集聚区综合物流，威海、烟台发展轮胎生产服务型港口物流。

3. 邮政快递物流网络。优化邮政快递业发展布局，提高中转分拨效能，加快建设以济南、青岛、临沂为核心枢纽，打造层次分明、功能互补、差异发展、集约高效、城乡一体、联通国际的寄递物流综合网络体系，形成“双通道、三区域、多节点”总体发展格局。

四、发展重点（略）

五、支撑体系

（一）网络设施畅通体系

加速整合区域物流设施资源，布局建设一批物流节点枢纽、区域分拨中心等重要载体，促进各节点间及交通配套设施的功能对接和联动发展，优化城乡双向流通渠道，为物流业降本增效提质提供有力支撑。

1. 高标准建设物流枢纽。加快国家物流枢纽培育，推动物流设施集约整合，加强骨干通道网络与省会、胶东、鲁南三大经济圈物流网的衔接，提升重要物流枢纽节点辐射区域水平，着力构建层次分明、功能完备的物流枢纽设施网络。发挥济南、青岛、临沂 3 个国家物流枢纽示范作用，着力打造辐射带动能力强的物流枢纽经济示范区；积极支持烟台、日照、潍坊等 3 个国家物流枢纽承载城市培育建设港口型、陆港型物流枢纽，鼓励其他有条件的城市规划建设特色物流枢纽。引导物流枢纽整合铁路专用线、专业化仓储、多式联运转运、区域分拨配送等物流设施及通关、保税等配套设施，集中承接第三方物流、电子商务、邮政、快递等物流服务的区域分拨和仓储功能，推动物流枢纽资源空间集中，减少物流设施低效供给，提升综合利用效率。

2. 完善交通设施功能。推动港口迭代升级，加大铁路、公路、航空、管道密度，形成便捷、通畅、高效的交通基础设施网络。健全完善现代化港口设施，重点建设原油、LNG、集装箱、客滚等大型专业化泊位，完善深水航道、防波堤、锚地等港口公用基础设施。探索推动建设高铁物流基地，加快疏港铁路专用线、多式联运场站建设，支持铁路专用线进码头、进大型企业、进物流枢纽，打通公铁水联运衔接“最后一公里”。加快实施高速公路改扩建工程和普通国省道等级提升工程，推进“四好农村路”建设，进一步提高公路网密度、通达深度和服务水平。积极推进全省运输机场、各类通用机场建设，加大现有机场整合改造力度，提高吞吐能力和竞争力。加强原油码头配套输送管道建设，改造淘汰老旧管道，完善炼化基地外输管道，建设形成以原油、成品油为核心的管道输配网络。

3. 打通城乡物流路径。推动商贸流通、交通运输、邮政快递、供销等行业整合物流资源，补齐城乡“最后一公里”设施短板，促进城乡配送网络有效衔接。进一步完善城市配送网络，提升改造仓储、冷库等存量设施及分拨、转运、装卸等配套设施，加快推进公共配送中心、冷链物流中心、快递分拨中心建设。完善农村物流体系，按照“市县中转、乡镇分拨、村级配送”原则，整合交通客货运站场、邮政局所、快递企业网点、电商服务站点、农产品市场和流通网点等现有资源，加强末端网点设施建设，促进农村物流资源要素聚集和融合发展。

专栏9　基础设施重点工程

1. 物流枢纽。(1) 济南加快推进高端物流集聚区、“齐鲁号”中欧班列集结中心、盖世智慧供应链等项目。(2) 青岛加快推进即墨济铁物流园（二期）项目。(3) 临沂加快推进山东顺和国际智慧物流园项目。(4) 烟台加快推进宝能烟台国际物流中心、烟台港大宗散货集散中心、烟台机场区域航空物流等项目。(5) 日照加快推进日照港国际物流园项目。(6) 潍坊加快推进山东港天陆港型物流基地、中国物流中德“两国两园”等项目。

2. 交通物流设施。加快推进青岛港前湾港区、董家口港区、威海湾港区集装箱码头改造，日照港石臼港区西区集装箱化改造，渤海湾港东营港区集装箱码头泊位等项目；重点建设济南中南部铁路物流园、淄博鲁中公铁物流枢纽、聊城高铁物流园、泰安现代铁路物流园、峄州港公铁水廊联运物流园、东营利津南站集散基地等项目。

3. 城乡物流设施。推进城市快递末端投递设施建设，提升智能快件箱配备比例，实现布放智能收投终端6万组以上，建成末端公共服务站1.8万个。加快乡镇运输服务站建设，新建改造一批县级物流配送中心，推动物流快递企业在县域、城乡接合部及村镇布设5000组智能快件箱。

（二）市场主体培育体系（略）

（三）信息服务提升体系（略）

（四）创新应用管理体系（略）

六、政策保障（略）

河南省发展和改革委员会 河南省交通运输厅关于印发河南省现代物流运行体系布局和建设实施方案的通知（节选）

豫发改服务业〔2019〕533号

河南省现代物流运行体系布局和建设实施方案

一、总体要求（略）

二、重点任务

（一）畅通物流通道系统

以国家干线物流通道为主脉，巩固陆路物流通道综合优势，提升航空物流通道服务能级，补齐内河航运物流通道短板，加快构建集公路、铁路、航空、水运为一体的立体物流通道系统。到2025年，全省铁路货运周转量比重提升到30%左右，航空货邮吞吐量突破100万吨，省内航道水路货运量达到10000万吨。

1. 空中丝绸之路物流通道。加快推进郑州空港型物流枢纽建设，积极拓展货运航线网络，构筑辐射全球、高效通达的货运航线网络体系和运输通道。

2. 新亚欧大陆桥国际物流通道。依托陇海、三洋铁路，连霍高速（G30）、310国道等，加强对接海上丝绸之路，打造贯通欧亚主要经济体的国际物流通道。

3. 京港澳物流通道。依托京港澳高速（G4）、107国道、京广铁路等，打造贯通南北的全国性综合物流通道。

4. 大广物流通道。依托大广高速（G45）、106国道、濮新高速，京九、濮潢铁路等，打造连接南北的省际综合物流通道。

5. 二广物流通道。依托二广（G55）、呼北高速（G59），焦柳、蒙华铁路等，打造以大宗商品运输为主的省际物流通道。

6. 济郑渝物流通道。依托兰南高速（S83），郑济、郑万铁路等，打造贯通豫北豫西南的工业品、大宗农产品省内物流通道。

7. 太郑合物流通道。依托宁洛（G36）、晋新（G5512）、永登高速，郑太、郑合铁路等，打造贯通豫北豫东南地区的农副食品、工业品省内物流通道。

8. 晋鲁豫物流通道。依托瓦日铁路、菏宝高速（G3511）等，打造豫北地区货物外运及出海通道。

9. 沪陕物流通道。依托沪陕高速（G40）、312 国道、宁西铁路等，打造支撑淮河经济带、汉江经济带等区域经济发展的综合物流通道。

10. 内河航运物流通道。补齐我省内河航运短板，推进沙颍河、淮河、唐河等航运开发，建成通江达海、干支相连、公铁水联运、港航配套的沿内河物流通道。

（二）打造物流枢纽体系

突出国家物流枢纽龙头作用，强化区域物流枢纽辐射能力，建设完善物流节点，加快构建有机衔接的现代物流枢纽系统。到 2025 年，郑州国际物流枢纽中心地位进一步巩固提升，国家物流枢纽资源集聚和辐射带动作用持续增强，区域物流枢纽（节点）一体化运作和专业化服务水平不断提高，枢纽间的分工协作和对接机制持续完善，全省物流枢纽系统基本形成。

1. 加快建设国家物流枢纽

——推进郑州国际物流枢纽中心建设。围绕国家中心城市建设，加快构建空中、陆上、海上、网上丝绸之路，完善物流基础设施和集疏网络，发展多式联运和特色物流，建设内捷外畅、高效衔接、智慧创新的国际现代物流中心。加快物流枢纽设施群建设，实施郑州机场三期工程、空铁联运航空物流等配套项目，推进国际陆港第二站点、集装箱中心站二期等工程建设，建成铁路集装箱中心站第二线束和多式联运货站。巩固扩大特色物流发展优势，完善航空物流生态体系，拓展冷链运输网络，延伸电商物流产业链，推动快递物流和航空、铁路、公路运输行业联动发展。加快构建“空—铁—公”三位一体多式联运集疏运网络，完善互联互通的智慧化物流信息服务平台，打造级配合理、衔接有序、运行高效的大都市配送体系。增强国际物流资源要素吸附能力，扩大物流货源辐射地域，发展与国际接轨的现代物流服务体系，培育形成特色鲜明的枢纽经济。

——加快洛阳国家物流枢纽建设。依托洛阳交通区位、先进制造业基地等优势，统筹大型市场外迁和物流园区布局，整合提升铁路专用线、专业化仓储、区域分拨配送等物流设施，加快铁路口岸建设，加密开行铁海联运班列，拓展有色金属期货交割业务，打造“一带一路”大宗生产资料物流集散交易中心、全国领先的先进制造业供应链组织中心和服务中原城市群的现代商贸物流集散分拨中心。

——加快安阳国家物流枢纽建设。支持安阳市扩大大宗农资商品、国家物资储备内陆集装箱多式联运规模，加快铁路口岸和专用线建设，拓展海铁联运班列，提升精品钢及深加工、智能终端、半导体芯片、新能源汽车及零部件等物流供应链服务水平，推动重点物流园区布局建设，完善区域大型公共配送节点和集货转运中心等设施，打造农资物流组织中心和钢铁供应链服务中心。

——加快商丘国家物流枢纽建设。支持商丘市统筹整合批发市场、公路港、保税中心等物流资源，拓展干线运输、区域分拨、多式联运、国际物流等服务功能，大力发展冷链物流和跨境电商，提升食品、纺织服装、制鞋等产业集群全程物流供应链服务水平，打造全国重要的农产品全链条服务基地和豫鲁苏皖商贸物流集散中心。

——加快南阳国家物流枢纽建设。支持南阳市加强大宗农产品、医药、建材、花卉等物流园区和信息服务平台建设，扩大货物贸易、保税物流规模，完善先进装备制造、光电电子信息、纺织服装、汽车及零部件等产业集群物流配套设施，打造辐射豫鄂陕的商贸物流中心和工业品供应链中心。

——加快信阳国家物流枢纽建设。统筹铁路、公路、内河航运等物流基础设施建设，构建电子信息、现代家居、新型建材等主导产业物流支撑配套体系，发展壮大医药、冷链、电商等物流产业集群，打造特色物流区域分拨配送中心和“南菜北运、西果东送”集散中心。

2. 规划建设区域物流枢纽

依据区域经济基础、产业布局、物流设施、交通支撑等条件，统筹国家及我省重大战略、产业转型升级、居民消费需求等因素，选择中心城市和部分县（市）布局建设30个区域物流枢纽，强化与国家物流枢纽的分工协作和有效衔接，打造我省物流枢纽系统的基础支撑。在开封、平顶山、鹤壁、新乡、焦作、濮阳、许昌、漯河、三门峡、周口、驻马店、济源等中心城市布局建设区域物流枢纽，完善干支联运、仓储分拨、城市配送等服务设施，为制造业集群和区域商贸活动提供全链条物流服务。在永城、邓州、林州、台前、长垣、灵宝、新蔡等省际交界县（市）布局建设区域物流枢纽，为跨区域产业合作和居民消费提供集散分拨、衔接转运等服务。推动原阳、尉氏、长葛、武陟等县（市）积极承接郑州国际物流枢纽中心功能溢出，提升淮滨、唐河、项城、沈丘等县（市）内河航运服务能级，强化汝州、临颍、潢川等县（市）区域集散分拨功能，布局建设一批特色鲜明、功能完善的区域物流枢纽。

3. 布局完善重要物流节点

支持具备条件的县（市）围绕服务本地生产服务、生活消费需求，建设功能集聚、设施集约的物流节点，畅通物流末端运行，提升物流配送时效，强化与国家和区域物流枢纽联动，形成便捷高效、服务融合、协同运作的发展格局。

（三）构建专业便捷的现代物流服务网络系统

推动物流枢纽设施衔接，强化资源整合和优化配置，培育协同高效的运营主体，提高物流组织效率，打造专业便捷的现代物流服务网络。到2025年，全省多式联运比重提高10个百分点以上，单元化、集装化运输比率超过40%，培育一批全国性现代物流综合信息平台。

1. 优化物流基础设施网络。整合优化存量物流设施，优先利用国家和省级示范物流园区、货运场站、物流基地等建设物流枢纽（节点），推动物流资源在空间上集中布局。完善提升物流设施，高起点规划建设一批铁路专用线、专业化仓储、多式联运、区域分拨、通关保税等物流设施。强化物流枢纽设施与物流通道连接，实施货运枢纽（物流园区）集疏运道路建设行动计划，解决“最先和最后一公里”瓶颈制约。强化物流枢纽运营主体培育，成立河南省物流枢纽园区联盟，通过资本合作、设施联通、功能联合、平台对接、资源共享等市场化方式打造优势互补、业务协同、利益一致的合作共同体。

2. 强化物流信息平台网络。建立枢纽信息互联互通机制，加快河南省公共物流服务平台、中欧国际多式联运综合服务信息平台、郑州机场多式联运数据交易服务平台等综合服务平台建设，提升枢纽信息系统的兼容性和开放性，促进物流订单、储运业务、货物追踪、支付结算、供应链金融等信息集成高效流动，提高物流供需匹配效率。强化物流枢纽与专业物流信息平台资源共享，推动枢纽运营企业与鲜易、双汇、河南保税物流中心等龙头企业深度对接，在航空、冷链、快递、跨境电商等领域为企业提供全程智慧供应链服务。打破行业信息壁垒，推动交通、公安、海关、市场监管、气象、邮政等部门公共数据开放共享，为便利企业生产经营和完善物流信用环境提供支撑。

3. 畅通物流联运配送网络。构建现代化多式联运网络，建立全省统一的多式联运运营服务平台，加快公铁联运、海铁联运服务规则和标准研究，加大联运转运场站和“不落地”装卸设施投入，创新“卡车航班”运营模式，建设铁水联运示范通道，开展多式联运枢纽城市创建和多式联运示范工程，推行集装箱多式联运电子化统一单证，推广“一站式”多式联运服务产品。完善城乡高效配送网络，开展城乡高效配送城市试点，发展集中仓储、共同配送、仓配一体等消费物流新模式，推进“快递下乡”工程，构建农村物流县、乡、村三级服务体系。打造专业物流服务网络，以物流枢纽（节点）为核心促进上下游资源整合和组织协同，提升现代供应链、邮政快递、电子商务、冷链、大宗商品、航空物流等发展水平。

三、实施保障（略）

湖南省发展和改革委员会关于印发《湖南省“十四五”现代物流发展规划》的通知（节选）

湘发改经贸〔2021〕587 号

湖南省“十四五”现代物流发展规划

一、现实基础（略）

二、总体要求（略）

三、空间布局

结合我省区位优势、产业特色和资源禀赋，以现有骨干交通网络、物流枢纽、场站码头、网络平台等为基础，推进现代流通体系建设，着力构建以“八通道、八枢纽、四网络、多平台”为主体的物流发展空间新格局。

（一）八通道。

依托交通干线，畅通“三纵五横”物流大通道，即京港澳、洛湛（二广）、焦柳三条纵向物流大通道，沪昆、渝长厦、杭瑞、湘桂、厦蓉五条横向物流大通道。

1. 纵向物流大通道。

京港澳物流通道。以岳阳市、长株潭三市、衡阳市、郴州市为节点，依托京广高铁、京广铁路、浩吉铁路、京港澳高速、湘江航道等，连通京津冀、中原、粤港澳大湾区等城市群。

洛湛（二广）物流通道。以常德市、益阳市、娄底市、邵阳市、永州市为节点，依托呼南高铁、洛湛铁路、二广高速等，连通关中、粤港澳大湾区等城市群和海南自贸港。

焦柳物流通道。以张家界市、吉首市、怀化市为节点，依托张吉怀高铁、焦柳铁路、包茂高速、呼北高速等，连通关中、北部湾等城市群。

2. 横向物流大通道。

沪昆物流通道。以长株潭三市、娄底市、邵阳市、怀化市为节点，依托沪昆高铁、沪昆铁路、沪昆高速等，连通长三角、滇中黔中等城市群。

渝长厦物流通道。以长株潭三市、益阳市、常德市、张家界市为节点，依托渝长厦高铁、长张高速等，连通海西城市群、成渝双城经济圈。

杭瑞物流通道。以岳阳市、常德市、吉首市为节点，依托杭瑞高速、澧水航道等，连通长三角、滇中黔中等城市群。

湘桂物流通道。以衡阳市、永州市等为节点，依托衡柳铁路、湘桂铁路、吉衡铁路、泉南高速等，连通北部湾城市群，延伸对接东盟，融入西部陆海新通道。

厦蓉物流通道。以郴州市、永州市为节点，依托厦蓉高速、桂新高速等，连通海西城市群、黔中城市群、成渝双城经济圈。

（二）八枢纽。

推进“5 +3”国家物流枢纽布局。以长沙市、岳阳市、衡阳市、郴州市、怀化市为依托，加快建设国家物流枢纽，推动长株潭共建国家物流枢纽。推进长沙陆港型、岳阳港口型国家物流枢纽建设，支持长株潭申报建设生产服务型、商贸服务型、空港型国家物流枢纽，衡阳、郴州、怀化申报建设陆港型、生产服务型、商贸服务型国家物流枢纽，融入国家物流枢纽联盟。争取常德市、娄底市、永州市纳入国家物流枢纽承载城市规划布局。支持邵阳市、湘西自治州等重要节点创建省级物流枢纽，推动融入国家物流枢纽体系。

（三）四网络。

构建物流设施网、冷链物流网、城乡配送网、信息平台网四大物流网络。利用“三纵五横”等骨干交通网络，依托“一江一湖四水”水运航道、长沙黄花国际机场与全省其他干支线机场，整合优势资源，形成多节点支撑的物流基础设施网络。以提高冷链流通率为重点，以先进技术和冷链设施设备为支撑，以骨干冷链物流基地等为基础，构建“全链条、网络化、严标准、可追溯、高效率”的冷链物流网络。统筹布局城乡高效物流配送网络节点，强化城乡配送技术标准应用，优化城乡配送组织方式，构建完善的城乡物流配送网络。以湖南省交通运输物流公共信息平台、湖南高速智能物流服务平台等为基础，将政府监管和公共服务融为一体，着力破解“信息孤岛”和“系统壁垒”，构建服务高效的物流信息平台网络。

（四）多平台。

加强国家物流枢纽、国家级省级示范物流园区、国家骨干冷链物流基地等各类物流平台建设。以长沙市、岳阳市、衡阳市、郴州市、怀化市等5个国家物流枢纽承载城市，金霞、湘南和一力等国家级省级示范物流园，怀化等国家骨干冷链物流基地，岳阳城陵矶新港、长沙传化智联、怀化武陵山片区四省联动多式联运示范工程等物流平台为支撑，充分发挥集聚优势和基础平台作用，加强物流基础设施整合和集约利用，畅通集疏运通道，增强多式联运中转能力，通过各类物流平台深化物流降本增效，提升物流运行效率，提高物流服务能力。

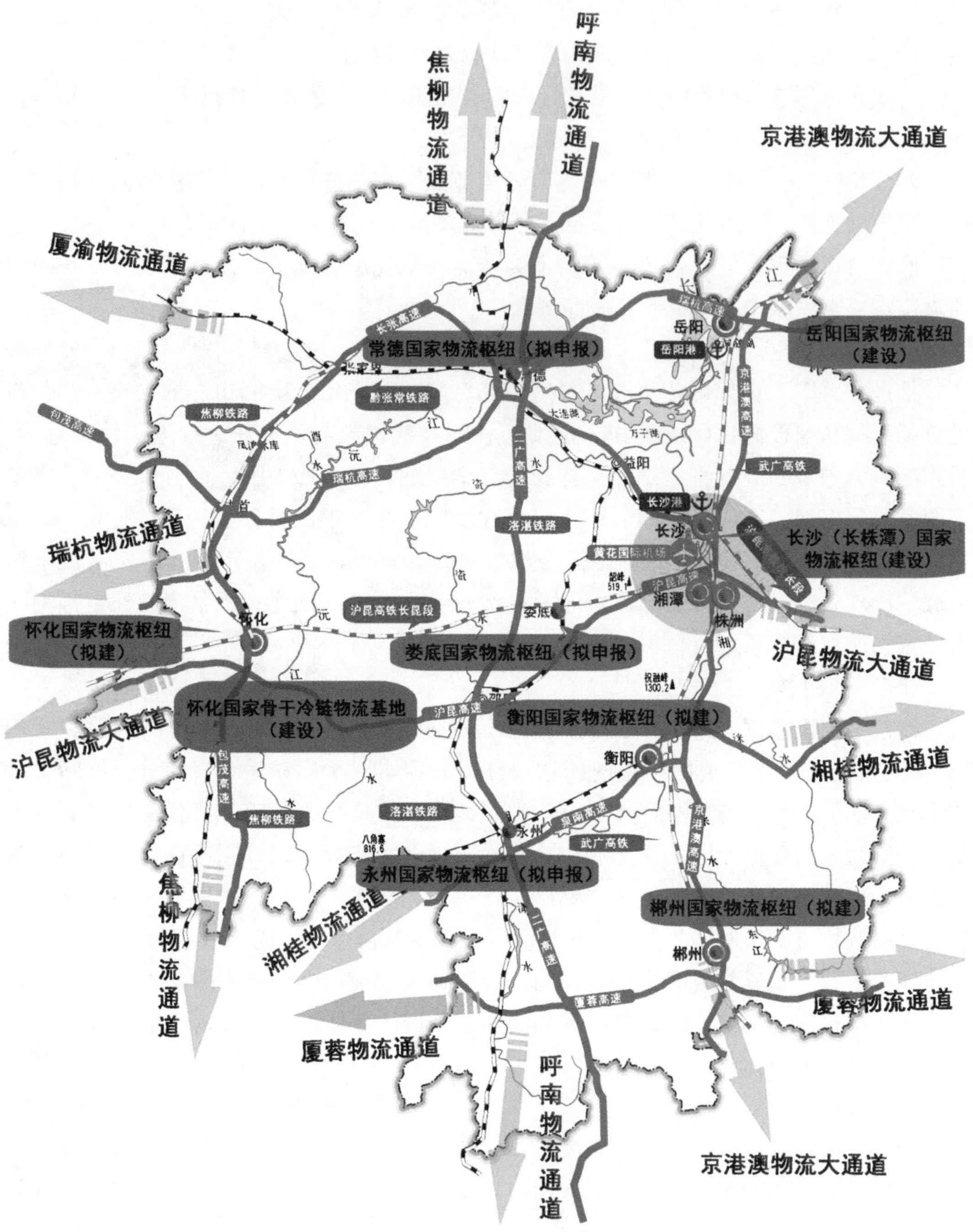

湖南省“十四五”现代物流发展空间布局示意图

四、主要任务（略）

五、保障措施（略）

四川省发展和改革委员会 四川省交通运输厅关于印发《四川省“十四五”现代物流发展规划》的通知（节选）

四川省“十四五”现代物流发展规划

第一章　规划背景（略）

第二章　总体要求（略）

第三章　空间布局

第一节　做强一核

坚持以成渝地区双城经济圈建设为战略引领，将成都都市圈打造成为全国物流发展的重要增长极和极具竞争力的国际物流枢纽，带动全省物流业高质量发展。高水平打造国际性综合交通枢纽，强化与省内区域物流枢纽协同发展，增强连接性和贯通性，构建内畅外联、便捷高效的陆海空铁联运网络。以天府国际机场、双流国际机场为载体，提升航空服务水平和枢纽运营效率，建设全球性航空枢纽、洲际航空中转中心和货运中心。加强与省内外铁路枢纽联动发展，加快中欧班列集结中心、西部陆海新通道主通道和重要枢纽、“一带一路”商品集散中心建设。统筹布局成都都市圈物流枢纽节点，加强成都国际铁路港、德阳国际铁路物流港、眉山国际铁路港、成渝紫微商贸物流城等物流港（园）联动，提升区域物流一体化发展水平。发展国际物流、保税物流、供应链金融等，加快国际公路货运中心、国际邮件集散中心、跨境电商分拨中心等高能级物流平台建设。

第二节　拓展两翼

东北联动翼（绵阳、遂宁）。加快遂宁陆港型国家物流枢纽建设，建成成渝双城物流配送中心，畅通对接成渝两地的便捷物流通道，构建服务成渝及周边城市的集成化、高密度物流分拨网络。充分发挥绵阳科技城的技术优势，推进绵阳科技物流产业园建设，积极发展智慧物流、保税物流、跨境电商物流等。建设联动成都都市圈与川东北物流发展区的核心纽带。

西南联动翼（乐山、雅安）。依托川藏铁路、川藏高速及G318线提质改造，加密成都、雅安、康定之间的物流节点，加快建设川藏物流（旅游）园、峨眉燕岗综合物流园，积极发展工程物流、大件物流、应急物流。建设联动成都都市圈与川南、川西北、攀西物流发展区的核心纽带。

第三节　发展四区

川南物流发展区（自贡、泸州、内江、宜宾）。实施航道提升工程，合理建设临港物流园区、临港产业园区、港口集疏运体系，聚焦航运物流创新，发展航运金融、保险、贸易等高端服务，建设长江上游航运枢纽。推进内江国际物流港、自贡国家骨干冷链物流基地建设。加快发展铁水、公铁联运和“一单制”联运服务，强化大通关协作，建设西部陆海新通道区域物流组织中心，协同打造西部陆海新通道和长江经济带物流枢纽。

川东北物流发展区（广元、南充、广安、达州、巴中）。培育达州商贸服务型国家物流枢纽，强化南充现代物流园、广元国际铁路港辐射带动作用，建设东向铁海联运、北向铁公水联运通道，打造“铁公水空”综合物流体系。建设广安华蓥高兴铁路货场和巴中众彩智慧综合物流园。引进物流龙头企业和综合物流服务集成商，大力发展高铁物流、商贸物流、农村电商物流、冷链物流及城市配送。协同建设川渝陕甘接合部区域物流中心。

攀西物流发展区（攀枝花、凉山）。加快成渝昆交通物流走廊建设。申建攀枝花生产服务型国家物流枢纽和西昌航空开放口岸，推动攀枝花密地商贸物流园、攀枝花达海智慧现代物流园、凉山北部智能物流园区、西昌农产品电商物流基地建设。大力发展大宗商品物流、特色农产品冷链物流、农村电商物流。协同建设川西南、滇西北重要物流节点。

川西北物流发展区（阿坝、甘孜）。抓住川藏铁路、成兰铁路等重大工程建设机遇，补齐物流基础设施短板，推进康定、理塘、德格、茂县、松潘等区域性物流节点建设。大力发展冷链物流、农村电商、应急物流，完善州县乡村四级物流配送体系。协同打造内接成渝、外联西北、辐射青藏的物资集散基地。

图1“十四五”物流空间布局示意图（略）

第四章　夯实物流发展基础

第一节　完善交通基础设施（略）

第二节　畅通国际物流通道（略）

第三节　打造物流枢纽网络

建设国家物流枢纽。加强国家物流枢纽建设和运营模式创新，支持枢纽做大做强。完善枢纽铁路专用线、多式联运转运、通关保税等配套设施。对接中欧班列、西部陆海新通道班列等运力资源，探索枢纽间干线联通模式、分拨网络与干线对接模式，构建川渝枢纽干线运输网络。支持枢纽开展国际物流业务，建设全球转运分拨中心，带动区域物流枢纽提升国际物流功能。依托枢纽集聚整合物流和相关产业资源要素，培育具有特色的枢纽经济增长极，不断提升竞争优势和规模效益。

打造区域物流枢纽。选择交通、产业等条件较为成熟的地区布局区域物流枢纽。推广运用新技术、新装备，提高绿色化、信息化发展水平，强化枢纽间的协同合作，带动各层级分拨和末端配送设施协同发展，形成干支衔接紧、运作效率高的区域物流集疏运体系。增强区域物流枢纽资源集聚和辐射作用，带动区域内制造、商贸等产业集聚发展，促进区域传统产业转型升级。

布局物流园区。结合产业发展和民生需求，建设一批粮食、冷链、多式联运、重大装备等专业化物流园区，形成布局合理、规模适度、需求匹配的配送网络。加快物流园区立体仓储和信息化平台建设，提高装卸搬运、调度指挥等设施智能化水平，强化园区间设施共享共用、信息互联互通。加强存量资源整合，控制园区总体规模和数量，提高资源利用效率。

专栏3　打造物流枢纽网络

国家物流枢纽。建成成都、遂宁陆港型国家物流枢纽。申建达州商贸服务型、攀枝花生产服务型、泸州港口型、成都空港型等国家物流枢纽。抓住国家物流枢纽布局调整机会，培育更多的国家物流枢纽。

区域物流枢纽。打造宜宾、自贡、内江、广元、南充、乐山、绵阳、凉山等区域物流枢纽。

物流园区。宜宾象鼻公铁物流园、广安枣山物流商贸园、成都港（乐山）临港物流产业园、雅安无水港、西南（自贡）国际陆港、川藏（新都桥）现代商贸物流园区、会理现代物流园、汶川县川青甘物流园等。

第四节　建设智慧物流设施（略）

第五章　提高物流专业化水平（略）

第六章　培育物流发展新动能（略）

第七章　保障措施（略）

云南省发展和改革委员会 云南省交通运输厅关于印发《云南省物流枢纽布局和建设规划（2019—2035年）》的通知（节选）

云发改经贸〔2019〕908号

云南省物流枢纽布局和建设规划（2019—2035年）

一、规划概述（略）

二、规划基础（略）

三、总体要求（略）

四、合理布局物流枢纽，推进枢纽集约化发展

（一）物流枢纽类型及功能定位

物流枢纽分为陆港型、港口型、空港型、生产服务型、商贸服务型、陆上边境口岸型等6种类型。

陆港型物流枢纽：依托铁路、公路等陆路交通运输大通道和场站（物流基地）等，衔接内陆地区干支线运输，主要为保障区域生产生活、优化产业布局、提升区域经济竞争力，提供畅通国内、联通国际的物流组织和区域分拨服务。

港口型物流枢纽：依托内河港口，对接国际国内航线和港口集疏运网络，实现水陆联运、水水中转有机衔接，主要为港口腹地及其辐射区域提供货物集散、国际中转、转口贸易、保税监管等物流服务和其他增值服务。

空港型物流枢纽：依托航空枢纽机场，主要为空港及其辐射区域提供快捷高效的国内国际航空直运、中转、集散等物流服务和铁空、公空等联运服务。

商贸服务型物流枢纽：依托商贸集聚区、大型专业市场、大城市消费市场等，主要为国际国内和区域性商贸活动、城市大规模消费需求提供商品仓储、干支联运、分拨配送等物流服务，以及金融、结算、供应链管理等增值服务。

生产服务型物流枢纽：依托大型厂矿、制造业基地、产业集聚区、农业主产区等，主要为工业、农业生产提供原材料供应、中间产品和产成品储运、分销等一体化的现代供应链服务。

陆上边境口岸型物流枢纽：依托沿边陆路口岸，对接国内国际物流通道，主要为国际贸易活动提供一体化通关、便捷化过境运输、保税等综合性物流服务，为口岸区域产业、跨境电商等发展提供有力支撑。

（二）物流枢纽承载城市布局

立足将云南省建设成为面向南亚东南亚的综合物流门户枢纽，依据区域经济总量、产业规模、基础设施等，统筹考虑国家重大战略实施以及“十纵十横”综合交通运输通道和国内物流大通道基本格局，结合云南省物流业发展实际，最终确定5个国家物流枢纽承载城市、9个省级重点发展物流枢纽承载城市、2个省级培育物流枢纽承载城市。

专栏2　云南省物流枢纽承载城市

1. 国家物流枢纽承载城市。昆明、大理（祥云）、德宏（瑞丽）、红河（河口）、西双版纳（磨憨）。

2. 省级重点发展物流枢纽承载城市。玉溪、楚雄、保山、昭通、曲靖、临沧、丽江、文山、普洱。

3. 省级培育物流枢纽承载城市。迪庆、怒江。

（三）物流枢纽布局和规划建设要求

1. 物流枢纽规划建设要求

交通区位条件良好。毗邻港口、口岸、机场、高速公路出入口、铁路场站等重要交通基础设施和产业聚集区，与城市中心的距离位于经济合理的物流半径内。

枢纽空间布局集约。以连片集中布局为主，集中设置物流设施，集约利用土地资源，同一物流枢纽分散布局的互补功能设施原则上不超过2个，并考虑枢纽建设用地空间的可拓展性、用地规划的符合性、用地功能布局的科学性等因素。

基础设施存量优先。以整合优化区域内现有物流园区、物流中心、货运场站等物流设施为主，完善提升存量设施的枢纽功能，必要情况下可结合区域经济发展需要适当整合、迁移或新建枢纽设施。

物流需求规模较大。枢纽业务高度规模化集中，以满足枢纽承载城市物流需求为主，在承载城市的货物运输量或社会物流总额中占有较高比重。

支撑国家发展战略。结合国家重点发展战略和产业布局规划，科学布局物流枢纽，对内承接综合运输通道和物流大通道，对外衔接“孟中印缅”经济走廊和“中国－中南半岛”经济走廊，为国家重点发展战略提供有力支撑。

开放性公共性较强。具备提供公共物流服务、引导分散资源有序聚集、推动区域物流集约发展等功能，并在满足区域生产生活物流需求中发挥骨干作用。

统筹枢纽运营管理。由一家企业或多家企业联合主导物流枢纽建设、运营和管理，统筹调配物流服务资源，整合对接物流业务，实行统一的安全作业规范。

2. 物流枢纽培育发展要求

加快7个国家物流枢纽建设，补齐基础设施短板。同时，对照物流枢纽规划建设要求，积极推进省级物流枢纽布局，每年从省级重点发展物流枢纽中选择基础条件成熟、市场需求旺盛、发展潜力较大的物流枢纽进行重点培育，以支撑国家物流枢纽建设。依据产业扶贫和区域协调发展需要，优先满足区域内基本物流需求，带动区域经济发展，实现物流要素集聚，逐渐形成具有一定辐射带动作用的省级培育物流枢纽。加强国家物流枢纽与省级物流枢纽的分工协作和有效衔接，通过国家物流枢纽的发展带动省级物流枢纽做大做强，打造多层次、立体化、覆盖广的云南省物流枢纽体系。

（四）物流枢纽布局

根据《国家物流枢纽布局和建设规划》，重点建设7个国家物流枢纽，包括1个空港型、1个陆港型、2个商贸服务型和3个陆上边境口岸型物流枢纽。

依据全省物流枢纽承载城市的产业发展格局、物流基础设施发展基础等，布局建设19个省级重点发展物流枢纽，包括2个生产服务型、4个空港型、4个陆港型、6个商贸服务型、1个港口型和2个陆上边境口岸型物流枢纽。

规划建设11个省级培育物流枢纽，包括3个空港型、4个商贸服务型、1个港口型、1个陆港型和2个陆上边境口岸型物流枢纽。

专栏3　云南省物流枢纽布局

1. 国家物流枢纽（7个）。

空港型：昆明

陆港型：昆明

商贸服务型：昆明、大理（祥云）

陆上边境口岸型：红河（河口）、德宏（瑞丽）、西双版纳（磨憨）

2. 省级重点发展物流枢纽（19个）。

空港型：德宏（芒市）、丽江、保山（腾冲）、西双版纳

陆港型：曲靖、大理、红河、昭通

港口型：昭通（水富）

生产服务型：昆明、曲靖

商贸服务型：保山、楚雄、玉溪、普洱、文山、昭通

陆上边境口岸型：保山（猴桥）、临沧（清水河）

3. 省级培育物流枢纽（11个）。
空港型：保山、红河、迪庆
陆港型：临沧
港口型：文山（富宁）
商贸服务型：昆明（寻甸、宜良）、丽江、德宏
陆上边境口岸型：怒江（片马）、文山（天保）

在承接国家物流枢纽布局规划的基础上，结合产业发展、交通设施、区位优势等条件，坚持整合优化存量物流设施、统筹补齐枢纽设施短板的原则，构建以国家物流枢纽为骨干，省级重点发展物流枢纽为支撑，省级培育物流枢纽为补充的“一核一带三翼”物流枢纽体系，形成“跨境+产业+扶贫”的云南省物流枢纽特色发展格局。

1. “一核”：滇中物流枢纽发展核

以昆明空港型、陆港型、商贸服务型国家物流枢纽为核心，辐射带动滇中城市群物流枢纽发展，并与昆明生产服务型、玉溪商贸服务型、楚雄商贸服务型省级重点发展物流枢纽以及昆明商贸服务型省级培育物流枢纽联动。

专栏4　云南省物流枢纽“一核”功能定位

➢ 昆明空港型国家物流枢纽

枢纽选址：毗邻昆明长水国际机场货运作业区

功能定位：依托昆明长水国际机场覆盖全国及南亚东南亚国家主要城市的航线网络，充分发挥高原特色农产品、电子信息和生物医药等产业优势，加密昆明至南亚东南亚的国际航线，新开国际和地区全货运航线，构建云南省面向南亚东南亚的空中跨境运输通道，形成集航空物流、冷链物流、保税物流、跨境电商等于一体的物流功能体系，建设成为我国辐射南亚东南亚最大的空港型物流枢纽。

➢ 昆明陆港型国家物流枢纽

枢纽选址：毗邻昆明市主要铁路货运站

功能定位：依托京昆、沪昆、西南出海物流大通道、临河至磨憨、上海至瑞丽、汕头至昆明综合运输通道及中缅、中缅印、中越、中老泰国际通道，充分发挥冶金、化工、建材等产业优势，进一步完善铁路专用线、多式联运设施和通关、保税等配套设施，提升公铁联运作业能力，形成集大宗物流、区域分拨、保税物流等于一体的物流功能体系，打造成为对内连接成渝经济区、粤港澳大湾区、长三角地区，对外辐射南亚东南亚地区的国际多式联运物流枢纽。

➢ 昆明商贸服务型国家物流枢纽

枢纽选址：毗邻王家营物流聚集区

功能定位：依托王家营物流聚集区，立足昆明铁路集装箱中心站多式联运优势，衔接京昆、沪昆、西南出海物流大通道、临河至磨憨、上海至瑞丽、汕头至昆明综合运输通道及中缅、中缅印、中越、中老泰国际通道，加快标准化仓库、保税仓库等物流基础设施建设，充分整合周边物流资源，形成集快消品配送、供应链服务、先进装备制造、国际物流和智慧物流等于一体的物流功能体系，主要服务于区域百货商品流通和粮食流通等，建设成为对内连接成渝经济区、粤港澳大湾区、长三角地区，对外辐射南亚东南亚最大的商贸服务型物流枢纽。

➢ 昆明生产服务型省级重点发展物流枢纽

枢纽选址：安宁草铺—禄丰勤丰

功能定位：依托京昆物流大通道、临河至磨憨综合运输通道等，充分发挥石油炼化、钢铁、磷化工等产业优势，形成集大宗商品物流、供应链服务、生产制造配套物流于一体的物流功能体系，主要服务于昆钢、云天化等大型工业企业。同时，与桃花村和王家营铁路货运站形成联动，支撑昆明陆港型国家物流枢纽、商贸服务型国家物流枢纽建设，与曲靖生产服务型省级重点发展物流枢纽协同发展，建设成为服务滇中城市群、辐射全省的生产服务型物流枢纽。

➢ 玉溪商贸服务型省级重点发展物流枢纽

枢纽选址：毗邻玉溪市主要商贸聚集区

功能定位：依托昆曼国际大通道，充分发挥泛亚铁路东、中两线贯穿全境优势，形成集高原特色农产品冷链物流、跨境水果贸易及外贸综合服务于一体的物流功能体系。与滇中城市群其他物流枢纽形成联动，支撑昆明商贸服务型国家物流枢纽建设，打造成为西南地区重要的高原特色农产品集聚中心，建设服务滇中城市群、辐射全省的商贸服务型物流枢纽。

➢ 楚雄商贸服务型省级重点发展物流枢纽

枢纽选址：毗邻楚雄州主要商贸聚集区

功能定位：依托京昆运输通道、滇藏通道等国家运输通道和广大铁路等交通设施，打破行政区域边界，形成广通—苍岭枢纽发展带，充分发挥区域有色金属冶炼、生物制药、高原特色农业等产业优势，形成集大宗商品集散、电子商务、冷链物流、区域分拨及配送等于一体的物流功能体系，促进滇—川、滇—藏、昆—瑞之间双向商贸流通，与滇中城市群其他物流枢纽协同发展，支撑昆明、大理（祥云）商贸服务型国家物流枢纽建设，建设成为服务滇中、滇西的重要商贸服务型物流枢纽。

➢ 昆明商贸服务型省级培育物流枢纽

枢纽选址：寻甸、宜良

功能定位：依托昆明市寻甸、宜良的区域综合交通优势及专业市场集聚优势，为国际市场、国内市场和区域性商贸活动提供商品仓储、干支线联运、分拨配送等物流服务，以及展销、金融结算等物流增值服务，大力整合周边物流资源，完善铁路专用线及多式联运设施建设，疏解王家营物流聚集区物流枢纽功能，支撑昆明商贸服务型与陆港型国家物流枢纽建设，打造成为服务滇中城市群、辐射全省的商贸服务型物流枢纽。

2. “一带”：沿边物流枢纽发展带

以红河（河口）、德宏（瑞丽）、西双版纳（磨憨）陆上边境口岸型国家物流枢纽为引领，带动保山（猴桥）陆上边境口岸型、临沧（清水河）陆上边境口岸型、芒市空港型、腾冲空港型、西双版纳空港型、普洱商贸服务型、德宏商贸服务型省级重点发展物流枢纽以及怒江（片马）陆上边境口岸型、文山（天保）陆上边境口岸型省级培育物流枢纽发展。

专栏5　云南省物流枢纽“一带”功能定位

➢ 红河（河口）陆上边境口岸型国家物流枢纽

枢纽选址：毗邻河口铁路、公路口岸

功能定位：依托西南出海物流大通道、中越红河航道，充分发挥泛亚铁路东线门户枢纽的区位优势，开展特色农产品、矿产品、化工品等出口优势产品和塑料、橡胶制品等进口货物为主的产品贸易，重点完善公铁联运组织、国际换装组织、海关特殊监管服务等物流功能，承接国际产能转移，实现通关一体化。逐步打造以河口口岸为核心的中亚班列物流品牌，进一步衔接中欧班列，重点与昆明陆港型国家物流枢纽形成联动，建设成为对内联通成渝经济区、粤港澳大湾区、长三角地区，对外辐射越南、沟通南太平洋的公铁海联运陆上边境口岸型物流枢纽。

➢ 德宏（瑞丽）陆上边境口岸型国家物流枢纽

枢纽选址：毗邻瑞丽口岸

功能定位：依托中缅国际通道、沪昆物流大通道、上海至瑞丽综合运输通道，充分发挥泛亚铁路西线门户枢纽、全省进出口量最大口岸、全国进境粮食指定口岸等优势，以瑞丽口岸为核心，联动畹町口岸，主动承接出口导向型产业等新兴产业转移，开展机电设备、纺织制品和食用油脂等出口优势产品和矿产品、粮食、橡胶制品等进口货物为主的产品贸易。重点发展一体化通关、便捷化过境运输、产品深加工、保税、国际多式联运等综合性物流服务，与芒市空港型省级重点发展物流枢纽高效联动，为跨境物流高效运行提供有效支撑，打造成为对内连接成渝经济区、粤港澳大湾区、长三角地区，对外辐射南亚东南亚、联通印度洋，孟中印缅经济走廊上的战略性陆上边境口岸型物流枢纽。

➢ 西双版纳（磨憨）陆上边境口岸型国家物流枢纽

枢纽选址：毗邻磨憨口岸

功能定位：依托昆曼国际大通道、临河至磨憨综合运输通道、澜沧江—湄公河国际航道，充分发挥泛亚铁路中线门户枢纽、中老泰等国家水果及农作物进出口主要口岸的优势，开展机电设备、植物产品和化学工业品等出口优势产品和塑料、橡胶等进口货物为主的产品贸易。以磨憨口岸为核心，重点提升跨区域通关一体化、海关特殊监管服务、便捷化过境运输、国际公铁联运等物流服务功能，与西双版纳空港型省级重点发展物流枢纽形成联动，建设成为联通泰国、辐射南亚东南亚，“中国-中南半岛”经济走廊上的重要陆上边境口岸型物流枢纽。

➢ 保山（猴桥）陆上边境口岸型省级重点发展物流枢纽

枢纽选址：毗邻猴桥口岸

功能定位：依托中缅印国际运输通道，发挥边境贸易、转口加工贸易等产业优势，重点发展以化肥、汽车零配件、橡胶等出口优势产品和矿产品、化工品等进口货物为主的产品贸易，优化口岸通关流程，形成集保税、国际仓储、跨境电商等于一体的物流功能体系，与腾冲空港型、保山商贸服务型省级重点发展物流枢纽形成联动，建设成为服务全省，辐射孟中印缅经济走廊的重要陆上边境口岸型物流枢纽。

➢ 临沧（清水河）陆上边境口岸型省级重点发展物流枢纽

枢纽选址：毗邻清水河口岸

功能定位：依托中缅通道，加快推进一体化通关、便捷化过境运输，重点发展以食品、烟草制品、化工品等出口优势产品和机电品、橡胶制品等进口货物为主的产品贸易，开展综合保税、商贸物流、金融结算等业务，以临沧边境经济合作区为支撑，与瑞丽口岸协同发展，支撑瑞丽陆上边境口岸型国家物流枢纽建设，打造成为服务全省，连接南亚、东南亚和面向印度洋的陆上边境口岸型物流枢纽。

➢ 德宏（芒市）空港型省级重点发展物流枢纽

枢纽选址：毗邻芒市机场货运作业区

功能定位：依托中缅国际通道，充分发挥航空运输高附加值、高时效优势，着力发展水产品航空物流、跨境电商等物流业务，重点与瑞丽口岸形成联动，支撑瑞丽陆上边境口岸型国家物流枢纽建设，同时与昆明长水国际机场协同发展，加密辐射南亚东南亚货运航线，提升航空物流服务能力，打造成为联通滇西、服务全省的重要空港型物流枢纽。

➢ 保山（腾冲）空港型省级重点发展物流枢纽

枢纽选址：毗邻腾冲驼峰机场货运作业区

功能定位：依托中缅印国际运输通道，充分发挥进出口贸易、食品加工等产业优势，形成集进出口物流转运、高端国际贸易等于一体的功能体系，对接国内国际航线网络，充分发挥航空运输高效的区域分拨及转运组织功能优势，与昆明长水国际机场形成联动，同时与保山商贸服务型省级重点发展物流枢纽协同发展，建设成为服务全省的重要空港型物流枢纽。

➢ 西双版纳空港型省级重点发展物流枢纽

枢纽选址：毗邻西双版纳嘎洒国际机场货运作业区

功能定位：依托中老泰国际运输通道，完善西双版纳至泰国、缅甸、老挝、孟加拉国及新加坡等国家的国际航线网络，重点发展航空物流和跨境物流等物流业务，提升机场的航空直运、中转、集散等物流服务能力，培育物流枢纽竞争优势。与磨憨口岸形成联动，有效支撑磨憨陆上边境口岸型国家物流枢纽建设，与昆明空港型国家物流枢纽协同发展，打造成为服务全省的重要空港型物流枢纽。

➢ 普洱商贸服务型省级重点发展物流枢纽

枢纽选址：毗邻普洱市主要商贸聚集区

功能定位：依托昆曼国际大通道、临河至磨憨综合运输通道、澜沧江—湄公河国际航道，充分发挥茶、咖啡等高原特色农业、生物制药、电力等产业优势，形成集农产品物流、区域分拨及配送等于一体的功能体系，支撑磨憨陆上边境口岸型国家物流枢纽发展，建设成为联通滇西、服务全省的重要商贸服务型物流枢纽。

➢ 德宏商贸服务型省级培育物流枢纽

枢纽选址：毗邻德宏州主要商贸聚集区

功能定位：依托中缅国际通道、沪昆物流大通道、充分发挥泛亚铁路西线门户枢纽优势，重点发展机电产品、高原特色农产品等产业，形成集区域分拨及配送、流通加工、大宗商品物流和国际物流等于一体的功能体系，与瑞丽陆上边境口岸型国家物流枢纽、芒市空港型省级重点发展物流枢纽高效联动，为商贸物流高效运行提供有效支撑，打造成为对内连接成渝经济区、粤港澳大湾区、长三角地区，对外辐射南亚东南亚的重要商贸服务型物流枢纽。

➢ 怒江（片马）陆上边境口岸型省级培育物流枢纽

枢纽选址：毗邻片马口岸

功能定位：依托中缅通道，立足滇、川、藏进入缅甸、印度的区位优势，充分发挥高原特色农业、冶矿、电力、生物制品等产业优势，加快口岸过关过检、通关货场等物流基础设施建设，形成集口岸查验、跨境物流、边境贸易等于一体的功能体系。与保山商贸服务型省级重点发展物流枢纽形成联动，建设成为服务全省、辐射孟中印缅经济走廊的重要陆上边境口岸型物流枢纽。

➢ 文山（天保）陆上边境口岸型省级培育物流枢纽

枢纽选址：毗邻天保口岸

功能定位：依托中越通道、广昆通道，充分发挥现代生物、特色农产品加工、装备制造等产业优势，加快国际换装、海关监管区等物流设施建设，形成集跨境物流、金融结算、一体化通关等于一体的物流枢纽。与文山生产服务型省级重点发展物流枢纽形成联动，建设成为对内连接成渝经济区、粤港澳大湾区、长三角地区，对外沟通越南的重要陆上边境口岸型物流枢纽。

3. “三翼”：滇西、滇东北、滇南物流枢纽发展翼

滇西物流枢纽发展翼：以大理、保山为中心带动丽江、临沧、迪庆物流枢纽发展，包括大理（祥云）商贸服务型国家物流枢纽、大理陆港型省级重点发展物流枢纽、保山商贸服务型省级重点发展物流枢纽、丽江空港型省级重点发展物流枢纽、保山空港型省级培育物流枢纽、丽江商贸服务型省级培育物流枢纽、临沧陆港型省级培育物流枢纽、迪庆空港型省级培育物流枢纽。

专栏6　云南省“滇西物流枢纽发展翼”功能定位

➢ 大理（祥云）商贸服务型国家物流枢纽

枢纽选址：毗邻祥云西、水目山铁路货运站

功能定位：依托沪昆物流大通道及中缅、中缅印国际通道，充分发挥高原特色农产品和生物药业等产业优势，完善仓储、多式联运和区域分拨配送等物流基础设施，形成集区域分拨及配送、流通加工、大宗商品物流、农产品物流和国际物流等于一体的功能体系，主要服务于粮食、煤炭和食糖等物资的仓储、转运和分拨配送等。同时，与昆明商贸服务型国家物流枢纽和瑞丽陆上边境口岸型国家物流枢纽联动发展，提升商贸流通效率，建设成为服务滇西，衔接成渝经济区、粤港澳大湾区、长三角地区，中国面向印度洋重要的商贸服务型物流枢纽。

➢ 大理陆港型省级重点发展物流枢纽

枢纽选址：毗邻大理州主要铁路货运站

功能定位：依托沪昆物流大通道及中缅、中缅印国际运输通道，立足泛亚铁路西线

优势，充分发挥矿冶、化工、装备制造和建材等产业优势，进一步完善铁路专用线、多式联运设施等基础设施，主动对接中欧班列、中亚班列等运力资源，形成集大宗物流、国际物流和区域分拨配送于一体的功能体系，与瑞丽陆上边境口岸型国家物流枢纽和大理（祥云）商贸服务型国家物流枢纽形成联动，打造成为服务滇西、中缅经济走廊上的重要陆港型物流枢纽。

➢ 保山商贸服务型省级重点发展物流枢纽

枢纽选址：毗邻保山市主要铁路货运站

功能定位：依托中缅印国际运输通道，充分发挥区域特色农业、进出口加工、生物制药等产业优势，形成集跨境电商、商贸物流、转口贸易加工、金融结算等于一体的功能体系，与腾冲空港型省级重点发展物流枢纽和猴桥陆上边境口岸型省级重点发展物流枢纽形成联动，支撑昆明、大理（祥云）商贸服务型国家物流枢纽的建设，打造成为云南省面向缅甸、印度重要的商贸服务型物流枢纽。

➢ 丽江空港型省级重点发展物流枢纽

枢纽选址：毗邻丽江三义国际机场货运作业区

功能定位：依托中缅印国际通道、沪昆物流大通道，充分发挥特色农业、食品加工、生物医药等产业优势，重点发展高原特色农产品物流、航空物流、电商物流等物流业务，着力提升航空物流高效的区域分拨及转运组织功能，与昆明长水国际机场形成联动，打造成为联通滇西、服务全省的重要空港型物流枢纽。

➢ 保山空港型省级培育物流枢纽

枢纽选址：毗邻保山云瑞机场货运作业区

功能定位：依托中缅印国际运输通道，加快开通保山至泰国、印度等南亚东南亚国际航线，充分发挥高原特色农业、高端生物制药等产业优势，重点发展农产品冷链物流、电商物流等物流业务，提升机场的中转、集散等物流服务能力，与保山商贸服务型省级重点发展物流枢纽形成联动，打造成为服务全省的重要空港型物流枢纽。

➢ 丽江商贸服务型省级培育物流枢纽

枢纽选址：毗邻丽江市主要商贸聚集区

功能定位：依托沪昆物流大通道、中缅、中缅印国际运输通道、滇藏通道，立足泛亚铁路西线优势，充分发挥特色农业、食品加工、生物医药、装备制造等产业优势，进一步完善铁路专用线、多式联运等基础设施，主动对接中欧班列、中亚班列等运力资源，形成集国际物流和区域分拨配送等于一体的功能体系，与大理（祥云）商贸服务型国家物流枢纽形成联动，打造成为服务西藏自治区、“孟中印缅”经济走廊上的重要商贸服务型物流枢纽。

➢ 临沧陆港型省级培育物流枢纽

枢纽选址：毗邻临沧市主要铁路货运站

功能定位：依托中缅通道，加快推进铁路专用线、冷链基础设施和产业链服务平台建设，以多式联运和跨境物流为核心，形成集仓储运输、集散配送、保税贸易、流通加工、电子商务、金融租赁以及供应链一体化等为一体的功能体系，支撑清水河陆上边境口岸型省级重点发展物流枢纽建设，打造成为联通孟中印缅经济走廊，服务全省的重要陆港型物流枢纽。

➢ 迪庆空港型省级培育物流枢纽

枢纽选址：毗邻迪庆香格里拉机场货运作业区

功能定位：依托滇藏通道，充分发挥高原特色农业、生物制药、农产品加工等产业优势，完善香格里拉至国内航线网络，着力提升航空物流高效的区域分拨及转运组织功能，形成集高原特色农产品物流、航空物流等于一体的物流功能体系，与昆明长水国际机场形成联动，打造成为联通滇西、服务全省的重要空港型物流枢纽。

滇东北物流枢纽发展翼：曲靖、昭通形成区域联动，包括曲靖生产服务型省级重点发展物流枢纽、曲靖陆港型省级重点发展物流枢纽、昭通陆港型省级重点发展物流枢纽、昭通商贸服务型省级重点发展物流枢纽、昭通（水富）港口型省级重点发展物流枢纽。

专栏7 云南省“滇东北物流枢纽发展翼”功能定位

➢ 曲靖生产服务型省级重点发展物流枢纽

枢纽选址：毗邻曲靖市主要工业聚集区

功能定位：依托沪昆、渝昆、内昆等运输通道，充分发挥区域煤炭、化工、冶金等产业优势，重点满足区域产业功能需求，加快建设铁路专用线等物流基础设施，提升干线物流组织、区域分拨组织功能，打造全省制造业物流集散中心，与昆明生产服务型省级重点发展物流枢纽、曲靖陆港型省级重点发展物流枢纽形成联动，建设成为服务滇中城市群、辐射全省、联通西南地区的生产服务型物流枢纽。

➢ 曲靖陆港型省级重点发展物流枢纽

枢纽选址：毗邻曲靖主要铁路货运站

功能定位：依托沪昆、渝昆、内昆运输通道，充分发挥烟草、高原特色农业生物资源加工、铝业和汽车产业优势，重点建设多式联运、公路区域分拨配送等基础设施，完善区域分拨及配送组织功能，与曲靖生产服务型省级重点发展物流枢纽、昆明陆港型国家物流枢纽形成联动，建设成为服务滇中城市群、辐射全省的陆港型物流枢纽。

➢ 昭通陆港型省级重点发展物流枢纽

枢纽选址：毗邻昭通主要铁路货运站

功能定位：依托渝昆通道、内昆通道，充分发挥特色农业、中药材产业、化工、冶炼、煤炭、装备制造等产业优势，形成集农产品冷链物流、大宗商品物流、商贸物流、区域生产生活物资分拨及配送等为一体的物流功能体系，以昭通综合交通运输网络为支撑，与水富港口型省级重点发展物流枢纽形成联动，打造成为连接成渝经济区、长江经济带的重要陆港型物流枢纽。

➢ 昭通商贸服务型省级重点发展物流枢纽

枢纽选址：镇雄县

功能定位：依托渝昆通道、内昆通道，充分发挥特色农产品、生物资源等产业优势，完善仓储、区域分拨配送等物流基础设施，并加快推进铁路、高速公路建设，形成集区域分拨配送、仓储转运、流通加工、电子商务等于一体的功能体系，与昭通陆港型省级重点发展物流枢纽形成联动，打造成为服务滇中、辐射川黔的区域商贸服务型物流枢纽。

➢ 昭通（水富）港口型省级重点发展物流枢纽

枢纽选址：毗邻水富港作业区

功能定位：依托渝昆通道、内昆通道和金沙江—长江水运通道，以水富港为核心，对接长江航道，连接金沙江上游地区，发展公铁水多式联运，形成集货物集散、仓储、多式联运等于一体的功能体系，同时与昆明陆港型国家物流枢纽形成联动，打造云南省通过长江黄金水道连接成渝经济区、长江经济带的重要港口型物流枢纽。

滇南物流枢纽发展翼：红河、文山形成区域联动，包括红河陆港型省级重点发展物流枢纽、文山商贸服务型省级重点发展物流枢纽、红河空港型省级培育物流枢纽、文山（富宁）港口型省级培育物流枢纽。

专栏8　云南省“滇南物流枢纽发展翼”功能定位

➢ 红河陆港型省级重点发展物流枢纽

枢纽选址：毗邻红河州主要铁路货运站

功能定位：依托临河至磨憨综合运输通道，立足滇越铁路和泛亚铁路门户枢纽的区位优势，充分发挥烟草制品、特色工业、畜牧业及有色金属等产业优势，重点完善多式联运、公路区域分拨配送等基础设施，形成集干线运输、多式联运、区域配送与分拨等于一体的物流功能体系。与昆明陆港型、商贸服务型国家物流枢纽、红河（河口）陆上边境型口岸物流枢纽、红河综合保税区形成联动，全面支撑河口陆上边境口岸型、昆明陆港型国家物流枢纽建设，打造成为服务滇南中心城市群、辐射全省的陆港型物流枢纽。

➢ 文山商贸服务型省级重点发展物流枢纽

枢纽选址：毗邻文山州主要商贸聚集区

功能定位：依托中越通道、广昆运输通道，加快铁路专用线、仓储等物流基础设施建设，完善公铁联运转运及国际物流服务功能，充分发挥特色农业、纺织等产业优势，形成集干线运输、多式联运、区域分拨于一体的功能体系。与红河陆港型省级重点发展物流枢纽形成联动，建设成为服务滇中城市群，沟通粤港澳大湾区、北部湾经济区的商贸服务型物流枢纽。

➢ 红河空港型省级培育物流枢纽

枢纽选址：毗邻红河蒙自机场货运作业区

功能定位：依托中越国际通道、临河至磨憨综合运输通道，充分发挥蒙自作为“滇南中心·国家门户”区位优势，利用泛亚铁路东线、滇越铁路等交通优势，重点发展特色农产品、国际货邮、国际物流等物流业务，完善机场货运作业区等设施建设，与昆明长水国际机场、红河综合保税区形成高效联动，并有效支撑河口陆上边境口岸型国家物流枢纽发展，打造成为服务滇中城市群、中越国际通道的重要空港型物流枢纽。

➢ 文山（富宁）港口型省级培育物流枢纽

枢纽选址：毗邻富宁港作业区

功能定位：依托中越通道、广昆通道、右江—珠江黄金水道，立足云南联通粤港澳大湾区唯一港口型门户物流枢纽的区位优势，充分发挥现代生物、特色农产品加工、装备制造等产业优势，加快港口作业区、通航设施等物流基础设施建设，形成集大宗物流、农产品物流等于一体的功能体系。与文山省级重点发展物流枢纽形成联动，建设成为服务云南，沟通粤港澳大湾区、北部湾经济区，连接中国与东盟各国之间最直接的重要港口型物流枢纽。

五、加快建设物流通道，推进枢纽开放化发展

（一）构建物流通道体系

加快构建内联外通的国际通道体系，有效支撑“一带一路”、长江经济带等国家战略，承接北向成渝经济区，南向粤港澳大湾区、北部湾经济区，东向长三角地区、西

向西藏自治区的国内外商贸流通，建设形成“四出境四出省”物流通道体系。

四出境：

① 衔接中缅

➢ 昆明—德宏（瑞丽）—仰光/皎漂（中缅通道）

➢ 昆明—临沧（清水河）—仰光/皎漂（中缅通道）

② 衔接中缅印

➢ 昆明—保山（猴桥）—密支那—加尔各答（中孟印缅通道）

➢ 昆明—怒江（片马）—密支那—加尔各答（中孟印缅通道）

③ 衔接中越

➢ 昆明—红河（河口）—胡志明市（中越通道、西南出海物流大通道、临河至河口运输通道）

④ 衔接中老泰

➢ 昆明—西双版纳（磨憨）—曼谷—新加坡（中老泰通道、西南出海物流大通道、临河至磨憨运输通道）

四出省：

① 衔接粤港澳大湾区

昆明—南宁—广州—深圳（汕昆运输通道、西南出海物流大通道）

② 衔接长三角地区

➢ 昆明—曲靖—贵阳—上海（沪昆运输通道）

③ 衔接成渝经济区

➢ 昆明—楚雄—成都（京昆运输通道、西南出海物流大通道）

➢ 昆明—昭通—重庆（京昆运输通道）

④ 衔接西藏自治区

➢ 昆明—迪庆—拉萨

专栏9　云南省重点物流通道建设工程

1. 公路基础设施建设工程。加快大理至临沧、孟连至勐海、保山至泸水、瑞丽至孟连、文山至天保、景洪至打洛、腾冲至猴桥、墨江至临沧、临沧至清水河等高速公路和腾冲至陇川等沿边高速公路建设，重点实施边境干线公路（G219）改造及畹町至弄岛（G320）等干线公路建设，拟建昆明至孟定、楚雄至景东等高速公路。

2. 铁路基础设施建设工程。加快推进大理至瑞丽、大理至临沧、玉溪至磨憨铁路建设，新建芒市至临沧、攀枝花至大理（丽江）、临沧至清水河、蒙自至文山、蒙自至普洱、芒市至猴桥、临沧至普洱、云县至保山、腾冲至梁河至盈江至陇川至瑞丽等铁路，加快推进滇藏铁路建设。

3. 水运基础设施建设工程。推进水富港扩能改造，新建金沙江中游库区航运基础设施综合建设二期工程、金沙江向家坝至溪洛渡高等级航道建设工程；加快富宁港扩能改造，新建富宁港至百色段三级航道（云南段）整治工程；有序推进临沧港、澜沧江244界碑至临沧港四级航道建设；加强景洪港基础设施建设，新建景洪勐罕枢纽港区，实施澜沧江至湄公河243界碑境外段四级航道整治工程（二期）。

4. 航空基础设施建设工程。实施昆明长水国际机场改扩建工程，重点加密南亚东南亚和中东的国际航线，实现南亚东南亚主要城市全覆盖，推动新开国际全货机航班；改扩建西双版纳机场，新增西双版纳至清迈、曼谷、曼德勒、新加坡、万象、琅勃拉邦、达卡等南亚东南亚航线；改扩建腾冲机场并加密腾冲至昆明的省内航线；扩建丽江机场，新增丽江至哈尔滨、大连、芒市等国内航线；改扩建芒市机场，重点新开芒市至普洱、迪庆、大理等航线；改扩建保山机场，完善和加密保山至西双版纳的航线；推进红河蒙自机场建设。

5. 境外物流基础设施建设工程。积极推进河口—海防、瑞丽—曼德勒—皎漂/仰光、清水河—腊戍—曼德勒—皎漂/仰光、弄岛—八莫铁路前期工作，配合国家推进磨丁—万象、中泰铁路建设；加快磨丁—会晒、磨憨—万象、弄岛—八莫等高速公路建设。

（二）衔接国际物流通道体系

主动衔接中缅、孟中印缅、中越、中老泰国际物流大通道，促进我省与印度、孟加拉等南亚国家，缅甸、老挝、越南、新加坡等东南亚国家的商贸流通及产业转移，加强我省对“孟中印缅”经济走廊、“中国—中南半岛”经济走廊等国家战略及南亚东南亚辐射中心建设的支撑作用。

1. 衔接“中缅”的国际物流通道

①昆明—德宏（瑞丽）—仰光/皎漂。依托杭瑞高速（G56）、瑞孟高速、G320国道、腾陇高速、大瑞铁路、木姐—曼德勒铁路、中缅油气管道、安宁—楚雄—大理—保山成品油管道、中缅陆水联运通道等交通基础设施，通过公路、铁路、航空、水运、管道等交通运输方式，连接昆明、楚雄、大理、保山、瑞丽、曼德勒和仰光等节点城市，形成粤港澳大湾区、成渝经济区、长三角地区、经我省走向南亚东南亚的国际运输通道。

②昆明—临沧（清水河）—仰光/皎漂。依托G320国道、杭瑞高速（G56）、墨江至临沧高速（G5615）、临沧至清水河高速、大理至临沧高速（G5612）、昆磨高速（G8511）、镇康至耿马（清水河）高速、昆明至临沧至清水河铁路、中缅陆水联运通道、中缅油气管道等交通基础设施，通过公路、铁路、航空、水运、管道等交通运输

方式，连接昆明、楚雄、大理、清水河、曼德勒、仰光等节点城市，强化中国与缅甸等东南亚国家间的货运联系。

2. 衔接“孟中印缅”的国际物流通道

①昆明—保山（猴桥）—密支那—加尔各答。依托杭瑞高速（G56）、保腾高速（G5615）、腾猴高速（G5615）、泛亚铁路西线、猴桥至密支那铁路、安宁—楚雄—大理—保山成品油管道、澜沧江至湄公河跨国水运通道等交通基础设施，通过公路、铁路、航空、水运、管道等交通运输方式，连接昆明、楚雄、大理、保山、猴桥、密支那、雷多、达卡和加尔各答等节点城市，形成中国连接缅甸、印度，通往印度洋的重要通道。

②昆明—怒江（片马）—密支那—加尔各答。依托杭瑞高速（G56）、保泸高速（G5613）、泛亚铁路西线、安宁—楚雄—大理—保山成品油管道等交通基础设施，通过公路、铁路、航空、管道等交通运输方式，连接昆明、楚雄、大理、保山、片马、密支那、雷多、达卡和加尔各答等节点城市，形成中国通往南亚东南亚、连接孟中印缅经济走廊的国际运输通道。

3. 衔接“中越”的国际物流通道

昆明—红河（河口）—胡志明市。依托昆玉铁路、玉蒙铁路、蒙河铁路、昆河米轨、昆河高速（G8011）、昆磨高速（G8511）、通建高速、中越红河水运通道、红河港、安宁—玉溪—蒙自成品油管道等交通基础设施，通过公路、铁路、航空、水运、管道等交通运输方式，连接昆明、玉溪、红河、河口、河内、海防、胡志明等节点城市，强化中国与越南等国家间的货运联系。

4. 衔接“中老泰”的国际物流通道

昆明—西双版纳（磨憨）—曼谷—新加坡。依托昆磨高速（G8511）、G213 国道、景打高速公路、昆玉铁路、玉磨铁路、磨万铁路、澜沧江—湄公河跨国水运通道、澜沧江至湄公河 243 界碑航道等交通基础设施，通过公路、铁路、航空、水运等交通运输方式，连接昆明、玉溪、磨憨、磨丁、万象、曼谷、新加坡等地区，强化中国与老挝、泰国、新加坡等南亚东南亚国家间的货运联系。

（三）衔接国内物流通道体系

主动衔接“十纵十横”综合交通运输通道和国内物流大通道，促进我省北向成渝经济区，南向粤港澳大湾区、北部湾经济区，东向长三角地区、西向西藏自治区的商贸流通，加强我省对“一带一路”和长江经济带建设的支撑作用。

1. 衔接“粤港澳大湾区”的国内物流通道

昆明—南宁—广州—深圳。依托广昆高速（G80）、汕昆高速（G78）、昆深高铁、南昆铁路、云桂铁路等交通基础设施，通过公路、铁路、航空、水运等交通运输方式，连接昆明、开远、富宁、百色、南宁、广州、深圳、香港、澳门等节点城市，对接防城港、广州港、深圳港等沿海港口，强化云南省与北部湾、粤港澳大湾区的货运联系。

2. 衔接“成渝经济区”的国内物流通道

①昆明—昭通—重庆。依托渝昆高速（G85）、京昆高速（G5）、内昆铁路、渝昆高铁、水富至宜宾高等级航道等交通基础设施，通过公路、铁路、航空、水运等综合交通运输方式，衔接长江经济带，连接昆明、水富、重庆等节点城市，充分发挥内河运输与干线运输衔接的功能，强化云南省与成渝经济区的货运联系。

②昆明—楚雄—成都。依托京昆高速（G5）、G108 国道、成昆铁路等交通基础设施，通过公路、铁路、航空等交通运输方式，连接昆明、楚雄、攀枝花、成都等节点城市，强化云南省与成渝经济区的货运联系。

3. 衔接“长三角地区”的国内物流通道

昆明—曲靖—贵阳—上海。依托杭瑞高速（G56）、沪昆高速（G60）、沪昆铁路等交通基础设施，通过公路、铁路、航空等交通运输方式，连接昆明、曲靖、贵阳、上海等节点城市，强化云南省与沪昆通道沿线地区以及长三角地区的货运联系。

4. 衔接“西藏自治区”的国内物流通道

昆明—迪庆—拉萨。依托杭瑞高速（G56）、大丽高速（G5611）、G214 国道、昆楚大城际铁路、大丽铁路等交通基础设施，连接昆明、楚雄、大理、丽江、香格里拉、拉萨等节点城市，强化云南省与西藏自治区的货运联系。

六、全力提升枢纽功能，推进枢纽专业化发展

（一）国家物流枢纽建设

统筹推进国家物流枢纽建设，推动国家物流枢纽间加强业务对接，促进枢纽间要素流动、信息互联和标准协同，发挥枢纽规模效应，建设形成面向国际、辐射全国、服务全省的国家物流枢纽，充分发挥国家物流枢纽引领带动作用，推动全省物流枢纽专业化发展。

专栏 10　国家物流枢纽建设

1. 空港型物流枢纽基础设施建设工程。

昆明空港型国家物流枢纽：主要依托昆明长水机场货运作业区、昆明综保区等建设昆明空港型国家物流枢纽，加快冷链仓储、集疏运、快递分拣等物流基础设施建设，重点发展冷链物流、跨境物流等业务，推进鲜花、纺织品等具有云南特色的产品向高端化、高附加值方向发展，打造走向国际的“云花”品牌，促进国际贸易、高原特色农业、电商快递等产业提质升级。以昆明至南亚东南亚航线网络为支撑，推动机场货运与周边物流园区形成联动，加快建设提升航空物流效率的快捷货运通道，助推临空经济高质量发展。通过建设昆明空港型国家物流枢纽，形成辐射西南、面向国际的临空产业经济圈。

2. 陆港型物流枢纽基础设施建设工程。

昆明陆港型国家物流枢纽：主要依托昆明市物流规模较大的铁路货运站等建设昆明陆港型国家物流枢纽，加快补齐多式联运、铁路专用线等基础设施短板，推进枢纽内部与枢纽间的通道建设，促进枢纽与区域公路网、城市路网高效衔接，推行规范化仓储，提升枢纽物流组织效率。做好枢纽顶层设计，完善干支线运输网络，整合泛亚铁路东、中、西线沿线物流资源，为矿石、钢材、化肥等大宗商品提供多式联运服务，有效支撑枢纽一体化运作业务开展。通过建设昆明陆港型国家物流枢纽，形成西南地区面向南亚东南亚流转效率最高、综合聚集效应最强的国际性陆港枢纽。

3. 商贸服务型物流枢纽基础设施建设工程。

①昆明商贸服务型国家物流枢纽：主要依托王家营物流集聚区建设昆明商贸服务型国家物流枢纽，整合现有铁路货运站、铁路专用线、货运场站等基础设施资源，加快物流枢纽周边交通微循环体系、标准化仓储及转运基础设施建设，整合现有土地资源，提升土地利用率，推动信息化平台建设，充分发挥先进装备制造、城市快消品及农副产品产业优势，重点发展商品仓储、干支联运、分拨配送等物流业务。

②大理（祥云）商贸服务型国家物流枢纽：主要依托祥云西、水目山铁路货运站建设大理（祥云）商贸服务型国家物流枢纽，整合现有祥云西站及水目山公铁联运物流园区等基础设施资源，补齐公共仓储、铁路转运、公路区域分拨及配送、物流枢纽内外衔接通道等基础设施短板，加强顶层设计与布局优化，推动具有整合物流各环节信息、供应链上下游信息的综合性物流信息平台建设，充分发挥区域粮食、食糖、橡胶和果蔬等高原特色农产品产业优势，重点发展商贸物流、多式联运、区域分拨和供应链集成等物流业务。

通过建设昆明、大理（祥云）商贸服务型国家物流枢纽，形成“以昆明为主核心，大理为次核心”的西南地区面向南亚东南亚最大的商贸物流集聚区。

4. 陆上边境口岸型物流枢纽基础设施建设工程。

①德宏（瑞丽）陆上边境口岸型国家物流枢纽：主要依托瑞丽东货运站和瑞丽口岸建设瑞丽陆上边境口岸型国家物流枢纽，着力解决瑞丽国家物流枢纽建设土地问题，规划建设铁路专用线、国际联运组织场站和口岸通关货场等基础设施，主要发展保税物流、国际多式联运、跨境电商和冷链物流等业务，充分利用国家物流枢纽综合信息服务平台整合口岸通关、保税等业务，有效支撑瑞丽国家物流枢纽高效运作。

②红河（河口）陆上边境口岸型国家物流枢纽：主要依托河口北铁路货运站、山

腰铁路货运站和河口口岸北山国际物流园滇越货场建设河口陆上边境口岸型国家物流枢纽，大力整合物流资源，完善公路口岸查验货场、边民互市配套物流设施，加快河口北站公铁联运转运设施建设，优化山腰站通关设施设备，打造高效、便利的通关体系，主要提供口岸查验、国际多式联运、跨境供应链、边境贸易综合服务等业务。

③西双版纳（磨憨）陆上边境口岸型国家物流枢纽：主要依托磨憨铁路货运站建设磨憨陆上边境口岸型国家物流枢纽，全面加强物流规划引领作用，科学布局物流基础设施，规划建设铁路专用线、公铁联运转运设施，加快补齐物流基础设施短板，为物流枢纽“干支配”业务及供应链集成业务开展提供基础设施保障，主要开展保税物流、冷链物流等业务，探索实行“两国一检”等新型通关模式，推动实现区域无障碍通关。

通过建设德宏（瑞丽）、红河（河口）和西双版纳（磨憨）陆上边境口岸型国家物流枢纽，打造我国面向缅甸、越南、老挝和泰国的物流门户枢纽，形成我国辐射南亚东南亚的跨境物流枢纽带。

（二）省级重点发展物流枢纽建设

加快培育省级重点发展物流枢纽的集聚动能，补齐物流枢纽基础设施短板，加快铁路、公路等交通运输通道建设，探索发展枢纽多式联运，并推进物流园区等的合理布局和功能优化，发挥物流枢纽集聚效应，从而优化物流产业布局，提升区域经济竞争力。着力构建省级重点发展物流枢纽运营服务网络，加快建设物流枢纽综合信息服务平台，推动传统运输企业向现代物流企业转型升级，全面支撑国家物流枢纽建设。同时，各省级重点发展物流枢纽承载城市应结合实际情况编制物流枢纽建设方案，积极完成省级重点发展物流枢纽申报工作。

专栏11　省级重点发展物流枢纽建设

1. 物流基础设施建设工程。加快物流园区、物流中心、货运场站、铁路集装箱场和铁路专用线等设施建设，推进物流基础设施升级改造；推进机场、铁路、高速公路等交通基础设施建设，完善省级重点发展物流枢纽集疏运网络体系，实现物流枢纽与交通干线的有效衔接；推动中欧、中亚班列昆明铁路场站申请列入国家口岸发展规划并实现临时开放，积极参与西部陆海新通道建设，着力推进国际集装箱公铁海联运，推进水富港等国家口岸申报工作。

2. 物流运营服务能力提升工程。鼓励和支持省级重点发展物流枢纽承载城市依托现有资源建设综合信息服务平台，主动对接国家物流枢纽信息平台，实现物流各环节信息、供应链上下游信息共享；引导物流企业采用现代物流管理理念和先进信息技术装备，鼓励物流企业进行资源和功能整合创新，全面支撑云南省7个国家物流枢纽建设。同时，各省级重点发展物流枢纽承载城市应结合优势产业，全面梳理物流枢纽项目，确定物流枢纽布局选址，编制物流枢纽建设方案，积极申报省级重点发展物流枢纽。

（三）省级培育物流枢纽建设

依托省级培育物流枢纽的区域产业优势，充分发挥物流枢纽对脱贫攻坚的支撑作用。依托邮政网点等完善农村电商物流服务网络，构建工业品下乡、农产品进城双向物流服务体系，积极搭建农村电商物流服务平台，实现线上线下联动发展。加快推进产业扶贫，有效激活农村市场，降低农村物流成本，实现物流产业要素集聚，进一步凸显物流枢纽的公共服务功能，推动省级培育物流枢纽特色化建设。

专栏12　省级培育物流枢纽建设

1. 农村电商与物流网络建设工程。重点加强农村电商基础设施建设，大力发展以高原特色农产品为重点的电商物流，在重点中心城镇建设一批专业化、社会化的日用品、农资物流配送中心，推进县、乡、村日用品和农资配送网络体系建设。将县级物流集散中心打造成为县级物流网络的中心节点，充分发挥其辐射带动作用，推动城乡双向物流配送网络高效衔接。加快推动农村电子商务与互联网、人工智能等现代信息技术融合发展，助力乡村振兴。

2. 物流枢纽培育工程。利用现有物流园区、货运场站等物流基础设施，充分发挥物流枢纽项目对物流网络运行的推动作用，大力整合县、乡、村物流资源，完善物流节点仓储、分装、分拨、配送等服务功能，加快实现物流要素集聚，进一步实现物流枢纽的网络规模经济；加快推进“物流枢纽＋产业扶贫”，依托区域特色产业，助推区域特色产业“走出去”，打造地区经济增长极，促进区域协调发展。

七、发挥枢纽联动效应，推进枢纽网络化发展

（一）推进物流枢纽设施联动，着力打造枢纽核心增长极

依托云南省“八出省五出境”铁路主骨架、“七出省五出境”高速公路骨架、航空网以及金沙江等水运通道，开展枢纽间多式联运。支持物流枢纽的智能化多式联运场站建设和运输装备升级改造，大力发展集装箱多式联运，推广应用标准化运载单元，

强化与国际多式联运规则对接，提高干支衔接能力和转运分拨效率，着力推进云南省物流枢纽实现多种运输方式无缝衔接，优化多式联运设施与节点布局，加快形成云南省内外贯通的多式联运网络主骨架。

专栏13　多式联运设施建设工程

1. 公铁联运建设工程。鼓励昆明、大理、德宏（瑞丽）、红河（河口）和西双版纳（磨憨）国家物流枢纽建设多式联运场站和吊装、滚装、平移等快速换装转运设施；推广使用尺寸与类型适宜的集装箱，加快推进铁路货物集装化、零散货物快运化运输；推进或完善枢纽铁路专用线建设，积极采用物流设施国家标准，强化与国际多式联运规则对接，推广多式联运“一单制”物流；加强省级枢纽和重点产业园区、生产企业的铁路专用线规划建设，提升联运场站能力。

2. 公铁水联运建设工程。积极推进水富港、富宁港等港区铁路专用线的规划与建设，加快港区公路、铁路的转运设施建设，推动枢纽统筹对接船期、港口装卸作业、堆存仓储安排和干线铁路运输计划，推广使用尺寸与类型适宜的集装箱，提高集装箱和大宗货物铁水联运比重，并加快港区集疏运通道建设，实现港口与铁路、公路运输衔接互通，形成以港口为中心的公铁水多式联运体系。

3. 陆空联运建设工程。增强昆明空港型国家物流枢纽货运服务功能，探索货运组织新模式，加强公路货运冷藏集装箱运用，完善机场地面交通，探索发展陆空、空铁、空海等多式联运模式；加强芒市、丽江、腾冲、西双版纳等省级物流枢纽货运场站建设，为多式联运开展提供扎实基础，提高机场货运集疏散效率。

（二）推进物流枢纽功能联动，大力培育物流发展新动能

依据各类型物流枢纽功能的差异性，充分发挥物流枢纽功能联动效应，加快资源的优化配置和有效利用，促进相关物流要素集聚，实现不同类型物流枢纽功能的优势互补。依托云南省特色产业及陆上边境口岸区位优势，打造具有云南特色的供应链一体化体系，塑造城市经济发展新模式，创新发展枢纽经济。以综合交通枢纽建设为基础，以物流业发展为先导，以先进制造业和现代服务业聚集为目标，大幅提升物流枢纽承载城市规模经济效应和综合竞争优势。

专栏14　功能联动建设工程

1. 供应链一体化建设工程。充分发挥商贸服务型和生产服务型物流枢纽的产业要素集聚优势，空港型、陆港型、港口型物流枢纽的交通要素集聚优势，以及陆上边境口岸型物流枢纽的通关优势，大力发展多式联运、供应链一体化等物流业务，充

分整合物流资源，加快资源的优化配置和有效利用，促进产业要素快速流动和集聚，实现不同类型物流枢纽功能的优势互补。推进商贸服务型物流枢纽与空港型、陆上边境口岸型物流枢纽联动，加快以商贸产品为主的高附加值物资快速流通，推进生产服务型物流枢纽与陆港型、港口型、陆上边境口岸型物流枢纽联动，加快以大宗商品为主的物资流通，优化物资从生产地到消费地的供应链全过程。

2. 枢纽经济培育工程。加快国家物流枢纽和省级重点发展物流枢纽建设，充分发挥云南省区位优势，培育以瑞丽、河口和磨憨国家物流枢纽为核心的口岸特色枢纽经济；引导物流枢纽与云南省八大重点特色产业融合发展，鼓励昆明、大理依托优势产业，打造物流枢纽临空、商贸等产业集群，培育极具特色的枢纽经济；积极支持省级物流枢纽建设，通过物流枢纽吸引集聚资金、人才和技术等短缺要素，形成以物流枢纽带动省级物流枢纽承载城市经济发展的新格局。

（三）深化物流枢纽区域联动，加快构建协同发展新格局

充分发挥物流枢纽的区域辐射带动作用，结合区域交通运输网络和产业发展，推动物流要素资源集聚整合，形成“国际—国内—区域”三级联动模式，促进区域一体化、城乡一体化发展。不同物流枢纽通过产业协同、组团发展、共生互动，实现合理分工与紧密协作，从而提升资源的优化配置和有效利用，增强各区域可持续发展能力，促进区域间优势互补，构建区域协同发展新格局，实现经济社会与资源环境的协调发展。

专栏 15　区域联动建设工程

1. 跨境物流提升工程。围绕陆上边境口岸型物流枢纽开展跨境物流业务，形成以红河（河口）、德宏（瑞丽）、西双版纳（磨憨）陆上边境口岸型国家物流枢纽为重点，保山（猴桥）、临沧（清水河）省级重点发展物流枢纽为支撑的口岸跨境物流体系，着力提升口岸通关和跨境物流效率，加强与缅甸、越南、老挝等国家口岸相关设施功能衔接、信息互联等国际合作；依托空港型物流枢纽建设，形成以昆明空港型国家物流枢纽为核心，丽江、西双版纳、芒市空港型省级重点发展物流枢纽为支撑的面向南亚东南亚的国际航空物流体系。促进综合保税区与物流枢纽的联动发展，完善物流枢纽在跨境电商通关、保税、结算等方面的功能，支撑云南省跨境物流高效发展。

2. 干支配网络建设工程。依托沪昆、汕昆、京昆等运输通道及西南出海物流大通道，整合优化物流枢纽承载城市及周边地区的物流资源，结合公路、铁路、航空、水运等多种运输方式，有效沟通成渝经济区、粤港澳大湾区、长三角地区，重点发展

干线运输、区域分拨、城乡配送等物流业务，实现干线运输、支线运输、城市配送的一体化衔接，继续加强云南省多种交通方式的基础设施建设，构建运行效率高、服务能力强、覆盖空间大、通达程度高的干支配一体化网络。

3. 城市群物流枢纽联动发展工程。围绕区域差异化、产城一体化发展要求，发挥昆明国家级物流枢纽的功能，辐射带动楚雄、玉溪、曲靖以及个开蒙等滇中城市经济发展，培育构建以“昆明国家级物流枢纽为核心，省级物流枢纽为支撑”的滇中城市群物流枢纽联动发展体系；依托滇中城市群的产业与资源优势，加快滇中物流枢纽群布局与建设，辐射带动滇东北、滇西、滇南城市群物流枢纽集聚区联动发展，实现各城市群物流枢纽优势互补，形成云南省物流枢纽的多层级集群化联动发展格局。

八、大力整合枢纽资源，推进枢纽高效化运营

（一）促进电商物流融合发展

积极探索先进物流模式在物流枢纽中的运用，改变传统物流运作模式，进一步发挥电子商务在现代物流中的作用。加强供应商管理库存模式的应用，有效整合供应链资源，着力降低物流成本。鼓励支持物流枢纽实现共同配送，形成跨行业的城市配送网络，促进城市配送向更高效、更快捷的方向发展。加快发展全省跨境电商物流，推进跨境电子商务线上公共服务平台建设和线下产业园区平台建设，培育壮大跨境电商市场主体。同时，充分发挥政府引导作用，加强与电子商务龙头企业的有效合作，有效支撑云南省物流枢纽布局与建设。

（二）推动冷链物流体系建设

依托云南省高原特色农产品等资源优势，大力发展以花卉、果蔬、野生食用菌、肉类、奶制品等为重点的冷链物流；加强物联网技术在冷链物流的原材料采购、产品储存、运输、销售等各个环节的应用，推广使用温湿度全程监控系统，为高原特色农产品、医药、海鲜等产品提供冷链运输保障；支持物流枢纽运营主体购置节能环保的长短途冷链运输车辆，加快各类查验、保鲜、预冷、冷藏、冷冻、运输等冷链物流设施建设，提升枢纽冷链运输服务能力；依托空港型物流枢纽，发展以花卉、水产品、果蔬品交易、生物医药等为主的航空冷链物流，完善与国内国际货运航线网络，实现我省冷链物流产业的规模化、网络化和品牌化发展。

（三）加快物流数字经济发展

加快构建云南省物流枢纽综合信息服务平台，加强物流大数据、互联网和云计算等信息技术在运输、仓储、搬卸装运等物流环节的应用，通过数据挖掘，构建全局化、智能化的智慧物流数字平台，聚合多种物流业态，打通物流服务全链条，实现物流资

源的实时共享。加快整合物流数字平台线上业务，通过平台促进业务的线上化迁移，为实体业务做数字化改造，并通过数据积累转化为数据资产，提升整个物流产业链的运营效率。通过供应链云、供应链金融、智慧物流数字化平台组成数字化网络，打造数字供应链物流生态，推动物流业向数字化、网络化和智能化发展。

（四）推动物流与产业融合发展

促进物流业与产业体系协调发展，支持跨行业企业间建立产业联盟，推进产业转型升级、融合发展。推动制造业、商贸业和农业企业整合优化业务流程，分离物流业务，进一步释放物流外包的业务范围，提高物流外包的功能层次。依托云南省大力发展的生物医药和大健康、高原特色现代农业、新材料、先进装备制造、食品与消费品加工制造等重点产业，发展面向产业基地和制造业的配套产业物流。积极探索为制造业、加工业、商贸流通业配套服务的“中央仓库”建设，实现供应链集成化和敏捷型管理，有效降低企业物流成本，促进物流业与其他产业的融合发展。

（五）强化物流设施标准衔接

加强物流设施的标准化建设，加快建设对物流业发展和服务水平提升有重大促进作用的物流设施。注重物流设施标准与其他产业标准以及国际物流设施标准的衔接，推动物流运输铁路准米轨转换、铁路集装箱等物流设备与越南、缅甸等国家过境运输衔接的标准化。加大物流设施标准的实施力度，努力提升物流枢纽、物流设施设备的标准化运作水平。调动物流企业在标准制定、修订工作中的积极性，加强物流设施标准的培训宣传和推广应用。

（六）加快运营主体协同培育

鼓励全省重点物流企业通过参股、控股、兼并、联合、合资、合作等方式做大做强，重点扶持 3 ~5 家服务范围广、管理能力强、物流服务水平质量优的现代化物流枢纽运营企业。支持全省物流枢纽运营企业通过资源共享、功能联合，采用市场化方式开展联盟合作，形成优势互补、业务协同的合作共同体，共同推进云南省物流枢纽设施建设和统筹运营管理。

九、保障措施（略）

陕西省发展和改革委员会关于印发《陕西省“十四五”物流业高质量发展规划》的通知（节选）

陕发改贸服〔2021〕1720号

陕西省“十四五”物流业高质量发展规划

一、发展基础（略）

二、总体要求（略）

三、空间布局

通过建设提升内外协同、高效联动的物流枢纽、节点，优化物流设施布局，推动健全“通道+枢纽+网络”物流运行体系，形成重点突出、层级清晰、功能完整、特色鲜明的物流协同发展新格局。

（一）强化与周边区域互联互通

深度融入共建“一带一路”大格局，落实国家推进西部大开发形成新格局、黄河流域生态保护和高质量发展等区域发展整体战略，结合国家物流网络规划布局，推动关中平原与成渝、中原、长江中游等周边城市群以及青岛、上海、宁波等沿海港口枢纽之间建立深层次物流协作关系，促进物流基础设施互联互通和信息资源共享，全方位深层次推进区域开放合作。探索建立区域物流一体化协同机制，推动西安、宝鸡、延安及周边郑州、洛阳、银川、兰州、太原、大同、临汾等国家物流枢纽共建共享共用和一体化衔接，优化区域经济分工合作，协同打造国家物流战略支点。

（二）优化省内物流设施布局

进一步提升西安国家中心城市的综合物流服务能级，完善延安陆港型、宝鸡生产服务型国家物流枢纽功能，支持榆林打造能源化工物流基地，加快建设汉中多式联运智慧物流园、安康“无水港”、渭南国际现代物流港等重大物流设施。加强规划统筹，引导关中、陕南、陕北三大片区构建特色鲜明的供应链分工体系。通过物联网、大数据及信息化技术推动省内物流节点、园区、配送中心及物流企业协同联动、结链成网，推动全省物流一体化发展，加快形成“枢纽协同、陆空联动”物流发展新格局。

（三）完善“通道＋枢纽＋网络”运行体系

拓展物流大通道。积极参与国家“四纵四横、两沿十廊”国家物流网络建设。依托陆桥物流大通道，深化与天津、青岛、连云港等东部沿海港口海铁联运合作，拓展连接西亚、中亚和欧洲的丝绸之路经济带国际运输走廊，推动构筑内陆地区效率高、成本低、服务优的国际贸易通道。推动畅通二连浩特至北部湾物流大通道，依托浩吉铁路配套公铁联运转运设施，提升通道内物流枢纽、节点的集疏运能力，推动陕西与呼包鄂榆、山西中部、北部湾城市群等区域高效联通，深度对接长江经济带、粤港澳大湾区。

专栏1　物流布局优化工程

西安：深化西安咸阳一体化发展，高质量建设中欧班列西安集结中心，全面推进西安咸阳国际机场三期扩建工程，打造西安国际性综合交通枢纽、航空枢纽和全球性邮政快递枢纽。推进物流网络优化升级，大力发展冷链物流、商贸物流、航空物流、供应链管理等业态；加快建设国家物流枢纽、骨干冷链物流基地，增强高端要素配置能力，打造国内国际双循环的重要节点城市，引领全省和关中平原城市群物流高质量发展。

宝鸡：以生产服务型国家物流枢纽、国家骨干冷链物流基地为核心载体，着力推进阳平铁路物流中心、华誉物流园、陆港新城公路冷链物流中心、眉县猕猴桃产业园等重大项目建设，完善公铁联运设施、构建冷链物流体系、健全城乡配送网络，提升现代供应链服务水平，推动物流业与制造业深度融合发展。

延安：依托陕北能源化工基地和我国南北能源运输通道，建设陆港型国家物流枢纽，推进浩吉铁路延安东站铁路煤炭集运站、延安新区仓储物流园等项目建设，提升畅通全国的大宗能化产品物流组织和区域分拨服务能力；健全农产品冷链物流网络，完善城乡物流服务体系，创建国家骨干冷链物流基地。

咸阳：聚力建设西安都市圈咸阳核心区，承接产业转移示范区、临空经济发展示范区，建设综合性专业物流园区、信息平台和货物配载中心，健全城乡物流配送体系，重点发展农产品物流、制造业物流、电商物流、回收物流、应急物流，打造西北综合物流集散中心，西安都市圈重要物流配送基地。

铜川：加快融入西安都市圈，完善与西安物流通道连接，促进与西咸新区空港新城、西安国际港务区等重要物流节点的协同发展，优化全市“两轴三区多点”的物流产业空间布局，全面建设渭北工业品物流枢纽、西安都市圈生活资料物流配套中心和全省城乡共同配送示范城市。

渭南：加快推进西安—渭南物流融合发展，建设渭南国际现代物流港、卤阳湖西北物流中心等重点物流平台项目，重点发展能源化工、有色冶金、果品冷链物流，依托韩城、华阴等重点交通节点，提升对豫西、晋中南地区物流辐射能力，打造秦晋豫黄河金三角区域物流中心。

榆林：聚焦能源化工产业发展、大宗物资运输和农产品流通等领域，推进中铁泰吉利能源智能化物流园、榆林公铁联运中心、靖边现代综合物流园等重点项目建设，布局覆盖全市各县区的冷链物流体系和快递物流枢纽，深化与呼包银鄂等周边城市协同发展，打造能源化工物流基、区域商贸物流中心和国家骨干冷链物流基地。

汉中：推进交通物流基础设施建设，建设提升褒河物流园、汉中多式联运智慧物流园等物流平台，加强与中欧班列西安集结中心协同联动、对接西部陆海新通道，拓展区域物流通道；强化物流与装备制造、现代材料、食品医药等优势产业深度融合，着力提升区域交通商贸物流中心地位，争创国家物流枢纽。

安康：完善铁路、水路、公路和机场等物流基础设施，推进秦巴（安康）现代物流港、安康“无水港”、金运陆港综合物流园等重大项目建设，开辟安康—上海—海外东向国际海运和安康—西安—中东欧国际西向陆运等重点通道，构建现代流通体系，打造秦巴区域综合交通枢纽和物流中心。

商洛：发挥鄂豫陕中心区域优势，加快建设连接关中平原城市圈和中远城市群大通道，推进商洛陆港、商州南秦商贸城、商南鄂豫陕多式联运等物流节点设施建设，完善城乡配送体系，积极培育商贸物流市场，重点发展矿产、农产品流通和中药材物流。

提升物流枢纽、节点建设质量。依托西安咸阳国际机场、西安国际港铁路枢纽，畅通高速公路、铁路、航空等对外通道，提升西安都市圈现代物流综合服务能力，加快建设具有全球竞争力的国际性物流枢纽。大力推进延安、宝鸡等国家物流枢纽、骨干冷链物流基地及国家示范物流园区等重大物流基础设施建设，整合优化存量物流设施，深化枢纽干支配仓等功能集成，完善枢纽服务体系。增强安康、汉中、铜川、渭南及绥德、黄陵、彬州等区域性枢纽节点的集聚能力，促进物流要素集聚和集成运作，强化对区域协调发展的支撑。

构建干支协同的服务网络。以交通运输通道为载体，密切西安与宝鸡、延安、安康等周边城市间的物流联系，构建全省物流干线服务网络。支持各地依托产业聚集区建设铁路专用线、联运转运设施，提升多式联运网络化组织水平，引领区域内物流园区、配送中心等公共物流设施功能对接、协同联动，加快各市支线成网步伐。积极构建以物流分拨中心、专业配送中心、末端配送网点为主的城市配送体系和以县级分拨中心、乡镇配送节点和村级公共服务站为基础的农村服务网络。开展城乡物流配送网络优化工程，通过畅通城乡物流通道、完善县城城镇化流通设施、实施“快递进村”工程等，建立健全县乡村三级物流配送体系。

四、主要任务（略）

五、重点工程（略）

六、保障措施（略）

甘肃省发展和改革委员会关于印发甘肃省“十四五”现代物流业发展规划的通知（节选）

甘发改经贸〔2021〕736号

甘肃省“十四五”现代物流业发展规划

第一章　规划基础（略）

第二章　总体要求（略）

第三章　空间布局

一、物流产业布局规划

继续强化传统优势产业的基础和支撑作用，发挥战略性新兴产业的引领和带动作用，打造优势产业集群，着眼内外循环，在扩大国内市场和拓展开放空间的对接点上深处聚力，发挥后发优势和内在潜力，主动承接产业转移，围绕全省“一横两纵六区”城市化发展格局，拓展外向发展空间，进一步优化物流产业空间结构，构建“核心驱动、双域协同、多点延展”的现代物流发展新格局。

（一）核心驱动

支持兰州经济社会加快发展，高水平推进兰州新区、兰州白银国家自主创新示范区、兰白科技创新改革试验区和榆中生态创新城建设。加快建设以兰州为中心，白银、定西、临夏为腹地，辐射周边地区的兰州—白银经济圈，加快兰白定临同城化和一体化发展，积极发挥核心引领驱动作用。

兰州陆港型、商贸服务型国家物流枢纽工程。以兰州国家物流枢纽建设为重大契机，积极承担丝绸之路经济带甘肃黄金段的重要节点、全国综合交通物流枢纽、物流节点、铁路集装箱中心站、全国商贸服务型国家物流枢纽承载城市、中国（兰州）跨境电子商务综合试验区等核心使命和重要任务。加快推进铁路、公路、航空等综合交通物流基础设施和开放平台建设，发挥兰州枢纽作为全省扩大对外开放、服务国家向西开放重要平台的辐射带动作用，打造辐射区域广、集聚效应强、服务功能优、运行效率高的国家综合物流枢纽，使其成为“一带一路”上重要的国际物流中转枢纽和国际贸易货物集散中心，成为助推甘肃省经济高质量发展的引擎。

白银物流节点。依托毗邻兰西城市群、兰白都市圈优势，以白银公司综合物流园为中心，以白银高新区等“一区六园”为基础，发展有色金属、化工产品和居民消费品物流，打造辐射兰州、宁夏、青海的工业、能源、商贸仓储物流基地。

定西物流节点。打造“中国药都”“中国薯都”“中国西部草都”，积极推动“两港两中心”建设，依托全国特色种子种业基地、甘肃重要特色农产品生产加工基地、甘肃中东部重要清洁能源生产基地、甘肃休闲康养融合发展示范基地等产业，重点发展马铃薯、中药材、工业原材料物流，打造辐射中部的商贸物流基地。

临夏物流节点。依托民族产业优势，重点发展清真食品加工、民族用品、日用消费品销售物流和工业原材料物流，形成具有特色的清真牛羊肉加工产业链、民族用品产业链，打造面向中西亚、中南亚、中东欧的食品和民族特需用品生产供应基地和商贸物流基地。

（二）双域协同

坚持差异化定位和协同化发展，加快培育特色优势产业和战略性新兴产业，提升区域中心城市能级和核心竞争力。加快河西走廊组团发展，促进陇东南协同发展，积极培育区域经济增长极，着重提升酒泉陆港型国家物流枢纽承载城市和天水、平凉、武威、陇南区域物流中心的集聚支撑地位，进一步增强庆阳、张掖、金昌、甘南、敦煌物流节点的辐射带动能力。在河西走廊、陇东南分别形成经济总量占比高、综合承载能力强、创新发展动能强、区域带动作用强的多个经济和物流中心，形成组团优化、便捷高效、协同运作的发展格局。

1. 加快河西走廊组团发展

酒泉陆港型国家物流枢纽工程。依托酒泉陆港型国家物流枢纽和嘉峪关国际空港，全力打造酒嘉双城经济圈，形成兰州以西乌鲁木齐以东最重要的支点城市群。加速戈壁生态农业、新能源综合利用、冶金新材料、装备制造、文化旅游、商贸物流等主导产业深度融合，通过国家重要的新能源基地和传统产业转型升级创新区、西北地区重要冶金新材料新型化工和矿产资源综合利用基地建设，打造聚集河西走廊西端、辐射新疆、内蒙古、青海的全国交通枢纽和物流中心，加快酒泉陆港型国家物流枢纽工程建设。

武威区域物流中心。通过做大做强做优现代农业、生态工业、文化旅游和生态环保产业，依托武威国际陆港，发展农产品、建材、肉类、木材及加工品等物流。促进武威保税物流中心开展国际区域物流合作，稳步提升武威陆港运营质量，推动跨境跨区域物流大通道建设，积极构建完善的国际物流体系。

张掖物流节点。依托面向国际和国内的菜篮子生产基地、西部牛羊基地和优质乳源生产基地、全国种业（育种）基地、现代设施农业产业集群、河西走廊中药材示范基地、国家级生态康养基地、绿色氢能示范城市和西部主要清洁能源基地、西部凹凸棒石产业基地等产业，发展绿色农产品冷链物流和国际物流，打造河西走廊中端的商贸物流基地。

金昌物流节点。通过有色金属新材料和循环化工两个“千亿”产业链，高原蔬菜、优质草畜、资源综合利用、清洁能源“双百亿”产业链和数字经济、文旅康养“百亿”产业链发展，依托镍铜钴新材料新能源产业创新集聚区、菜草畜高品质现代特色农业示范区建设，打造聚集河西走廊东端、辐射青海、内蒙古的商贸物流节点，推动网络货运数字产业园等物流新业态发展。

敦煌物流节点。依托敦煌的国际影响力，建设集客货集散、旅游服务、物流仓储、综合贸易和会议展览等功能于一体的敦煌临空产业基地。全力打造大敦煌文化旅游经济圈，积极建设敦煌国际空港物流口岸，敦煌公铁物流园，打造面向若羌、敦格铁路沿线的多式联运基地。

2. 促进陇东南协同发展

天水区域物流中心。依托天水国际陆港，积极对接关中平原城市群建设和发展，重点发展装备制造和电子产品物流、特色农产品物流和区域性商贸物流。建设陇东南区域性中心城市、关中平原城市群重要节点城市，打造西部先进装备制造基地、特色农产品生产加工基地，构建区域现代科技创新中心、现代商贸服务中心和现代交通物流中心。

平凉区域物流中心。积极发展煤电、草畜、果菜、旅游等主导产业，做大做强煤电化冶、新型建材、农产品深加工、装备制造等特色优势产业。通过全国现代能源综合利用基地、区域性交通枢纽与物流集散中心、现代生态循环农业示范市、西北信创产业发展先行示范区的打造，加快建成陕甘宁交汇区交通枢纽和西兰银几何中心物流枢纽。

陇南区域物流中心。依托兰渝铁路和十天高速公路，发挥连接丝绸之路经济带、长江经济带、关中平原城市群与成渝城市群的通道作用，通过发展壮大现代农业、新型材料、旅游康养、中药材、电商物流、数字经济、绿色环保、酒类酿造等八大特色优势产业，打造服务甘肃南部，辐射川陕渝等西南地区，连接丝绸之路经济带与长江经济带重要的综合性物流基地。

庆阳物流节点。依托银（川）西（安）、平（凉）庆（阳）铁路，发展能源、煤化工、绿色农产品物流，通过国家现代能源经济示范区、现代丝路寒旱农业先行区、“东数西算”数据信息产业集聚区和陕甘宁区域性中心城市建设，打造聚集陇东、辐射宁（夏）陕（西）的商贸物流节点。

甘南物流节点。发挥毗邻四川和青海的三省接合部区位优势，大力发展以现代农牧业和文化旅游业两大首位产业为龙头，以节能环保、中藏医药、高原夏菜等产业为补充的生态产业，全力打造高原绿色有机农牧产品新高地，重点发展高原特色农畜产品开发和加工物流，打造辐射川青藏三省区的商贸物流基地。

（三）多点延展

围绕巩固脱贫攻坚、乡村振兴、城乡一体化、县城城镇化，提升不同圈层物流组织和一体化服务效能，强化县域综合服务能力，加快构建以县乡物流集散中心为基础的功能完备的物流节点延展体系。

加快构建物流节点延展体系。鼓励经营规模大、配送品类全、网点布局广、辐射功能强的骨干企业，联合相关企业建立多种形式的联盟与协同体系，构建城乡一体、上下游衔接、线上线下协同的物流配送网络，加快物流网点服务延展，补齐乡村寄递物流基础设施短板，推动县域流通体系建设。

加强县区商贸流通网络建设。在县区所在地，规划建设建材、家电和日用百货等居民消费品批发市场，形成辐射乡镇、便利消费的批发交易中心。大力开展县区农产品产地批发市场建设，将其作为促进农业经济发展、农民脱贫致富、健全物流体系的重要手段，形成农产品分拣、加工、包装和发运的集散地。

推动农产品物流新体系建设。以甘肃省草食畜、优质林果、高原夏菜、马铃薯、中药材、现代种业等六大特色产业为支撑，支持建设产地预冷集配中心、产地低温加工仓储设施、冰鲜水产品综合冷库和冷链物流园区。采取省级扶持、市县主导、企业主建方式，建设大型商贸物流园区，形成农产品物流产业支撑，推动城乡物流一体化和农业现代化发展。

“甘肃省物流产业布局规划示意图”详见附图一。

二、物流通道布局规划

加快构建内外兼顾、陆海联动、向西为主、多向并进的开放新格局。加强交通基础设施互联互通，建设内通外畅、高效衔接的综合立体交通网络，深度参与国家产业链供应链布局。发挥丝绸之路经济带黄金段区位优势，着力打造以兰州为中心，辐射西北、沟通西南、衔接华北、畅通华东，联接中西亚、联通东南亚的“一带一路”西北陆海联动枢纽。积极串接和融入国家物流网络，构建和完善支撑国家重大发展战略的国际化、立体化、枢纽化、高质量的现代物流网络体系，推动现代流通体系向大循环纵深化方向发展。

（一）国际物流通道

持续推动国际陆港空港建设。依托国际陆港、国际空港和海关特殊监管区，强化产业链供应链合作，发展通道经济，提升国际货运班列货物集拼能力，推进跨境贸易投资便利化政策落地。抢抓国家向西开放的战略机遇，进一步加强兰州、敦煌和嘉峪关国际空港和兰州、天水、武威国际陆港建设，打造集交通运输与经济开发于一体的综合物流基地。推动国际空港建设，积极发展国际航空物流，加快开辟兰州直飞“一带一路”沿线国家的货运航线，大力发展国际货运包机业务；强化国际陆港物流枢纽功能，提升集结编组、分拨转运水平，打造集现代物流与经济开发于一体的综合物流基地，延伸全程化国际联运服务链条，推动通道物流产业高质量外延发展。

进一步拓宽对外开放大通道。主动参与新亚欧大陆桥、中国—中亚—西亚经济走廊建设、中巴经济走廊建设和西部陆海新通道建设，巩固提升兰新线主通道功能。深化与中西亚国家资源开发和国际产能合作，打造我国向西开放的重要门户和次区域合作战略基地。大力发展甘肃至欧洲、中西亚的铁路货运班列和集装箱班列，积极探索开行中巴、中欧等新线路。聚焦民航高质量发展，织密畅通国内外的“空中丝绸之路”，增强国际空港枢纽综合承载能力，完善现代航空物流体系。拓展东盟、南亚及日本、韩国、澳大利亚、新西兰等国家市场，实现与海洋经济的紧密联接。增强与蒙古国的交流，提升北线能源及矿产资源运输能力，扩大能源产业开发合作。

“甘肃省国际物流通道布局规划示意图”详见附图二。

（二）省际物流通道

充分发挥区位枢纽作用，构筑综合交通物流通道。围绕融入国家“一带一路”建设，充分发挥甘肃连接亚欧大陆桥的战略通道和沟通西南、西北的交通枢纽作用，建设快捷高效铁路网，构建畅达普惠公路网，完善航空服务网络布局，推动油气管网建设和优化，加快构建“三廊六通道”综合运输骨干物流大通道。在推进西北经济一体化中发挥中心联通功能，在有效连接西南大市场中发挥枢纽通道作用，在推进沿黄流域省区协同发展中发挥衔接推动功能。打造以快速铁路、高速公路和支线航空为骨干的高品质快速干线交通网络，建设以干线铁路、普通国省干线公路为主的普通干线交通网络，串接国家物流网络，实现与周边省区主要城市和重要枢纽联通，鼓励物流枢纽间协同开展规模化物流业务，构筑综合交通物流通道。

加强城市群间循环合作，融入国内循环大市场。发挥承东启西、连南通北的区位优势，推动形成中心带动、多点支撑、纵横成线的省域开放局面。尽快形成“东连西出、南耕北拓”的发展通道，串接国家物流网络和城市群，深化省际互动合作，落实跨省区合作协议，发展“飞地经济”等模式。积极推动兰西城市群建设和发展，支持东部四市主动融入关中平原城市群和长江经济带。加强与沿黄省区合作交流，共建沿黄经济带。强化与成渝地区双城经济圈合作，积极拓展川渝大市场。深化与东部地区全面合作、协同共进、错位互补、高效循环。

“甘肃省省际物流通道布局规划示意图”详见附图三。

（三）省内流通网络

打造高效衔接的物流分拨网络。紧密对接国际、国内物流服务网络，依托铁路和高速公路运输通道，发挥现代化物流园区（物流中心）的物流组织作用，构建覆盖全省各市州，为生产和生活提供及时、经济和绿色的区域分拨配送网络。

提升物流和经济发展的适应性。实现物流运输基本适应全省国民经济和社会发展需求。积极适应季节性波动变化，提供可靠的货物运输保障，基本适应群众需要，提供适应不同层次需求的物流运输产品。

完善畅通城乡的公共配送网络。强化综合物流园区、配送（分拨）中心服务城乡商贸的干线接卸、前置仓储、分拣配送能力，促进干线运输与城乡配送高效衔接。推动大型公共货运枢纽站场建设，完善城乡交通基础设施，引导企业创新城乡配送集约化组织模式，支持发展统一配送、集中配送和共同配送，统筹城乡配送网络协调发展。

专栏1　物流枢纽通道和网络建设

1. 三个国际陆港枢纽。兰州国际陆港依托兰州铁路口岸大力发展配套产业，充分发挥兰州作为中欧国际班列内陆主要货源地节点和主要铁路枢纽节点优势，吸引沿线国家在兰州建立零担货物采购中心和进口商品分拨中心。武威国际陆港重点发展商贸物流和加工产业，全力打造“一带一路”沿线、中新南向通道现代化国际物流平台和向西合作交流的重要节点。天水国际陆港重点发展商贸物流、电子科技和加工贸易产业，着力打造“一带一路”沿线和中新南向通道重要的物资转运和集散枢纽、西部地区重要的陆港口岸。

2. 三个国际空港枢纽。兰州国际空港引进大型快件公司入驻兰州空运口岸，开通国际快件业务；引进大型电商公司，健全电商物流渠道，加快发展电子商务；引进航空公司和大型物流企业，发展国际航班货运业务，促进跨境电商业务和转口贸易发展；引进以研发管理为主的公司在兰州新区落地，打造地区总部经济。敦煌国际空港建设集客货集散、旅游服务、物流仓储、综合贸易、会议展览、园艺农业和文娱体育等功能于一体的敦煌临空产业园，培育文化服务产品交易市场，发展文化创意产业。嘉峪关国际空港强化嘉峪关支线机场作用，拓展客货航线，建设集保税物流、冷链冷藏、仓储集散、国际贸易、国内贸易、综合服务等于一体的国际空港物流园，促进临空经济发展。

3. 三廊六通道。积极畅通新亚欧大陆桥国际走廊、西部陆海新通道走廊、京兰青藏走廊，持续完善银川—庆阳—西安通道、武威—中卫—平凉—宝鸡（西安）通道、兰州—平凉—庆阳—延安通道、延安—庆阳—平凉—天水—陇南—九寨沟—成都通道、策克口岸—酒嘉通道、马鬃山—柳沟—敦煌—格尔木通道的规划和建设，基本建成辐射全国综合运输骨干物流大通道。

4. 省内物流分拨网络。结合全省城际、城乡间多层次、差异化运输需求，着力扩大交通物流网络覆盖范围，加快形成高效连通城市、广泛覆盖城乡、各种运输方式协调发展的交通物流基础设施线网。

三、物流园区布局规划

推动产业园区化、园区产业化，全面提升各类物流园区基础设施和服务能力，引导生产要素集聚，强化设施配置、政策支持和服务保障。结合全省加快培育若干千亿产业集群，建设一批百亿级产业园区的契机，通过推进物流一体化组织衔接，提高物流集约化服务能力，促进分类物流园区规划和管理服务。着力推进物流枢纽、物流园区联通成网，全面提升物流枢纽和园区的服务效能。

（一）综合性枢纽物流园区

在国际陆港空港、国家级开发区、重要物流转运区域、制造业基地和综合交通枢纽所在地区，积极促进交通运输业与物流业的深度融合，推进高端制造业、物流业、现代服务业和总部经济集聚发展，形成面向全国、通向“一带一路”的综合经济走廊和物流集散大枢纽，进一步规划建设和完善面向国际国内、外向辐射的综合性枢纽物流园区。对标国家级示范物流园区工程建设标准，以点带面提升全省物流园区规划、建设、运营、管理和服务水平。

（二）区域性专业物流园区

统筹全省国家级开发区和省级开发区产业发展和资源优势，推动物流业与制造业深度融合创新，在各市州发展承接中西部地区物流需求，打造服务产业链、供应链，进一步建设和完善面向全国、辐射全省的各市州区域性专业物流园区。把整合扩建现有物流资源与新建物流项目有机结合，根据各市州区位特点和物流需求，促进货运枢纽型、生产服务型、商贸服务型、口岸服务型和综合服务型等各类物流园区的协同发展。

（三）服务性城乡物流中心

围绕实现巩固拓展脱贫攻坚成果同乡村振兴有效衔接，结合县域城镇化补短板强弱项，支持脱贫地区乡村特色产业发展壮大，完善城乡物流配送网络体系，持续规划和建设面向县区、服务城乡的物流中心。加快区域性专业市场、产地专业市场和集散市场等农产品流通网络建设；鼓励发展农社对接、农超对接、直销直供、电商网购等新型流通业态，健全农产品物流配送体系。优化综合物流园区、配送（分拨）中心、末端配送网点等空间布局，畅通物流末端运行，提升物流配送时效，实现城乡高效配送一体化。

“甘肃省物流园区布局规划示意图”详见附图四。

第四章　主要任务

“十四五”期间，甘肃省现代物流业要努力抢抓政策叠加发展机遇，积极迎接转型发展艰巨挑战，主要以提升物流服务质量、提高物流运行效率、推动物流新技术应用、促进相关产业融合发展、创新物流发展业态为重点，以市场为导向、以融合创新为动力、以先进技术为支撑，积极营造有利于行业发展的政策环境，助力打通微循环、融入大循环、促进双循环，进一步完善现代物流体系、健全现代流通体系、夯实高质量发展的基础。

一、加强现代物流基础设施建设

构建现代物流运行体系。完善综合运输大通道、综合交通枢纽和物流网络，加快城市群和都市圈轨道交通网络化，提高农村和偏远地区交通通达深度。推进综合交通和枢纽等立体化物流基础设施网络建设，整合优化存量物流基础设施资源，增强与国家物流网业务协同，构建内外联通、高效运作的“通道＋枢纽＋网络”现代物流运行体系。

发挥骨干园区引领作用。积极推动国家级、省级示范物流园区创建工作，发挥骨干园区带动引领作用，促进物流园区智能化、专业化、规模化发展。积极组织参与“国家物流枢纽联盟工程”和“全国百家骨干物流园区‘互联互通’工程”，促进物流资源互联互通和共享利用，提高物流体系运行效率。

完善城乡物流配送网络。加强县乡村共同配送基础设施建设，构建覆盖城乡、功能完备、支撑有力的物流基础设施体系，增强对经济发展的支撑能力、对城乡居民生活的保障能力。

补齐冷链物流设施短板。面向高附加值生鲜农产品优势产区和集散地，培育和建设国家骨干冷链物流基地，有针对性地补齐城乡冷链物流设施短板，形成有效对接外部市场的冷链流通网络。

夯实应急物流基础建设。完善应急物流基础设施网络，加快补齐特定领域应急物流基础设施短板，提高紧急情况下实物储备和产能储备等应急物流保障能力。

二、打造全要素物流信息化平台（略）

三、创新智慧物流高效发展模式（略）

四、推进物流行业降本提质增效（略）

五、抢抓通道物流发展战略机遇（略）

六、提升国际物流组织服务水平（略）

七、推动物流业制造业融合创新（略）

八、促进交通物流协同联动发展（略）

九、加快农产品物流新体系建设（略）

十、优化物流行业高质量发展环境（略）

第五章　重点工程

“十四五”期间，甘肃省现代物流业将根据行业发展趋势，并充分考虑全省发展基础和现实条件，紧密围绕规划目标和主要任务，紧盯亟待破解的瓶颈制约，谋划实施一批关系全局、强基固本、增强实力的重大项目和重点工程，作为规划实施的重要支撑，着力打基础、补短板、强动能、增后劲，在新起点上扎实推进现代物流体系建设。

一、信息平台搭建工程（略）

二、枢纽网络优化工程

推进国家物流枢纽工程建设。围绕兰州、酒泉陆港型国家物流枢纽承载城市和兰州商贸服务型国家物流枢纽承载城市的规划建设，打造“一带一路”和西部陆海新通道重点节点城市带。着力推进以兰白定临一体化为核心、以兰西城市群为依托的兰州国家物流枢纽建设。提升枢纽网络服务能级，推进枢纽经济跨越发展。

加强综合运输枢纽站场建设。依托国际陆港打造铁路物流枢纽，依托国际空港打造航空物流枢纽，强化铁路场站、机场枢纽、公路场站等设施的分工协作，建成一批能够承担多种运输服务功能的综合性客货运输枢纽站场，推进综合交通物流枢纽提档升级。

推动多式联运示范工程建设。以兰州南亚国际班列公铁联运示范工程和兰州新区空铁海公多式联运示范工程为重点，推广应用多式联运运单，加快发展“一单制”联运服务。发展有竞争力的“门到门”公铁联运服务产品，增强“公转铁”市场化驱动力；培育全过程负责、一体化服务、网络化布局的多式联运经营人。加快推进铁路专用线等联运转运设备连园区、接厂区，提高枢纽的铁路集疏网络效能。

增强区域物流枢纽辐射功能。推动天水、平凉、武威和陇南等区域性物流枢纽和庆阳、张掖、金昌、定西、甘南、临夏、白银和敦煌等物流节点建设，强化协同联动，加快区域物流一体化发展。全面构建铁陆航多式联运联接的现代物流体系，形成服务全国、面向“一带一路”的物流集散中枢和纽带，成为产业转型升级、区域经济协调发展和经济竞争力提升的重要推动力量。

专栏3　枢纽网络优化工程重点项目

1. 积极推进国家物流枢纽建设。建成兰州中川机场三期扩建工程，加快推进兰州和酒泉国家物流枢纽、西部陆海新通道定西物流基地等枢纽项目建设。优化整合兰州陆港、兰州新区综合保税区、中川北站等物流资源，推进兰州新区辅枢纽多式联运工程，完善兰州国家枢纽布局。依托甘肃公交建嘉峪关交通物流园等项目建设，打造综合物流区、多式联运区、智慧综合物流产业园等项目协同支撑的酒泉国家枢纽布局。

2. 努力提升区域物流枢纽能级。以物流园区、物流中心、货运集散中心布局为基础，依托国际空港和国际陆港，加快铁路物流中心、公路物流中心、保税物流中心等项目建设，增强产业发展区的基础设施配套，增强产业吸引力和产业服务能力，积极推进天水、平凉、武威等枢纽工程规划项目，着力提升区域物流枢纽服务能力和水平。

3. 完善物流节点物流基地布局。依托区域经济基础、产业布局、物流设施、交通支撑等条件，统筹国家及全省重大战略、产业转型升级、居民消费需求等因素，根据各市州产业优势打造工业与化工物流、商贸集散基地和农产品物流、中医药材物流等服务体系。同步加快阿克塞至若羌公路、兰临合铁路等区域节点公路、铁路、航空配套建设，依托运输场站逐步完善商贸物流体系。

4. 开展多式联运物流园区建设。推进甘肃（兰州）国际陆港多式联运物流园等项目建设，完善以公铁联运为主的多式联运方式，借助多式联运在整个运输过程中高度的连续性和协调性等优势逐步提升物流园区服务能力和市场竞争力，促进园区站点资源的整合和高效联通，推动物流园区转型发展。

三、国际物流拓展工程（略）

四、智慧物流创新工程（略）

五、现代供应链打造工程（略）

六、电商物流推进工程（略）

七、农产品物流带动工程（略）

八、冷链物流提升工程（略）

九、城乡物流配送工程（略）

十、应急安全保障工程（略）

十一、绿色物流强化工程（略）

十二、行业标准完善工程（略）

第六章　保障措施（略）

附图（略）

附表（略）

统 计 分 析 篇

“十三五”我国物流园区运营统计分析报告

物流园区作为构建现代物流体系的重要物流基础设施，具有布局集中、功能集成、设施共享、经营集约的优势，对提高物流服务效能、加快物流新旧动能转换、推进经济高质量发展具有重要意义。2013 年，国家发展改革委等 12 部门联合发布《关于印发全国物流园区发展规划的通知》（发改经贸〔2013〕1949 号），首次为我国物流园区科学发展作出了系统规划和指导，为 2013—2020 年推进物流园区发展和相关工作开展指明了方向。2014 年，《物流业发展中长期规划（2014—2020 年）》将物流园区工程列为 12 项重点工程之一。2015—2021 年，国家发展改革委会同有关部门分三批组织评定了 78 家示范物流园区。2018 年，《国家物流枢纽布局和建设规划》开始依托重点物流园区规划建设国家物流枢纽。此外，国务院、国家发展改革委等政府部门组织开展的交通物流融合、物流业降本增效、运输结构调整、物流业高质量发展等相关工作，也将物流园区发展建设作为重点领域，我国物流园区正在经历重要的发展黄金期。

自 2013 年以来，中国物流与采购联合会物流园区专业委员会（以下简称“物流园区专委会”）借助北京交通大学交通运输学院的力量，连续每年开展“全国物流园区综合评价”工作，持续跟踪物流园区发展变化，并在当年召开的全国物流园区工作年会上以 PPT 演讲的形式发布物流园区运营统计分析报告。这项工作的开展，为示范物流园区评选工作提供了技术数据参照，为政府部门制定物流园区相关发展政策提供了参考依据，也为提升物流园区运营管理水平、行业对标、交流合作创造了良好条件。为使社会各界了解我国物流园区运行的基本情况，全面客观展现我国物流园区“十三五”时期建设发展成效，物流园区专委会在 2021 年 10 月于湖北宜昌召开第十九次全国物流园区工作年会中发布的《物流园区运营统计分析报告》的基础上，结合“十三五”期间历年物流园区运营统计分析情况，针对我国物流园区在 2020 年和 2015 年的发展情况进行对比分析，梳理成稿并向社会发布。

我们按照高标准、严要求、可比较的原则，分别选取了 2015 年 110 个、2020 年 150 个填报数据真实、准确、完整的物流园区调查问卷作为统计样本。纳入统计的对象，须同时符合以下 4 个条件：①署名为物流园区、物流枢纽、物流基地、物流中心、公路港、铁路港、物流港、内陆港、无水港等单位或企业；②园区占地面积在 150 亩

（0.1 平方公里即10 万平方米）及以上，并具有政府部门核发的用地手续；③园区有多家入驻企业开展物流业务，能够提供社会化物流服务；④开业运营 1 年以上，有长远发展规划。物流园区具体统计样本构成情况如表 1 所示。

表 1　　物流园区具体统计样本构成情况

按物流园区分布区域划分				
年份	东部地区	中部地区	西部地区	东北地区
2015	48.18%	20.91%	22.73%	8.18%
2020	41.33%	26.00%	24.67%	8.00%

按物流园区类型划分					
年份	货运枢纽型	商贸服务型	生产服务型	口岸服务型	综合服务型
2015	28.18%	22.73%	9.09%	8.18%	31.82%
2020	12.66%	16.67%	5.33%	4.67%	60.67%

本次统计分析指标以国家标准《物流园区绩效指标体系》（GB/T 37102—2018）为参考，从基础设施、服务能力、运营效率及社会贡献四个方面对样本园区进行详细分析，并经过物流园区专委会专家委员会审核，最终形成了本报告。

一、我国物流园区基础设施状况分析

物流园区作为物流活动的主要载体，是物流用地和基础设施规模化、集约化发展的重要体现。本报告从园区实际占地面积、规划面积完成情况、投资强度、多式联运设施条件四个主要方面分析我国物流园区基础设施建设情况。

（一）园区实际占地面积

园区实际占地面积是指物流园区经过政府审批、已开发并投入运营使用的土地面积。2015 年和 2020 年我国物流园区实际占地面积均值分别为 2224 亩和 3456 亩，5 年间总体增长 55.4%，年均增长 9.2%。但经过多年发展，我国物流园区实际占地面积增长速度有所放缓，2020 年同比增长 1.68%，比 2019 年的 10.0% 下降了 8.32 个百分点。由此可见，我国物流园区占地规模正从快速扩张期进入稳定理性发展阶段。

从实际占地面积分布来看，根据国家标准《物流园区服务规范及评估指标》（GB/T 30334—2013）的要求，园区占地面积宜在 750 亩及以上，符合要求的物流园区占比从 2015 年的 50.9% 上升到 2020 年 66%。同时，7500 亩及以上的大型物流园区占比从 2015 年的 8.2% 上升到 2019 年的 16.7%，2020 年占比与 2019 年持平，物流资源要素进一步向大型物流园区集聚趋势有趋稳迹象。2015 年和 2020 年我国物流园区实际占地面积分布情况如图 1 所示。

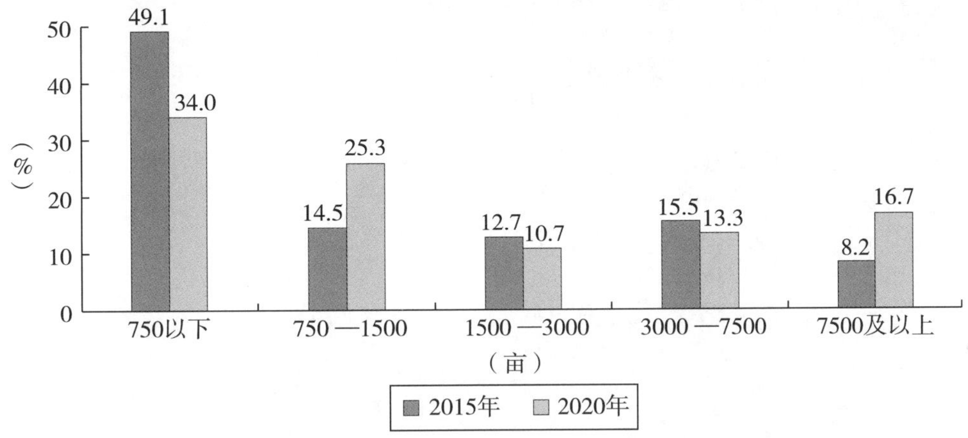

图 1　2015 年和 2020 年我国物流园区实际占地面积分布情况

（二）规划面积完成情况

2020 年我国物流园区规划面积平均完成率为 78%，比 2015 年的 66% 增长 12 个百分点。其中，52% 的园区已完成了当初规划设计的 90% 以上，比 2015 年增长 14 个百分点；而规划面积完成率不足 50% 的园区占比从 2015 年的 37% 下降到 2020 年的 21%，我国物流园区发展正从以规划建设为主向以运营管理为主转变。2015 年和 2020 年我国物流园区规划面积完成情况如图 2 所示。

（三）投资强度

物流园区投资强度是指园区实际投资总额与园区实际占地面积的比值。在物流需求不断增长和物流用地供应持续趋紧的双重作用下，物流园区投资强度不断提高。2020 年我国物流园区平均投资强度为 187 万元/亩，比 2015 年的 160 万元/亩增长 16.9%。其中，投资强度在 100 万 ~200 万元/亩的园区占比最高，2020 年和 2015 年分别为 36.0% 和 43.0%。但投资强度在 200 万 ~400 万元/亩的园区占比增长较快，从 2015 年的 16.0% 增长到 2020 年的 30.6%。2015 年和 2020 年我国物流园区投资强度分布情况如图 3 所示。

（四）多式联运设施条件

本报告规定，园区 5 公里内有铁路货运场站（或园区内有铁路作业线）、港口（或园区内有水运泊位）的物流园区，认定其具有开展多式联运的设施条件。“十三五”以

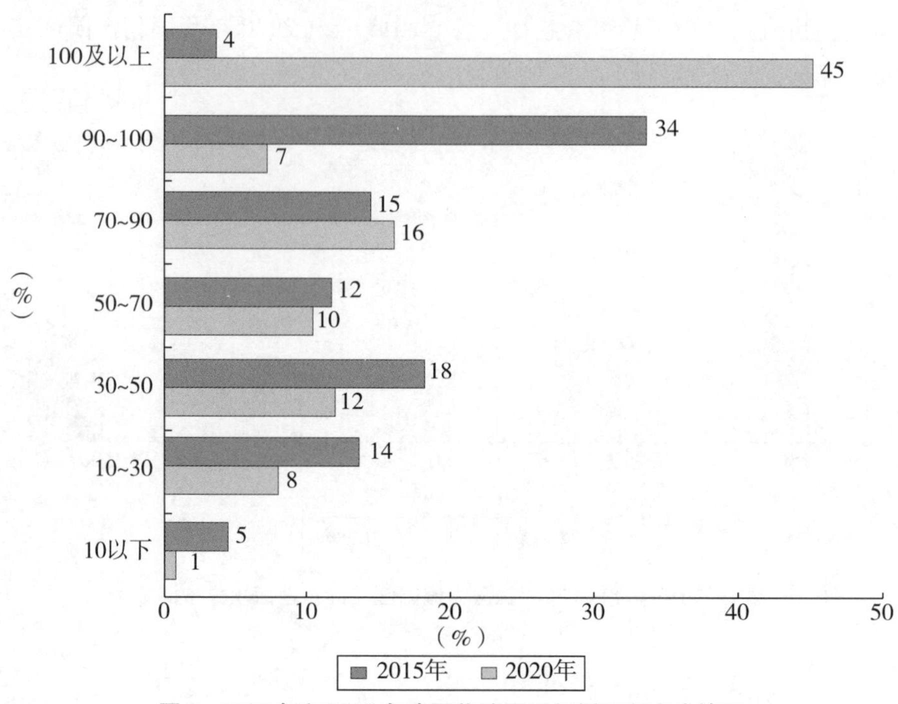

图 2　2015 年和 2020 年我国物流园区规划面积完成情况

注：数据存在四舍五入，未进行机械调整。全书同。

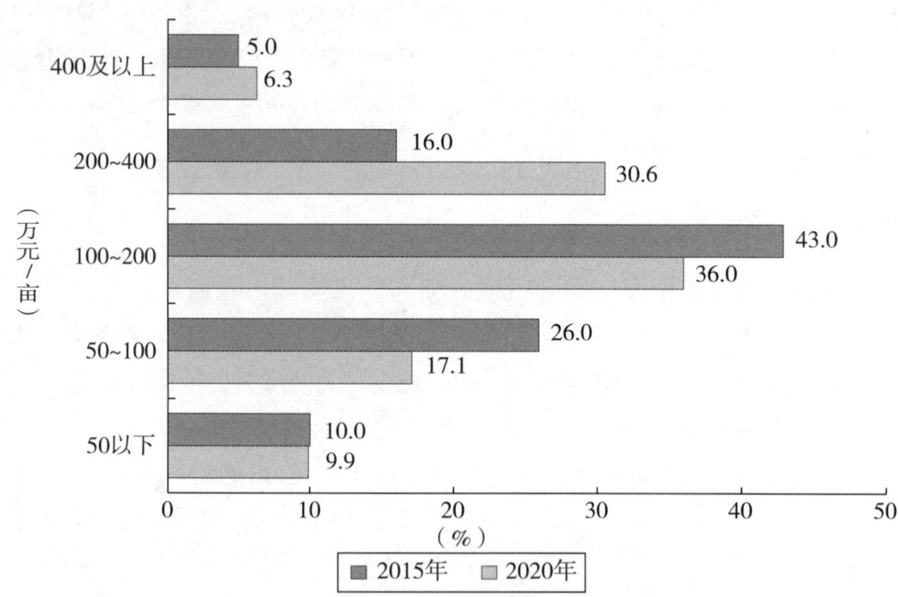

图 3　2015 年和 2020 年我国物流园区投资强度分布情况

来，在政策的推动下，具备多式联运设施条件的物流园区占比有所提高，2020 年具有公铁、公水、铁水联运设施的园区占比分别为 53. 1%、23. 8% 和 16. 2%，相比 2015 年分别提高9个、1.3个和3.6个百分点。2015年和2020年我国具备多式联运设施条件物流园区的占比情况如图4所示。

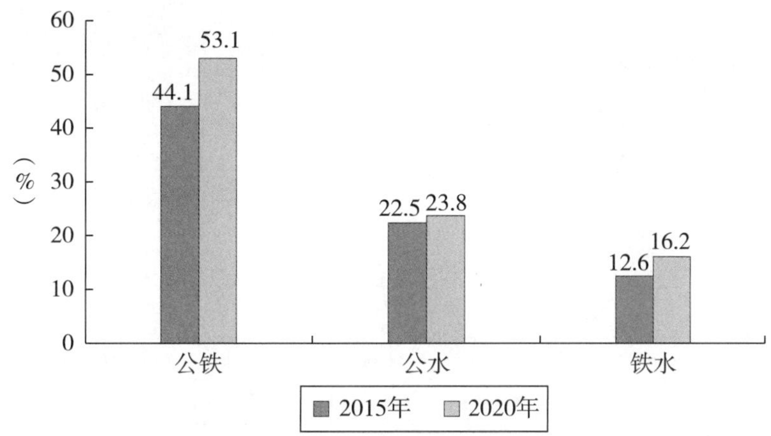

图4　2015年和2020年我国具备多式联运设施条件物流园区的占比情况

二、我国物流园区服务能力状况分析

物流园区是组织物流服务的场所，提供服务水平的高低对园区自身发展发挥着决定性作用。本报告选取仓储面积、园区货物吞吐量、园区信息化及物流设备投入占比、园区网页PR值4个指标分析我国物流园区服务能力状况。

（一）仓储面积

2015年、2020年我国物流园区平均仓储面积分别为64.6万平方米和109.7万平方米，5年间总体增长69.8%，年均增长11.1%。在仓储面积总体呈现增长的同时，园区仓储结构也不断优化，物流园区专委会自2018年增加了针对现代化专业仓库的调查，近年调查统计分析表明，具备自动化仓库、保税仓库、冷藏冷冻仓库的物流园区占比不断提升。2018—2020年物流园区拥有典型现代化专业仓库的占比情况如图5所示。

（二）园区货物吞吐量

2020年物流园区平均货物吞吐量为2197万吨（见图6），比2015年的1373万吨的规模总体提升了60%，年均增长率为9.9%。物流园区平均货物吞吐量5年间总体增长幅度和年均增长幅度，高于同期全国营业性货运量28.8%和5.2%的增长幅度。特别是在2020年，受新冠肺炎疫情影响，全国营业性货运量同比下降0.5%的情况下，物流

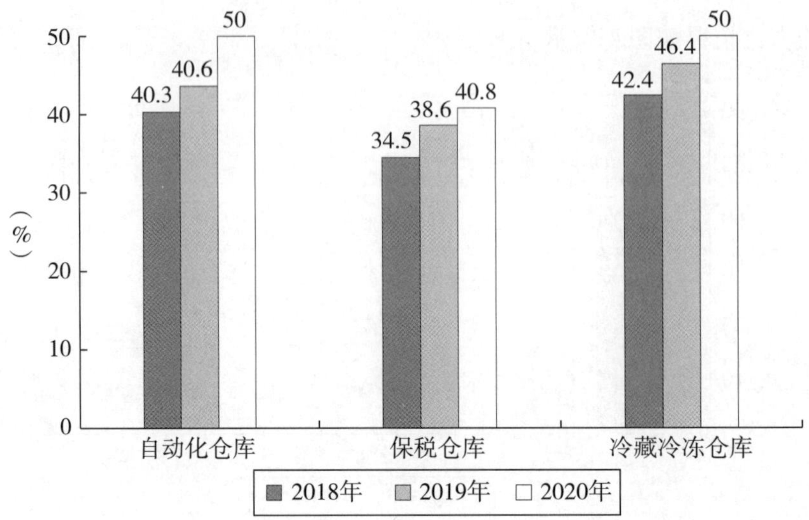

图5　2018—2020年物流园区拥有典型现代化专业仓库的占比情况

园区平均货物吞吐量保持了8.7%的逆势快速增长态势，表明货物集散正在进一步向优势物流园区集中。

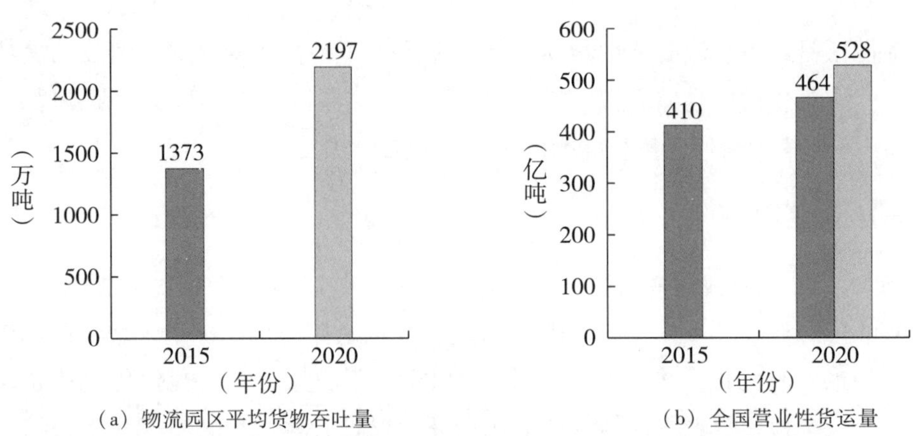

图6　2015年和2020年全国营业性货运量、物流园区平均货物吞吐量变化情况

注：考虑到2019年公路货物运输量统计口径进行调整，本报告针对2020年公路营业性货运量进行了拟合回归，以使2015年和2020年数据具有可比性。

（三）园区信息化及物流设备投入占比

园区信息化及物流设备投入占比是指物流园区的信息化及物流设备投入额占园区实际投资总额的比重，是反映物流园区技术应用水平的重要指标。调查数据显示，“十三五”时期，我国物流园区技术应用水平取得跨越式发展。2015年物流园区信息化及物流设备投入占比均值仅为3.2%，而2020年则上升到12.6%，是2015年的近4倍。2015年和2020年我国物流园区信息化及物流设备投入占比分布情况如图7所示。对比2017年12月国家发展改革委和商务部联合发布的10家“国家智能化仓储物流示范基地”，其信息化及物流设备投入占比平均在25%以上，可见我国物流园区在信息化、智能化水平方面还有很大发展空间。

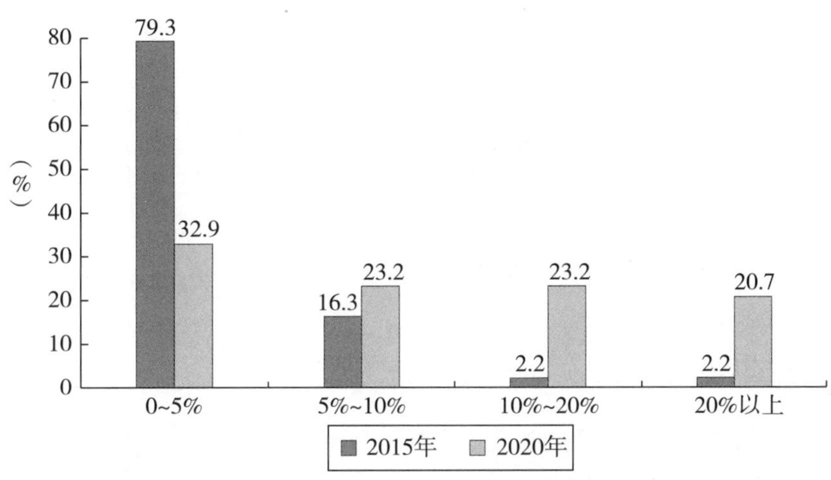

图7　2015年和2020年我国物流园区信息化及物流设备投入占比分布情况

(四) 园区网页PR值

网页级别（PR值）是国际上流行的用来标识网页等级和重要性的指标。级别从0到10级，10级为满分，PR值越高说明该网页越受欢迎（越重要）。调查数据显示，未建立网站的物流园区占比从2015年的16%上升到2020年的25%；而建有网站的物流园区，PR值呈现整体下滑趋势，具体情况如图8所示。而开通了微信公众号的园区占比从2018年物流园区专委会首次系统调查的70%上升到2020年的80%。在移动互联网的快速普及下，物流园区网站运营更新不及时、停更甚至弃用现象逐渐增加，物流园区对外宣传渠道重心从PC端向移动端转移趋势明显。

三、我国物流园区运营效率状况分析

运营效率是反映物流园区运作经营与管理成效的重要综合性表征性指标，是物流园区运营水平的重要体现。本报告重点从作业和经营的视角，选取物流强度、物流业务总收入、劳动生产率和入驻企业数量4个具体指标展现我国物流园区运营效率状况。

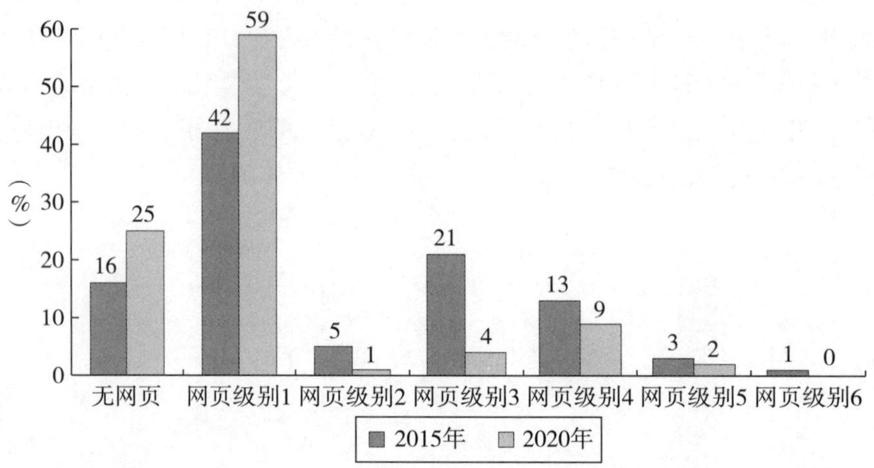

图 8　2015 年和 2020 年物流园区网页 PR 值情况

（一）物流强度

物流强度是指园区货物吞吐量与园区实际占地面积的比值，是反映物流园区集约化发展的核心指标。2020 年我国物流园区平均物流强度达到了 635. 5 万吨/平方公里，比 2015 年的 435. 1 万吨/平方公里增长 46. 1%。2015 年和 2020 年我国物流园区物流强度分布情况如图 9 所示。由图 9 可知，物流强度小于 250 万吨/平方公里的园区占比从 2015 年的 43. 2% 下降到 2020 年的 28. 0%；物流强度大于 1000 万吨/平方公里的园区占比从 2015 年的 12. 2% 上升到 2020 年的 23. 6%。“十三五”以来，我国物流园区物流强度总体不断提高，结构不断优化。

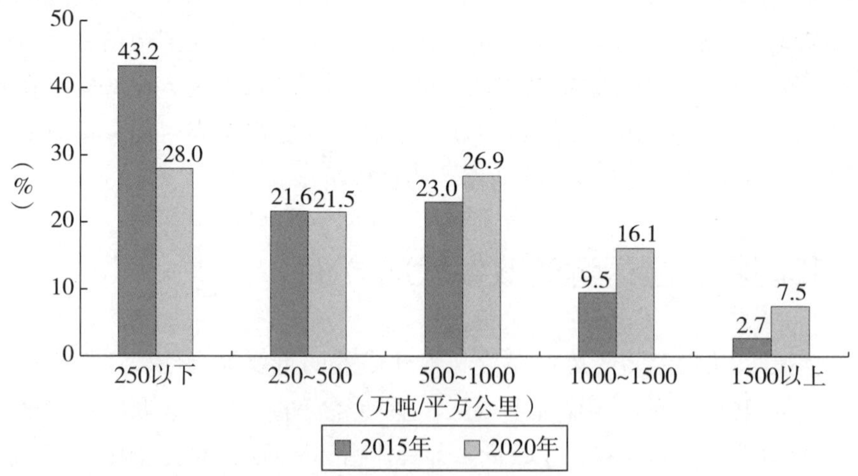

图 9　2015 年和 2020 年我国物流园区物流强度分布情况

（二）物流业务总收入

物流业务总收入是指物流园区运营管理单位和入驻企业基于园区，通过物流业务活动所取得的收入之和，包括运输、储存、装卸、搬运、包装、流通加工、配送、信息服务等。2020 年我国物流园区平均物流业务总收入达到 48.6 亿元（见图 10），比 2015 年的 23.2 亿元增长 109.48%，年均增长率为 15.9%。与“十二五”末期相比，“十三五”末期全国社会物流总费用、物流业务总收入总体增长幅度分别为 38.0%、38.2%，分别低于物流园区平均物流业务总收入 71.48 个百分点、71.28 个百分点；年均增长率分别为 6.6%、6.7%，分别低于物流园区平均物流业务总收入 9.3 个百分点、9.2 个百分点。物流园区平均物流业务总收入增速远高于社会物流总费用、物流业务总收入，表明物流园区规模效应不断显现，在我国物流运行体系中发挥的作用愈加明显。

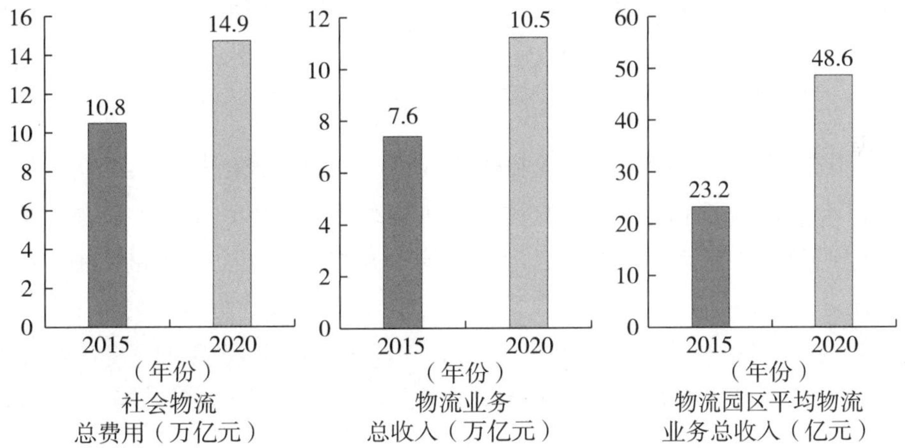

图 10　2015 年和 2020 年社会物流总费用、物流业务总收入和物流园区平均物流业务总收入变化情况

此外，“十三五”期间我国物流园区平均物流业务总收入的总体增长率、年均增长率还高于物流园区平均货物吞吐量的增长情况，说明物流园区处理单位货物吞吐量所创造的收入在提高，经营效益有所提升。

（三）劳动生产率

劳动生产率是指物流园区物流业务总收入与物流园区物流从业人员数的比值，是衡量平均每个物流从业人员产生价值的指标。根据调查数据统计，2020 年物流园区平均劳动生产率达到了 72.8 万元/人，比 2015 年的 45.6 万元/人增长 59.6%，年均增长率为 9.8%。从劳动生产率分布情况来看，100 万元/人以上的园区占比提升较快，从 2015 年的 4.5% 上升到 2020 年的 29.9%。2015 年和 2020 年我国物流园区劳动生产率分布情况如图 11 所示。

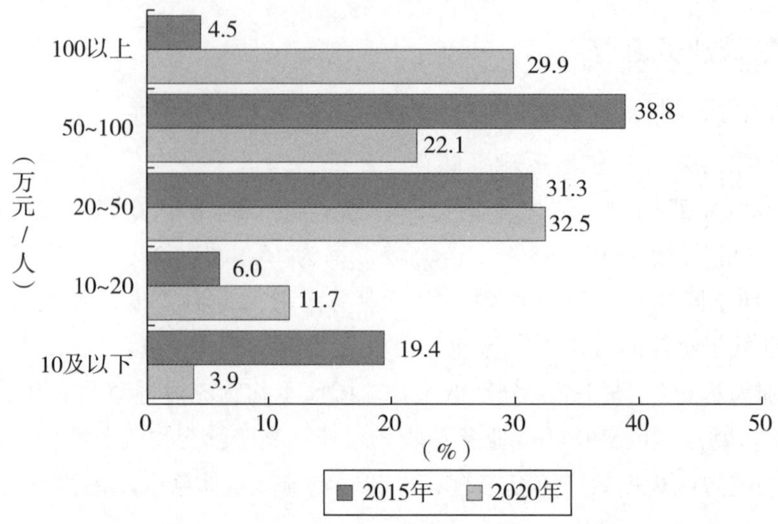

图11　2015年和2020年我国物流园区劳动生产率分布情况

（四）入驻企业数量

2015—2020年，物流园区平均入驻企业数量呈现爆发式增长。根据调查统计数据显示，2020年物流园区平均入驻企业数量达到892家，是2015年312家的2.86倍，年均增长率达到23.4%。从入驻企业数量分布情况来看，入驻企业数量在100~1000家的园区占比最大，2015年、2020年分别为49.0%和38.4%，但明显处于下降趋势；而入驻企业数量在2000家及以上的园区占比上升较快，从2015年的3.9%上升到2020年的17.0%。物流园区在企业集中和产业集聚方面的作用愈加明显。2015年和2020年我国物流园区入驻企业数量分布情况如图12所示。

四、我国物流园区社会贡献状况分析

物流园区作为重要的物流基础设施，除具有基础性、战略性和经营性属性外，还具有重要的公益性属性。本报告选取园区从业人员数量、园区缴纳税款、新能源使用情况三个指标，分析物流园区对当地社会和生态发展的贡献。

（一）园区从业人员数量

园区从业人员数量是指物流园区运营管理单位及园区入驻企业在园区内工作的人员数量之和。随着园区入驻企业数量持续增长，园区从业人员数量也快速增加。2020年物流园区平均从业人员数量为11678人，比2015年的6600人增长76.9%，年均增长率为12.1%。2015年和2020年物流园区从业人员数量分布情况如图13所示。

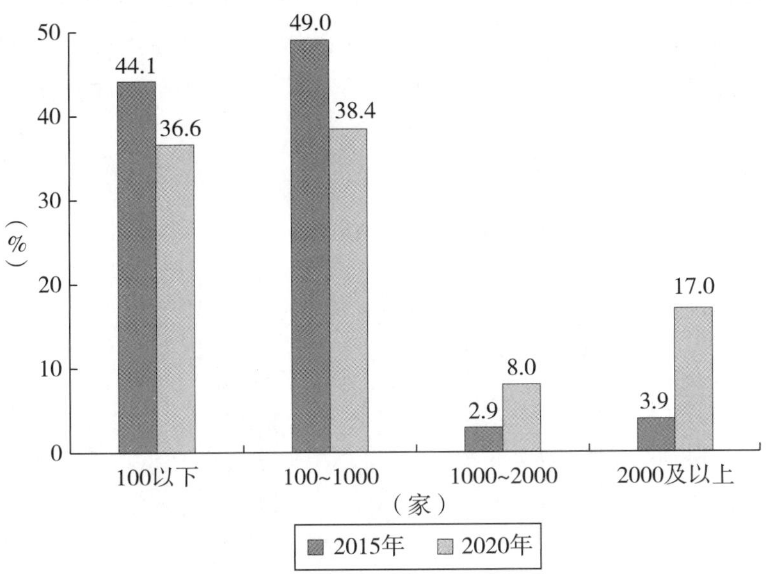

图 12　2015 年和 2020 年我国物流园区入驻企业数量分布情况

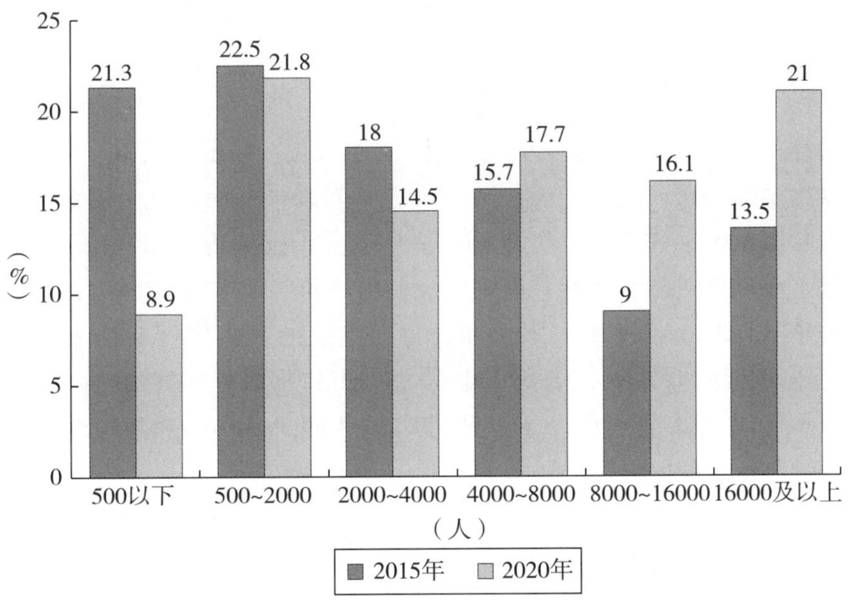

图 13　2015 年和 2020 年物流园区从业人员数量分布情况

(二) 园区缴纳税款

园区缴纳税款是指园区运营管理单位及入驻企业缴纳税款之和。根据调查统计数据显示，2020 年物流园区平均缴纳税款 4.7 亿元，比 2015 年的 2.5 亿元增长 88.0%，年均增长率为13.4%。2015年和2020年园区缴纳税款分布情况如图14所示。但受新冠肺炎疫情影响和国家减税政策支持，物流园区缴纳税款增长速度呈放缓之势，2020年物流园区平均缴纳税款同比仅增长2.2%，远低于2015年至2019年16.0%的平均增长率。

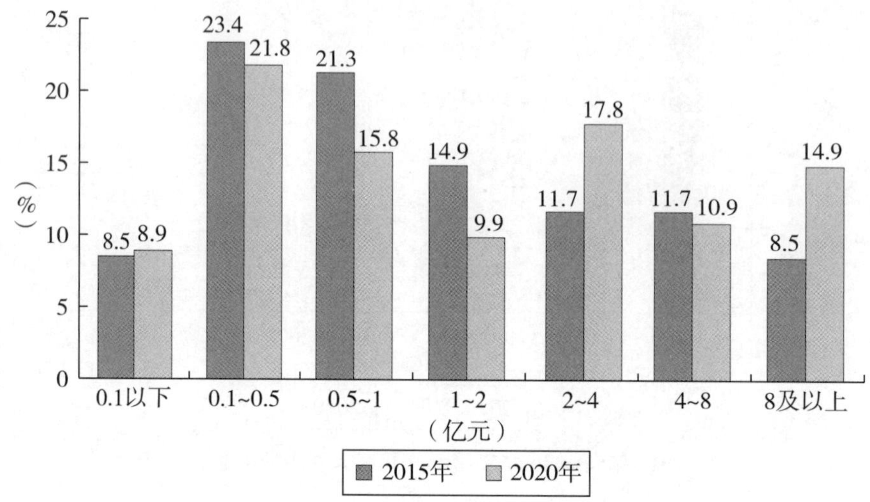

图14　2015年和2020年园区缴纳税款分布情况

（三）新能源使用情况

随着两型社会的建设、生态文明纳入国家社会五位一体发展框架，特别是“双碳”目标及行动方案的提出，我国物流园区在推进节能减排方面也进行了诸多实践探索。本报告结合物流园区在“十三五”期间的主要工作，选取物流园区是否使用太阳能、设置充电桩、设置加气站等指标，展现物流园区在推广各类新能源方面所作的贡献。从图15可看出，2020年使用太阳能和设置充电桩的物流园区占比分别为52.0%、69.3%，与2015年的19.1%、15.5%相比大幅增长。而设置加气站的物流园区占比增长较为缓慢，仅从2015年的31.8%上升到2020年的38.0%。我国物流园区在节能与用能变革方面，正在发生深刻变化。

五、物流园区发展趋势

“十四五”时期是我国全面开启建设社会主义现代化国家新征程的第一个五年，我国物流园区发展仍处于大有可为的重要战略机遇期。从“十三五”的发展经验与趋势，到“十四五”的发展机遇与挑战，可以判断，各类物流园区将充分把握战略机遇期内涵和条件的深刻变化，有望实现园区结构、技术、功能、业务等全方位变革，物流园区网络布局不合理、连接不充分、运行不高效等问题有望得到进一步改善，为构建现

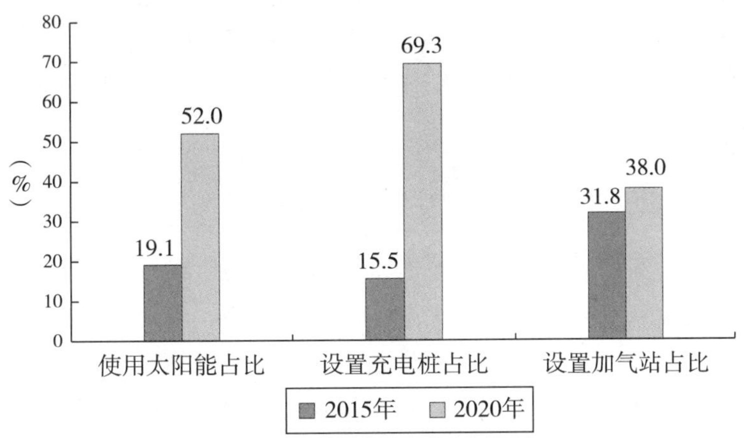

图 15　2015 年和 2020 年使用新能源的物流园区占比情况

代物流体系、融入新发展格局提供有力支撑。总体而言，我国物流园区将从关注占地规模的速度型发展向注重内涵的质量型发展转变。具体可能表现为如下几个主要发展趋势。

（一）存量优化，物流园区结构性重塑

“十三五”期间，我国物流园区建设发展初具规模、网络结构不断调整，为物流业降本增效提供了基础支撑。随着我国步入“双循环”新发展格局，经济发展和产业布局的空间结构正在发生深刻变化，物流园区将在现有基础上积极调整，适应物流规模、流向和形式的新变化。从宏观上看，物流园区将以中心城市和城市群为依托，不断适应区域协调发展战略要求，调整优化空间布局，服务于中西部地区和乡村振兴所需的物流园区将补足短板，从而构建均衡合理的基础设施网络。从微观上看，物流园区将深化与周边产业园区和其他物流节点合作，园区内部存量设施改造提升和增量设施结构调整将成为发展重点，从而提升物流设施和功能衔接水平，更好推动物流业高质量发展和满足产业转型、消费升级的新需要。

（二）智慧赋能，物流园区技术性再造

我国“十四五”规划纲要明确提出，要促进数字技术与实体经济深度融合，赋能传统产业转型升级，催生新产业、新业态、新模式，壮大经济发展新引擎。随着数字经济发展浪潮的兴起，加之物流园区近年来用工成本的不断上升和基层一线操作人员的用工难问题凸显，物流园区智能化升级已经成为重要发展趋势。未来物流园区将以新基建作为全方位自动化、数字化、智能化转型的新动能，深度应用 5G、大数据、北斗系统、人工智能等新技术，积极培育发展新模式、新业态和新产业，推广深化自动

驾驶车、自动货架、自动存取机器人、自动识别分拣、AGV 等新装备，丰富拓展库存数字化管理、安全生产自动预警、装备智能调度等新应用，加强物流链、供应链、产业链信息互联共享。物流园区作业组织流程和网络运行效率均有望迎来新一轮的优化提升。

（三）枢纽带动，物流园区功能性调整

推进国家物流枢纽建设，打造“通道 + 枢纽 + 网络”的现代物流运行体系，是实现物流资源优化配置和物流活动系统化组织的重要举措，将对物流园区建设发展产生重大影响。一方面，先进物流园区将充分利用自身物流规模优势，加强物流资源要素整合，提高物流活动组织集约化、一体化、网络化水平，打造区域物流组织中心，努力成为国家物流枢纽的重要组成部分。另一方面，部分物流园区将调整发展方向和优化功能定位，深化与国家物流枢纽基础设施、服务功能、运作组织和物流业务衔接，融入国家物流枢纽网络。还有一部分规模体量小、功能服务单一、运营效率不高的物流园区，由于物流资源要素持续流失，或将面临整合或淘汰。

（四）竞争逼迫，物流园区业务性变革

随着我国经济结构深入调整，社会营业性货运量增速有逐渐放缓趋势，物流园区间竞争将更加激烈，迫使园区深入细分行业、优化业务供给、促进供需精准适配，推动园区业务发展从规模扩张向提质增效系统转型。一方面，物流园区将大力推进干支仓配衔接，打通物流全链条各环节堵点，创新发展集约高效的物流组织模式，提升物流全流程运作水平，通过效率提高谋求效益提升。另一方面，物流园区将加强与农业、制造业、商贸业联动融合，积极推进供应链创新与应用，通过资源整合和流程优化，提升产业集成和协同水平，通过服务提质谋求利润增长。

（五）“双碳”约束，物流园区绿色化转型

实现碳达峰、碳中和，既是我国向世界作出的庄严承诺，也是着力解决资源环境约束突出问题、实现中华民族永续发展的必然选择。在“双碳”目标下，物流园区将充分发挥资源集聚的优势，贯彻绿色发展理念，全面探索并推广绿色物流模式、技术和方法，带动物流全链条低碳绿色转型。一是大力发展多式联运，物流园区将进一步加强铁路专用线引入，充分发挥铁路、水路在大宗物资和中长距离运输经济环保的特性，不断优化调整运输结构，促进节能减排降碳。二是加快推进绿色技术装备应用，物流园区将因地制宜推进光伏发电、充电桩等设施建设，逐步实现园区新能源对传统能源的稳步替代。三是减量节能技术和材料有望融入物流园区建设运营，甩挂运输、共同配送、逆向物流、单元化载具循环共用等绿色模式将得到园区大力支持，从而为

“双碳”目标的实现作出自身的贡献。

六、结束语

物流园区统计分析工作是一项烦琐复杂的系统工程，物流园区运营统计分析报告能连续多年发布，特别要感谢中物联物流园区专委会会员单位、示范物流园区等单位对物流园区综合评价工作的大力支持与积极参与，以及各政府部门、行业协会提供的帮助。“十四五”时期是我国进入新发展阶段、贯彻新发展理念、构建新发展格局的关键五年，中共中央、国务院高度重视统计分析工作在全面建设社会主义现代化国家中发挥的重要保障作用，中共中央办公厅、国务院办公厅为此联合印发了《关于更加有效发挥统计监督职能作用的意见》，国家发展改革委将国家物流枢纽监测评价工作作为推进枢纽建设的重要抓手。物流园区迈向高质量发展，也离不开扎实的统计分析提供决策参考，希望物流园区运营管理主体、入驻企业、政府部门、专家学者和行业协会继续给予我们支持，共同推进这项工作走实走深。

我国物流园区统计体系整体还处于探索建立阶段，在新发展阶段，部分评价指标也面临优化调整的必要，加之时间和能力所限，本报告一定存在许多疏漏和不妥之处，敬请业界同人多提宝贵意见，让我们共同把物流园区调查统计分析工作做好，为我国物流高质量发展作出应有的贡献。此外，本报告由中国物流与采购联合会物流园区专业委员会原创，转载时敬请注明出处和来源。

（作者：贺登才　中国物流与采购联合会副会长
张晓东　中物联物流园区专委会专家委员会副主任
北京交通大学交通运输学院物流工程系主任
姜超峰　中物联物流园区专委会专家委员会主任
黄　萍　中物联物流园区专委会专家委员会秘书长
陈　凯　中物联物流园区专委会秘书长助理）

中国物流与采购联合会物流园区专业委员会简介

中国物流与采购联合会物流园区专业委员会（以下简称中物联物流园区专委会，英文缩写 SCLP），是经民政部批准设立的中国物流与采购联合会直属分支机构。

组成单位：中物联物流园区专委会由中国境内的物流园区、物流枢纽、物流基地、物流中心、保税物流园区、保税物流中心及区内企业、物流地产商及物流园区开发企业和管理单位、相关社会团体、咨询机构、科研院所、高等院校等单位自愿组成。

宗旨：中物联物流园区专委会遵守宪法、法律、法规和国家政策。为会员单位、政府部门和园区行业服务，维护行业共同利益和会员合法权益，促进物流园区之间的交流与合作，加强行业自律和规范管理，反映行业诉求和合理建议，发挥物流园区和政府部门之间的桥梁和纽带作用，推动我国物流园区科学、健康和可持续发展。

主要活动：

（1）每年 7—8 月召开全国物流园区工作年会；

（2）年会召开前，组织全国物流园区竞争力综合评价，年会上发布年度《物流园区运营统计分析报告》；

（3）受政府部门委托，具体组织“示范物流园区”“国家智能化仓储物流示范基地”等评选评估工作；

（4）组织开展全国物流园区调查工作，建立物流园区统计信息体系；

（5）编辑出版《中国物流园区发展报告》《示范物流园区创新发展报告》；

（6）参与《全国物流园区发展规划》和相关标准的研究制定工作；

（7）积极反映园区企业政策诉求，提供政策咨询、网站宣传和日常联络等多项服务，组织园区互访，推进会员单位的交流与合作。

中物联物流园区专委会：于雪姣（18610081151）
陈　凯（18811446270）
黄　萍（13301381866）

邮箱：CFLPYQ@ vip. 163. com
电话：（010）83775685/83
传真：（010）83775688
地址：北京市丰台区丽泽路 16 号院 2 号楼铭丰大厦 12 层
网址：中物联物流园区专委会（http：//yqzwh. chinawuliu. com. cn/）